普通高等教育机电类“十三五”规划教材
“十三五”江苏省高等学校重点教材（编号：2016-2-084）

现代制造企业产品开发平台
工程创新实践——基础篇

周　成　居里锴　李鹏飞　刘　莉　编著

電子工業出版社
Publishing House of Electronics Industry
北京·BEIJING

内 容 简 介

本书是以全国大学生综合工程能力竞赛赛题“无碳小车”的设计展开的，较为全面地介绍了使用 Creo 软件进行产品设计时零件建模、装配模型建立、工程图绘制等方面的相关知识。

全书分为 6 章。第 1 章讲解了 MBE 基础知识，并说明了全书的章节结构；第 2 章简要介绍了全国大学生综合工程能力竞赛命题要求，同时详细讲解了“8”字运动轨迹小车的设计；第 3 章讲解了 Creo Parametric 的基本概念、工作界面、Creo 创建零件的一般过程、模型显示、零件材料与单位设置等知识；第 4 章详细讲解了无碳小车的底板、变速箱、曲柄轴、齿轮、前轮架、弹簧零件的建模过程；第 5 章重点讲述了后轮装配部件的创建过程，以及装配模型外观设置等内容；第 6 章详细讲解了底板、变速箱、曲柄轴、前轮架零件工程图的创建过程。

本书可作为高等院校机械类相关专业的产品创新实践教材，也适合应用 Creo 软件进行产品开发和研究的工程技术人员及相关培训机构使用。

图书在版编目（CIP）数据

现代制造企业产品开发平台工程创新实践. 基础篇/周成等编著. —北京：电子工业出版社，2018.1
普通高等教育机电类“十三五”规划教材
ISBN 978-7-121-29794-6

Ⅰ. ①现…　Ⅱ. ①周…　Ⅲ. ①机械制造企业－产品开发－高等学校－教材　Ⅳ. ①F407.463

中国版本图书馆 CIP 数据核字（2016）第 205209 号

策划编辑：赵玉山
责任编辑：赵玉山　　特约编辑：邹小丽
印　　刷：三河市鑫金马印装有限公司
装　　订：三河市鑫金马印装有限公司
出版发行：电子工业出版社
　　　　　北京市海淀区万寿路 173 信箱　邮编　100036
开　　本：787×1092　1/16　印张：17　字数：435 千字
版　　次：2018 年 1 月第 1 版
印　　次：2018 年 1 月第 1 次印刷
定　　价：44.00 元

凡所购买电子工业出版社图书有缺损问题，请向购买书店调换。若书店售缺，请与本社发行部联系，联系及邮购电话：(010)88254888，88258888。

质量投诉请发邮件至 zlts@phei.com.cn，盗版侵权举报请发邮件至 dbqq@phei.com.cn。

本书咨询联系方式：（010）88254556，zhaoys@phei.com.cn。

《现代制造企业产品开发平台工程创新实践》系列教材编审委员会

前　　言

面对日新月异的科技创新，中国提出实施创新驱动的发展战略，以迎接不断涌现的新技术、新领域带来的挑战。作为培养未来科技创新人才之一的工程教育必须迅速做出应对，将具有自主创新能力的现代化工程人才作为新的培养目标，主动服务国家创新驱动发展战略，为提升中国科技创新能力和实现新型工业化建立坚实的人力资源优势。

为适应工业 4.0 与中国制造 2025 对现代制造企业转型升级的需求，培养工程创新人才成为高等学校工程训练的当务之急。为此美国 PTC 公司中国区技术团队与南京理工大学工程训练中心教学团队联合编写《现代制造企业产品开发平台工程创新实践》系列教材，用于工程训练教学改革研究与实践。

本系列教材围绕无碳小车的创新设计展开编写，由《现代制造企业产品开发平台工程创新实践——基础篇》、《现代制造企业产品开发平台工程创新实践——高级篇》、《现代制造企业产品开发平台工程创新实践——项目篇》组成。教材具体章节安排如下：在《代制造企业产品开发平台工程创新实践——项目篇》中，以无碳小车产品设计项目为主线，围绕 PTC MBE 流程展开写作，具体包括 Windchill PDMlink 基础、Windchill MPMlink 基础、项目启动与管理、设计评审与数据发布、eBOM 变换 mBOM、零件工艺设计与仿真、装配工艺设计与仿真、变更管理等相关内容。产品设计时主要应用 Creo 软件，产品设计过程中应用到零件三维建模、零部件装配、机构运动仿真、有限元仿真等内容，因此在《现代制造企业产品开发平台工程创新实践——基础篇》与《现代制造企业产品开发平台工程创新实践——高级篇》中讲解了 Creo 软件的零件三维建模、部件组装、机构运动仿真、动画设计、零件有限元分析、自顶向下的设计方法、MBD 设计等内容。在《现代制造企业产品开发平台工程创新实践——高级篇》中讲解了应用 Creo 软件进行数控加工工艺设计与 3D 打印。考虑到目前大部分企业还在使用二维图作为产品加工的数据源，在《现代制造企业产品开发平台工程创新实践——基础篇》中还讲解了 Creo 工程图的创建方法。

本系列教材具有如下特点：

（1）项目驱动。

（2）基于 Creo 的全三维产品开发。

（3）基于模型的企业（MBE）。

（4）基于 Windchill 的产品生命周期管理。

（5）全三维的设计、工艺、制造一体化。

《现代制造企业产品开发平台工程创新实践——基础篇》由南京理工大学周成、居里锴、李鹏飞与成都工贸职业技术学院刘莉共同编著，具体分工为 1.1、1.2、2.1、2.2 节由居里锴编写，4.1、4.2、4.3 节由刘莉编写，4.4、4.5、4.6、4.7 节由李鹏飞编写，其余由周成编写。全书由周成统稿和校对，南京理工大学徐建成教授与 PTC 公司售前技术总监钱伟勋先生审核了书稿并提出了宝贵的意见。研究生张雅利、景鹏渊、邹立波、王重在文字方面做了一定的工作，本科生陈英杰提供了无碳小车的设计算例。本书可作为高等院校机械类相关专业的产品创新实践教材，也适合应用 Creo 软件进行产品开发和研究的工程技术人员及相关培训机构使用。限于编写时间和编者的水平，书中必然会存在需要进一步改进和提高的地方，我们十分期望读者及专业人士提出宝贵意见与建议，以便今后不断完善，电子邮箱：zhoucheng0727@163.com。

前言

目　录

第1章

现代制造企业产品开发平台概述

1.1 从 MBD 到 MBE

当前，国内外大型装备制造企业的数字化技术发展迅速，三维数字化设计技术得到了广泛应用，基于模型的定义（Model Based Definition，MBD）的数字化设计与制造技术已经成为制造业信息化发展的趋势。传统的产品定义技术主要以工程图为主，通过专业的绘图反映出产品的几何结构以及制造要求，实现设计和制造信息的共享与传递。MBD 改变了传统的产品定义模式。它以三维产品模型为核心，将产品设计信息、制造要求共同定义到该数字化模型中，通过对三维产品制造信息和非几何管理信息的定义，并将其作为产品设计与制造过程中的唯一依据，实现设计、工艺、制造、检测等的高度协作。

目前，国内外很多企业在 MBD 技术应用方面已经成熟，如波音公司在波音 787 客机研制过程中全面采用了 MBD 技术，将三维产品制造信息与三维设计信息共同定义到产品的三维模型中，摒弃二维图，将 MBD 模型作为制造的唯一依据，开创了飞机数字化设计制造的崭新模式。

为了更好地使 MBD 数据在产品的整个生命周期内能够被有效充分利用，很多大型企业开始研究、验证和应用基于模型的企业（Model Based Enterprise，MBE）的方法。MBE 就是要基于 MBD 在整个企业和供应链范围内建立一个集成和协同化的环境，各业务环节充分利用已有的 MBD 单一数据源开展工作，使产品信息在整个企业内共享，快捷、无缝和低成本地完成产品从概念设计到废弃的部署，有效缩短整个产品的研制周期，改善生产现场工作环境，提高产品质量和生产效率。

基于模型的企业（MBE）已成为当代先进制造技术的具体体现，代表了数字化制造的未来。美国陆军研究院指出："如果恰当地构建企业 MBE 的能力体系，能够减少 50%～70%的非重复成本，能够缩短达 50%的上市时间"。基于此，美国国防部办公厅明确指出，将在其所有供应链中推行 MBE 体系，开展 MBE 的能力等级认证。全世界众多装备制造企业也逐步加入到 MBE 企业能力建设的大军中。由此可见，MBE 已不再单纯是一项新技术、新方法的应用和推广，而是上升到了国家战略和未来先进制造技术的高度，它的研究应用成功与否将关系到未来制造业的新格局。MBE 发展历程如图 1.1.1 所示。

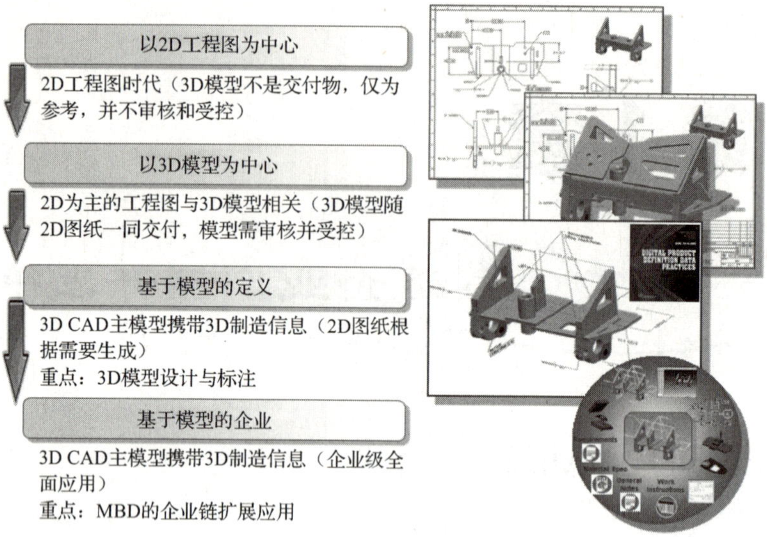

图 1.1.1　MBE 发展历程

作为一种数字化制造的实体，基于模型的企业（MBE）在统一的基于模型的系统工程（MBSE）指导下，通过创建贯穿企业产品整个生命周期的产品模型、流程管理模型、企业（或协作企业间的）产品管理标准规范与决策模型，并在此基础上开展与之相对应的基于模型的工程（MBe）、基于模型的制造（MBm）和基于模型的维护（MBs）的实施部署。

基于模型的工程、基于模型的制造和基于模型的维护作为单一数据源的数字化企业系统模型中的三个主要组成部分，涵盖了从产品设计、制造到服务的完整的产品全生命周期业务，以 MBD 主模型为核心在企业各业务环节顺畅流通和直接使用，从虚拟的工程设计到现实的制造工厂直至产品的上市流通，基于 MBD 的产品模型始终服务于产品生命周期的每个阶段。MBE 企业的能力在强调 MBD 模型数据、技术数据包、更改与配置管理、企业内外的制造数据交互、质量需求规划与检测数据、扩展企业的协同与数据交换六个方面的同时，更加强调扩展企业跨供应链的产品全生命周期的 MBD 业务模型和相关数据在企业内外的顺畅流通和直接重用。

构建完整的企业 MBE 能力体系是企业的一项长期战略，在充分评估企业能力条件的基础上统一行动，以 MBD 模型为统一的“工程语言”，在基于模型的系统工程方法论指导下，全面梳理企业内外、产品全生命周期业务流程、标准规范，采用先进的信息技术，形成一套崭新的、完整的产品研制能力体系。

MBE 的效益在 MBD 创建并在整个企业应用时就已经开始了，对于大型装备的原始制造商和供应商来说，在整个 MBE 企业的方案、设计、验证、制造、维护的各个环节都会带来如下实实在在的效益：

- 缩短新订/经修订的产品的交付时间，并降低了工程设计的返工周期；
- 整合并精简设计和制造流程，降低成本；
- 生产规划时间减少，减少生产延误的风险；
- 提高生产过程的设计质量，减少制造交货时间；
- 减少工程变更，减少产品缺陷，提高产品质量；
- 改善与利益相关者的合作、协同，缩减在产品的开发管理生命周期中的所有要素的周期和整体项目的成本；

- 提高备件的采购效率；
- 改进作业指导书和技术出版物的质量；
- 在维修过程中提供互动的能力。

2009 年由美国国家标准研究院（NIST）组织，美国陆军 ManTech 对全美近 500 家供应商进行了 MBE 能力评估。结果表明，MBE 实施程度越深入，企业降低成本、缩短研制周期的效果越显著，因此 MBE 能力评估得到了美国国防部的大力推崇，且已在新的采办合同中正式接纳。如何判断一个企业处于 MBE 的哪一阶段，可以从表 1.1.1 中的一些指标中得到基本判断。

表 1.1.1 MBE 能力评估

Level 0	功能应用：以图纸为中心的设计和制造 主要交付物：二维图
Level 1	功能应用：基于模型的制造 主要交付物：二维图和中性 CAD 模型
Level 2	功能应用：基于源 CAD 模型的制造 主要交付物：二维图和源 CAD 模型
Level 3	功能应用：MBD 主要交付物：三维注释模型和轻量化可视化数据
Level 4	功能应用：基于模型的定义和数据管理 主要交付物：通过 PLM 管理的三维注释模型和轻量化可视化数据
Level 5	功能应用：基于模型的定义和自动生成的技术数据包（TDP） 主要交付物：数字化产品定义包和 TDP
Level 6	功能应用：MBD 自动生成的 TDP 和基于需求的企业数据访问 主要交付物：通过 Web 访问的数字化产品定义包和 TDP

Level 0：这个阶段的能力水平是其他各级建立的基础。它的特点是主要依靠传统的二维图纸，有很少的地方使用 3D 模型。另外的特点是事实上大多数（如果不是所有）下游数据使用者必须通过一种或多种方式来重新生成产品定义数据以有效利用上游数据。这一级别具有如下特点：

- 二维工程图为主；
- 没有或有少量三维模型；
- 比较少地重用上游产品定义数据；
- 手动创建技术数据包（Technical Data Package，TDP）；
- 很少或不与扩展企业连接；
- 很少使用产品生命周期管理工具。

Level 1：这个级别是有效使用三维模型的开始。虽然仍以二维工程图为主，但是已经与三维模型关联并在一起进行管理。这一级别是第一次开始重用三维 CAD 模型数据，尽管都是通过输出中间格式文件来实现的。这个级别也由于重用数据而能够减少错误率和缩减交付时间。这一级别具有如下特点：

- 二维工程图为主；
- 三维模型与二维工程图关联；
- 初始三维模型数据重用，通过输出中性格式文件（如 STEP 和 IGES）；
- 手动创建 TDP；
- 很少或不与扩展企业连接；

- 很少使用产品生命周期管理工具。

Level 2：除了使用的不再是中性文件，而是重用原始的 CAD 数据文件外，本级的能力水平本质上与 Level1 是一样的。在有特别请求的情况下，原始 CAD 数据也可以被下游单位或者企业获得。当企业内部或下游企业使用相同的产品套件并且不需要数据转换就能充分使用三维模型时，对这些模型的访问将变得尤为重要。这进一步降低了错误的机会并缩短了任务交付时间。这一级别具有如下特点：

- 二维工程图为主；
- 三维模型与二维工程图关联；
- 初始三维模型数据重用，通过原始三维模型数据格式；
- 手动创建的 TDP；
- 很少或不与扩展企业连接。

Level 3：这个能力级别第一次考虑 3D 模型与二维工程图结合作为产品定义的主要来源，在这个级别，模型是几何定义，二维工程图作为特例，是来自于包含了相关的产品制造信息（Product Manufacturing Information，简称 PMI）模型的输出。采用了产品生命周期管理工具和轻量化的三维可视化文件是一个 CAD 的中性文件，并可为整个企业提供完整的产品定义，他们可以取代图纸。这个级别由于减少了对图纸的依赖，从而大大减少了错误并缩短了交付时间。这一级别具有如下特点：

- 三维模型与受控的二维工程图为主；
- 二维工程图仅在特殊情况下创建；
- 模型被用于整个生命周期；
- 手动创建的 TDP；
- 很少或不与扩展企业连接；
- 内部使用产品生命周期管理工具。

Level 4：这个能力级别建立在 Level3 的基础上。在这个级别，模型是唯一的产品定义，它进一步将制造工具套件融入整个环境中，不仅仅是模型的重用，还包括各类元数据信息的直接重用。这也是进一步使用产品生命周期管理工具的结果，质量方面也是如此，最终使得在整个扩展企业中产品定义的交付实现了自动化。这一级别具有如下特点：

- 三维模型为主；
- 二维工程图创建属于例外；
- 模型和元数据都集成并应用到了制造和质量领域；
- 产品定义交付实现自动化；
- 很少或不与扩展企业连接；
- 内部使用产品生命周期管理工具。

Level 5：这个级别使企业第一次成为一个真正的基于模型的企业，它同样建立在前面几个层级之上，但是增加了企业的连接。这样做可以使企业的所有人都可以访问到实时的、最新的产品定义，并可以全自动配置 TDP。这一级别具有如下特点：

- 三维模型为主；
- 二维工程图创建属于例外；
- 模型和元数据现在可以被整个扩展企业所访问、使用；
- 自动化的 TDP 配置；
- 在扩展企业之间有完全的连接；

● 内部和外部使用产品生命周期管理工具。

Level 6：这是迄今为止 MBE 能力定义的最高水平。本级建立在 Level5 基础之上，但是增加了大量的自动化处理，使得自动化的 TDP 正式交付成为可能。它也消除了所有使用二维图纸的情况。应当指出，Level6 被认为是一个远期目标并且目前也不知道有哪些组织已经达到了这个水平，但并不是说技术上不可实现。这一级别具有如下特点：

● 三维模型；
● 不允许存在二维工程图；
● 模型和元数据可以被整个扩展企业所访问、使用；
● 完全自动化的 TDP；
● 有完全连接的扩展企业；
● 内部和外部使用产品生命周期管理工具。

1.2 MBE 解决方案

1.2.1 PTC MBE 解决方案

美国 PTC（Parametric Technology Corporation，参数技术公司）于 1985 年成立，自 1989 年上市开始，就引起机械 CAD/CAE/CAM 界的极大震动。目前已成为 CAD/CAE/CAM/PLM/物联网等领域最具代表性的软件之一。

PTC 提供一套完整的面向 MBE 的解决方案，帮助企业形成完备的 MBE 能力体系，减少繁重的集成与数据转换工作，能实现最大限度的数据畅通与可直接重用。PTC 形成了以 Windchill ProjectLink 为项目管理，以 Creo 为 MBD 定义工具，通过 Windchill MPMLink 直接使用 MBD 模型进行工艺设计，采用 SLM Solutions 进行售后服务管理，以 Windchill PDMLink 为数据管理平台的 MBE 解决方案。PTC MBE 解决方案的六大核心技术包含全三维标准技术、创新的一体化建模能力、全三维可视化技术、全三维工艺设计、一体化管理平台技术、全三维标准和规范经验，如图 1.2.1 所示。

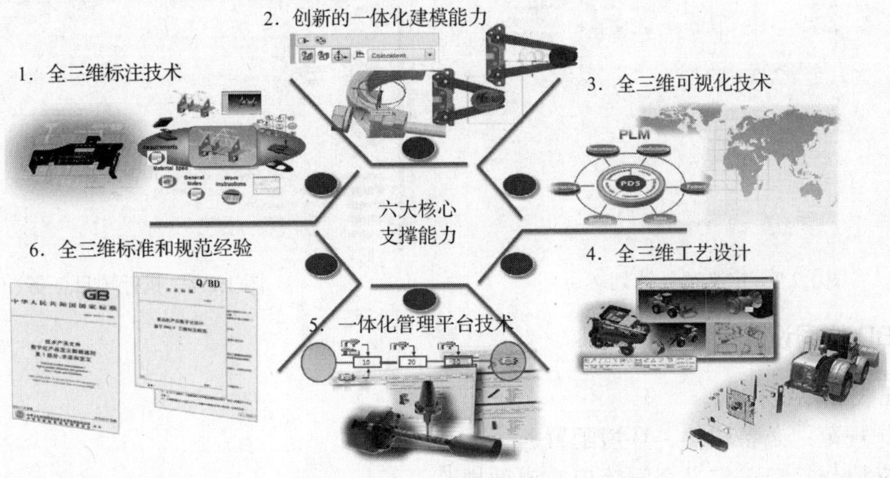

图 1.2.1　PTC MBE 六大关键技术

PTC MBE 流程如图 1.2.2 所示。

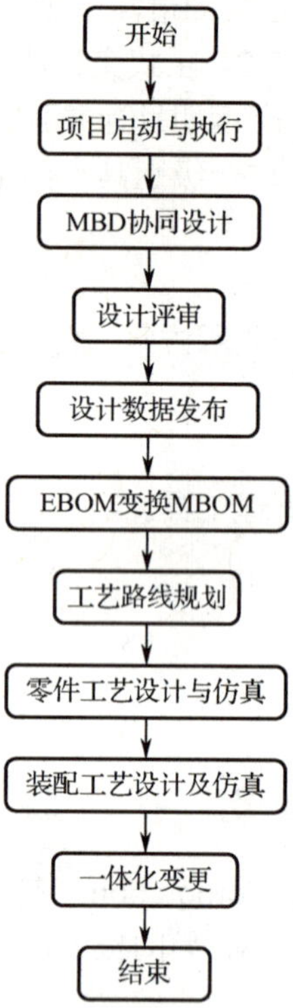

图 1.2.2 PTC MBE 流程

1．项目启动与执行

- 成立产品研制项目组，编制项目计划，如图 1.2.3 所示。
- 分配研制任务到相应人员，如图 1.2.4 所示。

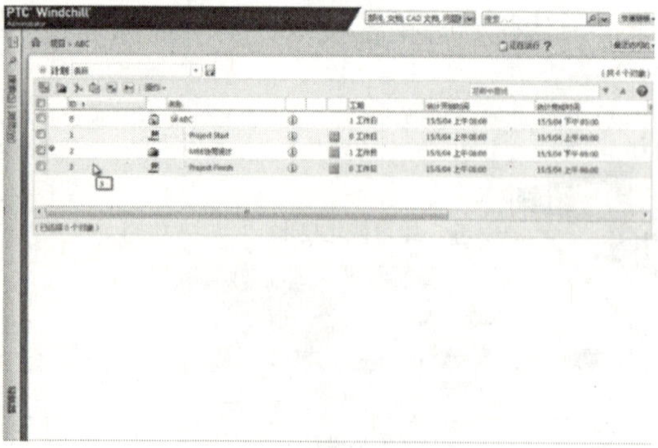

图 1.2.3 定义项目计划

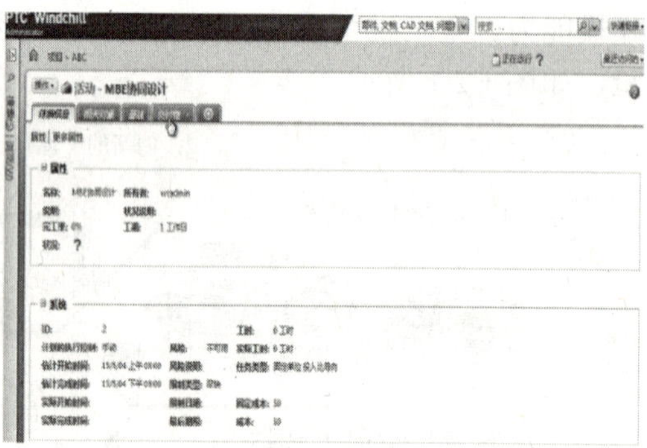

图 1.2.4 执行项目任务

2．MBD 协同设计

（1）在线和离线协作

- 协作规范：必备软件、环境配置。
- 定义协作接口：定义空间接口、遵循规范。
- 检查控制：中间节点控制、规范性检查。

- 数据接收与处理。
- 内部分析：空间检查、干涉检查。
- 完善设计：变更与优化。

（2）Top-Down 协同设计（见图 1.2.5）

- Top-Down 是一种协同设计方法。
  - ✧ 在设计顶层放置关键控制条件；
  - ✧ 通过产品结构逐级传递这些设计条件到设计底层。
- Top-Down 是一种协同管理工具。
  - ✧ 在一个核心位置集中管理所有的设计条件；
  - ✧ 贯穿整个设计过程，可以关联控制和传递设计变更；
  - ✧ 有效管理外部参考。

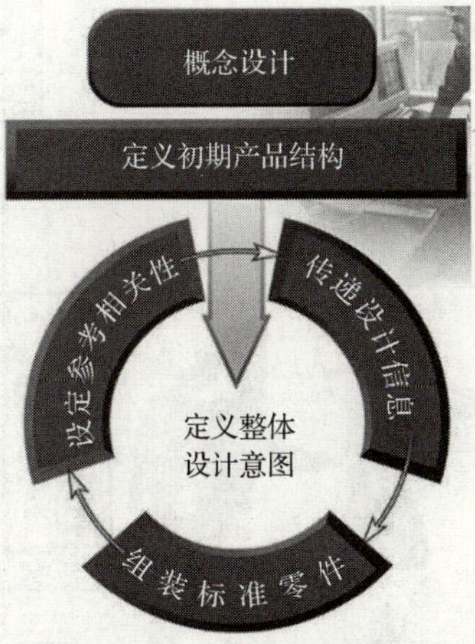

图 1.2.5　Top-Down 协同设计

（3）MBD 设计与标注

- 单一主数据集，提供完整的产品定义。
  - ✧ 产品利用三维进行表达，包含产品生命周期内的所有信息，可以支持产品全生命周期全流程无障碍信息交流；
  - ✧ 可在企业级 PDS（Product Development System，产品开发系统）中管理，设计、工艺、制造、检验等部门都可以通过 PDS 获取相关信息。
- 以数字化模型为核心的研发模式优势。
  - ✧ 相比二维图，直接读图可更准确地理解产品；
  - ✧ 没必要在工程图中再次录入制造信息；
  - ✧ 消除设计与制造工艺的沟通鸿沟；
  - ✧ 制造工艺提前介入；
  - ✧ 在企业范围内很方便地访问最新的主模型。

3. 设计评审

设计评审是基于三维的 BOM 与模型可视化评审。MBD 过程如图 1.2.6 所示。

- 设计师发起设计评审流程。

✧ 设计、校对、审查、工艺会签、标准化会签、审定、批准；

✧ 工艺会签可以进行二级签审的分派子流程；
✧ 流程结束后，系统自动签审电子签名到图纸标题栏；
✧ 批准后的数据受安全保密权限的严格控制。

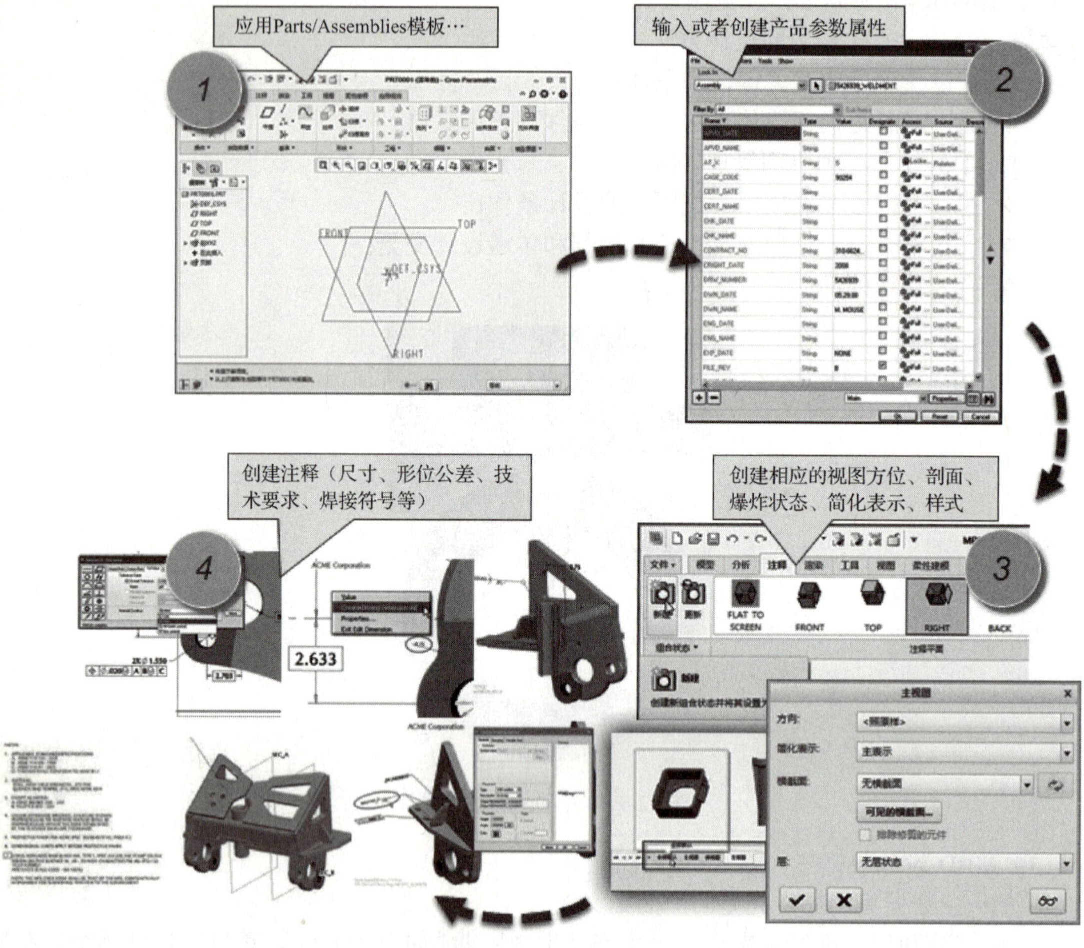

图 1.2.6　MBD 过程

● 实现产品全三维模型设计，并利用三维模型开展评审工作。
✧ 进行装配静态干涉检查；
✧ 进行机构运动模拟；
✧ 进行审核意见签署；
✧ 进行尺寸、空间距离分析；
✧ 进行人机工程分析；
✧ 进行拆装干涉分析；
✧ 对超大模型进行浏览分析；
✧ 非标注尺寸的评审。
● 设计评审环节中，嵌入工艺会签子流程。
  ✧ 工艺接口人：负责工艺审查任务分发；
  ✧ 各专业工艺：负责各自的工艺审查任务；

✧ 工艺各专业全部完成预审任务后，工艺接口人将收到查看工艺预审意见任务；
✧ 工艺接口人可以查看所有指派工艺专业反馈的工艺预审意见。

4. 设计数据发布

- 用户选择顶层零部件，在操作栏中新建“产品数据下发请求”。
- 在顶层 Part 的基础上可以自动收集本次要发放的产品结构，以及产品结构树上关联的三维/二维模型、辅助图样和技术文件。

5. eBOM 变换 mBOM（见图 1.2.7）

- 直接利用设计 BOM 编制制造 BOM。
- 支持对制造 BOM 的调整，可以调整装配结构、增加虚拟件、工艺组合件、去掉不必要的设计部件。
- 基于设计三维模型编制 mBOM。
- 设计 BOM 与制造 BOM 保持关联对应。
- 分析 BOM 之间的差异，保证数据完整性。
- 保证制造与设计数据的一致性。
- 提高制造 BOM 的编制效率。

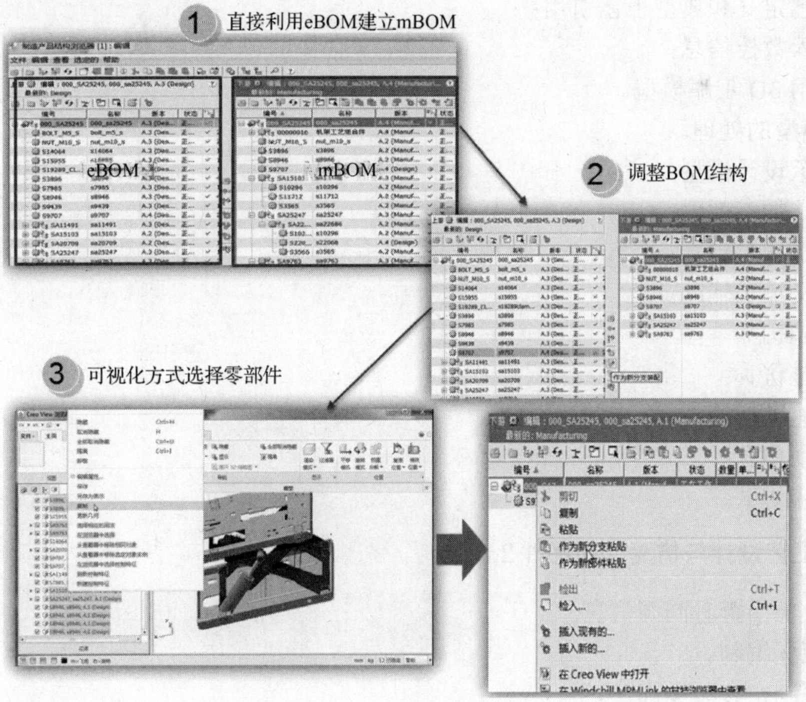

图 1.2.7 eBOM 变换 mBOM 过程

6. 工艺路线规划

- 对 BOM 中的每个零部件规划工艺路线。
- 根据工艺流程，确定各分厂或车间流转路径。
- 可以根据工艺路线进行设计数据的授权。

- 基于 MBOM 可汇总出工艺路线表。
- 满足不同部门的业务需求。

7. 零件工艺设计与仿真

- 普通机加工艺设计。
  - ✧ 三维加工工艺设计：工序定义、所需资源定义与分配；
  - ✧ 继承设计模型，定义工艺模型（毛坯模型定义）；
  - ✧ 中间态工序模型定义。
- 工序模型设计。
  - ✧ 三维工艺设计；
  - ✧ 继承设计模型定义工艺毛坯模型；
  - ✧ 每个中间态工序模型定义；
  - ✧ 设计每道工序的工作内容、工艺资源、工艺图等；
  - ✧ 将工艺内容进行完整展示并输出为完整的工艺卡片。
- 数控机加工工艺设计。
  - ✧ 创建制造视图；
  - ✧ 创建工艺指导；
  - ✧ 工艺定义和典型工艺引用；
  - ✧ 导入数控信息；
  - ✧ 引用 3D 工序模型。
- 工艺模型的处理。
  - ✧ 继承设计模型；
  - ✧ 确认加工部位；
  - ✧ 确认加工尺寸；
  - ✧ 定义加工辅助。
- 数控仿真。
  - ✧ 轨迹仿真；
  - ✧ 快速过切检查；
  - ✧ 切削仿真；
  - ✧ 机床仿真。

8. 装配工艺设计与仿真（见图 1.2.8）

- 与研发部门查看同源信息。
- 工艺规程编制。
- 为工序制定参装零部件。
- 对工序内容进行填写。
- 装配工艺仿真，这是装配工艺验证的有效手段。
  - ✧ 装配运动仿真，以动画的方式展示装配过程；
  - ✧ 装配过程验证检查；
  - ✧ 车间装配指导。
- 工艺程发布。设计与展示分离，可生成各种格式的工艺规程。

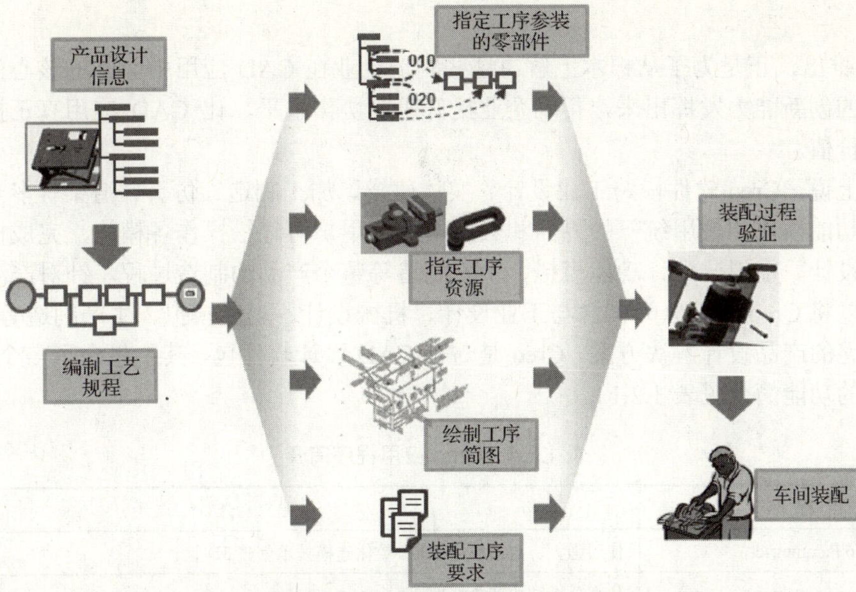

图 1.2.8 装配工艺设计与仿真流程

9. 一体化设计变更

- 设计发生变更。
  - ✧ 增加、减少零部件；
  - ✧ 更改三维模型。
- 变更评审与发布，装配模型检入 Windchill 系统，BOM 自动更新。
- 工艺得到提醒。
  - ✧ 预订设计数据的变更事件通知功能；
  - ✧ 系统中的工艺数据过期的自动提醒。
- 工艺 BOM 相应变更，根据 eBOM 与 mBOM 的关联性进行更改。

1.2.2 Creo 简介

Creo 是整合了 PTC（2010 年推出）的三个软件——Pro/Engineer 的参数化技术、CoCreate 的直接建模技术和 ProductView 的三维可视化技术的新型 CAD 设计软件包，是 PTC 闪电计划推出的第一个产品。

Creo 在拉丁语中有创新的含义。Creo 的推出，是为了解决困扰制造企业在应用 CAD 软件中的四大难题。CAD 软件已经应用了几十年，三维软件也已经出现了二十多年，似乎技术与市场逐渐趋于成熟。但是，制造企业在 CAD 应用方面仍然面临着四大核心问题：

（1）软件的易用性。CAD 软件虽然技术上已经逐渐成熟，但是软件的操作性还很复杂，宜人化程度有待提高。

（2）互操作性。不同的设计软件造型方法各异，包括特征造型、直觉造型等，二维设计还在广泛应用。但这些软件相对独立，操作方式完全不同，对于客户来说，鱼和熊掌不可兼得。

（3）数据转换。这个问题依然是困扰 CAD 软件应用的大问题。一些厂商试图通过图形文件的标准来锁定用户，因而导致用户有很高的数据转换成本。

（4）配置需求。由于客户需求的差异，往往会造成由于复杂的配置，而大大延长产品交付的时间。

Creo 的推出，正是为了从根本上解决这些制造企业在 CAD 应用中面临的核心问题，从而真正将企业的创新能力发挥出来，帮助企业提升研发协作水平，让 CAD 应用真正提高效率，为企业创造价值。

从功能上说，Creo 软件横跨工业设计、实体建模、加工制造、仿真、渲染等多个领域，包含了较多的功能模块。使用统一的界面和数据格式，用户可轻松操作各模块，完成概念设计与渲染、零件设计、虚拟装配、功能模拟、生产制造等整个产品的制造过程。针对产品设计的不同阶段，可以将 Creo 软件分为概念与工业设计、机械设计、功能模拟、生产制造等几个方面，分别提供完整的产品设计解决方案。Creo 是一个 CAD 设计软件包，其中包含了多个应用程序，各应用程序的功能简介见表 1.2.1。

表 1.2.1 Creo 应用程序简介

应用程序	简介
Creo Parametric	使用强大、自适应的 3D 参数化建模技术创建 3D 设计
Creo Simulate	仿真分析结构和热特性
Creo Direct	使用快速灵活的直接建模技术创建和编辑 3D 几何
Creo Sketch	轻松创建 2D 手绘草图
Creo Layout	轻松创建 2D 概念性工程设计方案
Creo View MCAD	可视化机械 CAD 信息以便加快设计审阅速度
Creo View ECAD	快速查看和分析 ECAD 信息
Creo Schematics	创建管道和电缆系统设计的 2D 布线图
Creo Illustrate	重复使用 3D CAD 数据生成丰富、交互式的 3D 技术插图

1.2.3 Windchill 简介

作为产品生命周期 PLM 完整解决方案的市场领导者，PTC Windchill 系统能够支持企业在单一的系统平台中处理整个产品生命周期中的主要业务过程，企业在研发管理项目建设的不同阶段，可以利用 Windchill 系统提供的各种模块进行组合，以满足企业当前规划的产品开发管理系统需求。而 Windchill 系统还能对企业的特定应用，提供专门的解决方案，以帮助企业尽快获得收益。

在设计过程管理方面，Windchill 系统提供了以产品结构（BOM）为核心，面向多专业的设计过程管理，并通过构建透明化项目管理系统，建立与研发主项目和子项目之间的关联关系，实现产品研制进度与协作过程的管理。

在工艺制造管理方面，Windchill 系统通过其自身提供的 MPMLink 模块，提供了基于 MBD 的三维工艺过程管理能力，实现了设计和工艺过程的高效协作，实现了一体化管理；同时通过与业界先进的 GE MES 系统进行整合，真正实现了设计、工艺、制造及执行过程的一体化管理。

在质量及可靠性管理方面，Windchill 系统提供了面向产品全生命周期的质量闭环管理解决方案，从质量计划、工程设计、试验验证、采购制造、运行维护到分析改进，形成闭环管理体系。

在设计工具集成能力方面，通过 Windchill 系统与设计工具独一无二的深度集成技术，自动提取零部件属性、BOM、各种关联关系，生成可视化信息，方便工程师设计信息的提交、审核、发布，同时方便评审工程师进行多版本的设计比较，从而支持各种协同设计，并行设计，以减少设计阶段的错位和后期更改，达到设计周期缩短的目的。

在与企业应用系统集成方面，通过功能强大的成熟模块 ESI 和 Info*Engine，实现 Windchill 系统与企业其他系统（如 ERP、MES、SRM、QMS 等）之间的有机集成，优化系统之间的业务流程及信息的无缝交换。

更为重要的是，对于最新发布的 Windchill 11 版本，通过与 ThingWorx 技术平台解决方案的整合，使得 Windchill 系统成为业界第一个与物联网平台整合的、智能化的 PLM 系统。PTC Windchill 11 具有以下优点：

（1）智能。如今的产品研发是一个节奏快、极易发生变化的过程，涉及的人员和学科也比以往任何时候都多。若要做出准确的决策、提供高质量的工作成果和及时发布产品，必须让所有人都保持信息畅通，并从有关产品数据和流程的单一数据来源接收信息。

- 基于角色的应用程序：通过摒弃复杂的用户界面和大量的培训，更快、更轻松地为更多利益相干方提供与其工作相关的适当产品数据，从而充分发挥 PLM 的作用。
- 全新搜索功能：多层面的搜索功能使查找和重用零件变得更加快速、直观和简单。
- 经过改进的知识产权保护：增强的安全功能使其在与全球的内部人员和第三方协作人员进行协作时，保持数据和项目的安全性，从而为“随处设计，随处构建”的策略提供坚实的后盾。
- OSLC 标准：PTC Windchill 11 是一个智能开放的 PLM 系统。PTC 采用 OSLC 标准来改善协作以及与其他系统的连接。

（2）连通。智能互联产品为产品开发团队带来了新的挑战，同时也带来了新的机会，其中的一项便是他们能够直接获取实时运行数据，从而更快地改善产品质量。

- 互联的质量：捕获和分析现场数据以更快地检测故障，并利用更完整的信息来改进根本原因分析和纠正/预防措施。
- 需求追踪能力：利用 PTC Windchill 和 PTC Integrity 之间的最新联系，定义和管理系统级需求和产品设计之间的联系。
- Performance Advisor：PTC Windchill 11 是一款智能互联产品，可提供更好、更主动的支持，包括收集有关自身性能的信息、提醒 PTC 留意相关问题，以及保持匿名性和合规性。

（3）完整。当今的产品开发复杂性要求 PLM 以更敏捷的方法管理更多数据和流程：实现以零件为中心的设计、缩短产品上市时间、简化协作以及提高决策制定的准确性和速度。

- 经过改进的 BOM 转换：利用 eBOM、mBOM 和 sBOM 之间的平滑转换、可视化的并排 BOM 比较以及可在 BOM 中自动传递的更改，可以改善团队之间的协作。
- 经过更新的 BOM 管理：通过改进可视化、零件定义和变型管理来创建和管理以零件为中心的完整 BOM。
- 管理 PTC Creo 3.0 的突破性进展：利用最新的设计探索功能和 Unite 技术，以原生格式管理任何受支持的 CAD 文件。
- 其他功能：改善了项目协作、PTC Creo View 中的可视化、客户体验管理等。

（4）灵活。通过利用新的部署方式，即云、本地和完全托管的 SAAS 模型来降低 PLM 项目的投资规模，同时可保证可访问性和安全性。这种新的方式可通过订阅模式定价的形式来确保 PLM 项目或计划发生需求变化时灵活调整预算。

1.3 现代制造企业产品开发实践教学平台

1.3.1 平台功能

以 PTC 三维建模软件 Creo 为基础，产品生命周期管理软件 Windchill 系统为支撑，通过二次开发，构建基于 MBD 的数字化设计制造一体化教学平台。平台能够实现基于 MBD 的产品协同设计、设计评审、设计数据发布、EBOM 变换为 MBOM、工艺路线规划、零件工艺设计与仿真、装配工艺设计与仿真以及一体化设计工艺变更。

1.3.2 系统环境与配置

基于 MBD 的数字化设计制造一体化教学平台由硬件、服务器端软件、客户端软件组成。硬件配置主要包含 Web 服务器、数据库服务器以及客户端计算机，服务器端软件主要包含 Java SDK、Windchill PDMLink、Windchill ProjectLink、Windchill MPMLink、Creo View Adapter、Creo View Client、Creo 等，客户端软件主要包含 OS、Creo、Creo View、Java、IE/Firefox、OFFICE 等。

1.3.3 平台使用

基于 MBD 的数字化设计制造一体化教学平台组成结构复杂，产品开发理念较为先进，需要掌握的基础知识及软件工具较多，学生直接使用该平台进行产品开发较为困难。目前利用该平台进行两个方面的教学，一是采用角色体验的方式，在平台中导入某项产品开发的全部资料，学生根据产品设计时企业不同工程师所承担的工作，体验产品设计过程，查看产品设计资料，熟悉平台相关功能及基础知识；二是采用项目的方式，根据产品（如各类竞赛设计的作品）设计要求，学生根据自己的专业特长，担任产品开发中的某一具体任务，使用该平台高效地完成产品开发。

1. 以角色体验方式教学

企业根据产品开发需求，主要角色有项目经理、总设计师、设计工程师、工艺工程师、主任工艺师、装配工艺工程师、零件工艺师等。在基于 MBD 的数字化设计制造一体化教学平台各环节中，需要的角色及要完成的任务如下：

（1）项目启动与执行。

角色：项目经理。

任务：

- 成立产品研制项目组，编制项目计划。
- 分配研制任务到相应人员。

（2）MBD 协同设计。

角色：总设计师。

任务：

- 接受设计任务。
- Top-Down 骨架定义。

角色：设计工程师。

任务：

- 分系统 MBD 设计。
- 利用 ModelCheck 进行规范性自检。

（3）设计评审和发布。

角色：设计工程师。

任务：

- 分系统 MBD 设计。
- 利用 ModelCheck 进行规范性自检。

角色：总设计师。

任务：

- 基于 Creo View 的干涉检查。
- 基于 Creo 的评审。
- 基于 Windchill 的齐套性检查。

（4）设计数据发布。

角色：设计工程师。

任务：按照成熟度进行预发布。

角色：工艺工程师。

任务：

- 预发布后，工艺工程师得到即时消息通知。
- 进行工艺性检查。

角色：设计工程师。

任务：

- 工程师收到工艺反馈。
- 进行下一步的设计。

（5）eBOM 变换为 mBOM

角色：主任工艺师。

任务：调整 eBOM 为 mBOM。

（6）工艺路线规划。

角色：主任工艺师。

任务：

- 基于 mBOM 进行工艺路线规划。
- 根据工艺方案提出可能的新工装设计需求。

（7）零件工艺设计与仿真。

角色：零件工艺师。

任务：

- 查看工艺总方案及零件模型。
- 基于零件特征进行加工工艺设计。
- 对模型工序开展数控工艺编程与仿真。
- 根据加工工艺方案，提出新工装设计需求。

（8）装配工艺设计与仿真。

角色：装配工艺工程师。

任务：

- 查看工艺总方案、mBOM、产品模型。
- 进行消耗式装配工艺设计。
- 根据 MBD 模型进行装配过程模拟与仿真。

2. 以项目方式教学

以项目方式组织教学时，可结合相关竞赛项目或综合性工程训练课程进行，如使用该平台组织无碳小车产品的设计。项目团队由 8～10 人组成，根据产品开发需求及个人专业特长，学生分别担任企业总设计师、设计工程师、工艺工程师、主任工艺师、装配工艺工程师、零件工艺师、工装工程师、检验工程师等角色，完成产品 MBD 协同设计、设计评审、工艺路线规划、装配工艺设计与仿真、零件工艺设计与仿真、MBD 工装设计、三维检验等工作内容，通过平台实现数据传递与管控。任课教师作为项目经理，负责项目计划的编制，分配研制任务并监控项目进展。

第2章 无碳小车设计

2.1 全国大学生工程训练综合能力竞赛介绍

贯穿本书的项目，选自第四届全国大学生工程训练综合能力竞赛命题。该命题为“以重力势能驱动的具有方向控制功能的自行小车”。给定某一确定的重力势能，根据能量转换原理，设计一种可将该重力势能转换为机械能，用来驱动小车行走的装置。该小车在前行时，能够自动避开赛道上按规则设置的障碍物。

该给定重力势能为 4J（取 $g=10m/s^2$），竞赛时由统一提供的质量为 1kg 的标准砝码（Φ50×65mm，碳钢制作）垂直下降获得，砝码的可下降高度为 400±2mm。标准砝码始终由小车承载，不允许从小车上掉落。图 2.1.1 为小车示意图。

要求小车在行走过程中完成所有动作所需的能量均由此给定重力势能转换而得，禁止使用任何其他来源的能量。因此该小车也简称为“无碳小车”。

要求小车具有可调节的转向控制机构，以适应设置有不同间距障碍物的竞赛场地。要求小车为三轮结构。具体设计、材料选用及加工制作均由参赛学生自主完成。

竞赛设“S”形与“8”字形两种赛道，由现场公开抽签在 700～1300mm 范围内产生一个“S”形赛道障碍物间距值，或在 300～500mm 范围内产生一个“8”字形赛道障碍物间距值。本书将以“8”字形赛道无碳小车的设计项目为例进行写作。

“8”字形赛道竞赛规则为：小车在半张标准乒乓球台(长 1525mm、宽 1370mm)上，绕两个障碍物按“8”字形轨迹运行。障碍物为相距一定距离放置在半张标准乒乓球台中线上的 2 个直径 20mm、长 200mm 的圆棒，乒乓球台及障碍物设置示意图如图 2.1.2 所示。

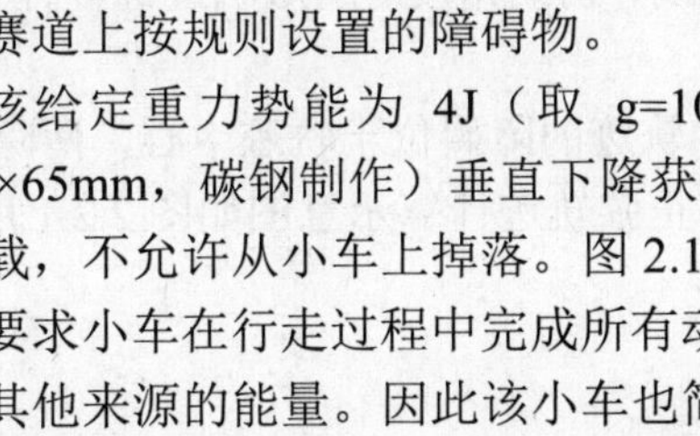

图 2.1.1 无碳小车示意图

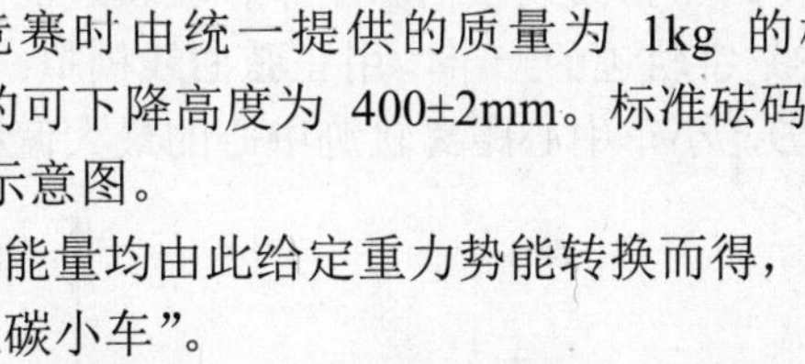

图 2.1.2 乒乓球台及障碍物设置示意图

一个成功的“8”字绕障轨迹判定规则为：两个包含障碍物的封闭图形轨迹和轨迹的两次变向交替出现，变向指的是轨迹的曲率中心从轨迹的一侧变化到另一侧。

比赛中，小车需连续运行，直至停止。小车没有绕过障碍、碰倒障碍、将障碍物推出定位圆区域、砝码脱离小车、小车停止或小车掉下球台均视为本次比赛结束。

2.2 无碳小车设计简介

2.2.1 小车“8”字运行轨迹设计

运行轨迹关系到小车最终能够完成封闭“8”字的个数，直接影响比赛的成绩。小车完成一个封闭“8”字所行走的路程是一定的，小车的轨迹又与小车行走过程中势能的利用紧密相关。要想势能的利用率高，小车轨迹的转弯弧度应较小，但是完成的“8”字就会较大，一个“8”字周期内所需的路程较长。所以，要取得较好的成绩，“8”字轨迹设计需在二者间找到平衡。

小车在行走时受到多方面因素的制约，如小车转弯时重心的变化、赛道接触面摩擦力的变化、赛道路面平直度的变化等，小车的实际轨迹很难通过精确计算得到，只能通过简化的计算方法进行估算。小车轨迹的估算方法很多，可采用正弦曲线、初始角度、扇形轨迹等多种方法，下面介绍使用正弦曲线法估算小车行驶轨迹的方法。

取“8”字轨迹的一半，用正弦曲线模拟。设“8”字轨迹的障碍位于轨迹中心，两障碍物间距离为 D，小车中心距离轨迹中心的最大偏移量为 A，正弦轨迹计算示意图如图 2.2.1 所示。

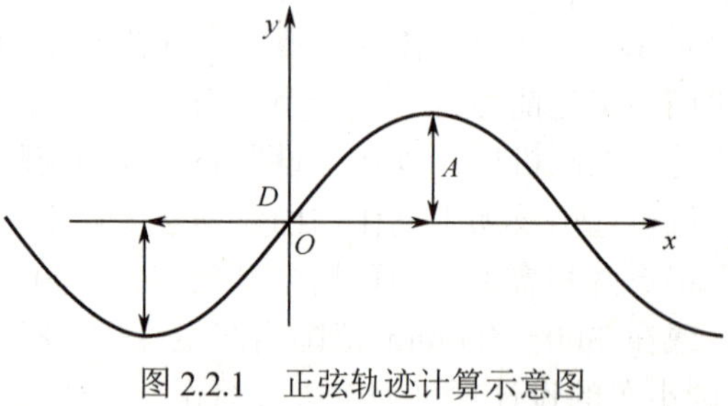

图 2.2.1 正弦轨迹计算示意图

可求得图示正弦曲线方程为

$$Y = A\sin\frac{\pi x}{D} \tag{2-1}$$

$$y' = \frac{A\pi}{D}\cos\frac{\pi x}{D} \tag{2-2}$$

由数学知识可得弦长计算公式为

$$\mathrm{d}s = \sqrt{1 + y'^2}\,\mathrm{d}x \tag{2-3}$$

对式（2-3）进行积分，即可得到曲线的长度，即

$$s = \int_L \mathrm{d}s \tag{2-4}$$

s 的值即为小车运动轨迹的长度。

2.2.2 转向调节机构设计

转向装置的设计是整车设计的关键，关系到小车行走轨迹是否准确和稳定。尤其是在比赛

中加入障碍物间距可调的要求以后，转向装置的设计难度和加工难度都相应增加。

小车转向机构有多种形式，如水平偏心连杆机构、竖直偏心连杆机构、槽轮滑块机构、凸轮机构以及曲柄滑块机构等。要求这些机构能够使得小车前轮的偏转周期与小车的后轮转动周期匹配，同时使得前轮偏转角度与理想轨迹的偏转角度相匹配，这样才能获得与理想轨迹相近的轨迹。下面以如图2.2.2所示曲柄滑块机构为例介绍其转向原理。

图2.2.2中，摇杆与前轮固连，重物下落，通过相关传动机构使得曲柄绕 A 点旋转，通过滑块带动与前轮固连的摇杆进行左右摇摆的周期运动，前轮就会跟着做周期性摇摆，即可引导小车周期性转向。

比赛中障碍物的间距可调，意味着理想轨迹的形状会发生变化，每个周期内小车行走的路程也是变化的。后轮在一个周期内所滚动的圈数不同，即意味着后轮转速和曲柄1转速的传动比是可变的。这一点在设计时尤为重要，是小车实现轨迹可调的基础。

除了后轮转速与前轮转动传动比可调外，要实现理想轨迹的转向调节还有另外一个很重要的因素，就是前轮转角大小。由图2.2.3所示的小车偏转角计算示意图可见，每一个不同的障碍间距 D 或者不同的振幅 A 都会有一个不同形状的轨迹，轨迹的不同最大程度表现在正弦曲线的最大偏角不同。设计时，应该保证前轮偏转角度可调，以适应不同的轨迹要求。

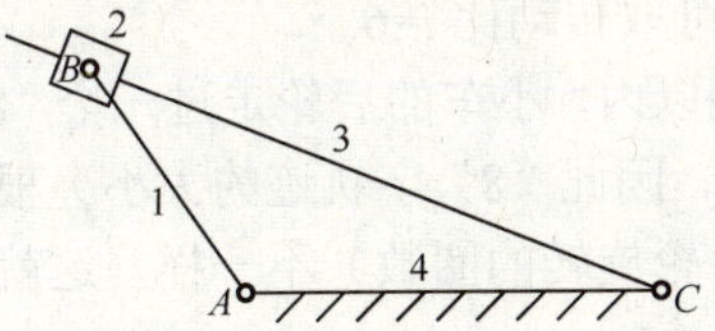

1—曲柄；2—滑块；3—摇杆；4—机架

图2.2.2　曲柄滑块转向机构示意图

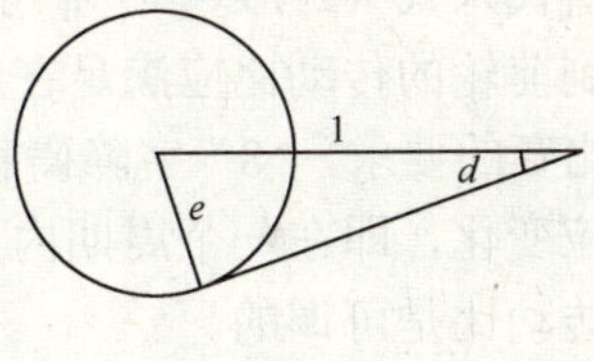

图2.2.3　小车偏转角计算示意图

当摇杆与曲柄上 B 点轨迹相切时，摇杆的偏角最大。

在 x=0 处，$y'=\dfrac{A\pi}{D}$，此时最大偏转角的正切为

$$y'_{\max}=\tan\alpha_{\max}=\frac{e}{\sqrt{I^2-e^2}}=\frac{A\pi}{D} \tag{2-5}$$

由上式可知，改变曲柄长度 e 和曲柄旋转中心到前轮旋转中心的距离 I 的大小就可以改变最大偏转角的大小，从而使得偏转角大小与理想轨迹相匹配。

2.2.3 “8”字小车设计方案

绕“8”字无碳小车的设计包含方案设计、结构设计、零件制造、装配和调试等阶段。

1. 方案设计

小车的方案设计主要是从原理上确定小车的机构类型、传动过程等方案，并综合考虑小车尺寸、传动及定位的要求。

1）传动比的确定

小车的设计主要有两个传动比需要确定，一个是小车的绕线轴到小车驱动轮间的传动比，还有一个就是小车后轮到前轮的传动比。

绕线轴到小车驱动轮传动比主要是为了使小车的动力输出合适，使得小车能在台面上平

稳行走，不至于速度过快或者停止而不能行走。

小车行走过程中，由于存在小车内摩擦和小车与台面的摩擦因数等不确定因素，绕线轴到小车驱动轮传动比只能估算，然后通过改变绕线轮半径大小，进行动力匹配。

比赛的障碍物距离为 300～500mm，小车的宽度如果太大，不利于小间距的越障比赛，这就对小车的空间尺寸，尤其是宽度尺寸，提出一定的要求。设定小车最大宽度为 120mm，取小车后轮直径为 120mm。根据实际测量的相关数据，小车在行走过程中，后轮受到台面的摩擦力约为 0.1N。绕线轮的直径预估为 8mm。设绕线轴到后轮的传动比为 i，则根据运动过程中力矩的平衡，应有

$$m_1 g r_1 = f r_2 i \tag{2-6}$$

式中 m_1——标准砝码质量；

r_1——绕线轮直径，值为 8mm；

f——台面摩擦力，值为 0.1N；

r_2——后轮直径，值为 120mm。

由式（2-6）可得

$$i = \frac{m_1 g r_1}{f r_2} \tag{2-7}$$

将各值代入式（2-7）中计算可得传动比 i 为 6.5，可取传动比 i=6.

后轮到前轮的传动比应满足在前轮摆动的一个周期以内，小车的后轮走过一个“8”字的路程。根据比赛的要求，“8”字障碍物的间距会有所调整，因此“8”字轨迹的大小会根据障碍物的间距相应变化，即在一个周期内后轮行走的路程（后轮旋转的圈数）不一样，这就要求后轮到前轮的传动比是可调的。

根据式（2-1），取振幅 A=120，障碍间距最小值 D=300 时，轨迹线长度 $S_{\min}$ 为

$$S_{\min} = \int_L \mathrm{d}s = \int_{-300}^{300} \sqrt{1+\left(\frac{\pi 120}{300}\cos\frac{\pi x}{300}\right)^2}\,\mathrm{d}x = 792.4 \tag{2-8}$$

一个周期内后轮所滚动圈数即为后轮到前轮的传动比，根据式（2-8），最小传动比 $i_{\min} = 2S_{\min}/(200\pi) = 2.52$。

同理，当障碍间距取最大值 D=500 时，轨迹线长度 $S_{\max}$ 为

$$S_{\max} = \int_L \mathrm{d}s = \int_{-500}^{500} \sqrt{1+\left(\frac{\pi 30}{500}\cos\frac{\pi x}{500}\right)^2}\,\mathrm{d}x = 1129.7 \tag{2-9}$$

根据式（2-9），最大传动比 $i_{\max} = S_{\max}(200\pi) = 3.60$。

综上所述，后轮到前轮的传动比应满足从 2.52～3.60 的调节。

2）转向调节方案

由于小车空间结构的限制，设计小车转向调节装置时，不考虑需要长曲柄才能满足最大偏转角要求的平面曲柄滑块机构，采用较为节省空间的空间四连杆机构。与曲柄滑块转向装置的原理类似，改变空间连杆的长度就可以改变前轮的偏转角，满足传动要求。

3）传动方案设计

考虑到小车要持续绕障行走，小车的轨迹不能有太大的变化。设计小车的传动方案时，应优先选择齿轮传动。齿轮传动具有传动可靠、结构紧凑的优点。

从绕线轮到后轮要有传动比为 6 的一个传动链，如果采用一级齿轮传动，两齿轮半径相差较大，使得大齿轮尺寸很大，影响整车的尺寸。相比一级齿轮传动，采用两级齿轮传动则更节省空间。可以选定第一组传动比为 3，第二组传动比为 2。两级齿轮传动示意图如图 2.2.4 所示。

图 2.2.4　两级齿轮传动

从后轮到前轮的传动机构中要有一个传动比调节装置，采用较为简单的摩擦盘作为变速器。如图 2.2.5 所示的一个摩擦盘和一个摩擦轮垂直放置是一种常用的方案。该方案中，通过齿轮传动，带动摩擦盘在水平面转动，摩擦盘与摩擦轮间的摩擦带动摩擦轮在竖直面内转动，左右调节摩擦轮，可改变摩擦轮到摩擦盘中心的距离，即可改变摩擦盘与摩擦轮间的传动比。经过计算，这种方案所需的摩擦盘半径较大，其值接近设定的极限尺寸 120，我们将这种结构改进，采用了如图 2.2.6 所示的两个摩擦盘和一个摩擦轮的传动结构。

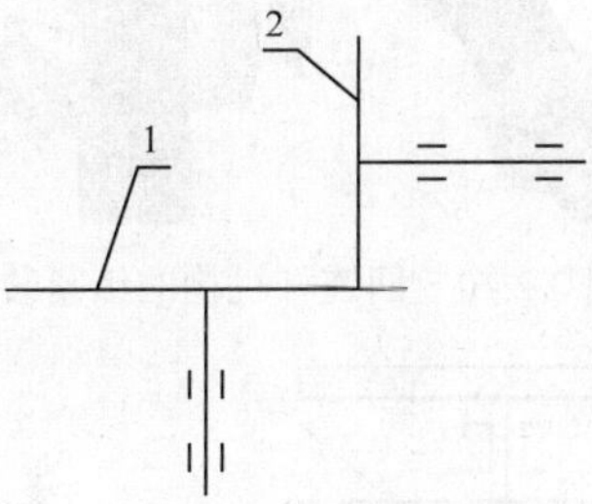

1—摩擦盘；2—摩擦轮

图 2.2.5　一个摩擦盘和一个摩擦轮传动示意图

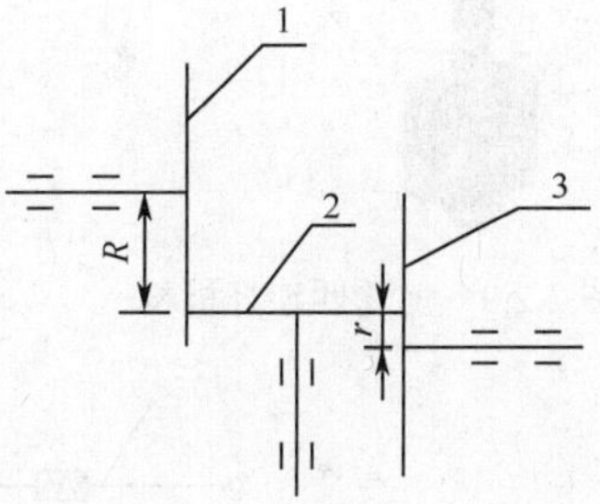

1—摩擦盘 1；2—摩擦轮；3—摩擦盘 2

图 2.2.6　两个摩擦盘和一个摩擦轮传动示意图

两个摩擦盘和一个摩擦轮传动结构要求摩擦盘 1 和摩擦盘 2 在竖直平面内错开一定距离 l，通过中间的摩擦轮传动。摩擦轮到摩擦盘 1 中心距离为 R，摩擦轮到摩擦盘 2 中心距离为 r，$R+r=l$。则传动比为：

$$i=\frac{n_3}{n_1}=\frac{R}{r} \tag{2-10}$$

调节摩擦轮上下位置，就可以改变传动比，从式（2-10）中可以看出，分子分母是相反方向变化的，说明传动比的调节非常敏感。选择前述两级齿轮传动的中间轴作为这里的主动摩擦盘 1，经过计算，上下错开的距离 l=6 就可以满足传动比 2.52～3.60 的要求。由于传动比调节对摩擦轮的上下位置极为敏感，采用螺纹装置实现摩擦轮的上下调节。为保证摩擦轮的上下位置固定，还应设计螺纹锁紧装置，确保摩擦轮不会上下窜动。摩擦轮机构如图 2.2.7 所示，螺纹锁紧装置如图 2.2.8 所示。

摩擦盘 2 带动控制前轮转向的空间四连杆机构，如图 2.2.9 所示。空间连杆机构不同于平面连杆机构，不能使用平面旋转副，应使用相当于球铰的关节轴承相互连接。此外，还要注意各个杆件长度应可以调节，这里可以加入各种螺纹连接，每个螺纹连接都应该有锁紧装置，确保运动时，杆件的长度不会改变。图 2.2.10 为四连杆机构的螺纹锁紧装置。

小车总体传动设计完成后，绘制的小车机构传动原理图如图 2.2.11 所示。

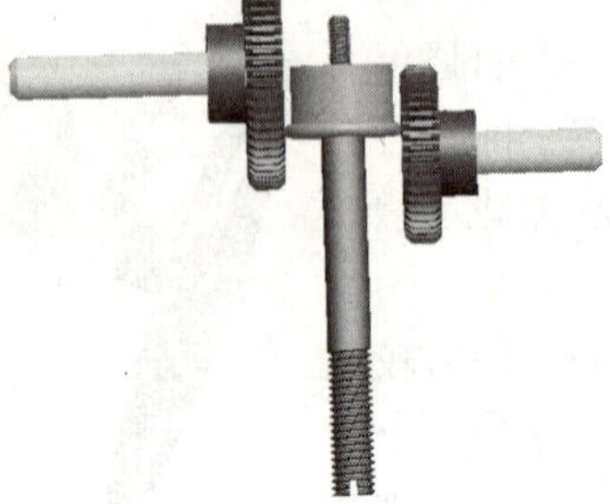

图 2.2.7　摩擦轮机构

图 2.2.8　螺纹锁紧装置

图 2.2.9　前轮四连杆机构

图 2.2.10　四连杆机构的锁紧装置

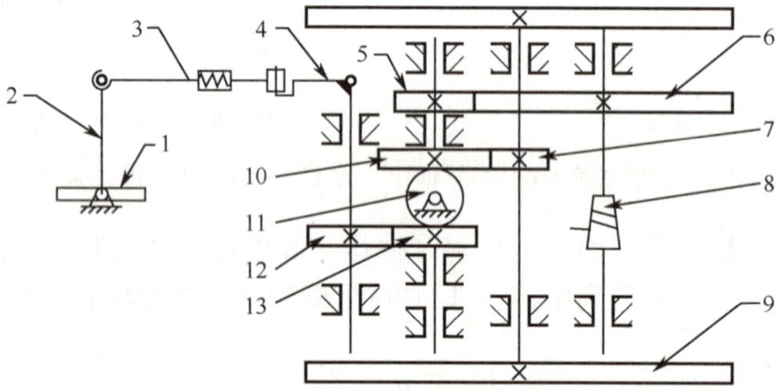

1—前轮；2—摇杆；3—长度调节微分头；4—曲柄；5—齿轮 1；6—齿轮 2；
7—齿轮 3；8—绕线套；9—后轮；10—齿轮 4；11—摩擦轮；12—齿轮 5；13—齿轮 6

图 2.2.11　小车机构传动原理图

小车由重物下落驱动绕线套所在的轴旋转，带动齿轮 2 转动，齿轮 2 与齿轮 1 啮合传动，传动比为 3；齿轮 1 与齿轮 4 同轴，齿轮 4 带动摩擦轮转动，摩擦轮带动齿轮 6 转动，齿轮 4 同时带动齿轮 3 转动，驱动后轮运动，从绕线套到后轮轴的传动比为 6；采用两个齿轮作为摩擦盘与可调的摩擦轮构成一个调速机构，以改变后轮到前轮的传动比。同时作为一个摩擦盘的齿轮 6 与齿轮 5 啮合传动，带动曲柄转动，通过空间四连杆，带动前轮周期性转向。

4）差动方案设计

小车在行走时反复转向，这就要求小车的两个后轮必须有差动设计，最直接的想法是使用类似于汽车差动方案的行星齿轮差速器来实现小车的差速，但是小车的尺寸有限，制作相应尺寸的行星齿轮差速器难度较大，成本较高。比赛要求小车的成本应尽量低，设计时可不使用行星齿轮差速器的方案，而是采用如图 2.2.12 所示的单向轴承差速结构。这种方案只需要在后轮的轮毂中添加一个单向轴承，小车转弯时在前轮导向作用下，内侧后轮会以内侧圆心转向，同时外侧车轮也会沿前轮的方向转动，形成一个差速系统。这种差速系统的优点是成本低、结构简单，缺点是精度不如差速器高。

5）起动方案设计

小车起动时应是在轨迹上的一个固定位置，为保证小车起动后能沿着设计的轨迹行走，小车起动时小车前轮的方向应和轨迹方向保持一致。我们选取小车前轮旋转平面与小车对称平面重合时作为小车的出发点，先将小车调成出发的状态，在小车前轮架上打出一个销孔，如图 2.2.13 所示。在小车底板上也对应钻一个销孔，如图 2.2.14 所示。这样在小车出发时用一个销就可以使小车的前轮相对车身处于一个固定的位置，达到对前轮定位的效果。

此外，还应设计小车起跑器，在台面上根据障碍的位置找到台面上的起跑点，将调好的小车放到找到的起跑点上，小车才可以获得理想的轨迹曲线。

图 2.2.12 单向轴承实现差速的结构

图 2.2.13 前轮架上的销孔

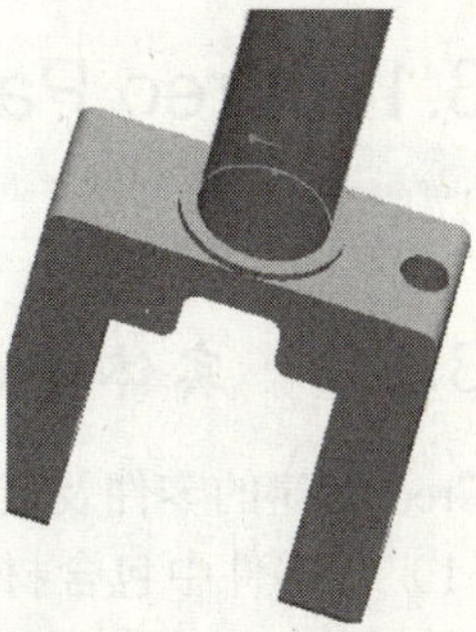

图 2.2.14 底板上的销孔

2．结构设计

方案设计完成以后，还要从结构上实现众多要求。结构设计过程中应注意小车零件的空间排布，在完成方案设计所有要求的前提下，不能相互干涉，满足小车装配的要求，所有零件需要有定位，零件形状应满足零件加工要求等。

在结构设计过程中，对方案进行了多次优化。比如，在设计摩擦轮机构的时候，为减少小车的零件，缩小小车的空间尺寸，我们用两个齿轮同时作为两个摩擦盘使用，这样成功将小车宽度尺寸缩小到 100 左右。小车结构设计装配图如图 2.2.15 所示，制造加工完成后的实物图片如图 2.2.16 与图 2.2.17 所示。

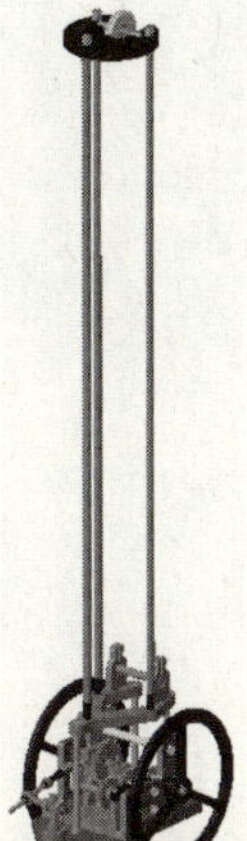

图 2.2.15 无碳小车模型装配图

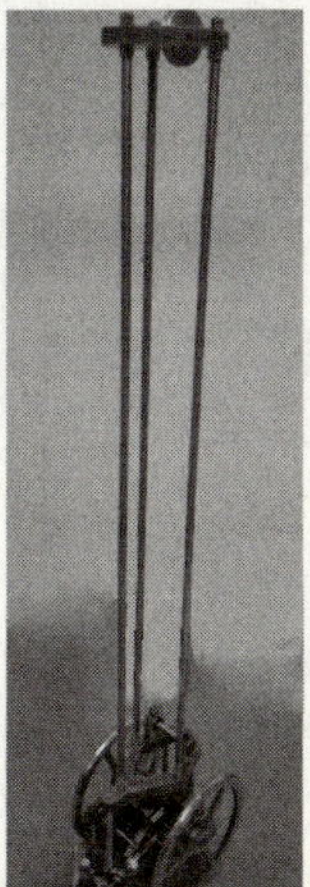

图 2.2.16 无碳小车实物图片 1

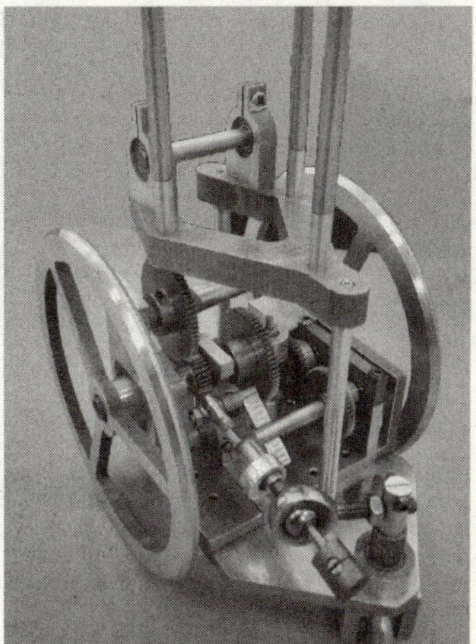

图 2.2.17 无碳小车实物图片 2

第 3 章 Creo Parametric 软件基础

3.1 Creo Parametric 基本概念

3.1.1 实体建模

Creo 创建的零件及装配件都是基于实体建模。实体建模具有以下优点。

（1）在零件中包含材料属性，如体积、密度、质量、重心和曲面面积等信息，如图 3.1.1 所示。这些信息随着模型的修改而改变，比如添加孔特征后，因材料去除引起体积、质量等信息发生改变。

（2）在装配中，将实体零件放置到装配体中，可以对实体零件进行公差分析和干涉检查。

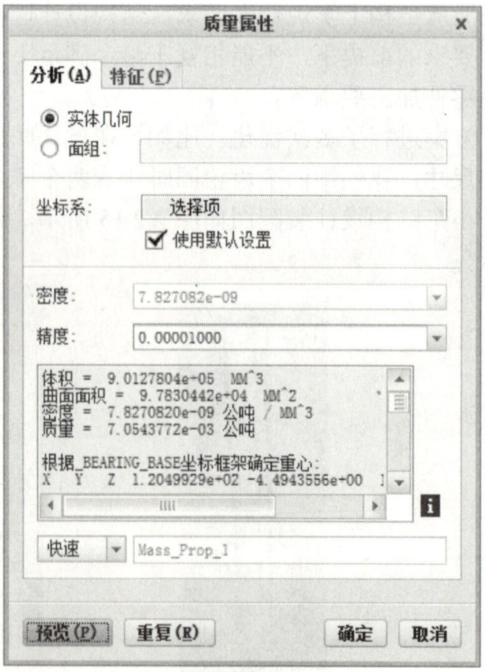

图 3.1.1 “质量属性”对话框

3.1.2 基于特征

模型包含一个或多个简单特征。这些简单特征按照创建顺序排列组合，实现复杂模型的创建，如图 3.1.2 所示。

（a）　　（b）　　（c）

图 3.1.2　特征建模

所有特征按照建模顺序逐条记录在模型树中，如图 3.1.3 所示。可以在模型树或图形区中检索特征，并对特征进行编辑、重定义、删除、调整创建顺序等操作。

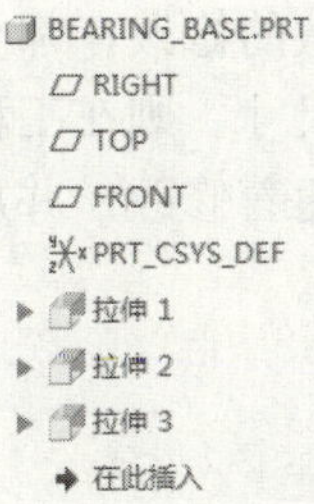

图 3.1.3　模型树

3.1.3 参数化

Creo 模型由值驱动，并使用尺寸和参数来定义模型中特征的尺寸和位置。如果修改某特征尺寸的值，则该特征会相应地更新。然后，此更改便会自动传播到模型中相关的特征，并最终更新整个零件。图 3.1.4 中如果将孔的直径值由 8 修改为 12，则孔特征的大小随即发生改变。

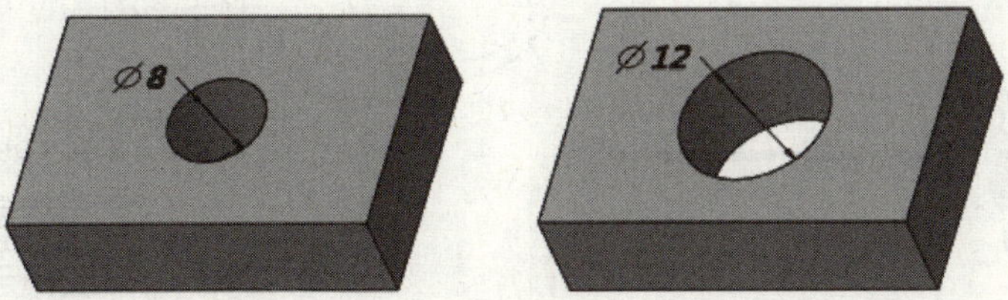

图 3.1.4　孔直径值大小的改变

3.1.4 父子关系

在创建一个特征时，总要参照现有基准或特征作为新特征的放置参照。在对草绘进行标注时，也会参照已有的外部参照作为定位参照，没有这些参照，新特征或草绘无法存在。这些对象相对于新特征是父项，新特征是子项，这就是父子关系。

由于父子关系的存在，在调整特征建模顺序时，需要考虑父子关系，不要尝试颠倒父子先后顺序。在删除具有子特征的父特征时会提示子特征删除信息，以便确认是否删除，或者挂起子特征。图 3.1.5 中删除“拉伸 1”特征时，软件提示“拉伸 2”和“拉伸 3”特征将会被删除。

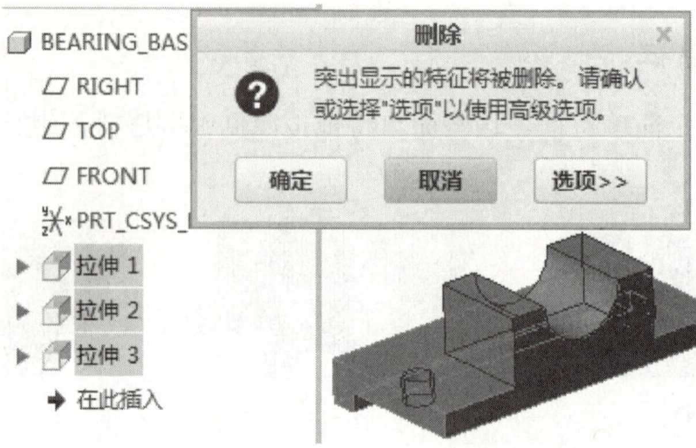

图 3.1.5　特征的父子关系

3.1.5　关联性

关联性是指在任何模式下对元件所做的修改，都会自动反馈到与之关联的所有模型中。比如在图 3.1.6 所示的零件中修改了某个尺寸，则在工程图中，对应的标注也会更改；反之，在工程图中修改了驱动尺寸，模型中也会随着修改，并反映到模型形状上。这就是关联性，且为双向关联。

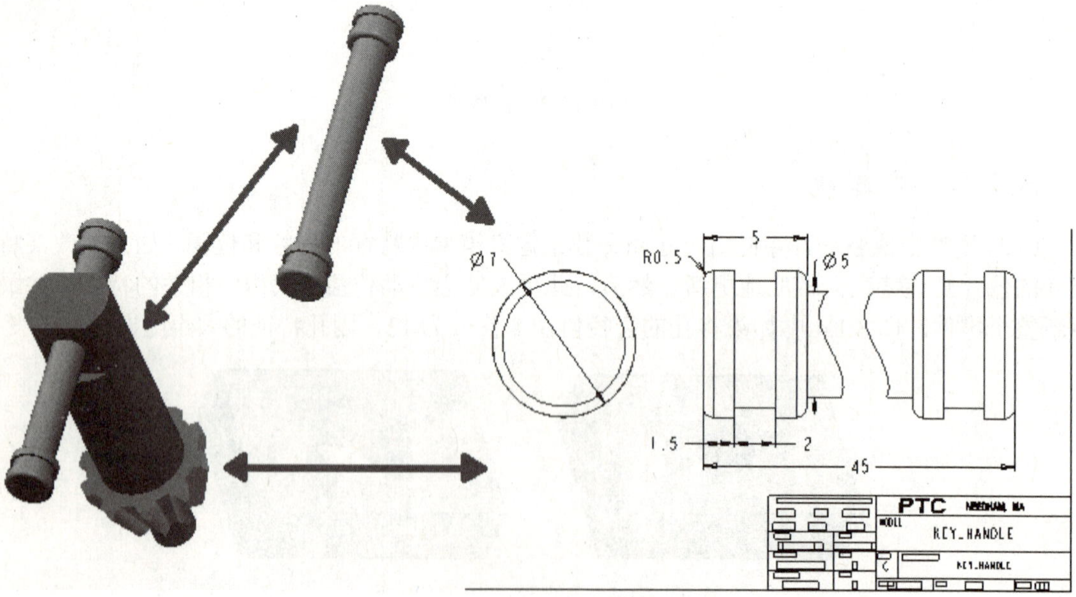

图 3.1.6　零件的关联性

3.1.6　文件扩展名

有三种常用的 Creo Parametric 对象类型：零件、装配和绘图，如图 3.1.7 所示。以下文件扩展名是用来标识这些对象类型的：

.prt，此扩展名表示零件文件；

.asm，此扩展名表示装配文件。装配文件包含用于标识和定位一批零件和子装配的指针和指令；

.drw，此扩展名表示 2D 绘图文件。绘图文件包含用于归档绘图中的零件和装配模型的指针、指令和详图项。

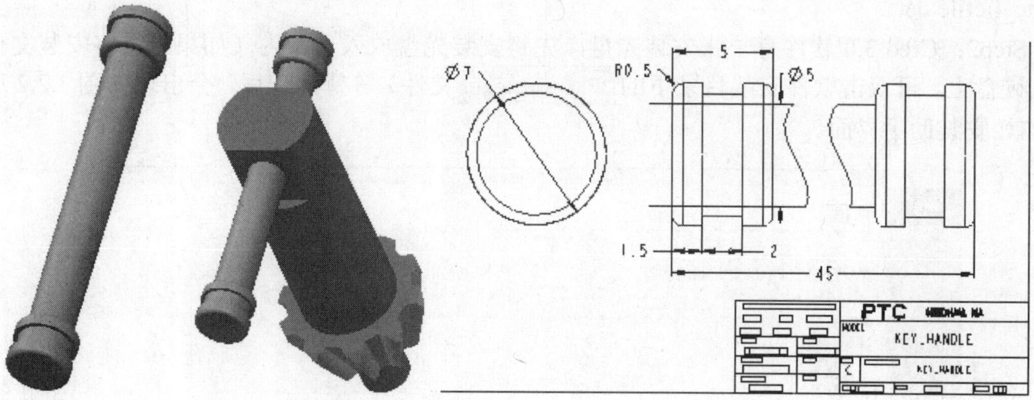

（a）零件文件　　（b）装配文件　　（c）绘图文件

图 3.1.7　文件扩展名

3.2　Creo Parametric 工作界面

3.2.1　Creo 软件安装

1．查找计算机网卡号

在安装 Creo 前，必须依法获得 PTC 软件使用许可证，这是一个文本文件，该文件是根据用户计算机（或服务器，也称为主机）上的网卡号赋予的，具有唯一性。下面以 Windows 7 操作系统为例，说明如何查找计算机网卡号。

Step1：选择 Windows 的 → 所有程序 → 附件 → 命令提示符命令，弹出命令提示符窗口。

Step2：在 C:\>提示符下，输入 ipconfig/all 命令并按 Enter 键，即可获得计算机网卡号。图 3.2.1 中的 C8-60-00-A2-31-5F 即为网卡号。

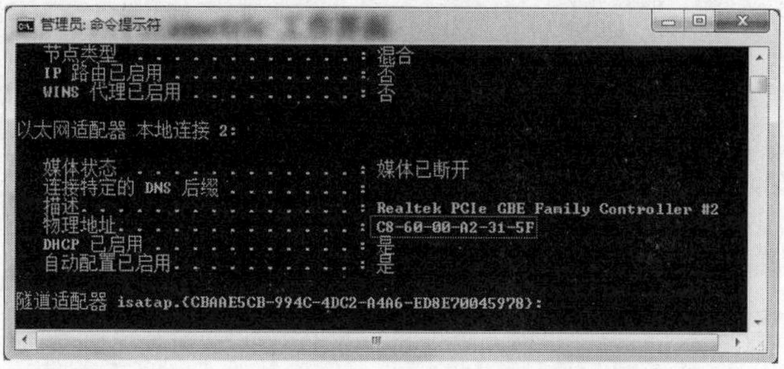

图 3.2.1　获得网卡号

2．单机版 Creo 3.0 的安装

单机版 Creo 3.0（中文版）在各种操作系统下的安装过程基本相同，下面仅以 Windows 7

为例，说明其安装过程。

Step1：首先将合法获得的 Creo 许可文件 ptc_licfile.dat 复制到计算机的某个位置，例如 C:\ptc_licfile.dat。

Step2：Creo 3.0 软件有一张安装光盘，先将安装光盘放入光驱内（如果已经将安装文件复制到硬盘上，可双击软件安装目录下的 setup.exe 文件）等待片刻后，会出现如图 3.2.2 所示的 PTC 安装助手界面。

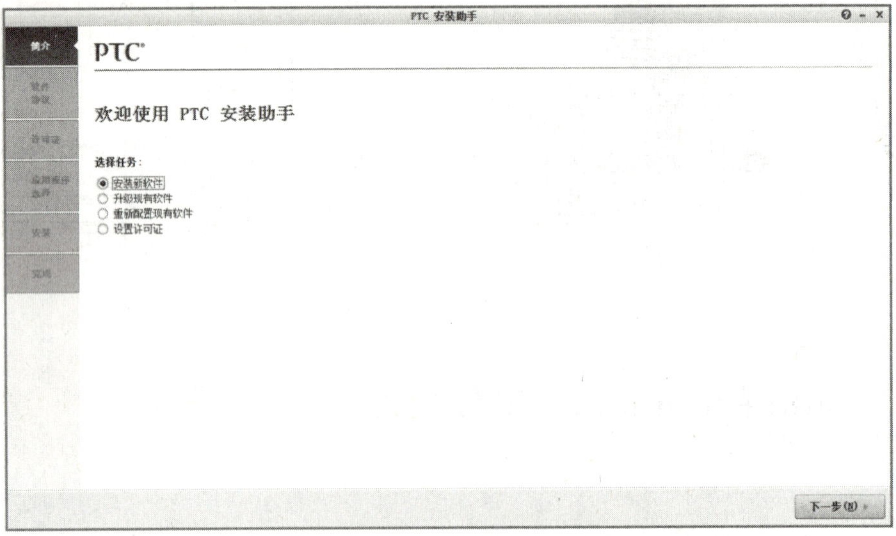

图 3.2.2 PTC 安装助手界面

Step3：在图 3.2.2 所示的选择任务选项卡中选中“安装新软件”单选项，在该对话框中单击 下一步(N) 按钮。

Step4：系统弹出图 3.2.3 所示的对话框，在该对话框中进行下列操作：

（1）选中 ◉ 我接受软件许可协议(A) 单选项。

（2）单击 下一步(N) 按钮。

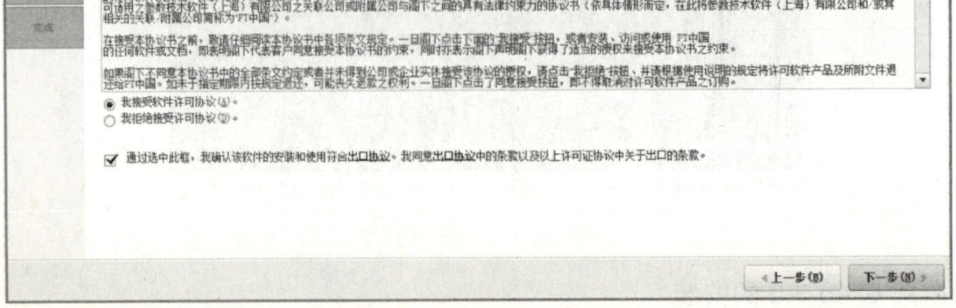

图 3.2.3 接受许可证协议

Step5：在系统弹出的图 3.2.4 所示的对话框中，将许可文件 C:\ptc_licfile.dat 拖放到图 3.2.4 所示的地方。单击 下一步(N) 按钮。

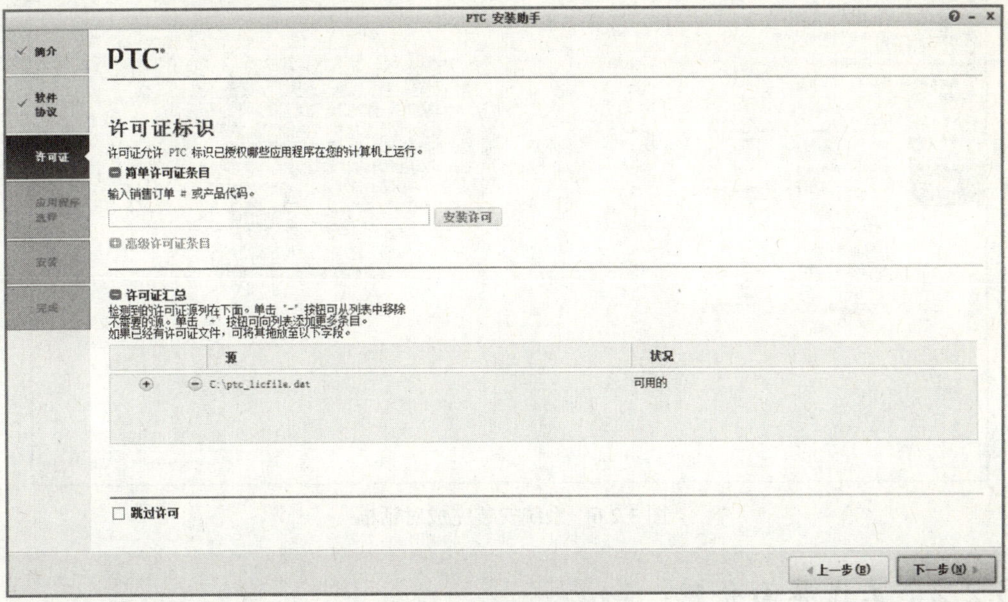

图 3.2.4　安装许可证

Step6：在系统弹出的“安装应用程序”对话框中设置图 3.2.5 所示的参数。单击 安装 按钮。系统开始安装。

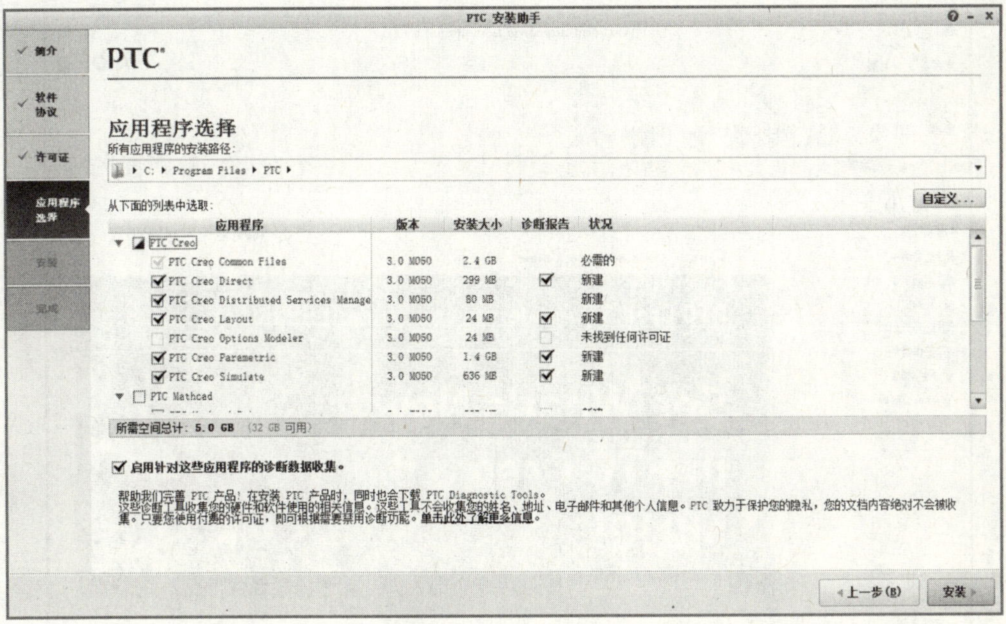

图 3.2.5　安装应用程序

Step7：过一段时间后，系统安装完成，弹出如图 3.2.6 所示的“安装完成”对话框；在此对话框中单击“完成”按钮即可。

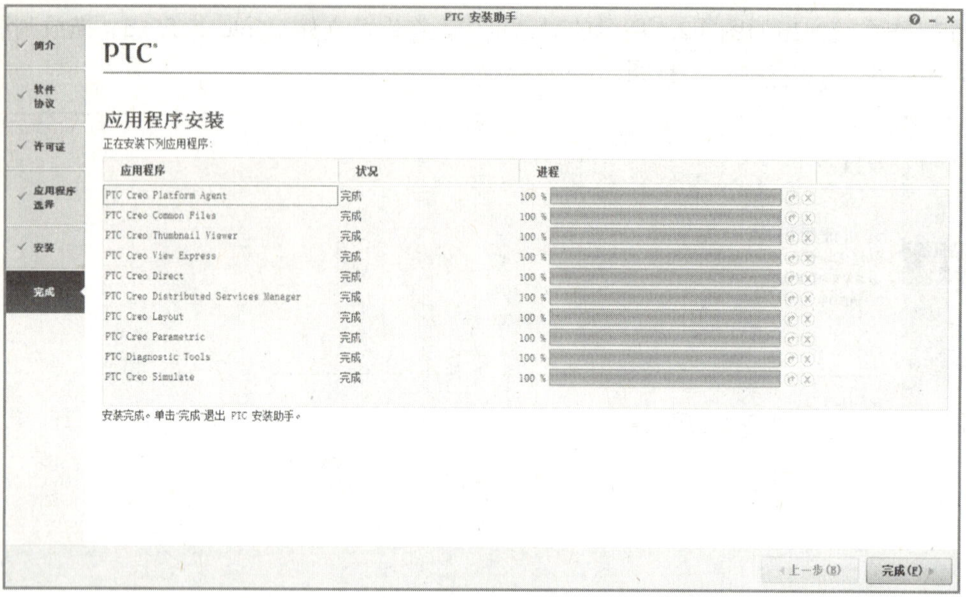

图 3.2.6　系统安装完成对话框

3.2.2　工作界面介绍

Creo Parametric 3.0 启动后界面如图 3.2.7 所示。在打开文件后 Creo 3.0 用户界面如图 3.2.8 所示。Creo 3.0 用户界面包括导航区、快速访问工具栏、标题栏、功能区、“视图控制”工具栏、图形区、消息区、智能选取栏。

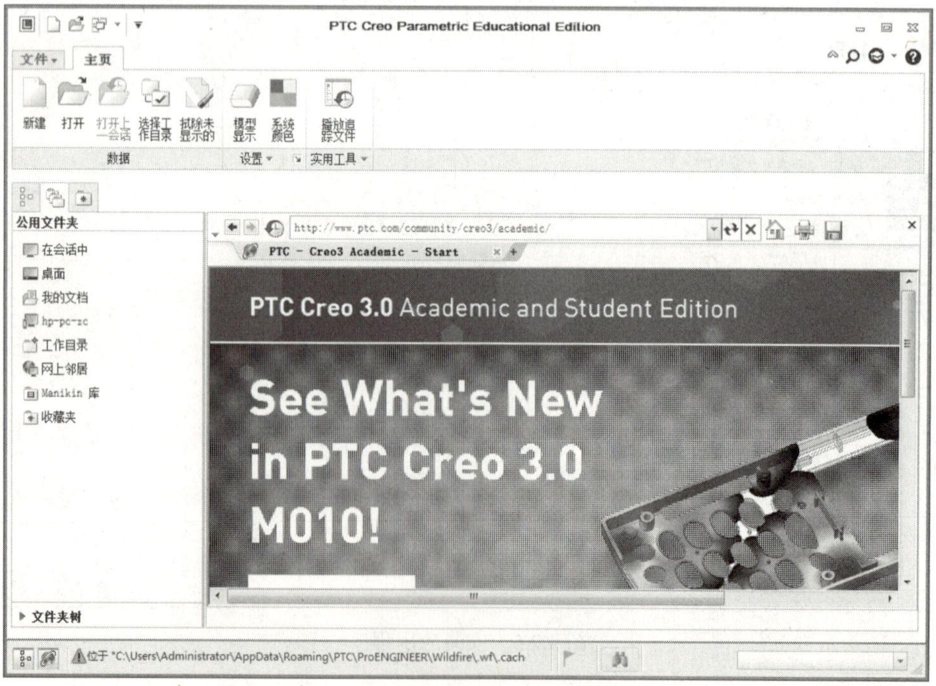

图 3.2.7　Creo Parametric 3.0 启动后界面

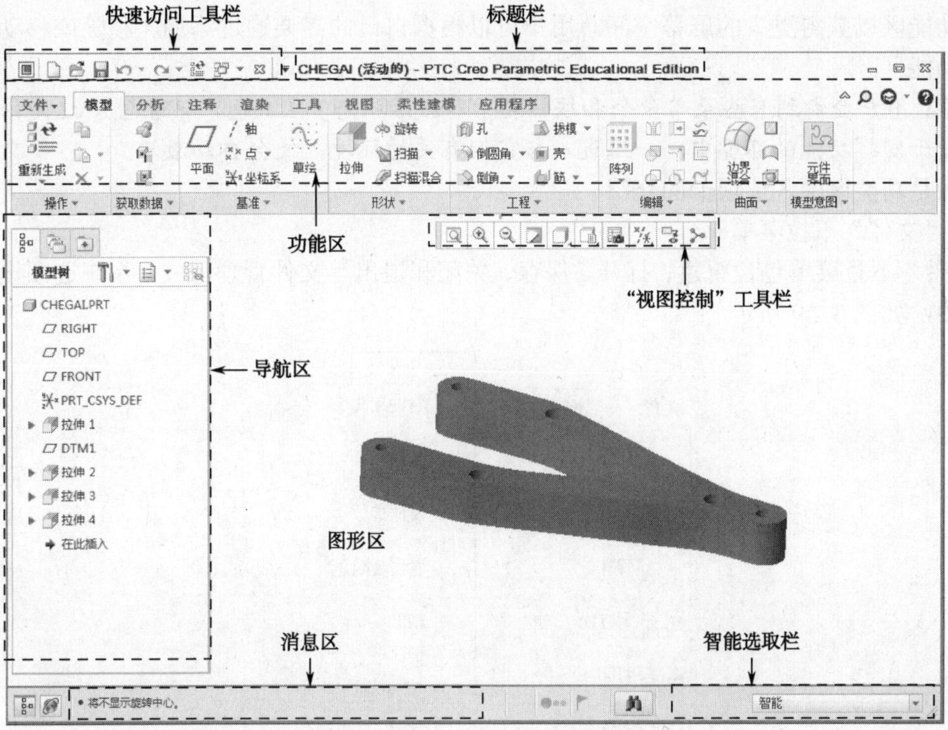

图 3.2.8　Creo 3.0 用户界面

1．导航区

导航区包括三个页面项："模型树"或"层树"、"文件夹浏览器"和"收藏夹"。

"模型树"是零件文件中所有特征的列表，其中包括基准平面特征和基准坐标系特征等。在零件文件中，模型树显示零件文件名称并在名称下显示零件中的每个特征；在组件文件中，模型树显示组件名称并在名称下显示所包括的零件文件。模型结构以分层（树）形式显示，根对象（当前零件或组件）位于树的顶部，附属对象（特征或零件）位于树的下部，如果打开了多个 Creo 3.0 窗口，则模型树的内容会反映当前窗口中的文件。在默认情况下，模型树只列出当前文件中的相关特征和零件级的对象，而不列出构成特征的图元（如边、曲面、曲线等），每个模型树项目包含一个反映其对象类型的图标。

"文件夹浏览器"类似于 Windows 的"资源管理器"，用于浏览文件。

"收藏夹"用于有效组织和管理个人资源。

2．快速访问工具栏

快速访问工具栏中包含新建、保存、修改模型和设置 Creo 环境的一些命令。快速访问工具栏为快速进入命令及设置工作环境提供了极大的方便，用户可以根据具体情况定制快速访问工具栏。

3．标题栏

标题栏显示了当前的软件版本以及活动的模型文件名称。

4．功能区

功能区包含组织成一组选项卡的命令按钮。在每个选项卡上，相关按钮分组在一起。可以最小化功能区以获得更大的屏幕空间。用户可以根据自己的需要通过添加、移除或移动按钮来自定义功能区。

注意： 用户会看到有些菜单命令和按钮处于非激活状态（呈灰色，即暗色），这是因为它们还没有处于发挥功能的环境中。一旦进入与它们有关的环境，便会自动激活。

下面是功能区中各选项卡的介绍。

◆ “文件”下拉菜单

“文件”下拉菜单包含新建、打开、保存、关闭和退出等文件管理工具，系统选项设置工具也在其中，如图 3.2.9 所示。

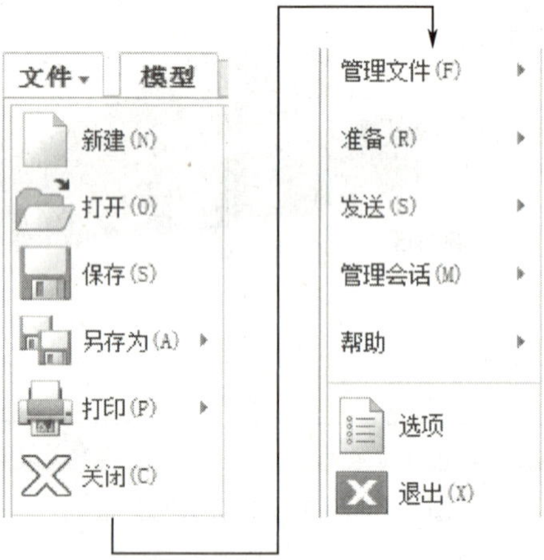

图 3.2.9 “文件”下拉菜单

◆ “模型”选项卡

“模型”选项卡包含 Creo 中所有的零件建模工具，主要有实体建模工具、曲面工具、基准特征、工程特征、特征的编辑工具以及模型示意图工具等，如图 3.2.10 所示。

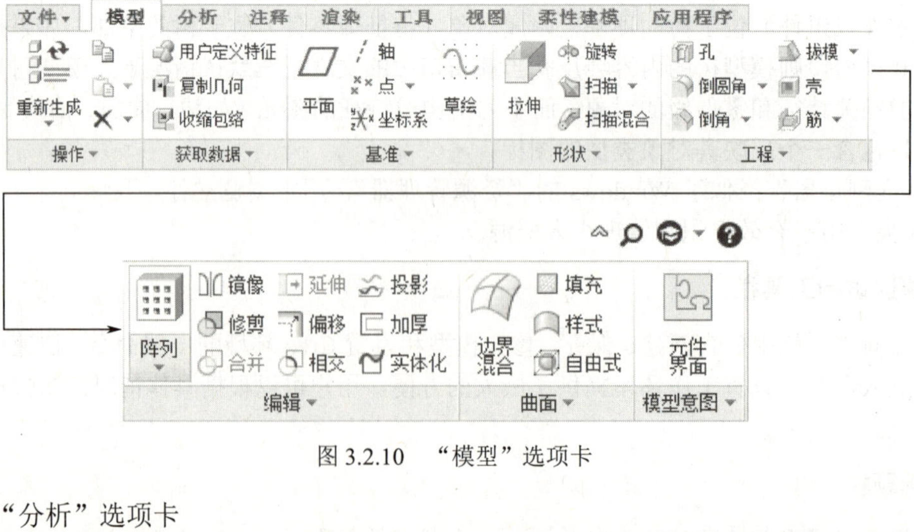

图 3.2.10 “模型”选项卡

◆ “分析”选项卡

“分析”选项卡包含 Creo 中所有的模型分析与检查工具，主要用于分析测量模型中的各种物理数据、检查各种几何元素以及尺寸公差分析等，如图 3.2.11 所示。

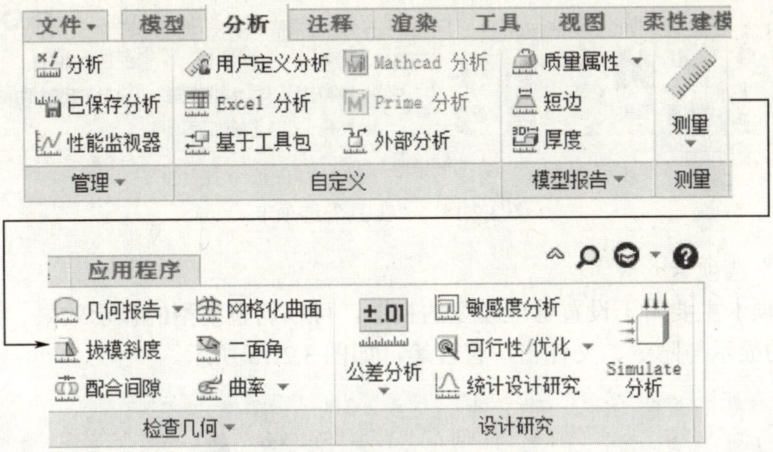

图 3.2.11 “分析”选项卡

◆ “注释”选项卡

“注释”选项卡用于创建与管理模型的 3D 注释，如在模型中添加尺寸注释、添加几何公差与基准等，这些注释也可以直接导入 2D 工程图中，如图 3.2.12 所示。

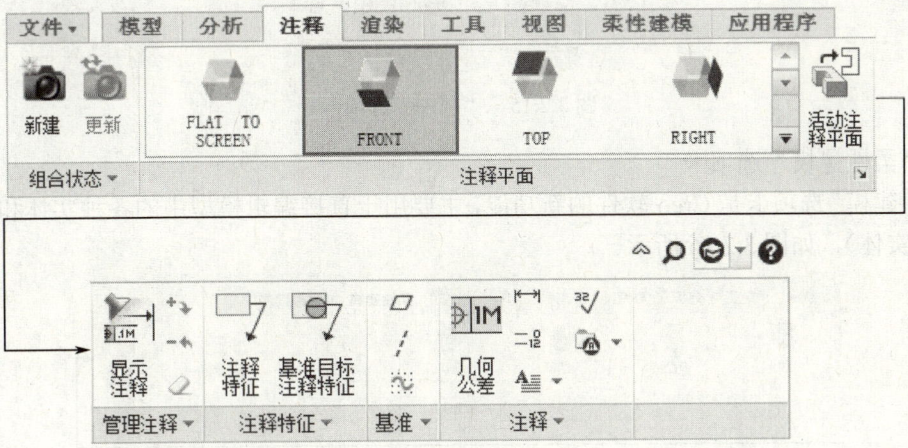

图 3.2.12 “注释”选项卡

◆ “渲染”选项卡

“渲染”选项卡用于对模型进行渲染，通过赋予模型真实的材质，布置展示场景，得到高质量的图片，如图 3.2.13 所示。

图 3.2.13 “渲染”选项卡

◆ “工具”选项卡

“工具”选项卡包含 Creo 中的建模辅助工具，主要有模型播放器、参考查看器、搜索工具、族表工具、参数化工具、辅助应用程序等，如图 3.2.14 所示。

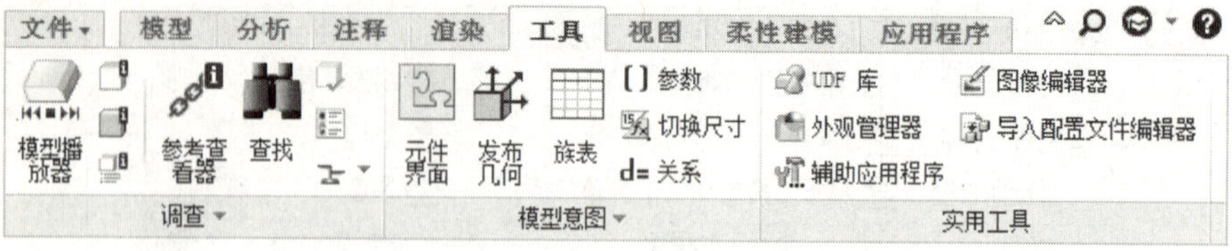

图 3.2.14 “工具”选项卡

◆ “视图”选项卡

“视图”选项卡主要用于设置管理模型的视图，可以调整模型的显示效果、设置显示样式、控制基准特征的显示与隐藏、文件窗口管理等，如图 3.2.15 所示。

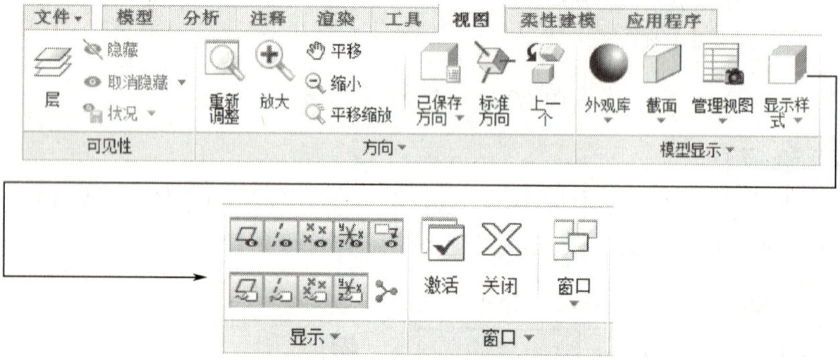

图 3.2.15 “视图”选项卡

◆ “柔性建模”选项卡

“柔性建模”选项卡是 Creo 软件的新功能，主要用于直接编辑模型中的各种实体和特征（包括无参数实体），如图 3.2.16 所示。

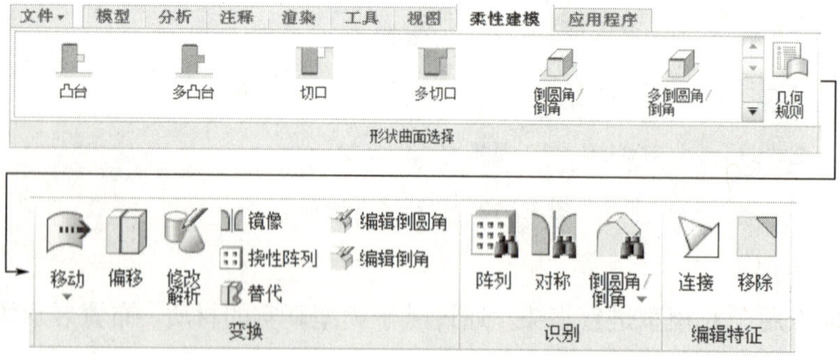

图 3.2.16 “柔性建模”选项卡

◆ “应用程序”选项卡

“应用程序”选项卡主要用于切换到 Creo 的部分工程模块，如焊接设计、模具设计、分析模拟等，如图 3.2.17 所示。

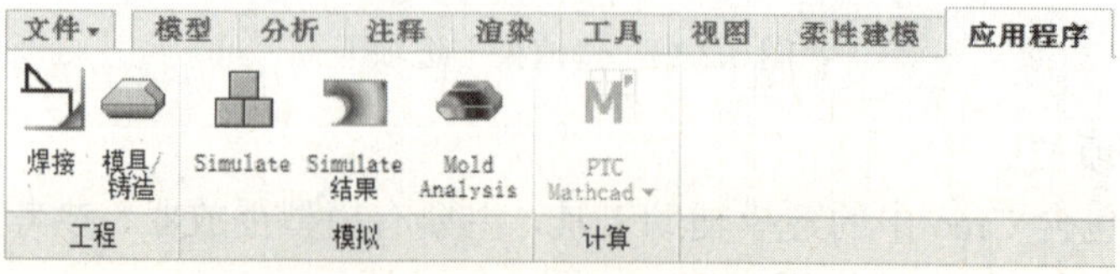

图 3.2.17 “应用程序”选项卡

5. "视图控制"工具栏

图 3.2.18 所示的"视图控制"工具栏是将"视图"功能选项卡中部分常用的命令按钮集成到一个工具条中，以便随时调用。

图 3.2.18　"视图控制"工具栏

6. 图形区

Creo 各种模型图形的显示区。

7. 消息区

在用户操作软件的过程中，消息区会实时地显示与当前操作相关的提示信息等，以引导用户的操作。消息区有一个可见的边线，将其与图形区分开，若要增加或减少可见消息行的数量，可将鼠标指针置于边线上，按住鼠标左键，将鼠标指针移到所期望的位置。

8. 智能选取栏

智能选取栏也称过滤器，主要用于快速选取某种所需要的要素（如几何、基准等）。

3.2.3　工作界面定制

工作界面的定制步骤如下：

Step1：进入定制工作界面对话框。选择"文件"下拉菜单中的 文件 → 选项 命令，即可进入"PTC Creo Parametric 选项"对话框，如图 3.2.19 所示。

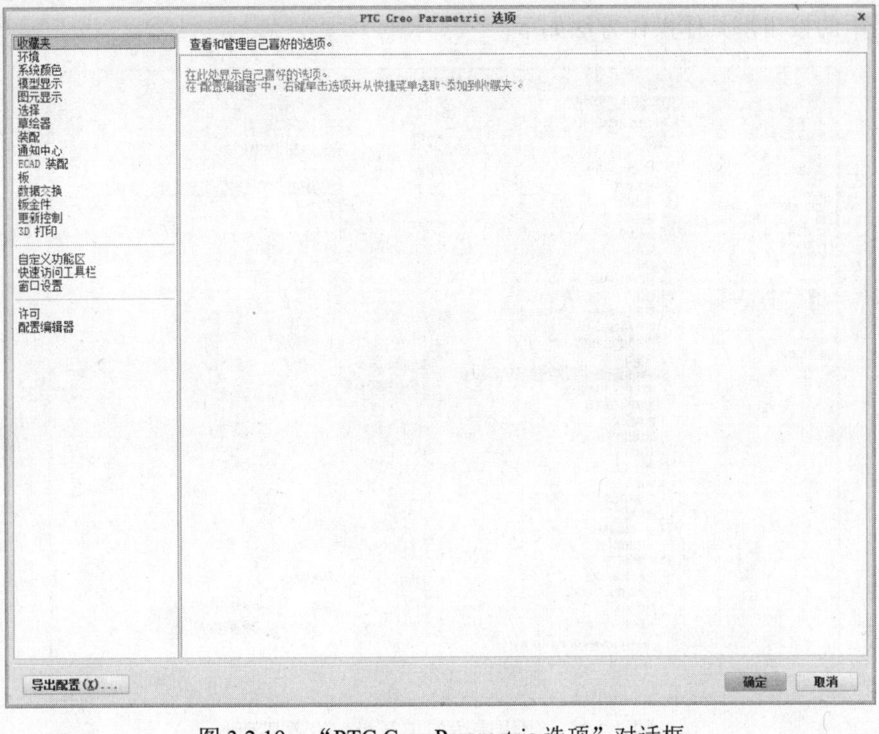

图 3.2.19　"PTC Creo Parametric 选项"对话框

Step2：窗口设置。在“PTC Creo Parametric 选项”对话框单击“窗口设置”区域，即可进入软件窗口设置界面。在此界面中可以进行导航选项卡设置、模型树设置、浏览器设置、辅助窗口设置以及图形工具栏设置等，如图 3.2.20 所示。

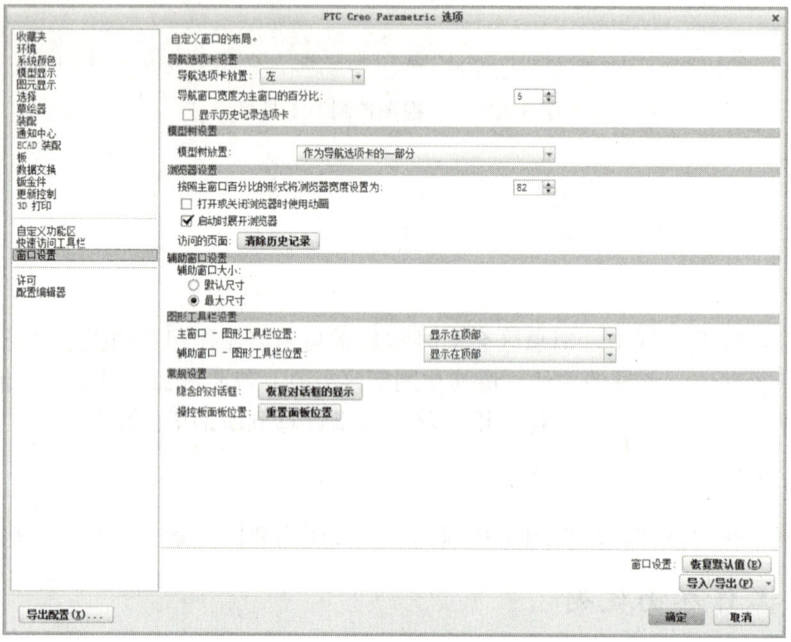

图 3.2.20 “窗口设置”界面

Step3：快速访问工具栏设置。在“PTC Creo Parametric 选项”对话框中单击“快速访问工具栏”区域，即可进入快速访问工具栏设置界面，如图 3.2.21 所示。在此界面中可以定制快速访问工具栏中的按钮，具体操作方法如下：

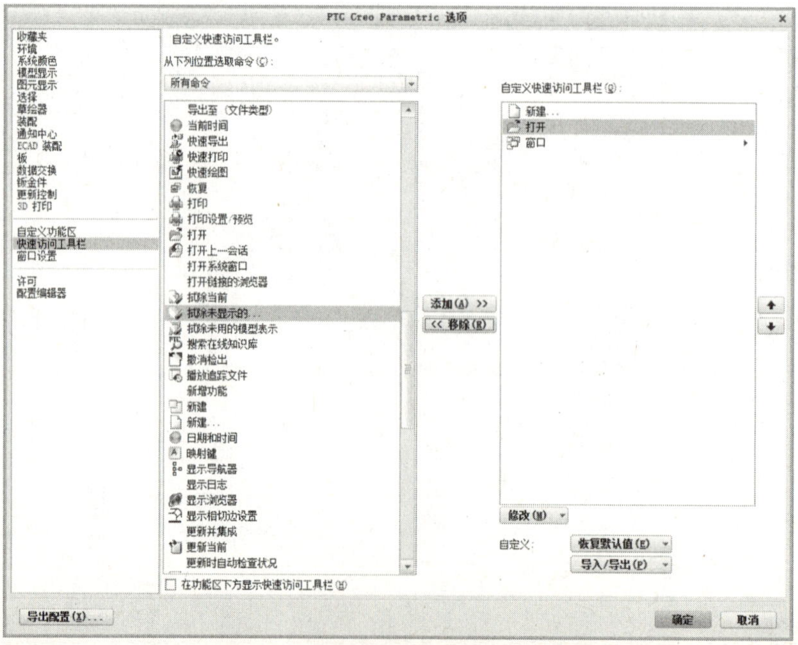

图 3.2.21 “快速访问工具栏”设置界面

（1）在“PTC Creo Parametric 选项”对话框的“从下列位置选取命令（C）：”下拉列表中选取“所有命令”选项。

（2）在命令区域中选择“拭除未显示的”选项，然后单击“添加”按钮。

（3）单击对话框右侧的 ⬆ 和 ⬇ 按钮，可以调整添加的按钮在快速访问工具栏中的位置。

Step4：功能区设置。在“PTC Creo Parametric 选项”对话框中单击“自定义功能区”，即可进入功能区设置界面。在此界面中可以设置功能区各选项卡中的按钮，并可以创建新的用户选项卡，如图 3.2.22 所示。

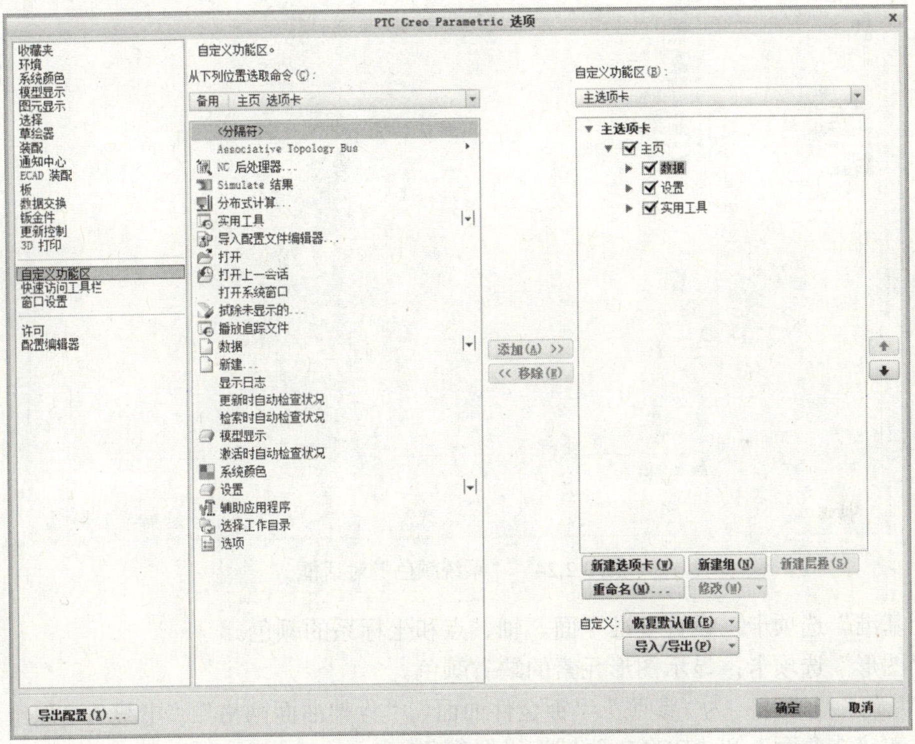

图 3.2.22　“自定义功能区”设置界面

Step5：导出/导入配置文件。在“PTC Creo Parametric 选项”对话框中单击“导入/导出”按钮，在图 3.2.23 所示的快捷菜单中选择“导出所有功能区和快速访问工具栏自定义”选项，系统弹出“导出”对话框；单击“保存”按钮，可以将界面配置文件“creo_parametric_customization.ui”导出到当前工作目录中。

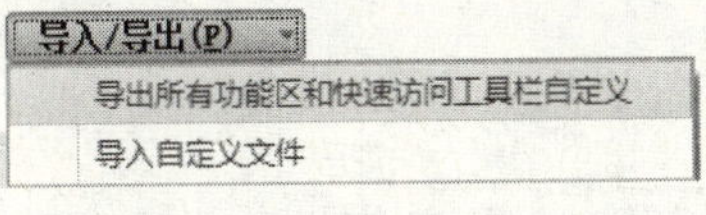

图 3.2.23　“导入/导出”菜单

3.2.4　系统颜色设置

Creo 3.0 提供了一整套完善的缺省系统颜色，利用它用户可以轻松地识别模型几何、基准和其他重要的显示元素。而且图元中颜色常常反映一些提示信息，如尺寸标注时多标注了一个尺寸，形成了过约束，系统将形成过约束的尺寸标注显示为红色，提示用户标注错误，必须删除一个红色的尺寸。

选择“文件”下拉菜单中的 文件 → 选项 命令，进入“选项”对话框，选择“系统颜色”选项，用于设置系统环境和各图元显示颜色，如图 3.2.24 所示。

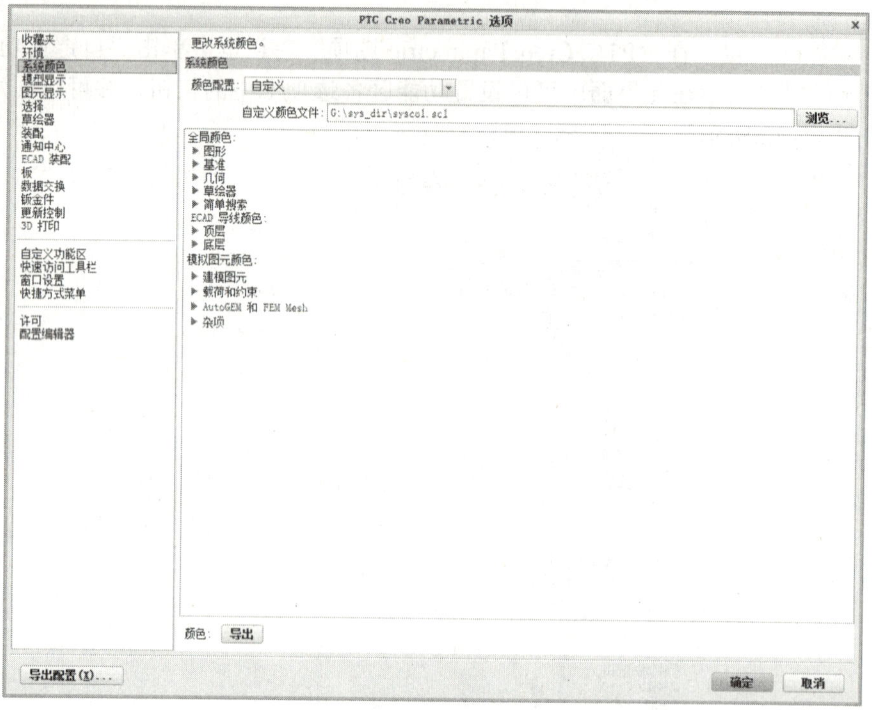

图 3.2.24 “系统颜色”对话框

- “基准”选项卡：设置基准平面、轴、点和坐标系的颜色。
- “图形”选项卡：显示图形元素的缺省颜色。
- “几何”选项卡：为“参照”、“钣金件曲面”、“骨架曲面网格”、“电缆”、“面组边”、“模具和铸造曲面”和“ECAD 区域”设置颜色。

在该对话框中，每个选项前面都有一个按钮，用户若要改变某选项的颜色，只需要单击该按钮，系统就会弹出对话框，如图 3.2.25 所示。

另外，在“系统颜色”对话框的顶部还有“颜色设置”项。在“颜色设置”项则是几个由系统提供的颜色设置方案，Creo 3.0 提供 4 种颜色设置，如图 3.2.26 所示。

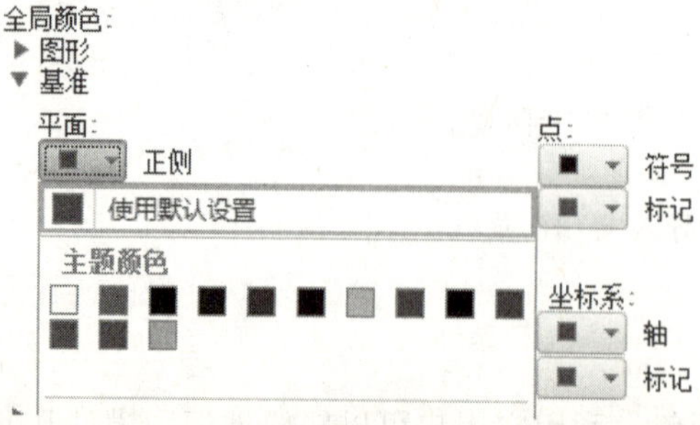

图 3.2.25 “颜色编辑器”对话框

图 3.2.26 “系统颜色”设置

● 默认：将颜色配置重置为缺省颜色设置。
● 深色背景：系统自动将背景设置为深色。
● 白底黑色：在白色背景上显示黑色图元。
● 自定义：单击右边的“浏览”按钮可以打开保存的设置。

3.3　三维建模基础

基本的三维模型是具有长、宽（或直径、半径等）和高的三维几何。图 3.3.1 中列举了两种典型的基本模型，它们是由三维空间的几个面拼成的实体模型，这些面形成的基础是线，线构成的基础是点，要注意三维几何图形中的点是三维概念的点，也就是说，点需要由三维坐标系中的 *X*，*Y*，*Z* 三个坐标值来定义。用 CAD 软件创建基本三维模型的一般过程如下：

（1）选取或定义一个用于定位的三维坐标系或三个垂直的空间平面，如图 3.3.2 所示；

（2）选定一个面（一般称为“草绘平面”），作为二维平面几何图形的绘制平面；

（3）在草绘面上创建形成三维模型所需的截面和轨迹线等二维平面几何图形；

（4）形成三维立体模型。

图 3.3.1　基本三维模型

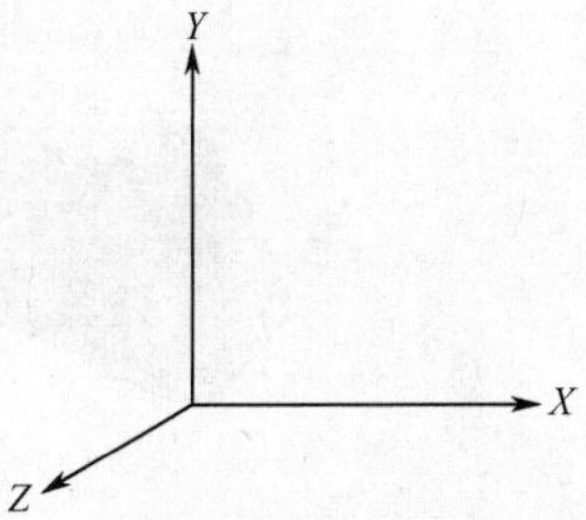

图 3.3.2　坐标系

“特征”是构成一个零件或者装配件的单元，虽然从几何形状上看，它也包含一般三维模型基础的点、线、面或者实体单元，但更重要的是，它具有工程制造意义，也就是说基于特征的三维模型具有常规几何模型所没有的附加的工程制造信息。

用“特征添加”方法创建三维模型的好处如下：

（1）表达方式更符合工程技术人员的习惯，并且三维模型的创建过程与其加工过程十分相近，软件容易上手和深入。

（2）添加特征时可附加三维模型的工程制造信息。

（3）由于在模型的创建阶段，特征结合于零件模型中，并且采用来自数据库的参数化通用特征来定义几何形状，这样在设计阶段就可以很容易做出一个更为丰富的产品，能够有效地支持下游活动的自动化，如模具和刀具等的准备、加工成本的早期评估等。

下面以图 3.3.3 为例，说明用“特征”创建三维模型的一般过程：

（a）创建或选取作为模型空间定位的基准特征，如基准面、基准线或基准坐标系。

（b）创建基础拉伸特征——本体 1。

（c）添加切削拉伸特征——切削拉伸特征 2。

（d）添加拉伸特征——拉伸特征 3。

（e）添加倒圆角特征——倒圆角特征 1。

（f）添加孔特征——孔特征 1、2。

（g）添加孔特征——孔特征 3、4、5、6。

（h）添加切削拉伸特征——切削拉伸特征 4。

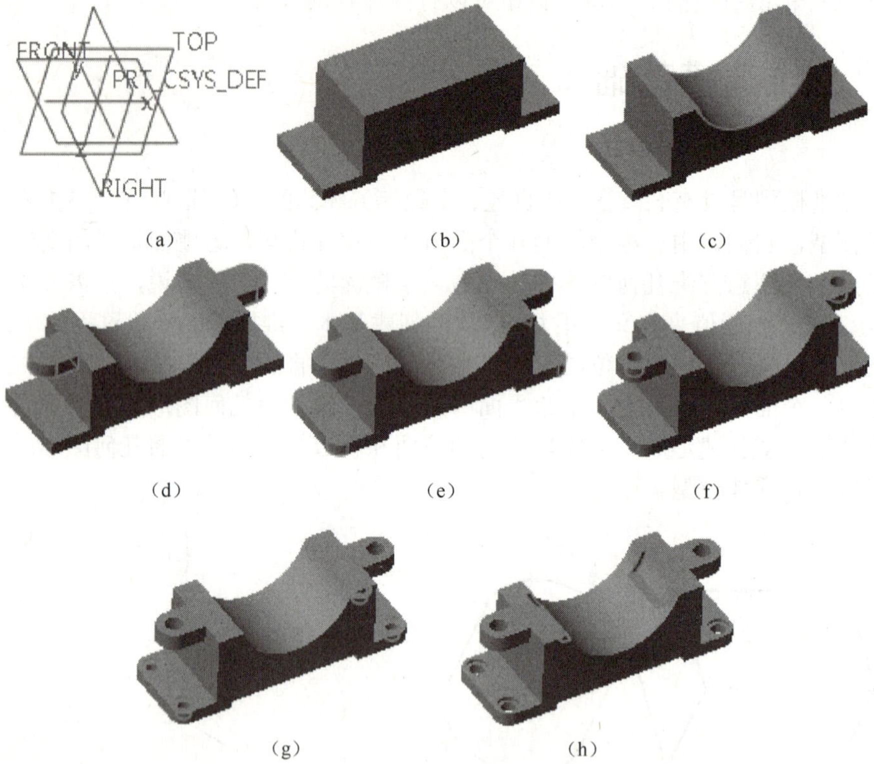

图 3.3.3　创建三维模型的一般过程

3.4　使用 Creo 创建零件的一般过程

用 Creo 软件创建零件产品，其方法十分灵活，按大的方法分类，有以下几种。

1．“积木”式

这是大部分机械零件的实体三维模型的创建方法。这种方法是先创建一个反映零件主要形状的基础特征，如拉伸、旋转、扫描、混合等，然后在这个基础特征上添加其他的一些特征，如拔模、抽壳、倒角、圆角等。

2．由曲面生成零件的实体三维模型

这种方法是先创建零件的曲面特征，然后把曲面转换成实体模型。

3．从装配中生成零件的实体三维模型

这种方法是先创建装配体，然后在装配体中创建零件。

下面以一个零件——轴承座（bearing_base）为例，说明用 Creo 软件采用“积木”式的方法创建零件三维模型的一般过程，同时介绍拉伸特征的基本概念及其创建方法。轴承座的模型

如图 3.4.1 所示。

图 3.4.1　轴承座三维模型

3.4.1　新建一个零件文件

Step1：设置工作目录

（1）启动 Cero 后在欢迎界面时，单击如图 3.4.2 所示的“选择工作目录”按钮。

图 3.4.2　“选择工作目录”命令

（2）在弹出的图 3.4.3 所示的“选择工作目录”对话框中选择自己即将作为工作目录的文件夹，本书以下各章节均假定工作目录为 D:\Creo_workspace。

（3）单击对话框中的 确定 按钮。

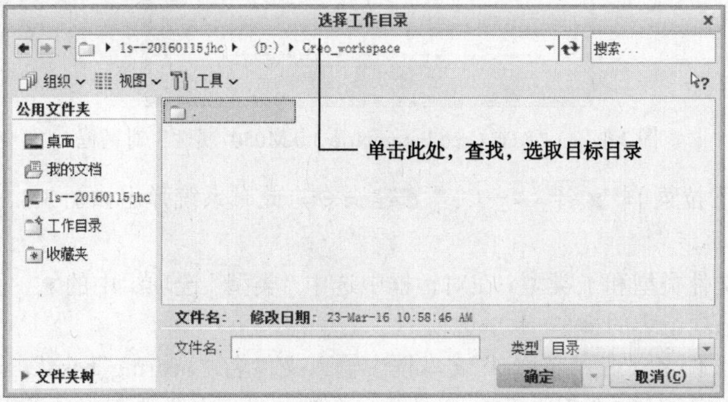

图 3.4.3　“选择工作目录”对话框

说明：

- 使用 Creo 软件时，应该注意文件的目录管理。如果文件管理混乱，会造成系统找不到正确的相关文件，从而严重影响 Creo 软件的安全相关性，同时也会使文件的保存、删除等操作产生混乱，因此应按照操作者的姓名、产品名称建立用户文件目录，如本书要求在 D 盘上创建一个名为 Creo_workspace 的文件夹作为用户目录。

- 由于 Cero 软件在运行过程中将大量的文件保存在当前目录中，并且也常常从当前目录中自动打开文件，为了更好地管理 Cero 软件的大量有关联的文件，应特别注意，在进入 Cero 后，开始工作前最紧要的事情是“设置工作目录”。
- 进行下列操作后，双击桌面上的 Creo 图标进入 Creo 软件系统时，即可自动切换到指定的工作目录。

➢ 右击桌面上的 Creo 图标，在系统弹出的快捷菜单中选择 属性(R) 命令。如图 3.4.4 所示的“PTC Creo Parametric 3.0 M050 属性”对话框被打开。

➢ 单击该对话框中的“快捷方式”选项卡，然后在“起始位置（S）:”文本框中输入 D:\Creo_workspace，并单击 确定 按钮。

➢ 设置好启动目录后，每次启动 Creo 软件，系统自动在启动目录中生成一个名为“trail.txt”的文件。该文件是一个后台记录文件，它记录了用户从打开软件到关闭期间的所有操作记录。

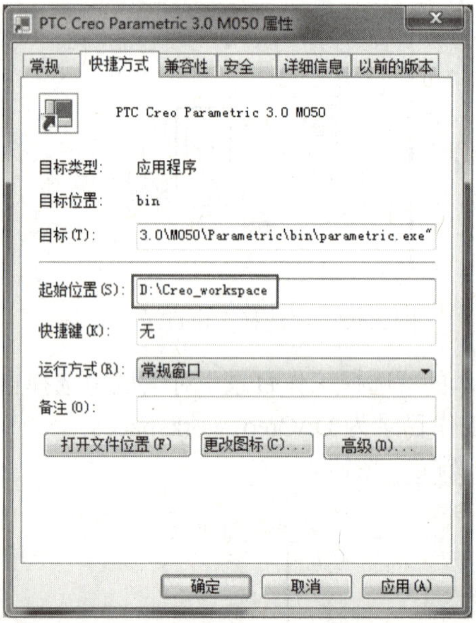

图 3.4.4 “PTC Creo Parametric 3.0 M050 属性”对话框

Step2：选择下拉菜单 文件 → 新建 命令，此时系统弹出如图 3.4.5 所示的文件“新建”对话框。

Step3：选择文件类型和子类型。在对话框中选中“类型”选项组中的 ◉ 零件 单选项，选中“子类型”选项组中的 ◉ 实体 单选项。

Step4：输入文件名。在“名称:”文本框中输入文件名“bearing_base”。

说明：每次新建一个文件时，Creo 会显示一个默认名。如果要创建的是零件，默认名的格式是 prt 后跟一个序号（如 prt0001），以后再新建一个零件，序号自动加 1。

在“公用名称:”文本框中可输入模型的公共描述，该描述将映射到 Windchill 中的 CAD 文档名中去。一般设计中不对此进行操作。

Step5：取消选中 ☐ 使用默认模板 复选框并选取适当的模板。通过单击 ☐ 使用默认模板 复选框来取消使用默认模板，然后单击对话框中的 确定 按钮，系统弹出图 3.4.6 所示的“新文件选项”对话框，在模版选项组中选取 PTC 提供的米制实体零件模板 mmns_part_solid 选项（如果用户所在公司创建了专用模板，可用 浏览... 按钮找到该模板），然后单击 确定 按钮，系统进入图 3.4.7 所示的零件创建环境。

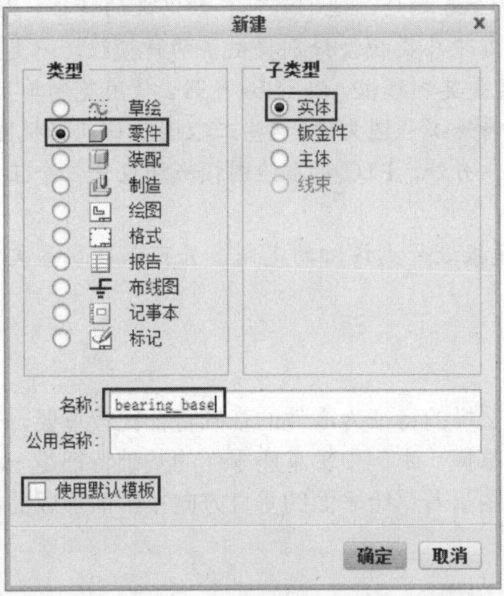

图 3.4.5 新建零件对话框

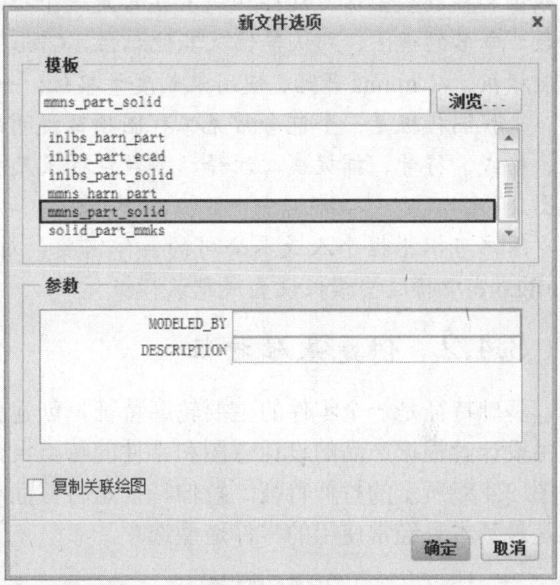

图 3.4.6 选择零件模板

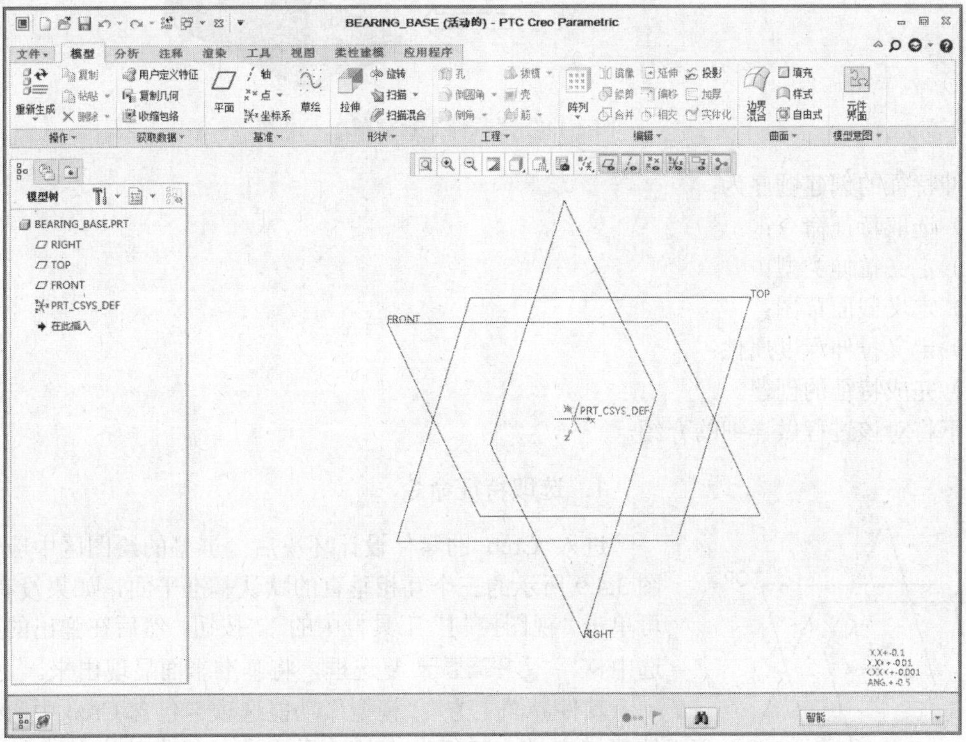

图 3.4.7 零件“bearing_base”创建环境

注意：为了使本书的通用性更强，在后面各章节中，当新建一个模型（包括零件模型、装配体模型）时，如未加注明，都是取消选中 使用默认模板 复选框，而且都是使用 PTC 提供的以 mmns 开始的米制模板。

关于默认模板

Creo 的模板分为两种类型：模型模板和工程图模板。模型模板分为零件模型模板、装配模型模板和模具模型等，这些模版其实都是一个标准 Creo 模型，他们都包含预定义的特征、层、参数、命名的视图、默认单位及其他属性，Creo 为其中各类模型分别提供了两种模板，一类是米制模板，以 mmns 开始，使用米制度量单位；一类是英制模板，以 inlbs 开始，使用英制单位。

工程图模板是一个包含常见工程图项目说明的特殊工程图文件，这些工程图项目包括视图、表、格式、符号、捕捉线、注释、参数注释及尺寸。另外，PTC 标准绘图模板还包含三个正交视图。

用户可以根据个人或本公司的具体需要，对模板进行更详细的定制，并可以在配置文件 config.pro 中将这些模板设置成默认模板。

3.4.2 创建基础特征

基础特征是一个零件的主要轮廓特征，创建什么样的特征为零件的基础特征比较重要，一般由设计者根据产品的设计意图和零件的特点灵活掌握。本例中轴承座零件的基础特征是一个如图 3.4.8 所示的拉伸特征。拉伸特征是将截面草图沿着草绘平面的垂直方向投影而形成的，它是最基本且经常使用的零件造型选项。

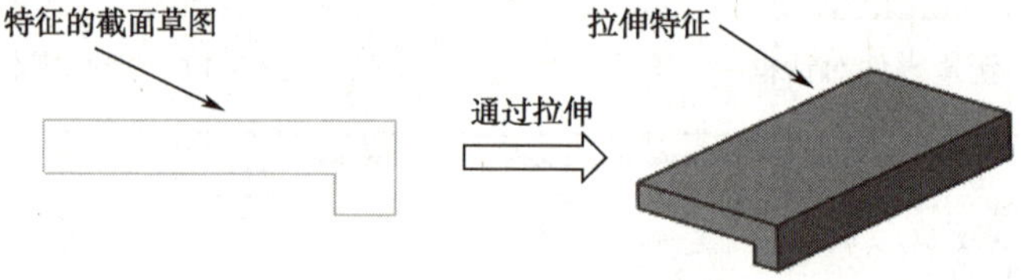

图 3.4.8 “拉伸”示意图

拉伸特征的创建顺序为：

（1）选取特征命令；

（2）定义拉伸类型；

（3）定义截面草图；

（4）定义拉伸深度属性；

（5）完成特征的创建。

以下将对该过程做详细的介绍。

1. 选取特征命令

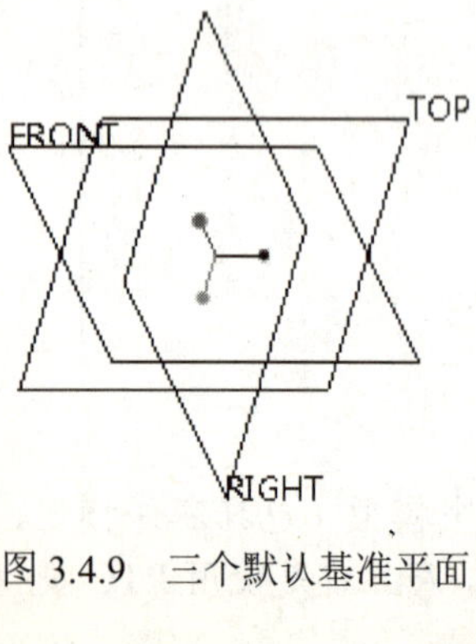

图 3.4.9 三个默认基准平面

进入 Creo 的零件设计环境后，屏幕的绘图区中应该显示图 3.4.9 所示的三个互相垂直的默认基准平面，如果没有显示，可单击“视图控制”工具栏中的按钮，然后在弹出的菜单中选中 ☑ 平面显示 复选框，将基准平面显现出来。

软件界面上方 “模型”功能选项卡包含 Creo 中所有的零件建模工具，特征命令的选取方法一般是单击其中的命令按钮。本例中需要选择拉伸命令，在“模型”功能选项卡中单击图 3.4.10 中的 拉伸按钮即可。“拉伸”特征操控板如图 3.4.11 所示。

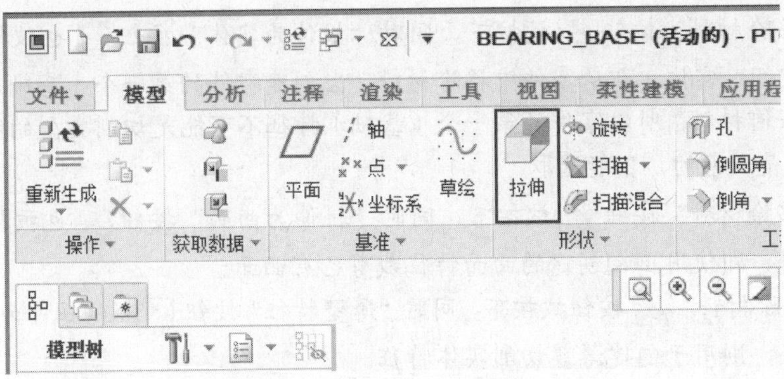

图 3.4.10 选取“拉伸”命令

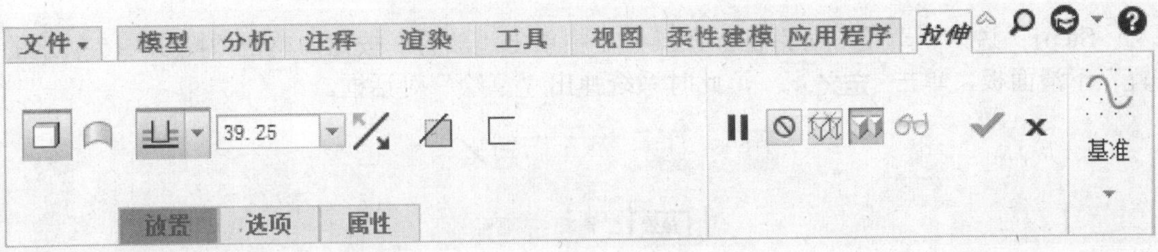

图 3.4.11 “拉伸”操控板

2. 定义拉伸类型

在“拉伸”特征操控板中，单击实体特征类型按钮（默认情况下，此按钮为按下状态）。

说明：利用拉伸命令，可以创建如下几种类型的特征：

- 实体类型：单击操控板中的“拉伸为实体”按钮，可以创建实体类型的特征。在由截面草图生成实体时，实体特征的截面草图完全由材料填充，并沿草图平面的法向伸展来形成实体，如图 3.4.12 所示。
- 曲面类型：按下操控板中的“拉伸为曲面”按钮，可以创建一个拉伸曲面。在 Creo 中，曲面是一种没有厚度和重量的片状几何，但通过相关操作可变成带厚度的实体，如图 3.4.13 所示。
- 薄壁类型：单击“薄壁特征类型”按钮，可以创建薄壁类型特征。在由截面草图生成实体时，薄壁特征的截面草图则由材料填充成均厚的环，环的内侧或外侧或中心轮廓线是截面草图，如图 3.4.14 所示。

图 3.4.12 “实体”特征

图 3.4.13 “曲面”特征

图 3.4.14 “薄壁”特征

切削类型：操控板中的“移除材料”按钮被按下时，可以创建切削特征。

一般来说，创建的特征可分为“正空间”特征和“负空间”特征。“正空间”特征是指在现有零件上添加材料，“负空间”是指在现有零件上移除材料，即切削。

- 如果“移除材料”按钮被按下，同时“拉伸为实体”按钮也被按下，则用于创建“负空间”实体，即从零件中移除材料。当创建零件的第一个（基础）特征时，零件中没有任何材料，所以零件的第一个（基础）特征不可能是切削类型的特征，因而切削按钮是灰色的，不能选取。
- 如果“移除材料”按钮被按下，同时“拉伸为曲面”按钮也被按下，则用于曲面的裁剪，即使用正在创建的曲面特征裁剪已有曲面。
- 如果“移除材料”按钮被按下，同时“薄壁特征”按钮及“拉伸为实体”按钮也被按下，则用于创建薄壁切削实体特征。

3. 定义截面草图

Step1：进入“草绘”对话框。在操控板中单击“放置”按钮，单击如图 3.4.15 所示的“放置”下滑面板，单击 定义... ，此时系统弹出“草绘”对话框。

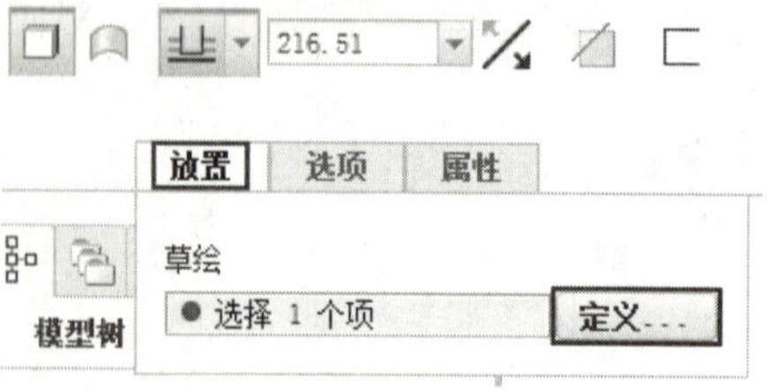

图 3.4.15　定义草绘对话框

Step2：定义截面草图的放置属性。

（1）定义草绘平面。

选取 RIGHT 基准平面作为草绘平面，操作方法如下：

将鼠标指针移至图形区中的 RIGHT 基准平面的边线或 REGHT 字符附近，该基准平面的边线外会出现如图 3.4.16 所示绿色加亮的边线，此时 RIGHT 基准平面就被定义为绘图平面，并且“草绘”对话框的“草绘平面”区域中显示出“RIGHT:F1(基准平面)”。

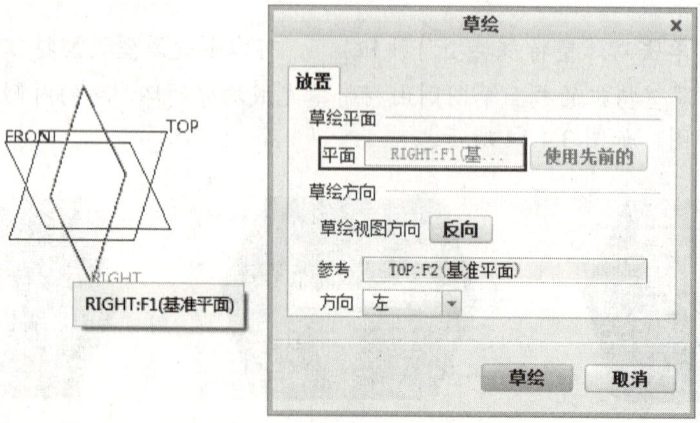

图 3.4.16　定义草绘平面对话框

（2）定义草绘视图方向。此例中我们不进行操作，采用如图 3.4.17 所示模型中默认的草绘视图方向。

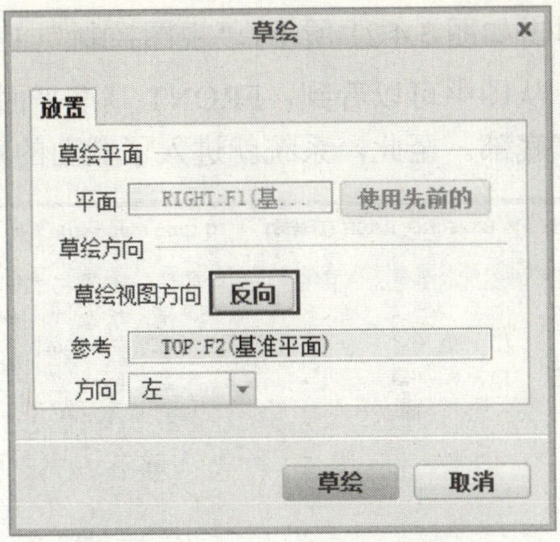

图 3.4.17　定义草绘视图方向

说明：完成 Step2 后，图形区中 RIGHT 基准平面的边线旁边会出现一个黄色的箭头，如图 3.4.18 所示，该箭头方向表示查看草绘平面的方向。如果要改变该箭头的方向，有三种方法：

方法一：单击“草绘”对话框中的按钮 反向 。

方法二：将鼠标指针移至该箭头上，单击。

方法三：将鼠标指针移至该箭头上，右击，在弹出的快捷菜单选项中选择 反向 命令。

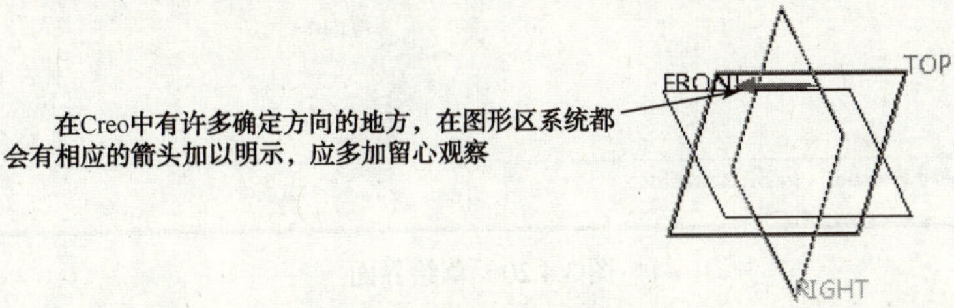

图 3.4.18　查看箭头方向

（3）对草绘进行定向

说明：选取草绘平面后，开始草绘之前，还必须对草绘平面进行定向，定向完成后，系统即让草绘平面与屏幕平行，并按所指定的定向方位来摆放草绘平面。要完成草绘平面的定向，必须进行下面的操作：

首先，指定草绘平面的参考平面，即指定一个与草绘平面相垂直的平面作为参考。“草绘平面的参考平面”有时简称为“参考平面”或“参考”。

然后，指定参考平面的方向，即指定参考平面的放置方位，参考平面可以朝向显示器屏幕的“上部”、“下部”、“右侧”或“左侧”。

此例中，我们按如下方法定向草绘平面：

① 草绘平面的参考平面：此时“草绘”对话框的“参考”文本框自动加亮，单击图形区中的“FRONT:F3(基准平面)”。

② 指定参考平面的方向：单击对话框中“方向”选项后面的 左 ▼ 按钮，在弹出的列表中选择“下”选项。完成这两步操作后，“草绘”对话框的显示如图 3.4.19 所示。

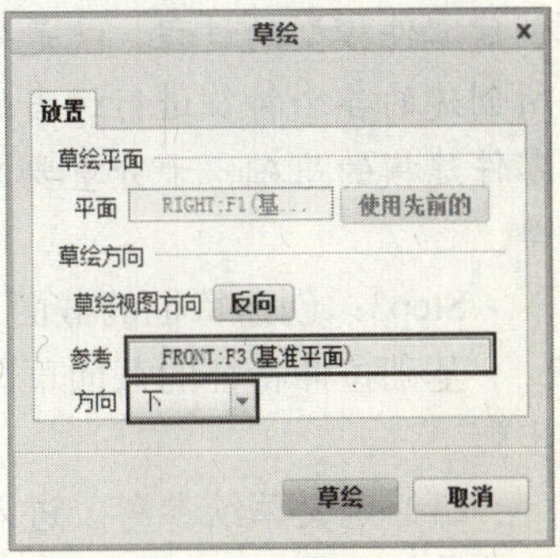

图 3.4.19　“草绘”对话框

（4）单击“草绘”对话框中 草绘 按钮。此时系统进入草绘界面，如图 3.4.20 所示。单击如图 3.4.21 所示，“视图控制”工具栏中的“草绘视图” 按钮，使草绘平面与屏幕平行，从图中可以看到，FRONT 基准平面现在水平放置，并且 FRONT 基准平面的橘黄色的一侧面在底部。至此，系统就进入了截面的草绘环境。

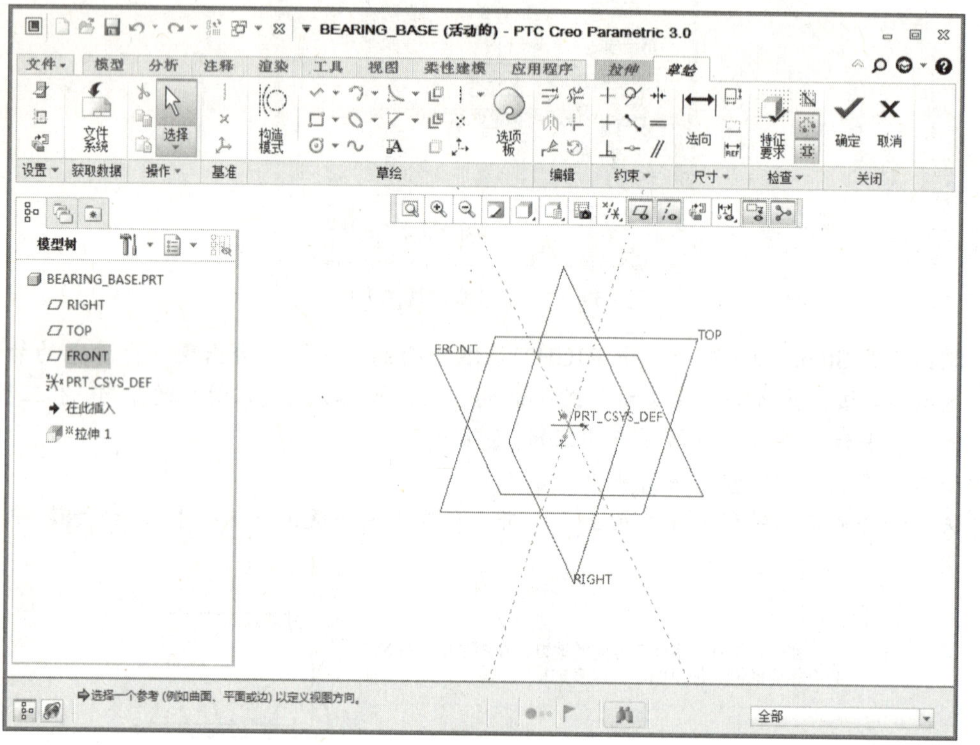

图 3.4.20　草绘界面

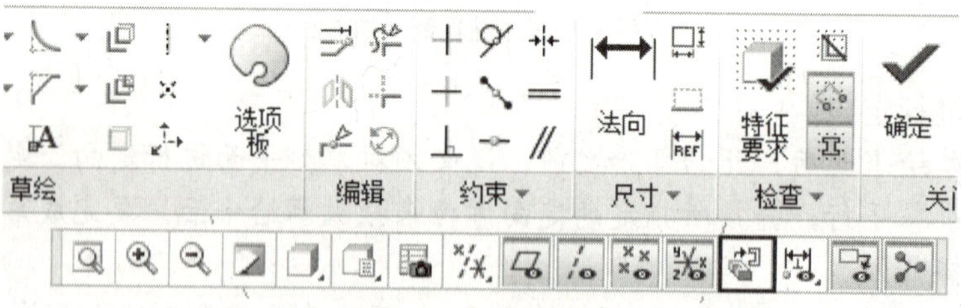

图 3.4.21　选择“草绘视图”按钮

说明：Creo 零件设计是以特征为基础进行的，大部分几何体特征都来源于二维截面草图。创建零件模型的过程，就是先创建几何特征的 2D 草图，然后将 2D 草图变换成 3D 特征，并对所创建的各个特征进行适当的布尔运算，最终得到完整零件的一个过程。因此二维截面草图是零件建模的基础，十分重要。掌握合理的草图绘制方法和技巧，可以极大地提高零件设计的效率。

Step3：创建特征的截面草图

基础拉伸特征的截面草图如图 3.4.22 所示。下面将以此为例介绍特征截面草图的一般创建步骤。

（1）定义草绘参考。进入 Creo 3.0 的草绘环境后，系统将自动为草图的绘制及标注选取足够的草绘参考（如本例中，系统默认选取了 TOP 和 FRONT 基准平面作为草绘参考）。本例中我们不进行此步的操作。

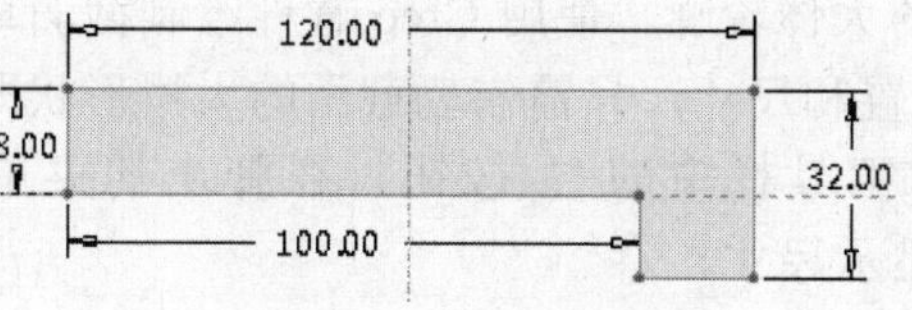

图 3.4.22 基础特征的截面草图

说明：在用户的草绘过程中，Creo 会自动对图形进行尺寸标注和几何约束，但系统在自动标注和约束时，必须参考一些点、线、面，这些点、线、面就是草绘参考。

关于 Creo 的草绘参考应注意如下几点：

- 查看当前草绘参考：在菜单栏中选择如图 3.4.23 所示 参考选项，系统弹出如图 3.4.24 所示的“参考”对话框，在参考列表区系统列出了当前的草绘参考（该图中的两个草绘参考 FRONT 和 TOP 基准平面是系统默认选取的）。如果用户想添加其他的点、线、面作为草绘参考，可以在图形上直接单击来选取。

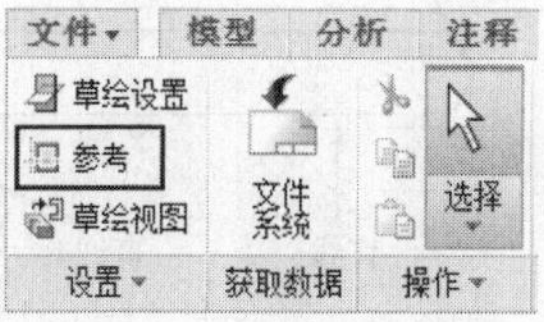

图 3.4.23 选择参考命令

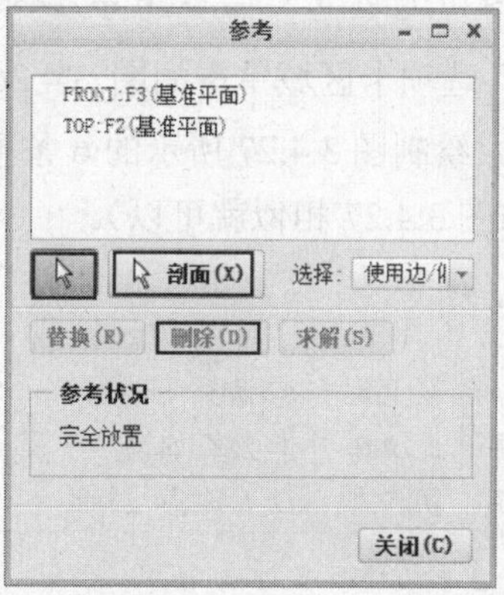

图 3.4.24 “参考”对话框

- 要使草绘截面的参考完整，必须至少选取一个水平参考和一个垂直参考，否则会出现错误警告提示。
- 在没有足够的参考来摆放一个截面时，系统会自动弹出“参考”对话框，要求用户先选取足够的草绘参考。
- 在重新定义一个缺少参考的特征时，必须选取足够的草绘参考。

“参考”对话框中的几个选项介绍如下：

- 按钮：用于为尺寸和约束选取参考。单击此按钮后，再在图形区的二维草绘图形中单击欲作为参考基准的直线（包括平面的投影直线）、点（包括直线的投影点）等目标，系统立即将其作为一个新的参考显示在“参考”列表区中。
- 剖面(X) 按钮：单击此按钮，再选取目标曲面，可将草绘平面与某个曲面的交线作为参考。
- 删除(D) 按钮：如果要删除参考，可在参考列表区中选取要删除的参考名称，然后单击此按钮。

（2）设置草图环境，调整草绘区。

（3）绘制截面草图并进行标注。下面将说明创建截面草图的一般流程，在以后的章节中，当创建截面草图时，可参考这里的内容。

① 草绘截面几何图形的大体轮廓。使用 Creo 软件绘制截面草图，开始时没有必要很精确地绘制截面的几何形状、位置和尺寸，只需勾勒截面的大概形状即可。

a）单击“视图控制”工具栏中的按钮，在弹出的菜单中取消选中图 3.4.25 中的 □ 显示尺寸 复选框，不显示尺寸。

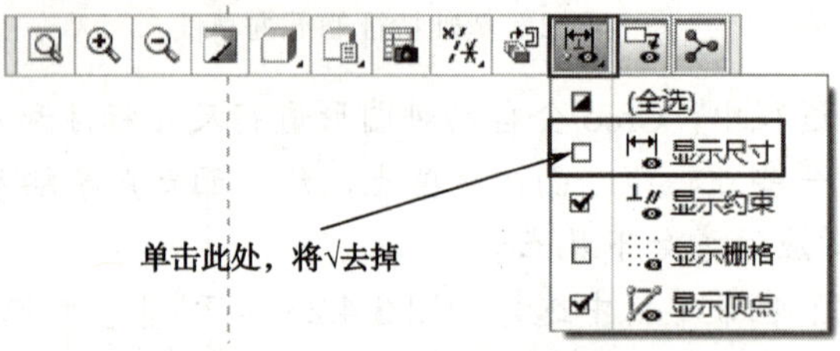

图 3.4.25 显示尺寸命令

说明：为了使草绘时图形显示得更简洁、清晰，建议先将尺寸和约束符号的显示关闭。

b）选中按钮中的 ☑ 显示约束 复选框，显示约束。

c）在“草绘”选项卡区域单击如图 3.4.26 所示“线链”命令按钮 线 中的，再单击按钮 线链，绘制图 3.4.27 所示的 6 条直线（绘制时不要太在意图中直线的大小和位置，只要大概的形状与图 3.4.27 相似就可以）。

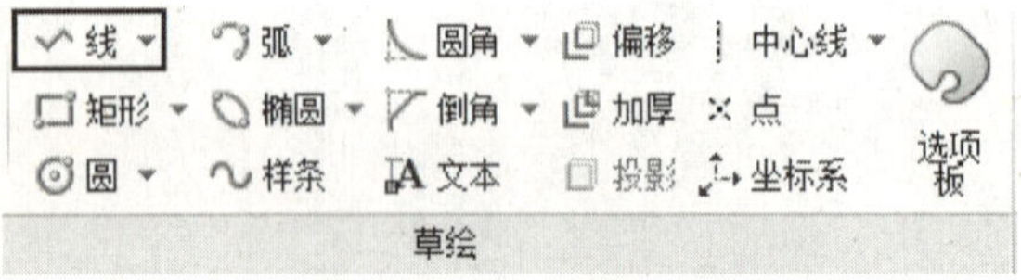

图 3.4.26 “线链”命令选择

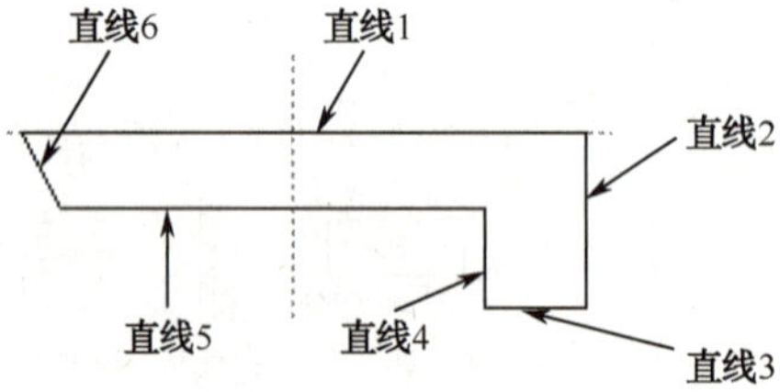

图 3.4.27 草绘截面的初步图形

d）单击如图 3.4.28 所示“草绘”选项卡区域中的中心线按钮 中心线，绘制图 3.4.29 所示的中心线。

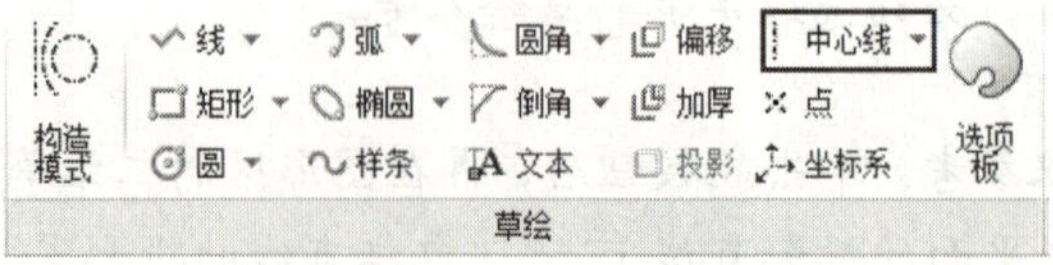

图 3.4.28 “中心线”命令选择

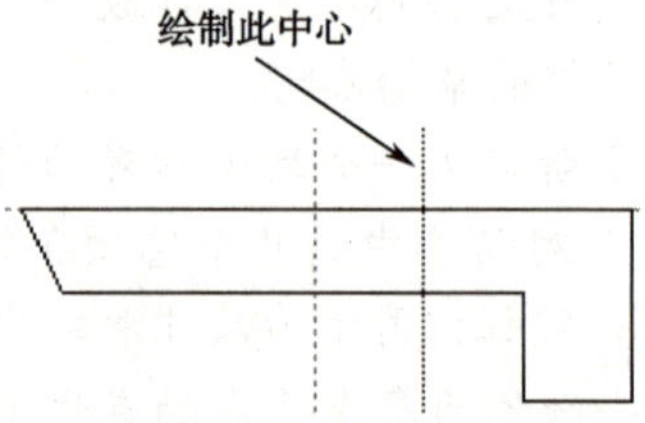

图 3.4.29 绘制中心线

② 建立约束。操作提示如下：

说明：关于约束

约束是指定义图元间的位置关系。约束定义后，其约束符号会出现在被约束的图元旁边。例如，在约束两条直线垂直后，垂直的直线旁将分别显示一个垂直约束符号。默认状态下，约束符号显示为蓝色。

A. 各种约束的显示符号见表 3.4.1.

表 3.4.1 约束符号列表

约束名称	约束显示符号
中点	M
相同点	O
水平图元	H
竖直图元	V
图元上的点	-O-
相切图元	T
垂直图元	⊥
平行线	//1
相等半径	在相等的图元旁，显示一个下标 R（如 R1、R2 等）
具有相等长度的线段	在等长的线段旁，显示一个下标 L（如 L1、L2 等）
对称	→¦←
图元水平或竖直排列	- -¦
共线	— —
使用边	-⊖-

B. 约束的禁用、锁定与切换

在用户绘制图元的过程中，系统会自动捕捉约束并显示约束符号。例如，在绘制直线的过程中，当定义直线的起点时，如果将鼠标指针移至一个圆弧附近，系统便自动将直线的起点与圆弧对齐并显示对齐约束符号（小圆圈）。此时，如果：

- 右击，如图 3.4.30 所示的对齐约束符号（小圆圈）上被画上斜线，表示对齐约束被“禁用”，即对齐约束不起作用。如果再次右击，“禁用”被取消。
- 按住 Shift 键绘制图元，系统将不会捕捉任何约束。

在绘制图元过程中，当出现多个约束时，只有一个约束处于活动状态，其约束符号以亮颜色(绿色)显示；其余约束为非活动状态，其约束符号以青色显示。只有活动的约束可以被“禁用”或“锁定”，约束被“锁定”时的显示如图 3.4.31 所示。用户可以使用 Tab 键，轮流将非活动约束“切换”为活动约束，这样用户就可以将多个约束中的任意一个约束设置为“禁用”或“锁定”。

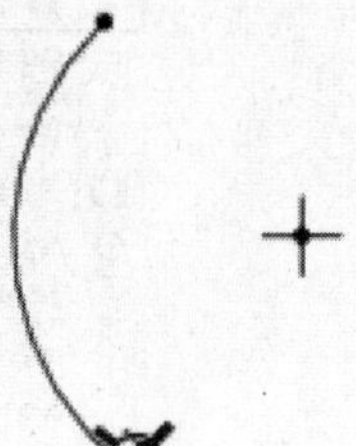

图 3.4.30 约束被“禁用”的显示

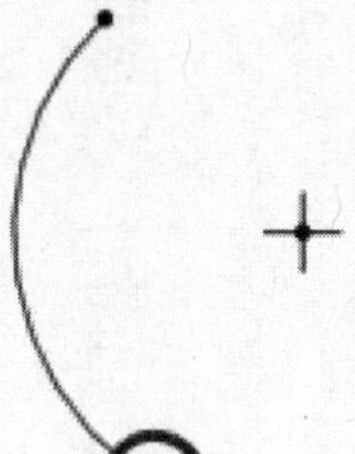

图 3.4.31 约束被“锁定”的显示

C. Creo 支持的约束

草绘后，用户还可以按设计意图手动创建各种约束，Creo 所支持的约束如表 3.4.2 所示。

表 3.4.2　Creo 所支持的约束

按　钮	约　束
	使直线或两点竖直
	使直线或两点水平
	使两直线垂直
	使两图元（圆与圆、直线与圆等）相切
	把一点放在线段的中间
	使两点、两线重合，或使一个点落在直线或圆等图元上
	使两点或顶点对称于中心线
	创建相等长度、相等半径或相等曲率
	使两直线平行

a）显示约束。确认按钮中的 显示约束 复选框被选中。

b）删除无用的约束。在绘制草图时，系统会自动添加一些约束，而其中有些是无用的，例如在图 3.4.32 中，系统自动添加了“相等”约束（注意：读者绘制时，可能没有这个约束，这取决于绘制时鼠标的走向与停留的位置）。删除约束的操作方法：单击如图 3.4.33 所示“操作”区域中的按钮，选取图 3.4.32（a）圈中“相等”约束的标记，右击（注意：右击时按住鼠标时间稍微长点才会出现菜单选项，如快速右击则不会出现），在弹出的如图 3.4.34 所示的快捷菜单中选择 删除(D) 命令。

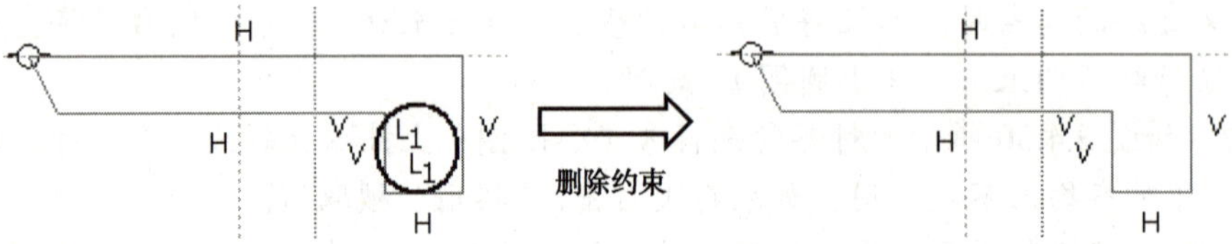

（a）删除约束前　　（b）删除约束后

图 3.4.32　草图约束操作

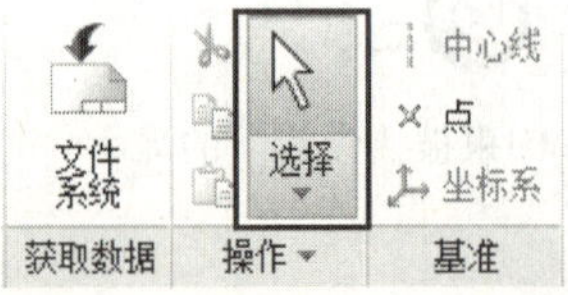

图 3.4.33　“选择”命令选择

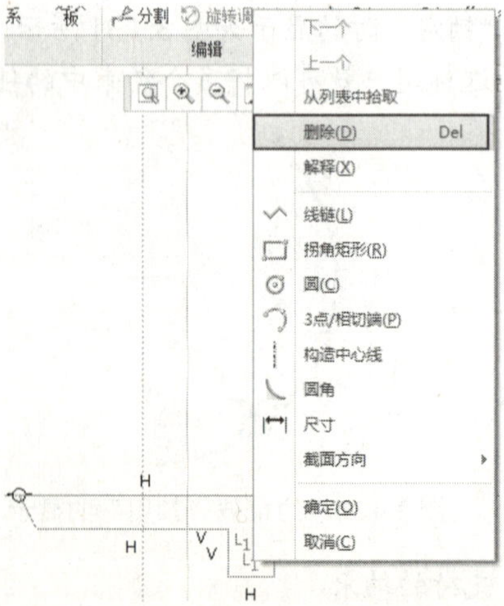

图 3.4.34　“删除”命令选择

c）添加重合约束。单击如图 3.4.35 所示“约束”区域中的 重合 按钮，然后在图 3.4.36

（a）所示的图形中，先单击中心线，再单击图中的基准平面边线。完成操作后，图形如图 3.4.36（b）所示。

图 3.4.35 “重合”命令选择

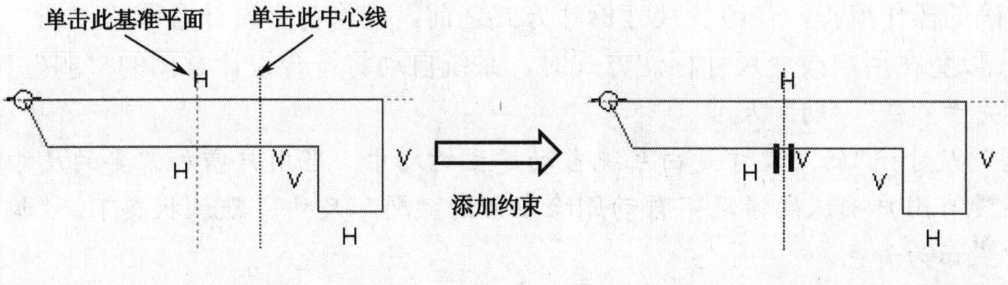

（a）**添加约束前** （b）**添加约束后**

图 3.4.36 添加“重合”约束

d）添加对称约束。单击如图 3.4.37 所示“约束”区域中的 对称按钮，然后分别单击图 3.4.38（a）中的中心线及顶点 1 和顶点 2。完成操作后，图形如图 3.4.38（b）所示。

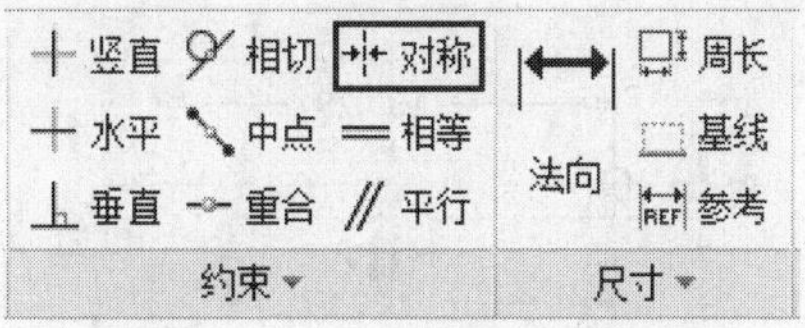

图 3.4.37 “对称”命令选择

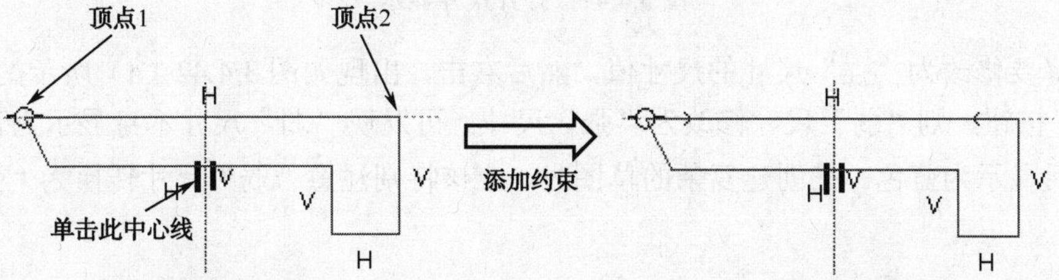

（a）**添加约束前** （b）**添加约束后**

图 3.4.38 添加“对称”约束

e）添加竖直约束。单击如图 3.4.39 所示“约束”区域中的 竖直按钮，然后单击图 3.4.40（a）所示的线段。完成操作后，图形如图 3.4.40（b）所示。

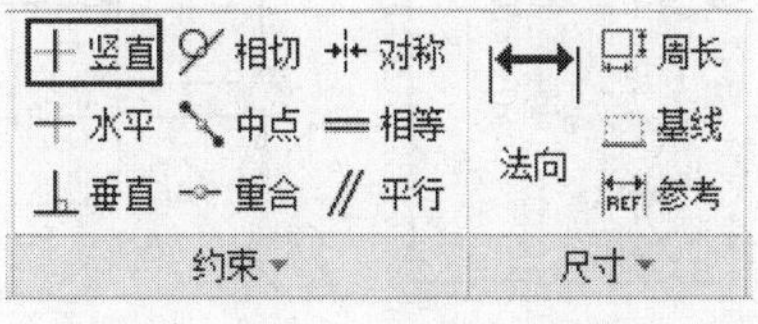

图 3.4.39 “竖直”命令选择

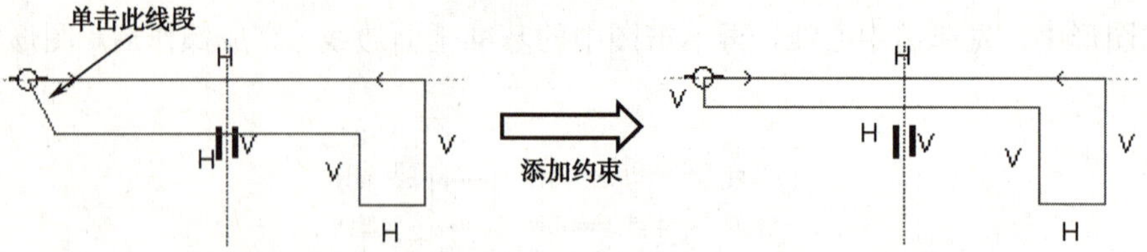

（a）添加约束前　　（b）添加约束后

图 3.4.40　添加竖直约束

③ 将符合设计意图的“弱”尺寸转换为“强”尺寸。

作为正确的操作流程，在改变尺寸标注方式之前，应将符合设计意图的“弱”尺寸转换为“强”尺寸，以免在用户改变尺寸标注方式时，系统自动将符合设计意图的“弱”尺寸删掉。

说明：关于“强”“弱”尺寸

- “弱”尺寸：“弱”尺寸是由系统自动建立的尺寸。当用户增加需要的尺寸时，系统可以在没有用户确认的情况下自动删除多余的“弱”尺寸。默认状态下，“弱”尺寸在屏幕中显示为青色。
- “强”尺寸：“强”尺寸是指由用户所创建的尺寸，这样的尺寸系统不能自动将其删除，但系统会改变其尺寸值的大小。如果几个“强”尺寸发生冲突，系统会要求删除其中一个。默认状态下，“强”尺寸显示为蓝色。

a）选中按钮中的☑ 显示尺寸 复选框，打开尺寸显示。此时草绘图形如图 3.4.41 所示。

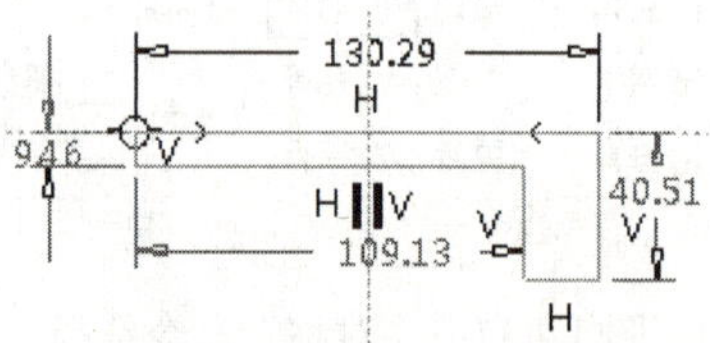

图 3.4.41　打开尺寸显示

b）选择要修改为“强”尺寸的尺寸值，然后右击，出现如图 3.4.42（a）所示的快捷菜单，选择 强(S) 按钮，则“弱”尺寸修改为“强”尺寸。可发现“弱”尺寸本身显示为青色，变为“强”尺寸后显示为蓝色。在创建复杂的草图时，应该特别注意“弱”尺寸转换为“强”尺寸的操作。

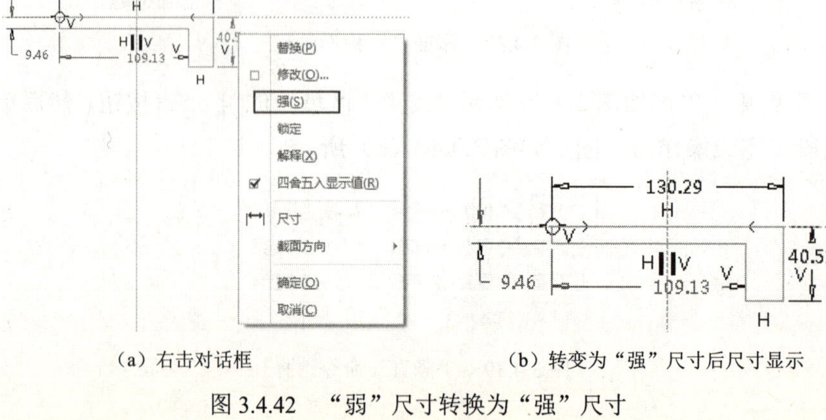

（a）右击对话框　　（b）转变为“强”尺寸后尺寸显示

图 3.4.42　“弱”尺寸转换为“强”尺寸

④ 将尺寸修改为设计要求的尺寸。

如图 3.4.43（a）所示，双击要修改的尺寸，然后在弹出的文本框中输入正确的尺寸值，并按回车键。修改后，图形如图 3.4.43（b）所示。

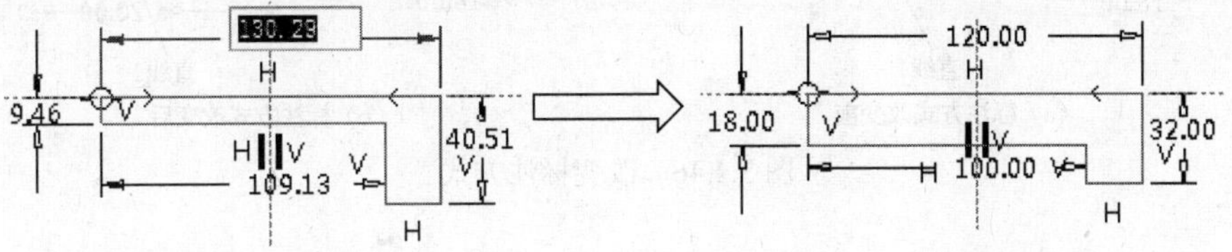

（a）尺寸修改前　　（b）尺寸修改后

图 3.4.43　修改尺寸

说明：

- 尺寸的修改往往安排在建立约束以后进行。
- 修改尺寸前要注意，如果要修改的尺寸的大小与设计目的尺寸相差太大，应该先用图元操纵功能将其“拖到”与目的尺寸相近，然后再双击尺寸，输入目的尺寸。否则会造成尺寸修改的失败。
- 在修改尺寸时，为防止图形变得很凌乱，要注意修改尺寸的先后顺序，先修改对截面外观影响不大的尺寸（如图 3.4.43（a）所示的图形中，尺寸 130.29 是对截面外观影响不大的尺寸，所以建议先修改此尺寸）。
- 在二维草图中，选取一个尺寸（如选取图 3.4.43（b）中的尺寸 120.00），再单击图 3.4.44 所示“操作”节点下的“切换锁定”命令，可以将尺寸锁定。被锁定的尺寸将以深红色显示。当编辑、修改二维草图时（包括增加、修改草图尺寸），非锁定的尺寸有可能被系统自动删除或修改其大小，而锁定后的尺寸则不会被系统自动删除或修改（但用户可以手动修改锁定的尺寸）。这是一个非常有用的操作技巧，在创建和修改复杂的草图时会经常用到。

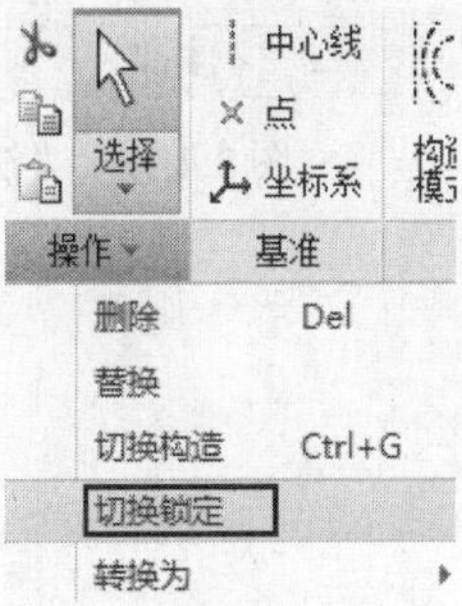

图 3.4.44　“切换锁定”命令选择

⑤ 调整尺寸位置。单击要移动的尺寸，按住鼠标不动，移动鼠标，可将草图的尺寸移动至适当的位置，如图 3.4.45 所示。

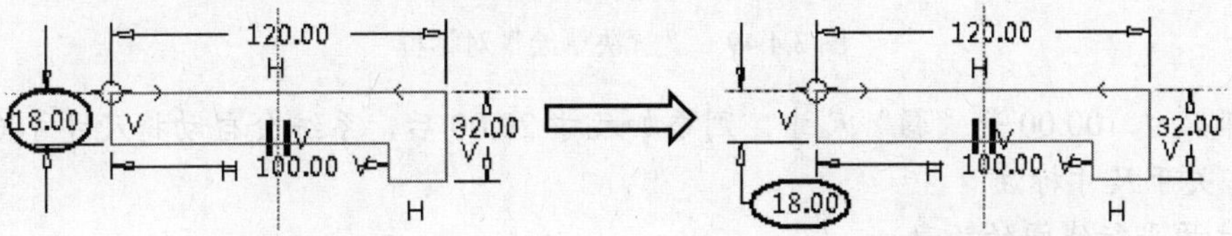

（a）尺寸位置调整前　　（b）尺寸位置调整后

图 3.4.45　尺寸位置调整

⑥ 改变标注方式，满足设计意图。如图 3.4.46 所示，删除直线 1 的标注，而添加直线 2 的标注。

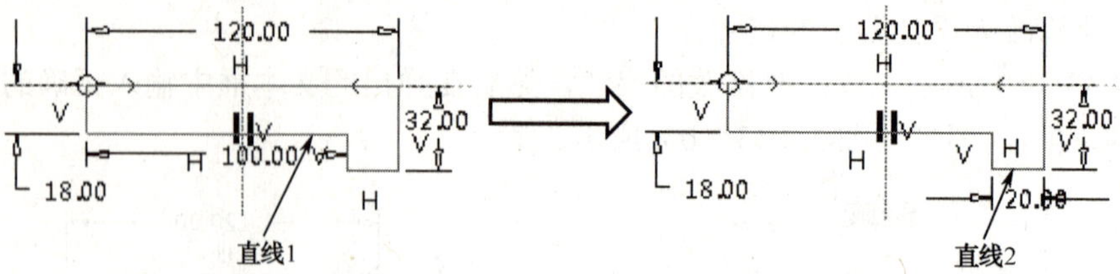

（a）标注方式改变前　　（b）标注方式改变后

图 3.4.46　改变标注方式

注意：

- 不要试图先手动删除直线 1 的尺寸 100.00，然后添加直线 2 的尺寸；而应先添加直线 2 的尺寸，在系统弹出的“解决草绘”对话框中，列出了冲突的尺寸及约束。具体做法为：将图 3.4.47 中的法向按钮按下，单击选中图 3.4.48 中的边，然后单击鼠标中键。此时会弹出图 3.4.49 的“解决草绘”对话框，依次单击对话框中各列出项，可看到草图中的相应尺寸变红。当在对话框中单击尺寸 100.00 时，草图中的尺寸 100.00 变红，此时单击 删除(D) 按钮，该尺寸便被删除，尺寸修改成功，可以看到尺寸 100.00 消失，而在选择的边标注上了 20.00。如图 3.4.46（b）所示。

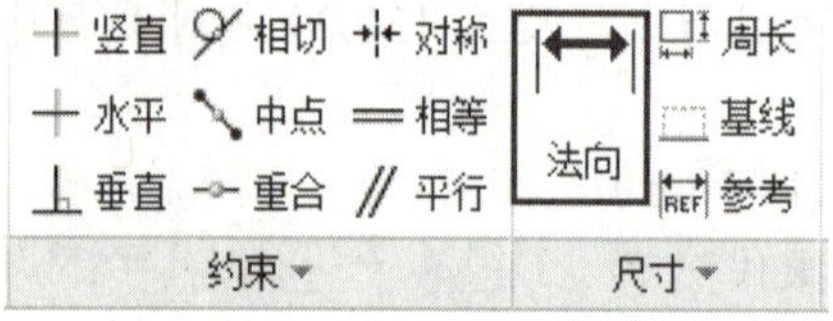

图 3.4.47　“法向”命令选择

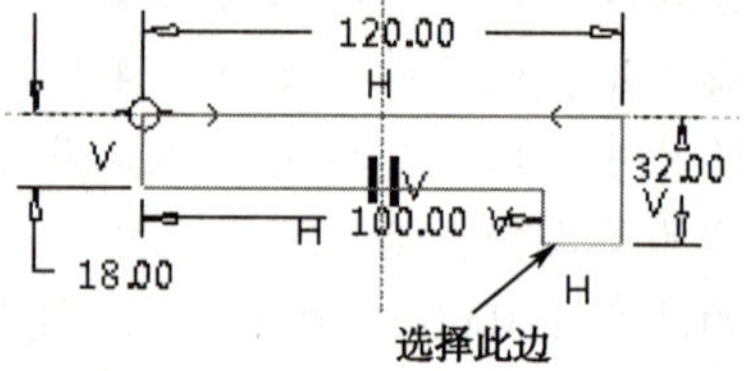

图 3.4.48　选择要标注尺寸的边

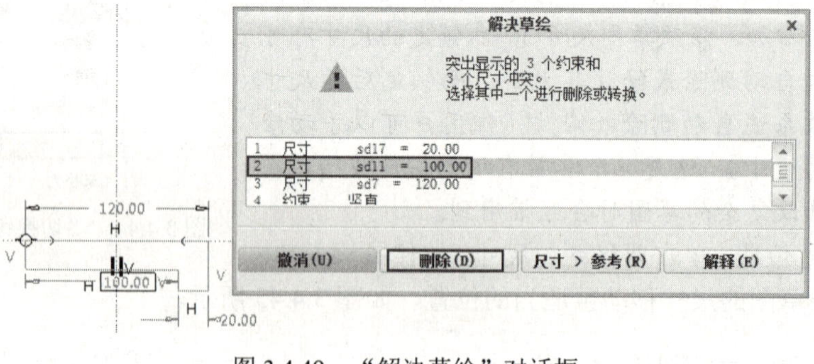

图 3.4.49　“解决草绘”对话框

- 如果尺寸 100.00 是“弱”尺寸，则添加尺寸 20.00 后，系统会自动将尺寸 100.00 删除。

说明：关于尺寸标注

- 标注两平行线间的距离

单击“法向按钮”（注：本书中的法向按钮在后文中简化为|⟷|按钮。），分别单击位置 1 和位置 2 以选择两条平行线，中键单击位置 3 以放置尺寸，如图 3.4.50 所示。

- 标注一点和一条直线间的距离

单击“法向按钮”|⟷|，单击位置 1 选择一点，单击位置 2 以选择直线；中键单击位置 3 以放置尺寸，如图 3.4.51 所示。

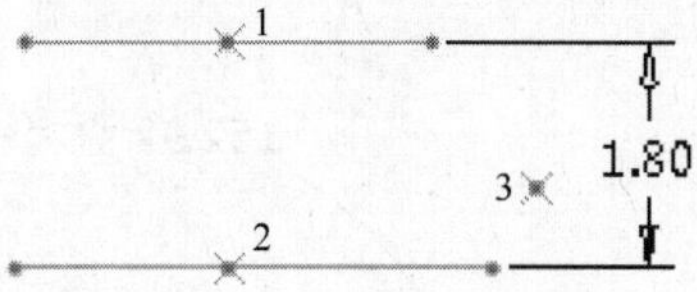

图 3.4.50　平行线距离的标注

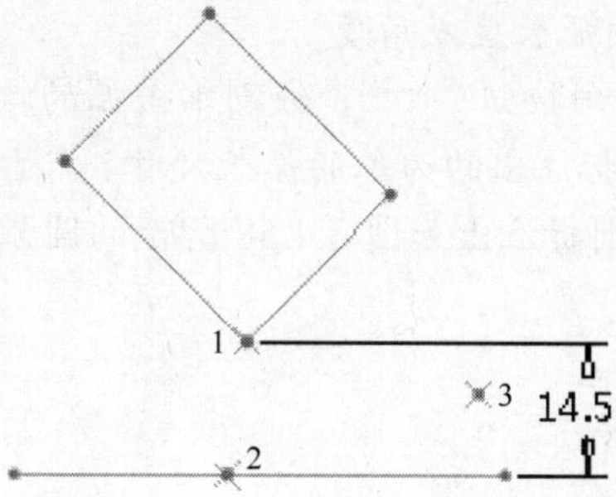

图 3.4.51　点、线间距离的标注

● 标注两点间的距离

单击"法向按钮"|⟷|，分别单击位置 1 和位置 2 以选择两点，中键单击位置 3 以放置尺寸，如图 3.4.52 所示。

● 标注直径

单击"法向按钮"|⟷|，分别单击位置 1 和位置 2 以选择圆上的两点，中键单击位置 3 以放置尺寸，如图 3.4.53 所示。或者双击圆上的某一点如位置 1 或位置 2，然后中键单击位置 3 以放置尺寸。在草绘环境中不显示直径尺寸符号 Φ。

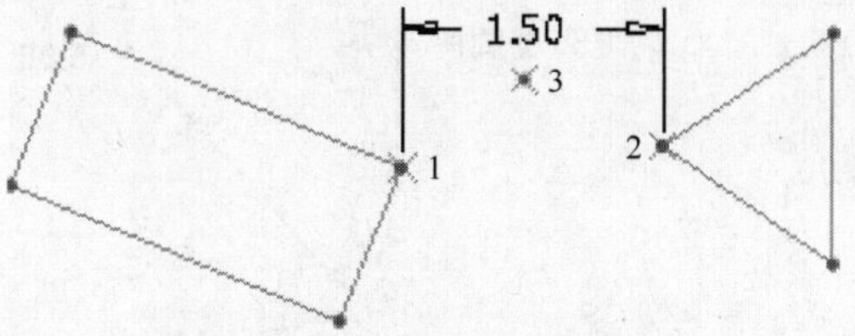

图 3.4.52　两点间距离的标注

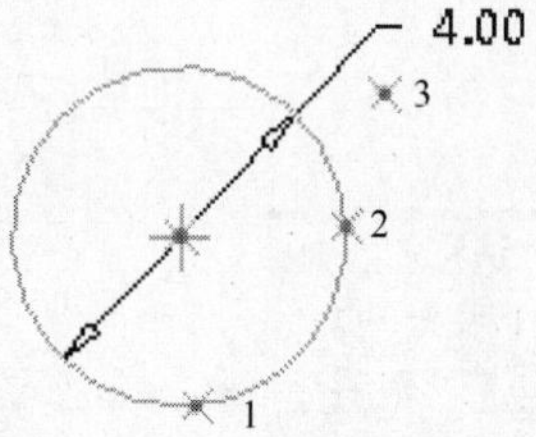

图 3.4.53　圆直径的标注

● 标注半径

单击"法向按钮"|⟷|，单击位置 1 选择圆上一点，单击位置 2 以放置尺寸，如图 3.4.54 所示。在草绘环境中不显示半径尺寸符号 R。

● 标注对称尺寸

单击"法向按钮"|⟷|，单击点 1，单击对称中心线上的任意一点 2，再次单击点 1，中键单击位置 3 以放置尺寸，如图 3.4.55 所示。标注对称尺寸时，必须有一条中心线。

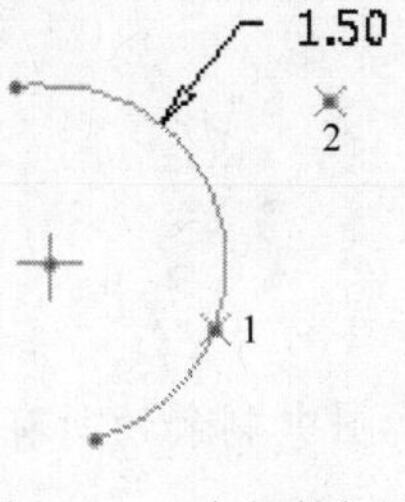

图 3.4.54　半径的标注

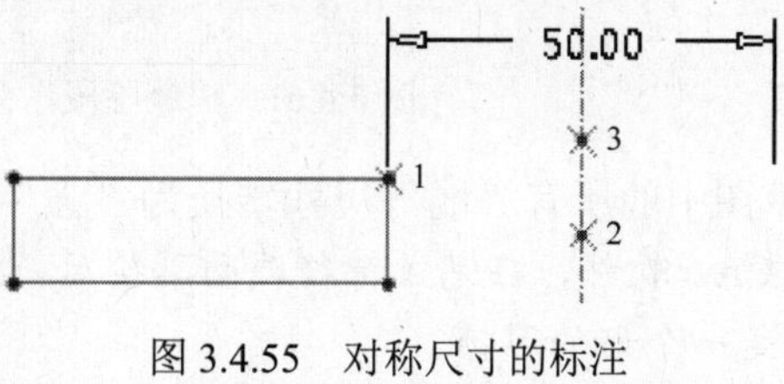

图 3.4.55　对称尺寸的标注

● 标注两条直线间的角度

单击"法向按钮"|⟷|，分别在两条直线上单击点 1 和点 2；如需标注锐角则中键单击位置 3 以放置尺寸，如图 3.4.56 所示；如需标注钝角则中键单击位置 4 以放置尺寸，如图 3.4.57 所示。

● 标注圆弧长度或角度

单击“法向按钮” |↔|，分别单击弧的端点 1、端点 2 及弧上一点 3；中键单击位置 4 以放置尺寸，此时标注出的为弧的弧长尺寸，需右击该圆弧长度尺寸，在弹出的快捷菜单中选择“转换为角度”，则标注出如图 3.4.58 所示的圆弧角度尺寸。

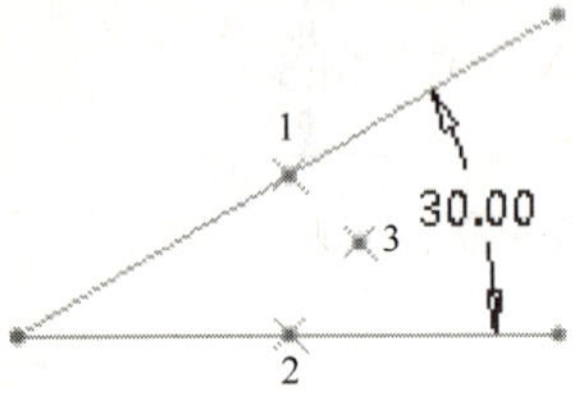

图 3.4.56 锐角的标注

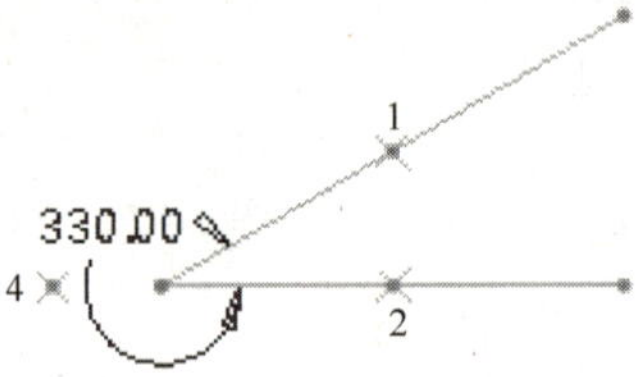

图 3.4.57 钝角的标注

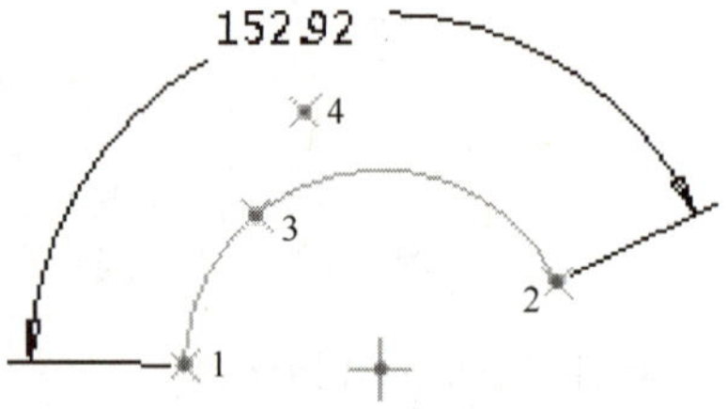

图 3.4.58 圆弧角度的标注

● 标注周长

单击“尺寸”区域中周长命令按钮的 周长，此时系统弹出如图 3.4.59 所示的选择对话框，选择图 3.4.60（a）中的圆轮廓，单击鼠标中键；然后选择图 3.4.60（a）中的直径值 5.00，此时系统在图形中显示出周长尺寸，如图 3.4.60（b）所示。当添加周长尺寸后，系统将直径尺寸转变为一个变量尺寸，此时的变量尺寸是不能进行修改的。

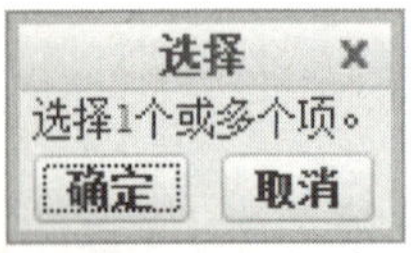

图 3.4.59 “选择”对话框

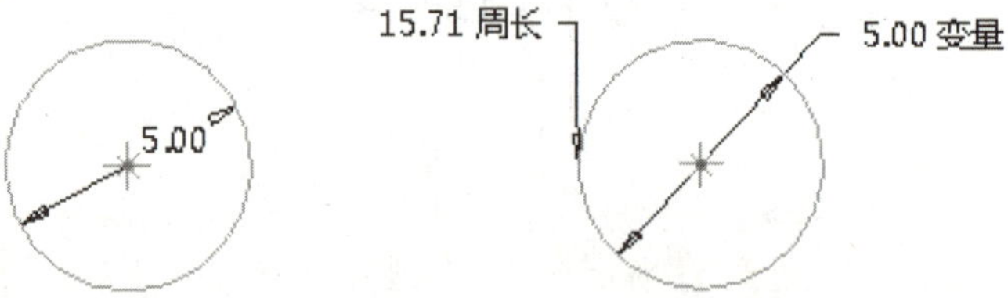

（a）标注前　（b）标注后

图 3.4.60 圆周长的标注

⑦ 编辑、修剪多余的边线。使用“编辑”区域中图 3.4.61 所示的“修剪”按钮 删除段将草图中多余的边线去掉。为了确保草图正确，建议使用 拐角 按钮对图形的每个交点处进行进一步的修剪处理。

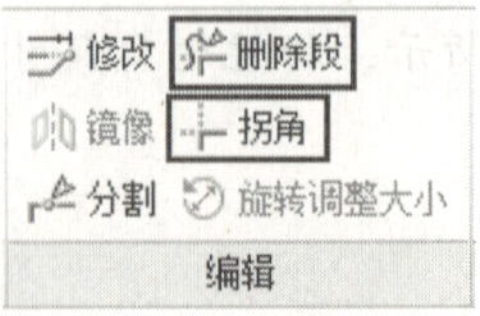

图 3.4.61 “删除段”命令选择

⑧ 将截面草图中的所有“弱”尺寸转换为“强”尺寸。

说明：使用 Creo 软件，在完成特征截面草绘后，将截面草图中剩余的所有“弱”尺寸转换为“强”尺寸，是一个好的习惯。

⑨ 分析当前截面草图是否满足拉伸特征的设计要求。单击“检查”区域中图 3.4.62 所示的“特征要求”命令，系统弹出图 3.4.63 所示的“特征要求”对话框，从对话框中可以看出当前的草绘截面拉伸特征的设计要求。单击 关闭 按钮以关闭“特征要求”对话框。

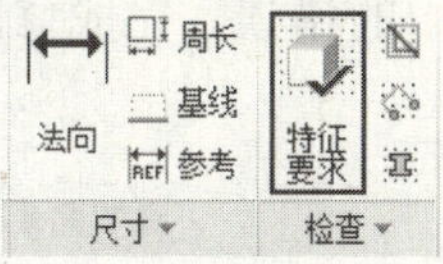

图 3.4.62 “特征要求”命令选择

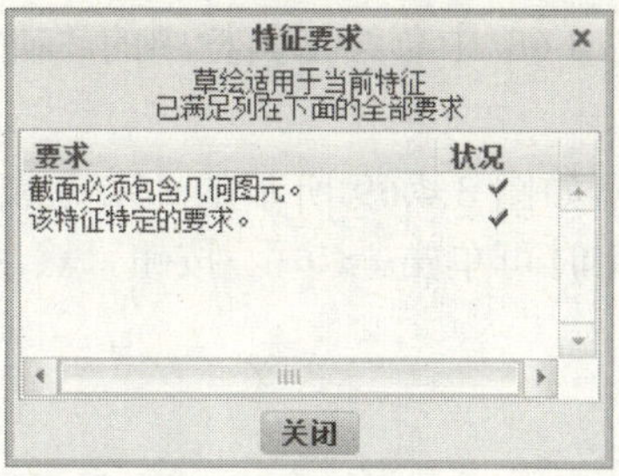

图 3.4.63 “特征要求”对话框

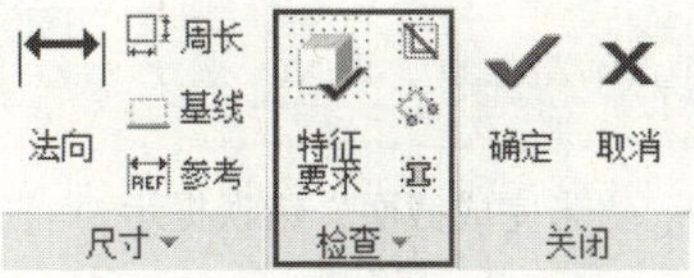

图 3.4.64 草图“检查”命令

说明：关于草图检查

Creo 的草图检查除“特征要求”外，经常使用的还有如图 3.4.64 所示的“着色封闭环”、“加亮开放端点”以及“重叠几何”。

- “着色封闭环”命令使用定义的颜色将图元中封闭的区域进行填充，非封闭的区域图元无变化，若草图中有多个封闭环，系统将在所有封闭的图形中填充颜色；如果草图中存在几个彼此包含的封闭环，则最外面的封闭环被着色，而内部的封闭环将不着色。单击“着色封闭环”按钮，系统自动在图 3.4.65 所示的圆内侧填充颜色。

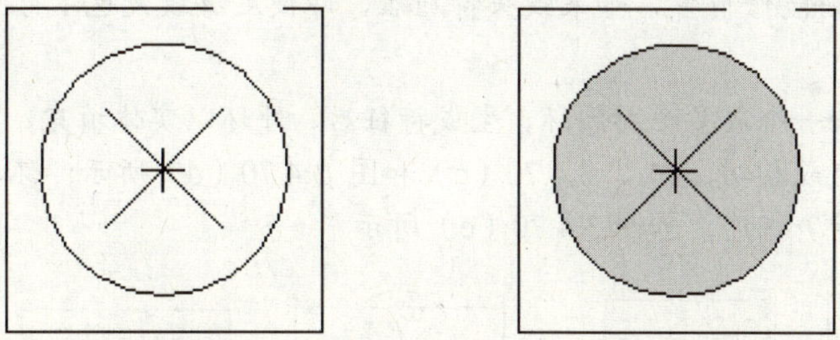

（a）着色封闭环前　　（b）着色封闭环后

图 3.4.65 着色封闭环

- “加亮开放端点”命令用于检查图元中所有开放的端点，并将所有的开放端自动加亮显示，但是构造几何的开放端不会被加亮。单击“加亮开放端点”按钮，系统自动加亮图 3.4.66 所示的所有端点。
- “重叠几何”命令用于检查图元中所有相互重叠的几何（端点重合除外），并将其加亮。单击“重叠几何”按钮，系统自动加亮如图 3.4.67 所示的重叠图元。

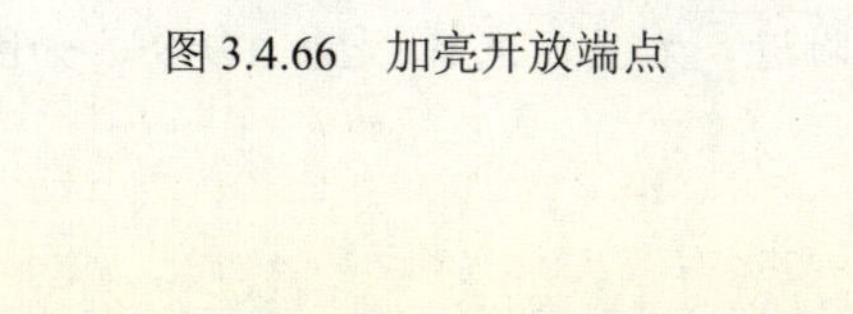

（a）加亮开放端点前　　（b）加亮开放端点后

图 3.4.66 加亮开放端点

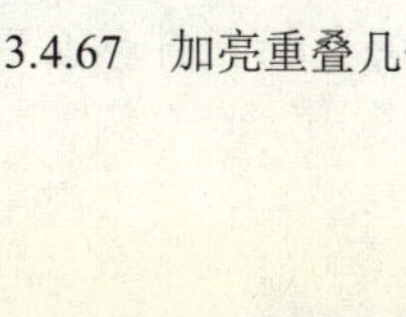

交叉的两条线已被加亮

图 3.4.67 加亮重叠几何

（4）单击图 3.4.68 中草绘工具栏中的“确定”按钮✔，完成拉伸特征截面草绘，退出草绘环境。

如果系统弹出如图 3.4.69 所示的“未完成截面”错误提示，则表明截面不闭合或截面中有多余的线段，此时可单击 否(N) 按钮，然后修改截面中的错误，完成修改后再单击✔按钮。

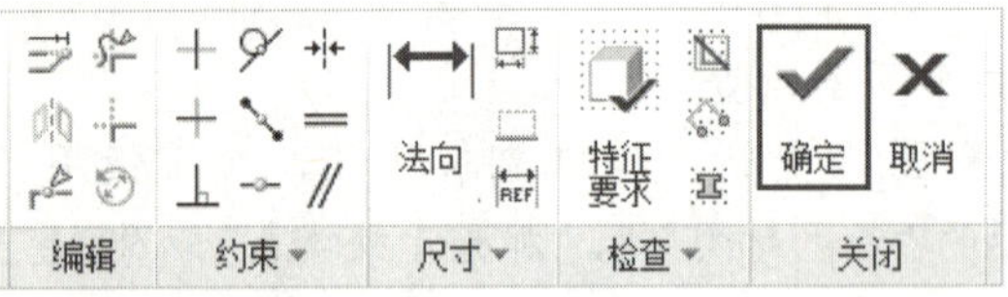

图 3.4.68 草绘“确定”命令选择

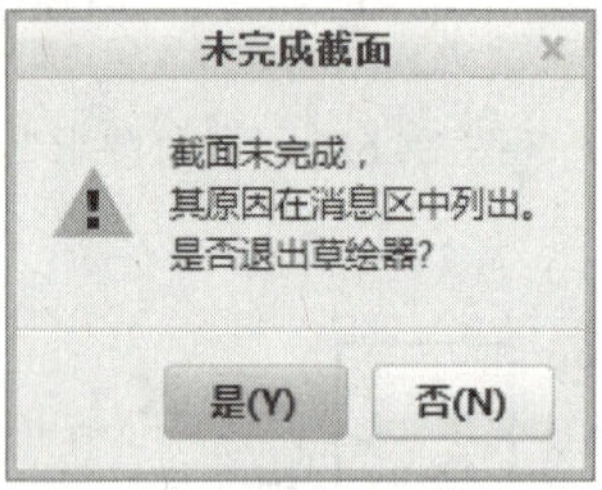

图 3.4.69 “未完成截面”错误提示

绘制实体拉伸特征的截面时，应该注意如下要求：

- 截面必须闭合，截面的任何部位都不能有缺口，如图 3.4.70（a）所示。如果有缺口，可用命令 拐角 修剪掉，将缺口封闭。
- 截面的任何部位都不能探出多余的线头，如图 3.4.70（b）所示，较长的多余的线头用修剪命令 删除段 修剪掉，如果线头特别短，即使足够放大也不可见，则必须用拐角命令修剪掉。
- 截面可以包含一个或多个封闭环，生成特征后，外环以实体填充，内环则为孔。环与环之间不能相交或相切，如图 3.4.70（c）和图 3.4.70（d）所示；环与环之间也不能有直线（或圆弧等）相连，如图 3.4.70（e）所示。

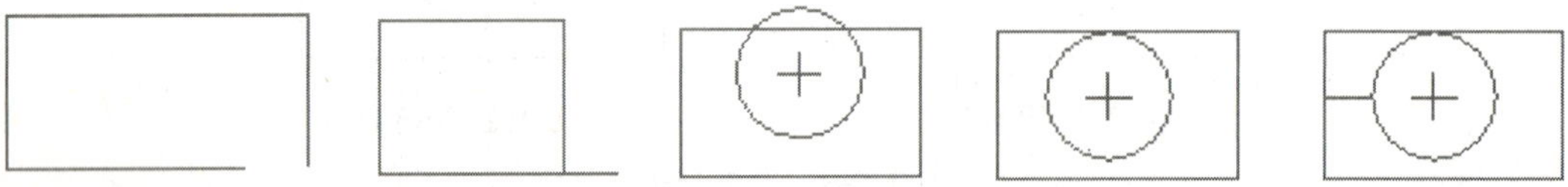

（a）有缺口　（b）有线头　（c）相交　（d）相切　（e）相连

图 3.4.70 实体拉伸特征的几种错误截面

注意：曲面拉伸特征的截面可以是开放的，但截面不能有多于一个的开放环。

4．定义拉伸深度属性

Step1：定义深度方向。不进行操作，采用模型中默认的深度方向。

注意：按住鼠标的中键且移动鼠标，可将草图从图 3.4.71 所示的状态旋转到图 3.4.72 所示的状态，此时在模型中可看到一个黄色的箭头，该箭头表示特征拉伸的方向；当选取的深度类型为 -⊟-（对称深度），该箭头的方向没有太大的意义；如果为单侧拉伸，应注意箭头的方向是否为将要拉伸的深度方向。要改变箭头的方向，有如下几种方法：

方法一：在操控板中，单击深度文本框 216.51 后面的按钮 ↗。

方法二：将鼠标指针移至深度方向箭头上，单击，如图 3.4.73 所示。

方法三：将鼠标指针移至深度方向箭头附近，右击，选择 反向 命令，如图 3.4.73 所示。

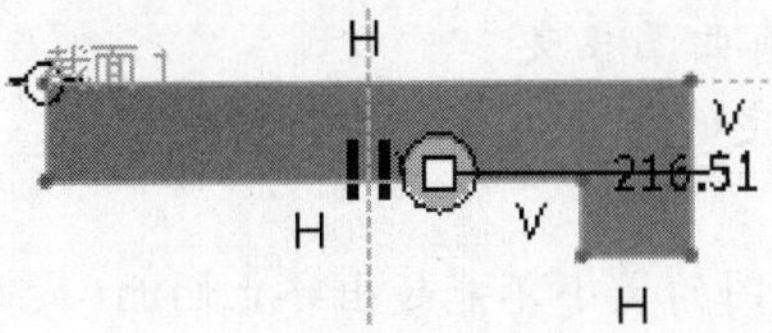

图 3.4.71　草绘平面与屏幕平行

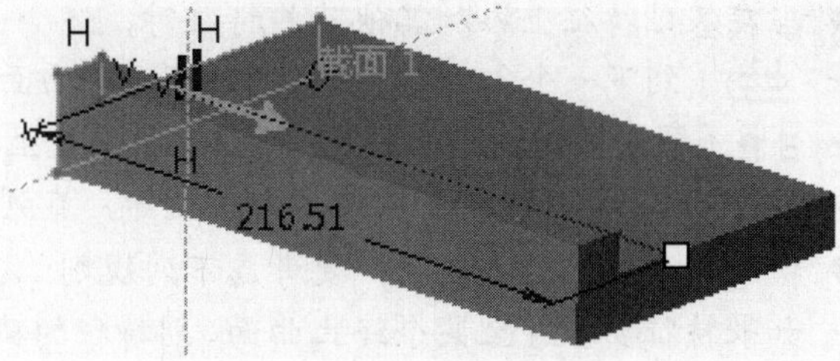

图 3.4.72　草绘平面与屏幕不平行

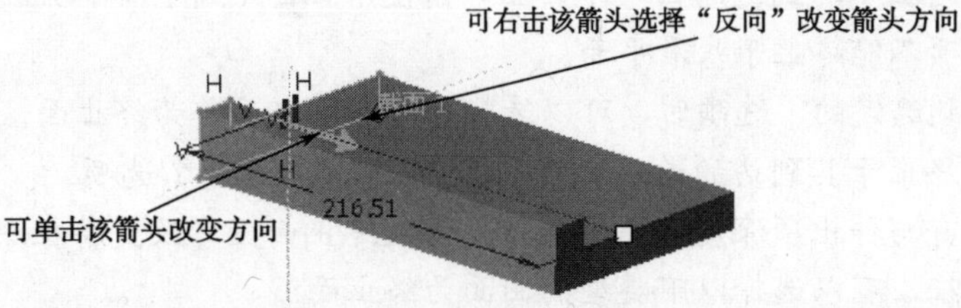

图 3.4.73　改变箭头方向

方法四：将鼠标指针移至如图 3.4.74 所示模型中深度尺寸 216.51 上，右击，在系统弹出如图 3.4.75 所示的快捷菜单中选择“反向深度方向”命令。

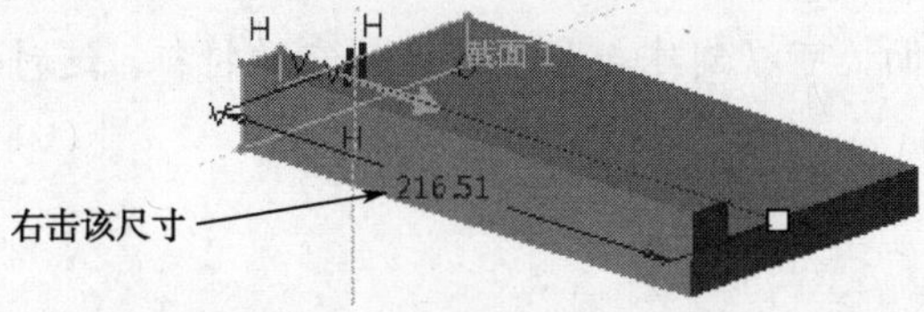

图 3.4.74　选择要右击的尺寸

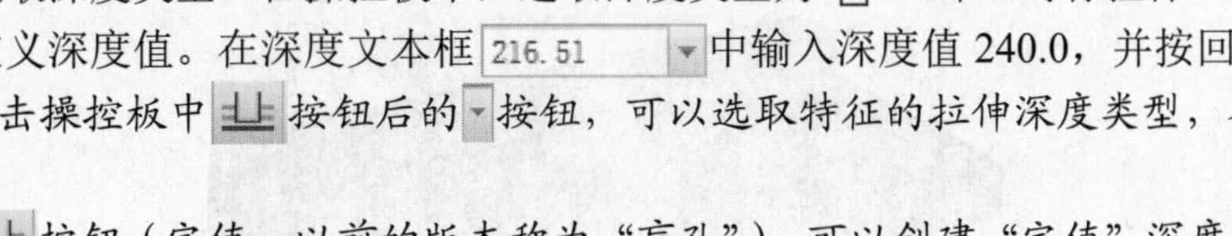

图 3.4.75　深度快捷菜单

Step2：选取深度类型。在操控板中，选取深度类型为 ⊟（即“对称拉伸”）。

Step3：定义深度值。在深度文本框 216.51 中输入深度值 240.0，并按回车键。

说明：单击操控板中 ⊥ 按钮后的 ▾ 按钮，可以选取特征的拉伸深度类型，各选项说明如下：

- 单击 ⊥ 按钮（定值，以前的版本称为“盲孔”），可以创建“定值”深度类型的特征，此时特征将从草绘平面开始，按照所输入的数值（即拉伸深度值）向特征创建的方向一侧进行拉伸。
- 单击 ⊟ 按钮（对称），可以创建“对称”深度类型的特征，此时特征将在草绘平面两侧进行拉伸，输入的深度值被草绘平面平均分割，草绘平面两边的深度值相等。
- 单击 ⊥ 按钮（到选定项），可以创建“到选定项”深度类型的特征，此时特征将从草绘平面开始拉伸至选定的点、曲线、平面或曲面。

其他几种深度选项的相关说明：

- 当在基础特征上添加其他某些特征时，还会出现下列深度选项：
  - （到下一个）：深度在零件的下一个曲面处终止。
  - （穿透）：特征在拉伸方向上延伸，直至与所有曲面相交。
  - （穿至）：特征在拉伸方向上延伸，直到与指定的曲面（或平面）相交。
- 使用“穿过”类选项时，要考虑下列规则：
  - 如果特征要拉伸至某个终止曲面，则特征的截面草图的大小不能超出终止曲面（或面组）的范围。
  - 如果特征应终止于其到达的第一个曲面，需使用（到下一个）选项，使用选项创建的伸出项不能终止于基准平面。
  - 使用（到选定的）选项时，可以选择一个基准平面作为终止面。
  - 如果特征应终止于其到达的最后曲面，需使用（穿透）选项。
  - 穿过特征没有与伸出项深度有关的参数，修改终止曲面可改变特征深度。
- 对于实体特征，可以选择以下类型的曲面为终止面：
  - 零件的某个表面，它不必是平面的。
  - 基准平面，它不必平行于草绘平面。
  - 一个或多个曲面组成的面组。
  - 在以“装配”模式创建特征时，可以选择另一个元件的几何作为选项的参考。
  - 用面组作为终止曲面，可以创建与多个曲面相交的特征。这对创建包含多个终止曲面的阵列非常有用。

5．完成特征的创建

Step1：特征的所有要素被定义完毕后，单击如图 3.4.76 所示操控板中的“预览”按钮，预览所创建的特征，以检查各要素的定义是否正确。预览时，可按住鼠标中键进行旋转查看，如果所创建的特征不符合设计意图，可选择操控板中的相关项，重新定义。

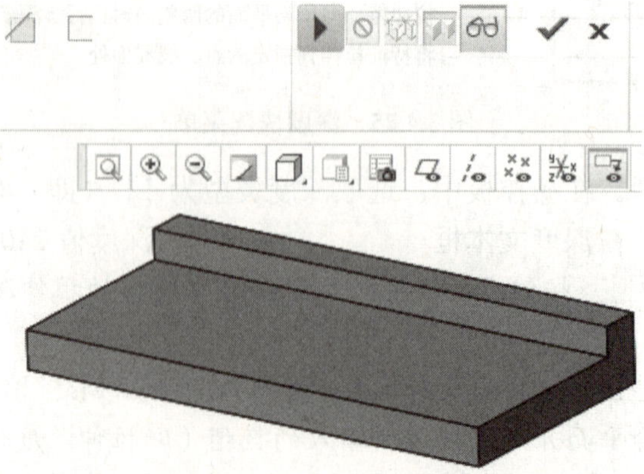

图 3.4.76 “预览”命令选择

Step2：预览完成后，单击操控板中的确定按钮，完成特征的创建。创建好的基础拉伸特征如图 3.4.77 所示。

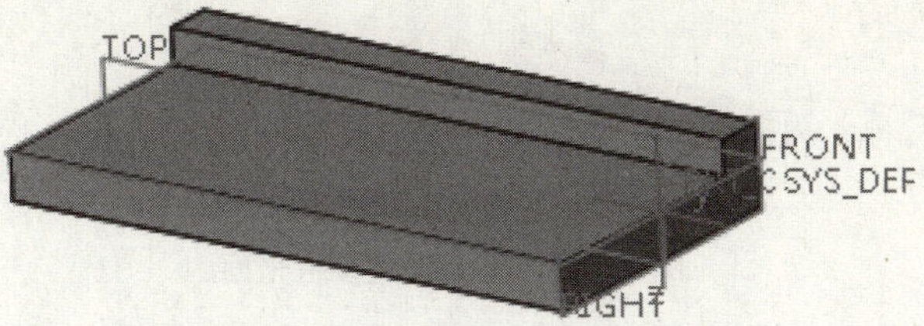

图 3.4.77 创建好的拉伸特征

3.4.3 添加其他特征

1. 添加拉伸特征

在创建零件的基础特征后，可以添加其他特征。现在要添加图 3.4.78 所示的实体拉伸特征，操作步骤如下：

Step1：单击“拉伸”命令按钮 拉伸。

Step2：在出现的操控板中选取拉伸类型：确定“实体类型”按钮 被按下。

Step3：定义截面草图。

（1）在绘图区中右击，从弹出的如图 3.4.79 所示的快捷菜单中选择 定义内部草绘... 命令，即可进入草绘命令对话框。此处是一种快捷进入草绘命令对话框的方式。

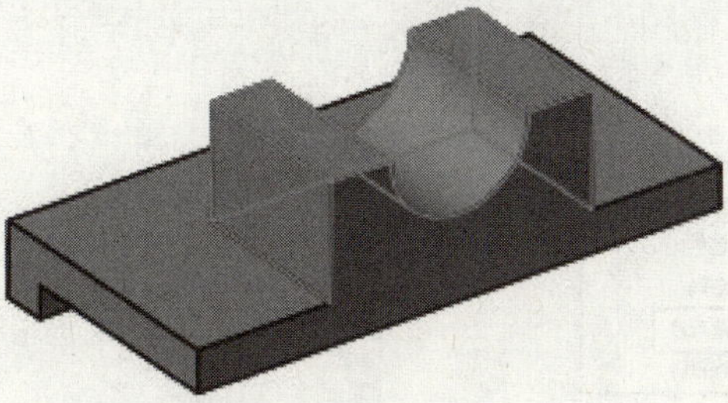

图 3.4.78 添加拉伸特征

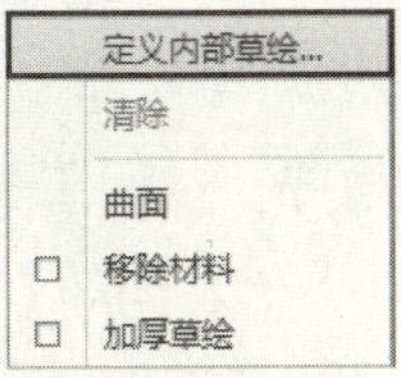

图 3.4.79 “定义内部草绘”命令选择

（2）定义截面草图的放置属性。

① 设置草绘平面：选取如图 3.4.80 所示的模型表面为草绘平面。

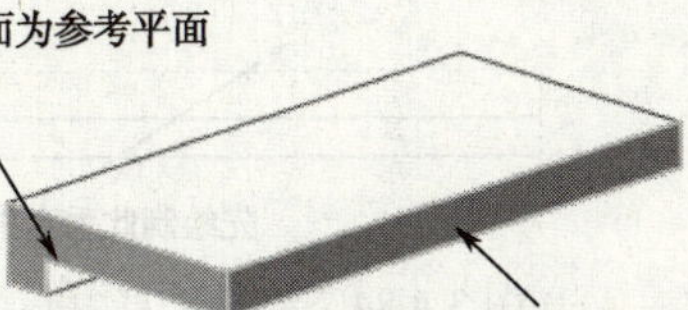

图 3.4.80 设置草绘平面

② 设置草绘视图方向：采用模型中默认的黄色箭头的方向为草绘视图方向。

③ 对草绘平面进行定向。

a）指定草绘平面的参考平面。此时系统自动选取了图 3.4.80 所示的左侧表面为参考平面，在此我们可以修改参考平面。方法是：先单击“草绘”对话框中“参考”后面的文本框，然后选取如图 3.4.81 所示的模型表面为参考平面。

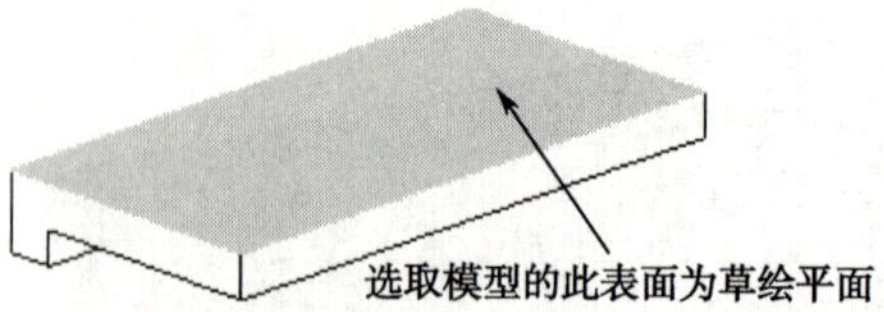

图 3.4.81 重新设置参考平面

b）指定参考平面的方向：在“方向”选择框中，选取 上 作为参考平面的方向。

④ 单击“草绘”对话框中的 草绘 按钮，至此，系统进入截面草绘环境。

（3）创建如图 3.4.82 所示的特征截面，详细操作过程如下：

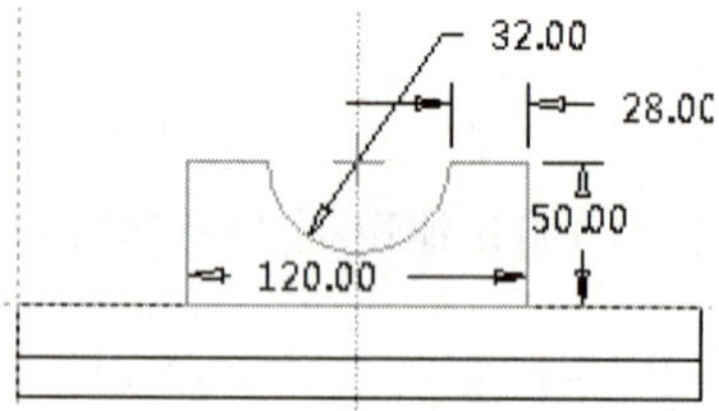

图 3.4.82 截面图形

① 定义截面草绘参考。在此不进行操作，接受系统给出的默认参考。

② 为了使草绘时图形显示得更清晰，先需要设置视图的显示方式：单击“视图控制”工具栏中的按钮，在弹出的如图 3.4.83 所示的菜单中选择 隐藏线 选项，切换到“隐藏线”方式。

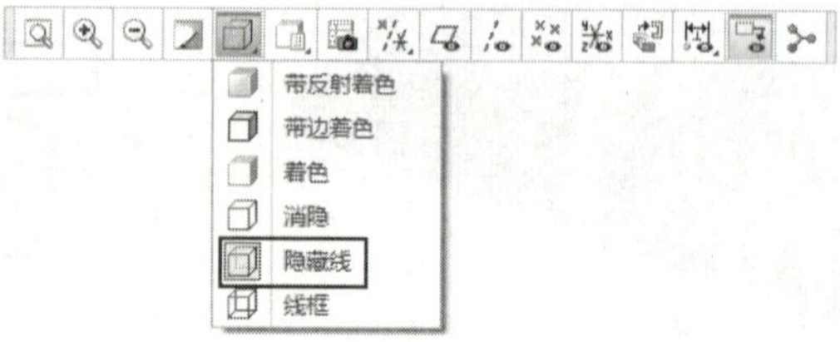

图 3.4.83 “隐藏线”命令选择

③ 绘制、标注截面的准备工作。

a）单击 中心线按钮绘制一条如图 3.4.84 所示的垂直中心线。

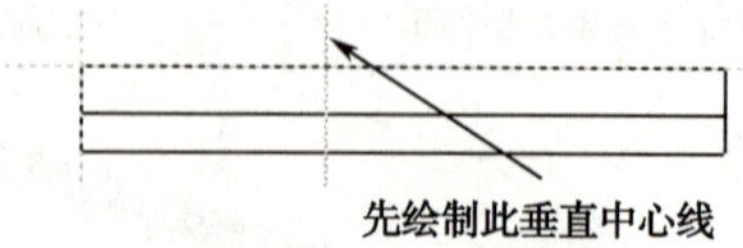

图 3.4.84 绘制垂直中心线

b）将垂直中心线进行对称约束。单击“约束”区域中的 对称 分别选取图 3.4.85 中的垂直中心线和两个点，就能将垂直中心线对称到截面草图的中间。

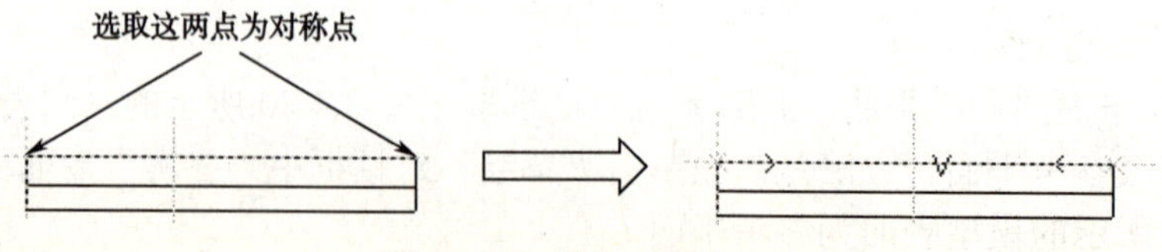

图 3.4.85 添加对称约束

c）投影已有特征的边线到截面草图。单击如图 3.4.86 所示“草绘”区域中的 投影按钮，出现图 3.4.87 所示的“选择使用边”对话框，使用系统默认的 单一(S) 选项，单击图 3.4.88 中的边。

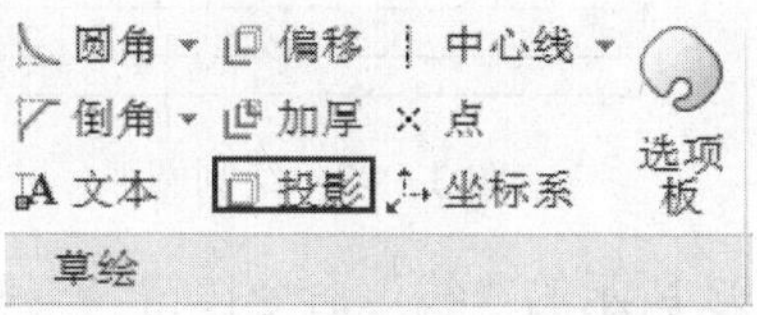

图 3.4.86　“投影”命令选择

图 3.4.87　“选择使用边”对话框

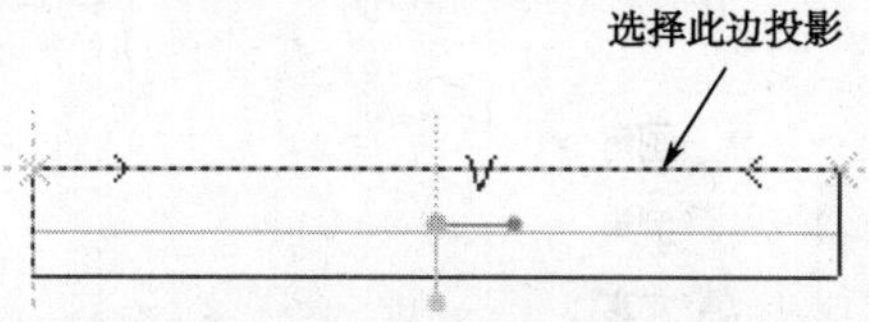

图 3.4.88　选择投影的边

说明：“使用边”分为“单一”、“链”和“环”三种类型，假如要使用图 3.4.89（a）中的上、下两条直线段，可先选中 单一(S) 单选项，然后逐一选取两条线段；假如要使用图 3.4.89（b）中相连的两个圆弧和直线线段，可先选中 链(H) 单选项，然后选取该“链”中的首尾两个图元—圆弧；假如要使用图 3.4.89（c）中闭合的两个圆弧和两条直线线段，可先选中 环(L) 单选项，然后选取该“环”中的任意一个图元。另外，利用“链”类型也可选择闭合边线中的任意几个相连的图元链。

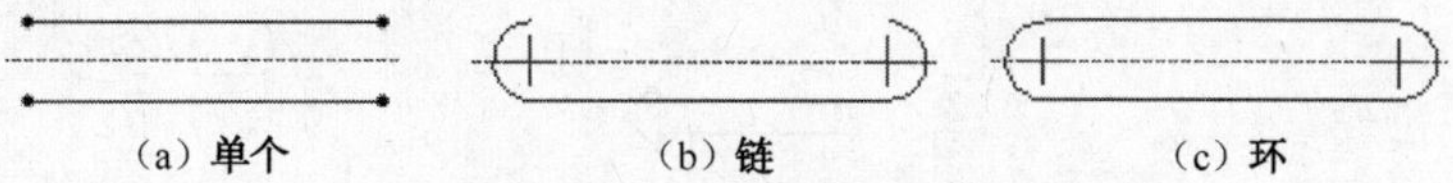

图 3.4.89　“使用边”类型

还有一种“偏移使用边”命令（命令按钮 加厚），如图 3.4.90 所示。由图可见，所创建的边线与原边线有一定距离的偏移，偏移方向由相应的箭头表示。

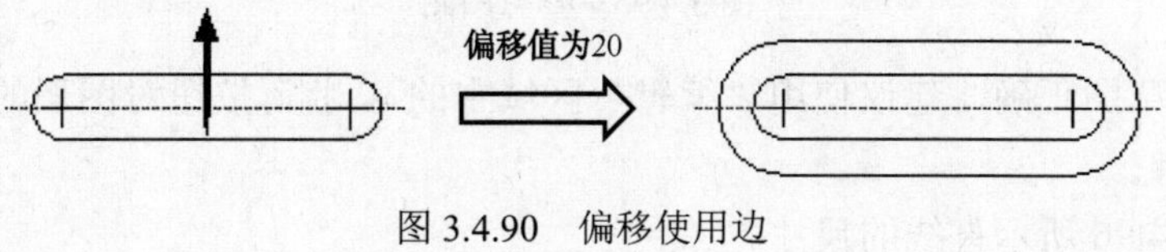

图 3.4.90　偏移使用边

④ 绘制大概轮廓

a）为了使图面显示得更简洁、清晰，建议将尺寸显示关闭。

b）显示约束。确认 按钮中的 显示约束 复选框处于选中状态（即显示约束）。

c）绘制圆弧。单击图 3.4.91 中“圆弧”命令按钮 弧 中的 3点/相切端，绘制如图 3.4.92 所示的圆弧。

注意：在绘制草图时，系统会自动加上一些约束，在这些约束中有些是无用的，读者绘制时，可能没有这个约束，自动添加的约束取决于绘制时鼠标的走向与停留的位置。

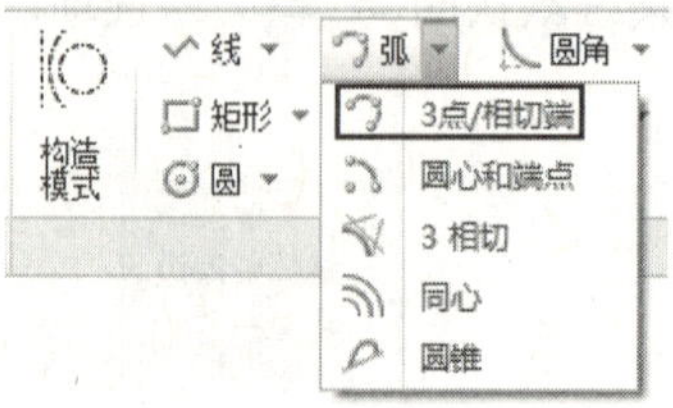

图 3.4.91 “圆弧”命令选择

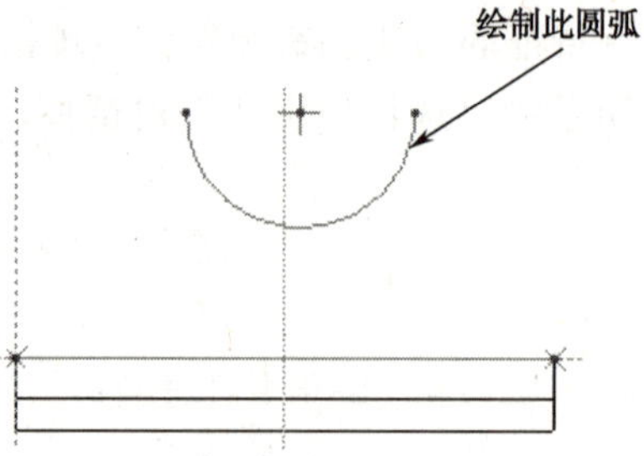

图 3.4.92 绘制圆弧

d）绘制截面的直线部分。单击如图 3.4.93 所示的“线”命令按钮 线 中的 线链，绘制如图 3.4.94 所示的直线。

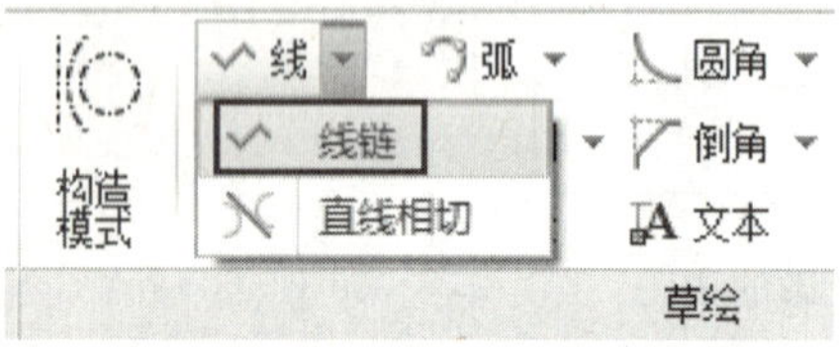

图 3.4.93 “线链”命令选择

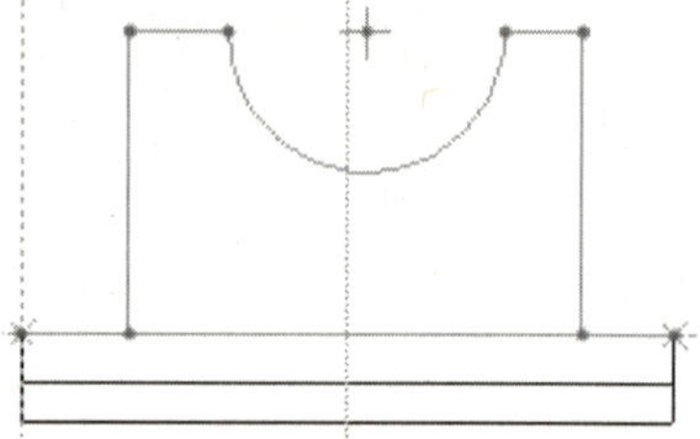

图 3.4.94 绘制直线

⑤ 修剪截面的多余边线。

a）单击“编辑”区域中的 删除段 按钮。

b）按住鼠标左键并拖动，绘制图 3.4.95（a）所示的路径，则与此路径相交的部分被剪掉。

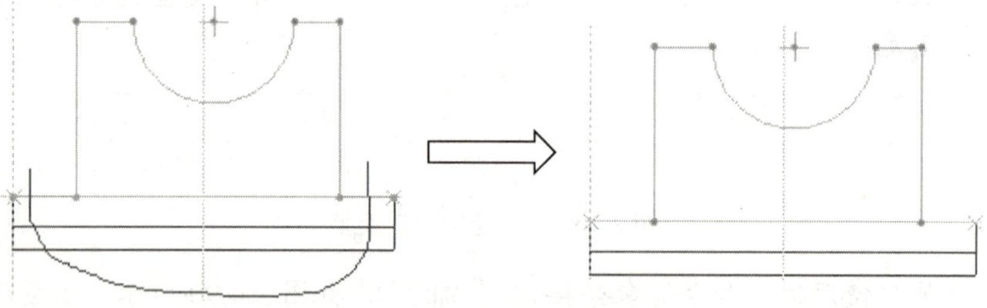

（a）修剪图元前　　（b）修剪图元后

图 3.4.95 修剪图元

c）为了确保草图正确，建议使用“编辑”区域中的 拐角 按钮对图形的每个交点处进行进一步的修剪处理。

⑥ 修改图 3.4.96 所示直线的尺寸。

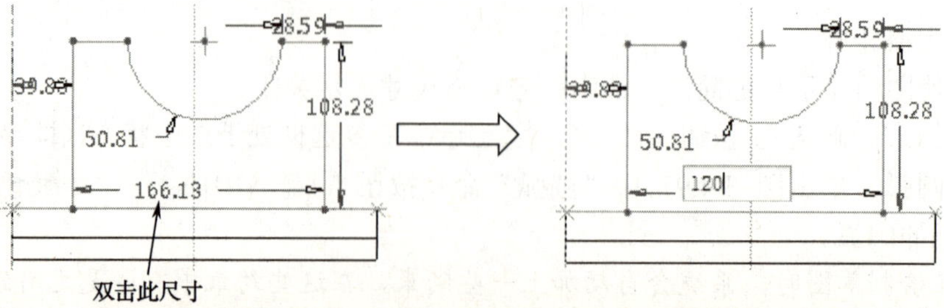

（a）修改尺寸值　　（b）设计目的尺寸值

图 3.4.96 修改尺寸的失败情况

a）显示尺寸：选中 按钮中的 ☑ 显示尺寸 复选框，打开尺寸显示。

b）双击图 3.4.96（a）所示的尺寸 166.13，然后在弹出的文本框中输入正确的新尺寸 120.0，并按回车键。此时原尺寸 166.13 没有被改变，这种情况表明系统不允许修改该尺寸。

c）修改尺寸时要注意，如果要修改的尺寸的大小与设计目的尺寸相差太大，系统不允许修改该尺寸，应该先用图元操纵功能将其“拖到”与目的尺寸相近，然后再修改。具体操作方法为：分别按住左键拖动图 3.4.97 所示的左右两个端点，使直线的尺寸接近 120.00，然后双击直线的尺寸 123.49，在弹出的文本框中输入正确的新尺寸 120.00，并按回车键。

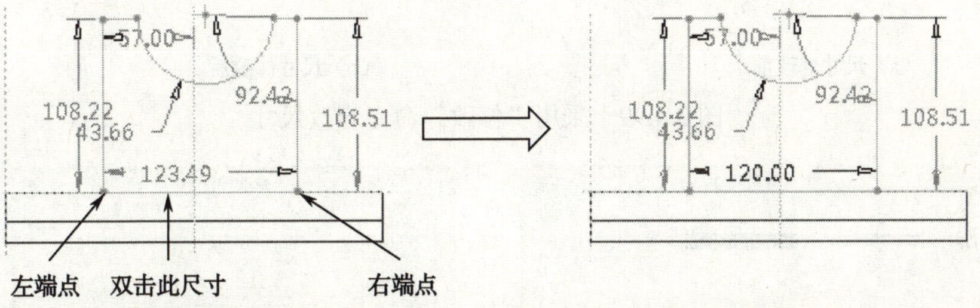

（a）修改尺寸前　　（b）修改尺寸后

图 3.4.97　成功修改直线的尺寸

⑦ 按同样的操作方法修改其他的尺寸，修改后的尺寸如图 3.4.98 所示。

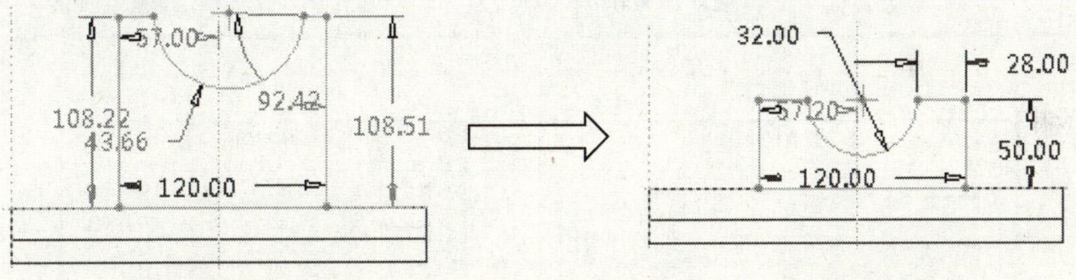

（a）修改尺寸前　　（b）修改尺寸后

图 3.4.98　修改其他的尺寸

说明：关于“修改”命令

在要修改的尺寸的大小与设计目的尺寸相差较大时，可使用“编辑”区域下的“修改”命令 修改 进行修改，且一次可修改多个尺寸。如要将图 3.4.99（a）中的尺寸修改为图 3.4.99（b）的尺寸，可进行如下操作。

选择 修改 命令后，单击尺寸 0.76，系统弹出如图 3.4.100（a）所示的“修改尺寸”对话框。继续单击选择其他尺寸，此时我们可以看到，其他尺寸值出现在修改尺寸对话框中，如图 3.4.100（b）所示，此时尺寸值有多位小数。勾选掉“重新生成”选项后尺寸值恢复到与草绘中显示相同的值，即两位小数，如图 3.4.100（c）所示。依次将“修改尺寸”对话框中的值修改为如图 3.4.100（d）所示的值。单击“确定”按钮 确定 ，此时我们可以看到草绘中各尺寸的值变为修改的尺寸值，如图 3.4.99（b）所示。虽然要修改的尺寸大小与设计大小相差较大，但采用此种修改方法不会造成尺寸修改的失败。

⑧ 添加对称约束。单击“约束”选项卡中的 对称 分别选取图 3.4.101 中的垂直中心线和两个点，完成后的截面草图如图 3.4.102 所示。

（4）完成截面绘制后，单击“草绘”工具栏中的“确定”按钮 ✔ 。

Step4：定义拉伸深度属性。

（1）选取深度方向。采用模型中默认的相反深度方向。

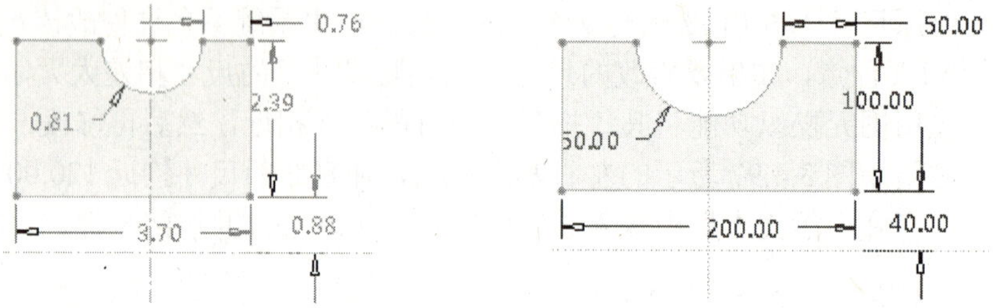

（a）**尺寸修改前**　　（b）**尺寸修改后**

图 3.4.99　采用“修改”命令修改尺寸

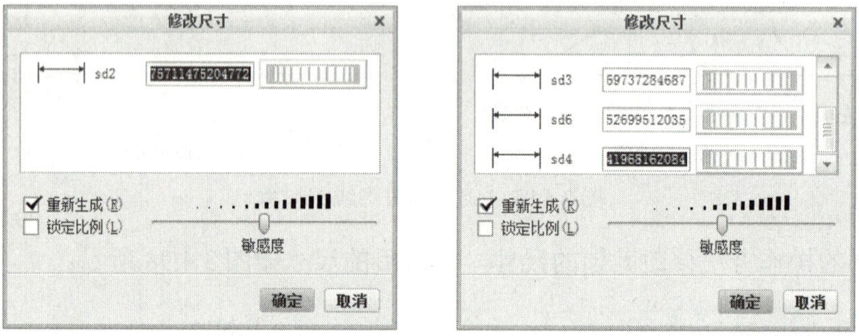

（a）　　（b）

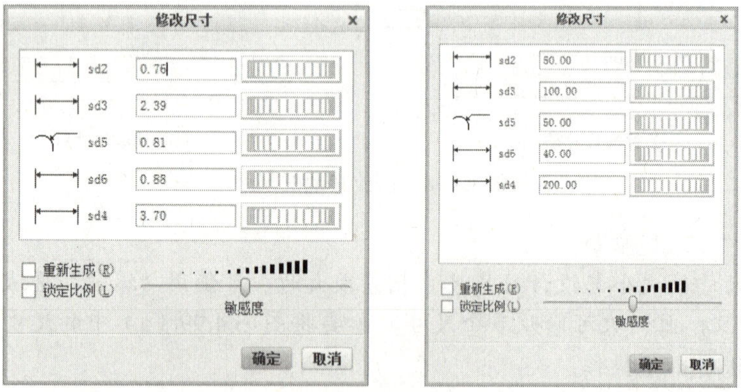

（c）　　（d）

图 3.4.100　“修改尺寸”对话框

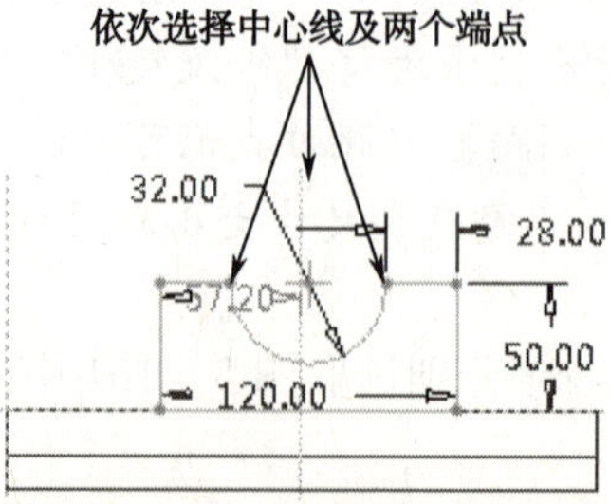

图 3.4.101　添加对称约束

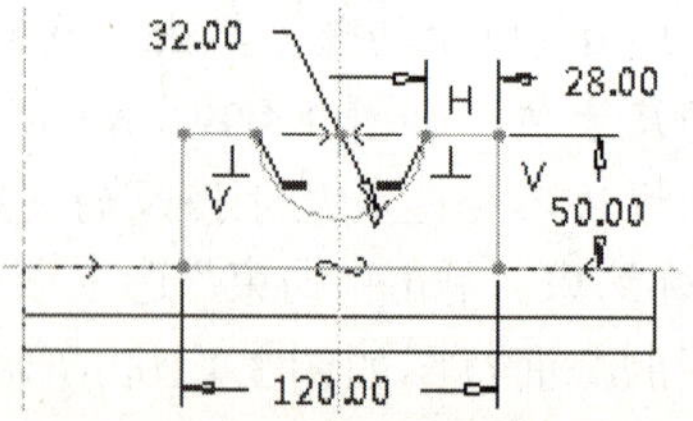

图 3.4.102　完成后的截面草图

（2）选取深度类型。在操控板中，选取深度类型 （定值）。

（3）定义深度值。输入深度值 75.0。

Step5：完成特征的创建。

（1）特征的所有要素被定义完毕后，单击操控板中的“预览”按钮，预览所创建的特征，以检查各要素的定义是否正确。如果所创建的特征不符合设计意图，可选择操控板中的相关项，重新定义。

（2）在操控板中，单击“确定”按钮 ✔，完成特征的创建。

注意：由上面的操作，我们知道该拉伸特征的截面几何中引用了基础特征的一条边线，这就形成了它们之间的父子关系，即该拉伸特征是基础特征的子特征。特征的父子关系很重要，父特征的删除或隐含等操作会直接影响到子特征。

2．添加如图 3.4.103 所示的切削拉伸孔特征

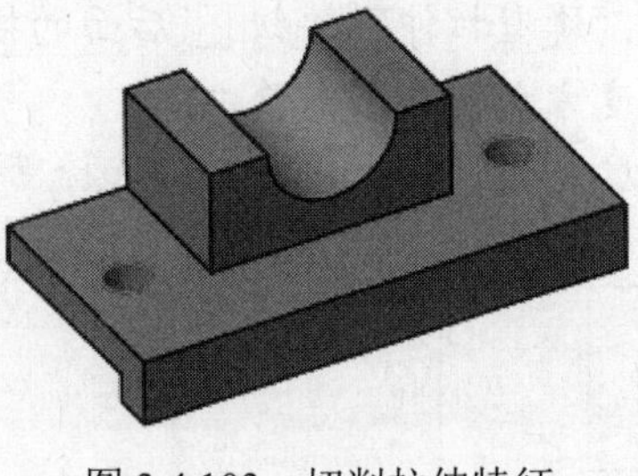

图 3.4.103　切削拉伸特征

Step1：选取“拉伸”特征命令。单击“拉伸”命令按钮 拉伸，出现“拉伸”操控板。

Step2：定义拉伸类型。确认“实体”按钮被按下，并按下操控板中的“移除材料”按钮。

Step3：定义截面草图。

（1）选取命令。在绘图区中右击，从弹出的快捷菜单中选择 定义内部草绘... 命令。

（2）定义截面草图的放置属性。

定义草绘平面。选取如图 3.4.104 所示的零件表面为草绘平面。

① 设置草绘视图方向：采用模型中默认的黄色箭头方向为草绘视图方向。

② 对草绘平面进行定向。

a) 指定草绘平面的参考平面：选取 RIGHT 基准平面作为参考平面。

b) 指定参考平面的方向：在对话框的“方向”下拉列表中选择 左 作为参考平面的方向。

③ 单击“草绘”对话框中的 草绘 按钮。

（3）创建如图 3.4.105 所示的特征截面。

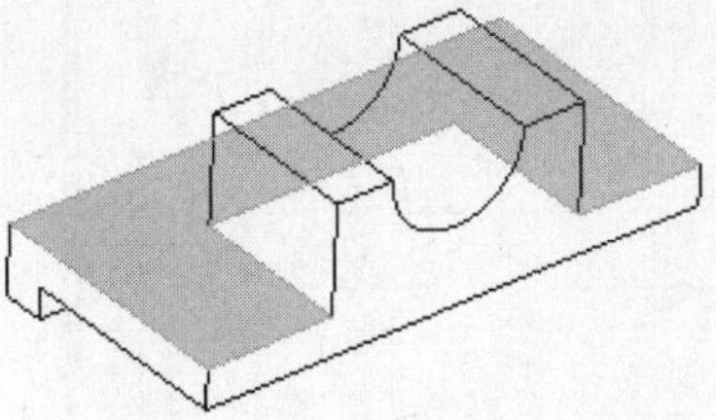

图 3.4.104　选择草绘的平面

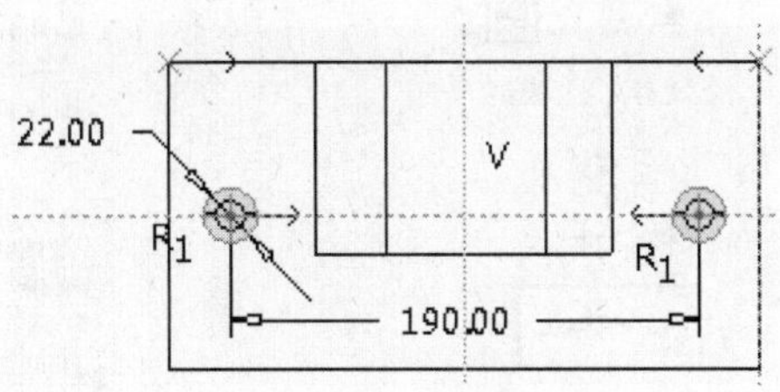

图 3.4.105　截面图形

① 进入截面草绘环境后，接受系统的默认参考。

② 绘制、标注如图 3.4.105 所示的截面；完成绘制后，单击“草绘”工具栏中的“确定”按钮✔。

Step4：定义拉伸深度属性。

（1）选取深度类型并输入深度值。在操控板中，选取深度类型 ⫶⫶（即“穿透”）。

（2）选取深度方向。本例不进行操作，采用模型中默认的深度方向。

Step5：定义去除材料的方向。一般不进行操作，采用模型中默认的去除材料方向。

说明：如图 3.4.106 所示，在模型中的圆内可看到一个黄色的箭头，该箭头表示去除材料的方向。为了便于理解该箭头方向的意义，请将模型放大（操作方法是滚动鼠标的中键滑轮）到如图 3.4.107 所示的状态，此时箭头在圆内。如果箭头指向圆内，系统会将圆圈内部的材料挖除掉，圆圈外部的材料保留；如果改变箭头的方向，使箭头指向圆外，则系统会将圆圈外部的材料去掉，圆圈内部的材料保留。要改变该箭头方向，有如下几种方法：

方法一：在操控板中，单击“薄壁拉伸”按钮 后面的按钮 。

方法二：将鼠标指针移至深度方向箭头上，单击。

方法三：将鼠标指针移至深度方向箭头上，右击，选择 反向 命令。

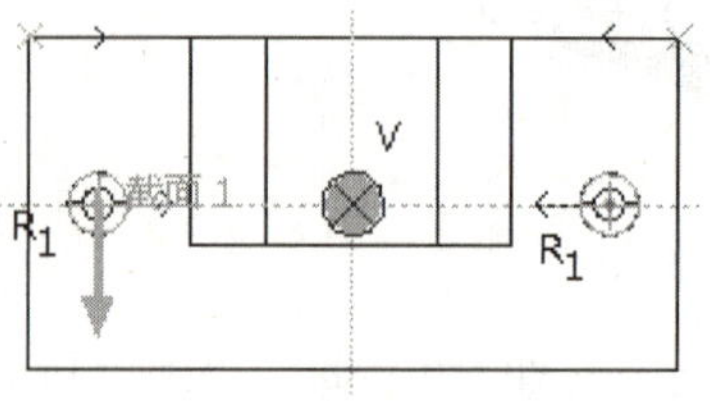

图 3.4.106　去除材料的方向

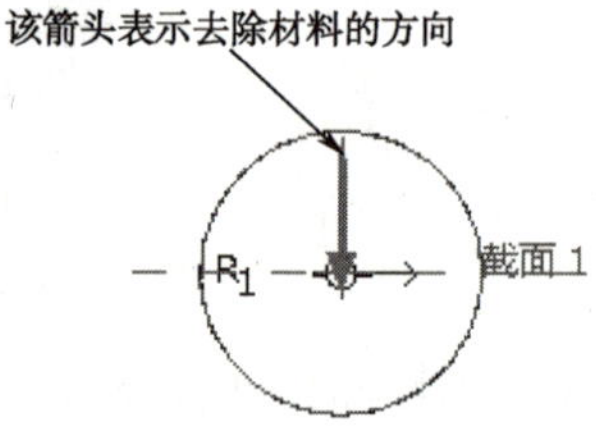

图 3.4.107　放大图

Step6：在操控板中，单击“确定”按钮✔，完成切削拉伸特征的创建。完成的轴承座零件三维模型如图 3.4.103 所示。

3.4.4　保存模型文件

1．本例零件的保存操作

Step1：单击图 3.4.108“快速访问工具栏”中的按钮 （或选择下拉菜单 文件 → 保存(S) 命令），系统弹出“保存对象”对话框，如图 3.4.109 所示，文件名出现在“模型名称”文本框中。

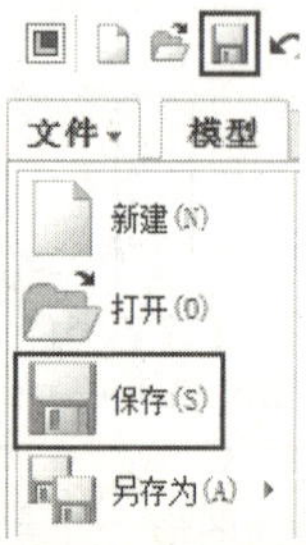

图 3.4.108　“保存”命令选择

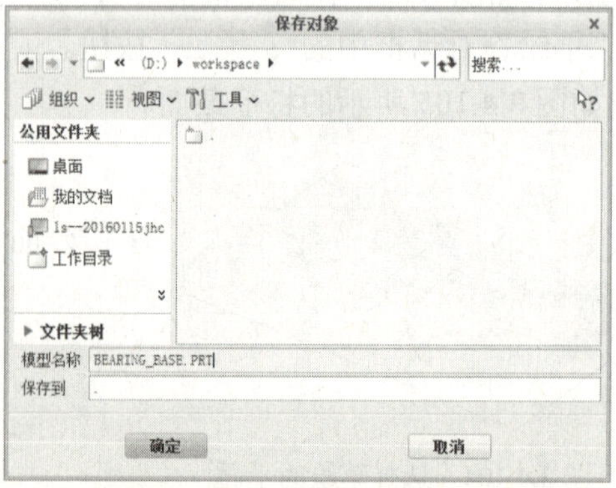

图 3.4.109　“保存对象”对话框

Step2：单击 确定 按钮。如果不进行保存操作，单击 取消 按钮。

注意：“保存”模型文件时，建议用户使用现有名称，如果要修改文件的名称，选择下拉菜单 文件 → 管理文件(F) → 重命名(R) 重命名当前对象和子对象。 命令来实现。

2．文件保存操作的几条命令的说明

● “保存”：关于“保存”文件的几点说明：

➢ 如果从进程中（内存）删除对象或退出 Creo 而不保存，则会丢失当前进程中的所有更改。

➢ Creo 在磁盘上保存模型对象时，其文件名格式为“对象名.对象类型.版本号”。例如，创建零件 bearing_base，第 1 次保存时的文件名为 bearing_base.prt.1，再次保存时版本号自动加 1，这样在磁盘中保存对象时，不会覆盖原有的对象文件。

➢ 新建对象将保存在当前工作目录中；如果是打开的文件，保存时，将存储在原目录中。

● “保存副本”：选择下拉菜单 文件 → 另存为(A) → 保存副本(A) 保存活动窗口中对象的副本。 命令，系统弹出“保存副本”对话框，可保存一个文件的副本。

关于保存副本的几点说明：

➢ “保存副本”的作用是保存指定对象文件的副本，可将副本保存到同一目录或不同的目录中，无论哪种情况都要给副本命名一个新的（唯一）名称，即使在不同的目录中“保存副本”文件，也不能使用与原始文件名相同的文件名。

➢ “保存副本”对话框中允许 Creo 将文件输出为不同格式，以及将文件另存为图像，这也许是 Creo 设立“保存副本”命令的一个很重要的原因，也是与文件“备份”命令的主要区别所在。

● “备份”：选择下拉菜单 文件 → 另存为(A) → 保存备份(B) 将对象备份到当前目录。 命令，可对一个文件进行备份。

关于文件备份的几点说明：

➢ 可将文件备份到不同的目录。

➢ 在备份目录中备份对象的修正版重新设置为 1。

➢ 必须有备份目录的写入许可，才能进行文件的备份。

➢ 如果要备份装配件、工程图或制造模型，Creo 在指定目录中保存其所有从属文件。

➢ 如果装配件有相关的交换组，备份该装配件时，交换组不保存在备份目录中。

● 文件“重命名”：选择下拉菜单 文件 → 管理文件(F) → 重命名(R) 重命名当前对象和子对象。 命令，可对一个文件进行重命名。

关于文件“重命名”的几点说明：

➢ “重命名”的作用是修改模型对象的文件名称。

➢ 如果从非工作目录检索某对象，并重命名此对象，然后保存，它将保存到对其进行检索的原目录中，而不是当前的工作目录中。

3.5 Creo 文件操作

3.5.1 打开 Creo 文件

假设已经退出 Creo 软件，重新进入软件后，要打开文件 bearing_base.prt，其操作过程如下：

Step1：设置工作目录。选择下拉菜单 文件 → 管理文件(F) → 选择工作目录(W) 更改工作目录。命令，将工作目录设置为 D:\Creo_workspace。

Step2：选择下拉菜单 文件 → 打开 命令（或单击工具栏中的按钮），系统弹出如图 3.5.1 所示的“文件打开”对话框。

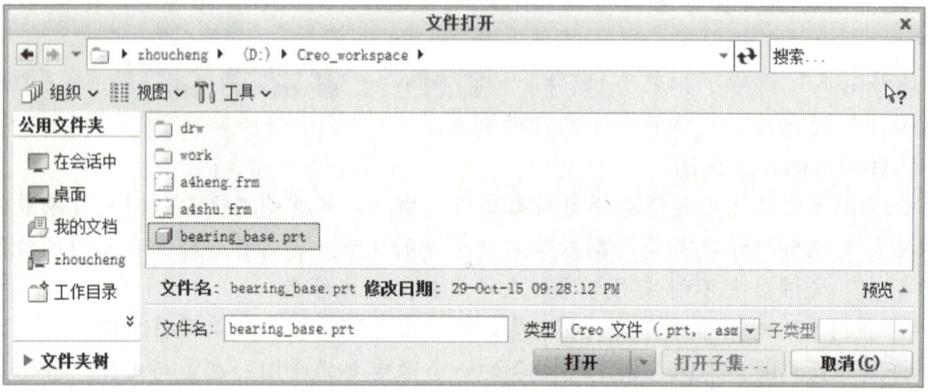

图 3.5.1 “文件打开”对话框

Step3：通过单击“查找范围”列表框后面的按钮，找到模型文件所在的文件夹（目录）后，在文件列表中选择要打开的文件名 bearing_base.prt，然后单击 打开 按钮，即可打开文件，或者双击文件名也可打开文件。

3.5.2 拭除文件

1. 从内存中拭除未显示的对象

如果选择下拉菜单 文件 → 关闭(C) 命令（或单击如图 3.5.2 所示窗口中的按钮）关闭一个窗口，窗口中的对象便不在图形区显示，但只要工作区处于活动状态，对象仍保留在内存中，我们称这些对象为“未显示的对象”。

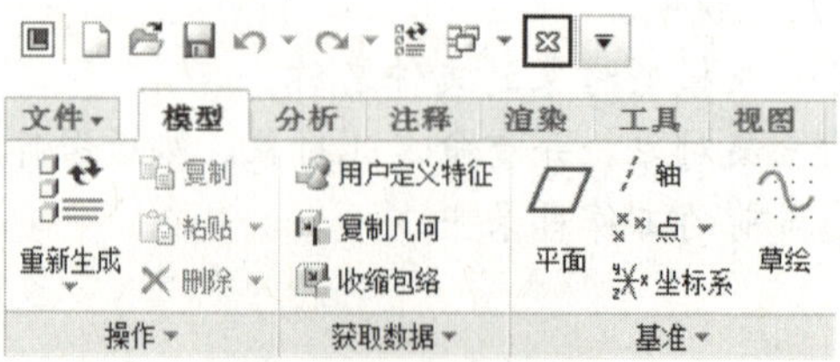

图 3.5.2 文件关闭按钮

选择下拉菜单 文件 → 管理会话(M) → 拭除未显示的(D) 命令后，系统弹出如图 3.5.3 所示的

“拭除未显示的”对话框，在该对话框中列出未显示对象，单击 确定 按钮，所有的未显示对象将从内存中拭除，但它们不会从磁盘中删除。当参考未显示对象的装配件或工程图仍处于活动状态时，系统则不能拭除该未显示对象。

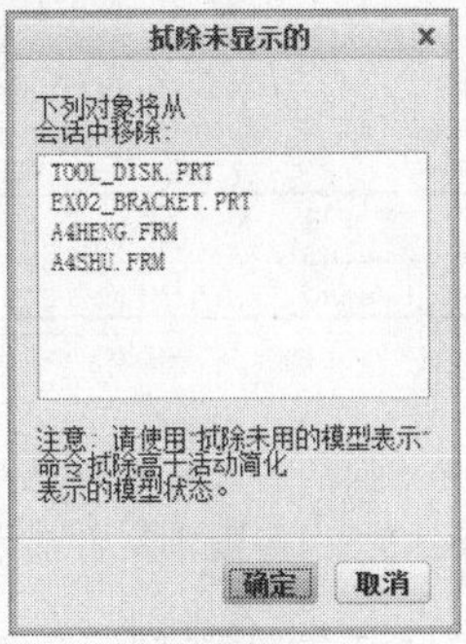

图 3.5.3　“拭除未显示的”对话框

2．从内存中拭除当前对象

第一种情况：如果当前对象为零件、格式、布局等类型时，选择下拉菜单 文件 → 管理会话(M) → 拭除当前(C) 从此会话中移除活动窗口中的对象。命令，系统弹出如图 3.5.4 所示的“拭除确认”对话框，单击 是 按钮，当前对象将从内存中拭除，但它们不会从磁盘中删除。

第二种情况：如果当前对象为装配、工程图、模具等类型，选择下拉菜单 文件 → 管理会话(M) → 拭除当前(C) 从此会话中移除活动窗口中的对象。命令，系统弹出如图 3.5.5 所示的“拭除”对话框，选取要拭除的关联对象后，再单击 确定 按钮，则当前对象及选取的关联对象将从内存中拭除。

图 3.5.4　“拭除确认”对话框

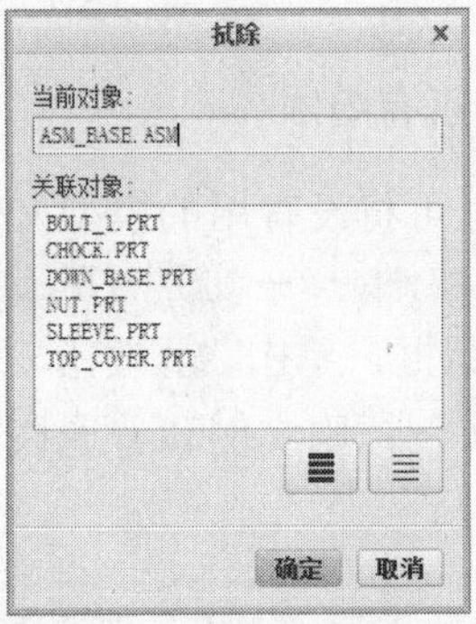

图 3.5.5　“拭除”对话框

3.5.3　删除文件

1．删除文件的旧版本

每次选择下拉菜单 文件 → 保存(S) 命令保存对象时，系统都创建对象的一个新版本，并将它写入磁盘。系统对存储的每一个版本连续编号（简称版本号），例如，对于零件文件，其格式为 bearing_base.prt1、bearing_base.prt2、bearing_base.prt3 等。

注意：这些文件名中的版本号（1、2、3 等），只有通过 Windows 操作系统的窗口才能看到，如图 3.5.6 所示。在 Creo 中打开文件时，在文件列表中则看不到这些版本号。

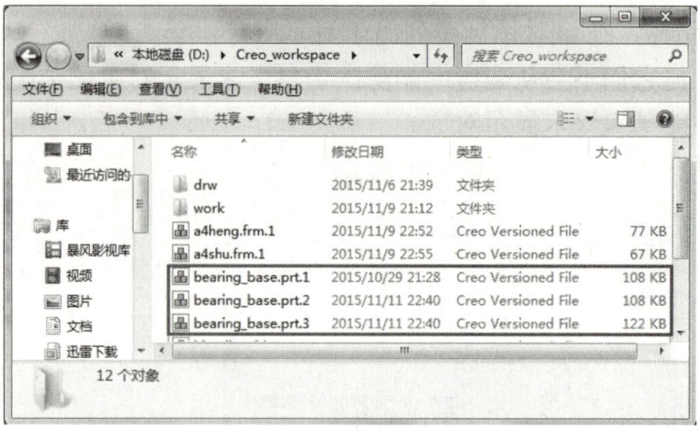

图 3.5.6 多版本文件显示

使用 Creo 软件创建模型文件时（包括零件模型、装配模型、制造模型等），在最终完成模型的创建后，可将模型文件的所有旧版本删除。

选择下拉菜单 文件▾ → 管理文件(F) → 删除旧版本(O) 删除指定对象除最高版本号以外的所有版本。 命令后，系统弹出如图 3.5.7 所示的对话框，单击 是 按钮（或按回车键），系统就会将对象的除最新版本外的所有版本删除。

图 3.5.7 “删除旧版本”对话框

2. 删除文件的所有版本

在设计完成后，可将没有用的模型文件的所有版本删除。

选择下拉菜单 文件▾ → 管理文件(F) → 删除所有版本(A) 从磁盘删除指定对象的所有版本。 命令后，系统弹出如图 3.5.8 所示的警告对话框，单击 是 按钮，系统就会删除当前对象的所有版本。如果选择删除的对象是族表的一个实例，则实例和普通模型都不能被删除；如果选择删除的对象是普通模型，则将删除此普通模型。

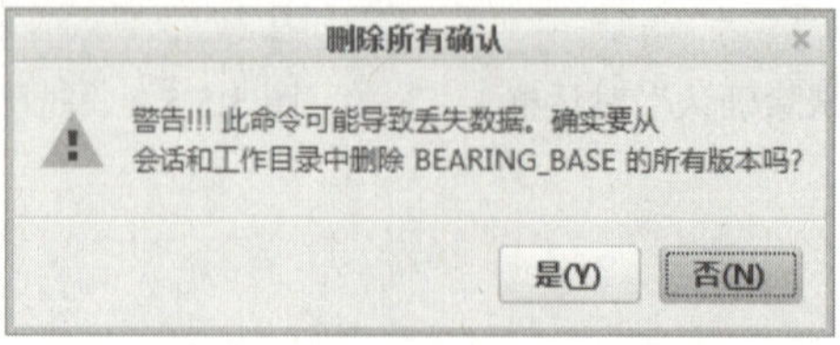

图 3.5.8 “删除所有确认”对话框

3.6 模型的显示控制

在学习本节时，先将工作目录设置为 D:\Creo_workspace，然后打开模型文件 bearing_base.prt。为了在设计中更好地观察模型的结构，获得较佳的显示视角，提高设计效率，用户必须掌握一些模型显示设置以及基本的视图操作内容。

3.6.1 图元显示设置

Step1：选择“文件”下拉菜单中的 文件 → 选项命令，进入“PTC Creo Parametric 选项”对话框。

Step2：单击“图元显示”区域，如图 3.6.1 所示。

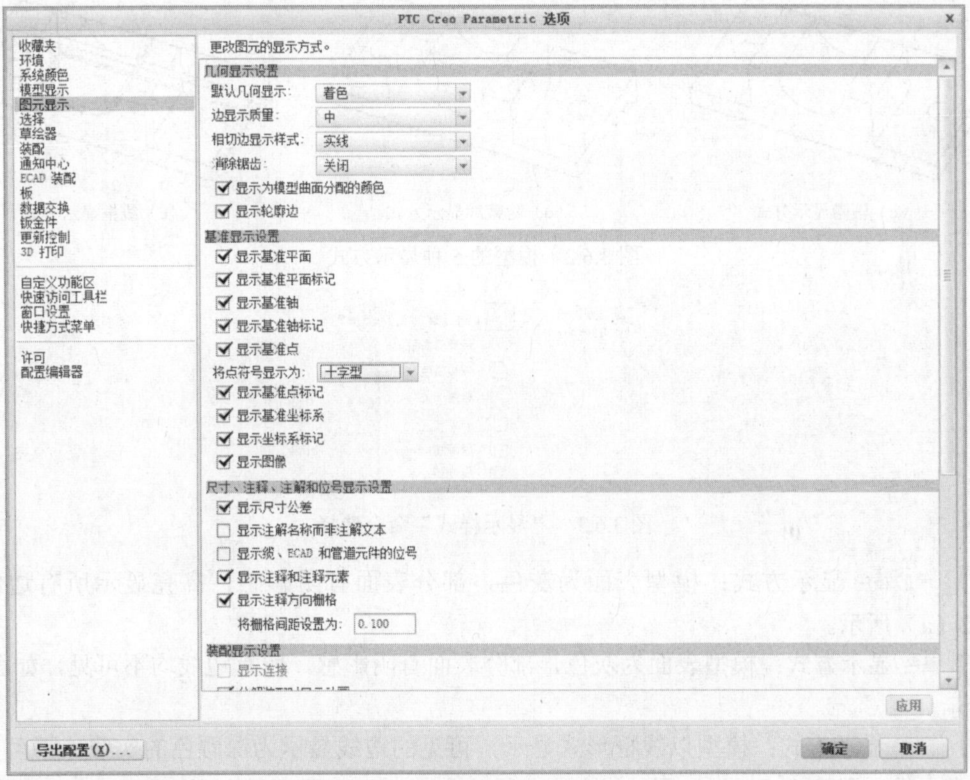

图 3.6.1 图元显示设置

Step3：在“几何显示设置”中可以设置默认几何显示的方式为：着色、带边着色、线框、隐藏线等方式。

Step4：在“基准显示设置”中，可以设置“显示”和“点符号”。在“显示”中，可以设置基准平面、基准轴、基准点、基准坐标及其标志符号是否显示，如果勾选基准前的复选框，视图中会显示该基准，否则不会显示。点符号可以设置为十字形、点、圆、三角、正方形。单击“确定”即完成设置。

另外使用“视图控制”工具栏上的按钮，也可以控制“基准显示”，如图 3.2.18 所示。

3.6.2 模型的几种显示方式

在 Creo 软件中，模型有如图 3.6.2 所示的 5 种显示方式，即带边着色显示方式、着色显示方式、消隐显示方式、隐藏线显示方式和线框显示方式。单击如图 3.6.3 所示的“视图”功能选项卡“模型显示”区域中的“显示样式”按钮，在弹出的菜单中选择相应的显示样式，可以切换模型的显示方式。

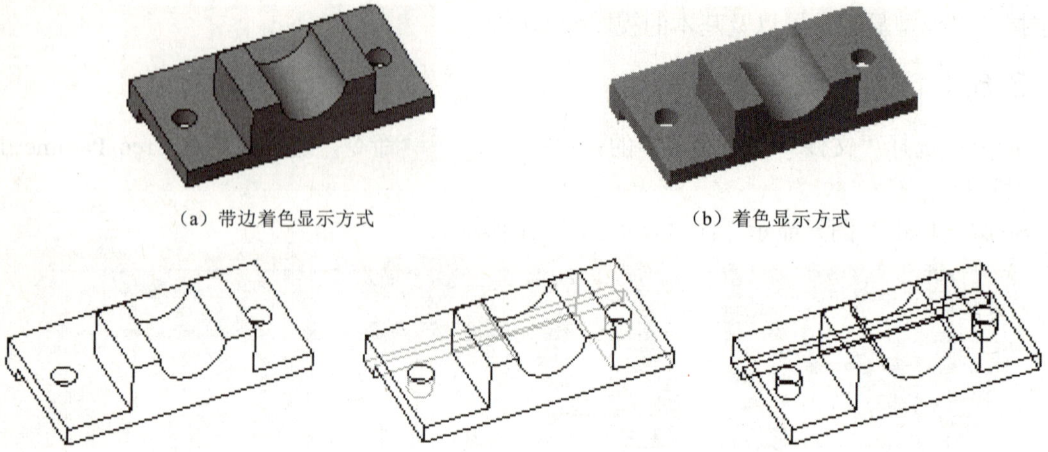

（a）带边着色显示方式　（b）着色显示方式

（c）消隐显示方式　（d）隐藏线显示方式　（e）线框显示方式

图 3.6.2　模型的 5 种显示方式

图 3.6.3　“显示样式”命令选择

带边着色 显示方式：模型表面为灰色，部分表面有阴影感，高亮显示所有边线，如图 3.6.2（a）所示。

着色 显示方式：模型表面为灰色，部分表面有阴影感，所有边线均不可见，如图 3.6.2（b）所示。

消隐 显示方式：模型以线框形式显示，可见的边线显示为深颜色的实线，不可见的边线被隐藏起来（即不显示），如图 3.6.2（c）所示。

隐藏线 显示方式：模型以线框形式显示，可见的边线显示为深颜色的实线，不可见的边线显示为虚线（在软件中显示为灰色的实线），如图 3.6.2（d）所示。

线框 显示方式：模型以线框形式显示，模型所有的边线显示为深颜色的实线，如图 3.6.2（e）所示。

3.6.3　模型的移动、旋转与缩放

用鼠标可以控制图形区中的模型显示状态：

（1）滚动鼠标中键，可以缩放模型：向前滚，模型缩小；向后滚，模型变大。也可以在图 3.6.4 所示工具栏上单击放大或缩小按钮。

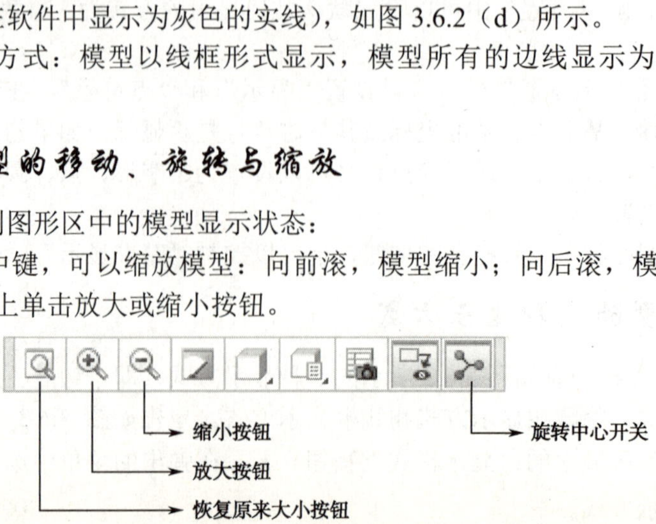

图 3.6.4　缩放按钮

（2）按住鼠标中键，移动鼠标，可旋转模型。当图 3.6.4 所示的“旋转中心”处于“开”状态时，旋转是以旋转中心即模型中心为中心的，当“旋转中心”处于“关”的状态时，旋转是以鼠标所在的位置为旋转点的。

（3）先按住 Shift 键，然后按住鼠标中键，移动鼠标可移动模型。

当模型的大小、角度及其位置改变以后，可单击图 3.6.5 所示“标准方向”命令，即可将模型恢复为默认的显示方式。

图 3.6.5 恢复默认显示方式

注意：采用以上方法对模型进行缩放和移动操作时，只是改变模型的显示状态，而不能改变模型的真实大小和位置。

3.6.4 模型的定向

1. 关于模型的定向

利用模型“定向”功能可以将绘图区中的模型定向在所需的方位，以便查看。例如在图 3.6.6 中，方位 1 是模型的默认方位，方位 2 是在方位 1 基础上将模型旋转一定的角度而得到的方位，方位 3、4、5 属于正交方位（这些正交方位常用于模型工程图中的视图）。在图 3.6.7 所示的“视图”功能选项卡“方向”区域的“已保存方向”下拉列表中单击 重定向(O) 按钮（或单击“视图控制”工具栏中的按钮，然后在弹出的菜单中单击 重定向(O) 按钮），打开“方向”对话框，通过该对话框对模型进行定向。

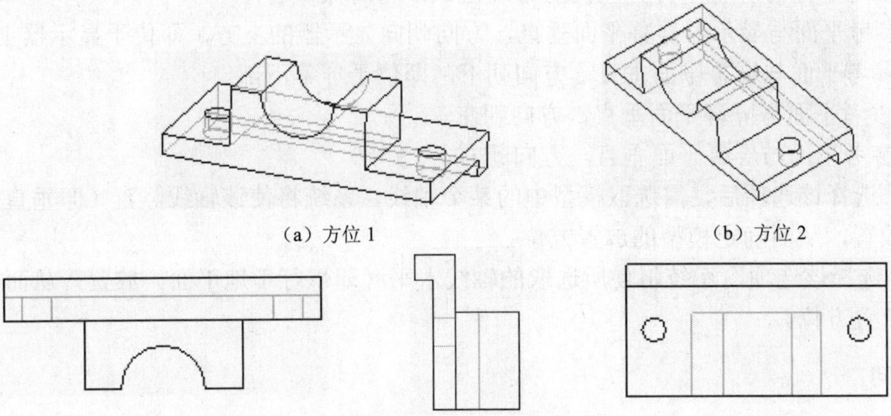

（a）方位 1　（b）方位 2

（c）方位 3　（d）方位 4　（e）方位 5

图 3.6.6 模型的几种方位

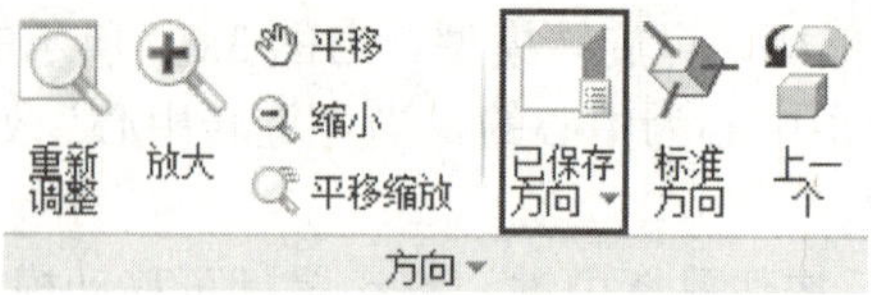

图 3.6.7 “方向区域”

2. 模型定向的一般方法

常用的模型定向的方法为“参考定向”，在图 3.6.8 所示的“方向”对话框中选择按参考定向类型。这种定向方法的原理是：在模型上选取两个正交的参考平面，然后定义两个参考平面的放置方位。例如在图 3.6.9 中，如果能够确定模型上表面 1 和表面 2 的放置方位，则该模型的空间方位就能完全确定。参考的放置方位有如下几种：

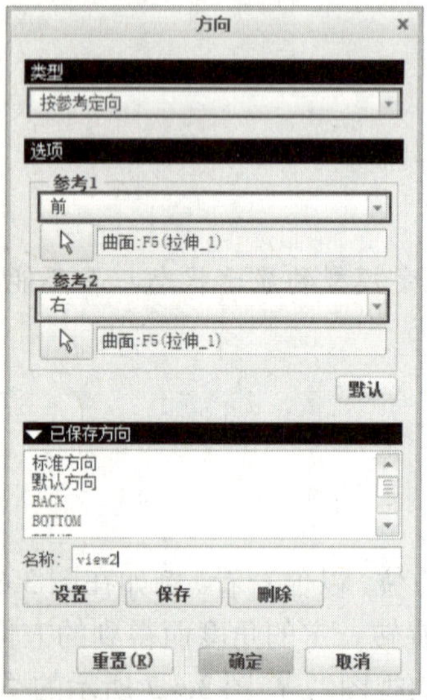

图 3.6.8 “方向”对话框

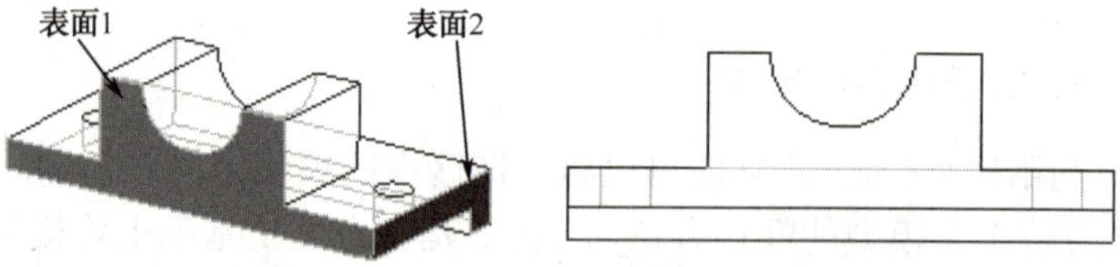

(a) 定向前　　(b) 定向后

图 3.6.9 模型的定向

- 前：使所选取的参考平面与显示器的屏幕平面平行，方向朝向屏幕前方，即面对操作者。
- 后：使参考平面与屏幕平行且朝向屏幕后方，即背对操作者。
- 上：使参考平面与显示器屏幕平面垂直，方向朝向显示器的上方，即位于显示器上部。
- 下：使参考平面与屏幕平面垂直，方向朝下，即位于屏幕下部。
- 左：使参考平面与屏幕平面垂直，方向朝左。
- 右：使参考平面与屏幕平面垂直，方向朝右。
- 竖直轴：选择该选项后，需选取模型中的某个轴线，系统将使该轴线竖直（即垂直于地平面）放置，从而确定模型的放置方位。
- 水平轴：选择该选项，系统将使所选取的轴线水平（即平行于地平面）放置，从而确定模型的放置方位。

3. 动态定向

在“方向”对话框的“类型”下拉列表中选择动态定向选项，系统显示“动态定向”对话框，如图 3.6.10 所示，移动界面中的滑块，可以方便地对模型进行移动、旋转与缩放。

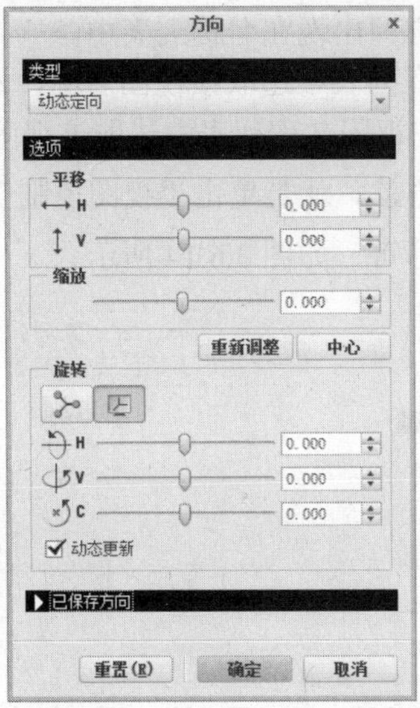

图 3.6.10 “动态定向”界面

4．定向的优先选项

选择“类型”下拉列表中的“首选项”选项，在弹出的如图 3.6.11 所示的对话框中，可以选择模型的“旋转中心”和模型“默认方向”。模型“默认方向”可以是“斜轴测”或“等轴测”，也可以由用户定义。在工具栏中单击按钮，可以控制模型上是否显示旋转符号（模型上的旋转中心符号如图 3.6.12 所示）。

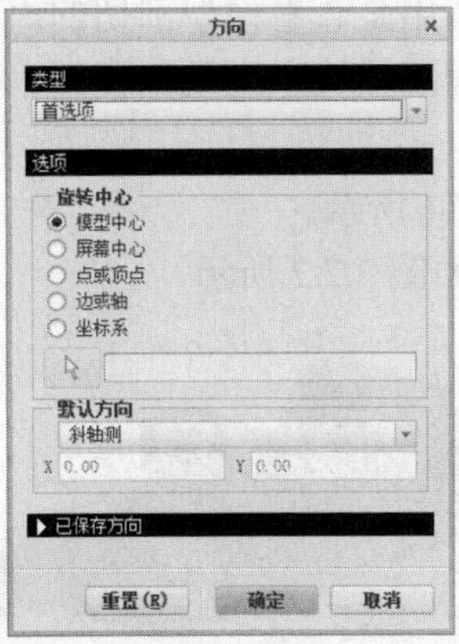

图 3.6.11 “首选项”界面

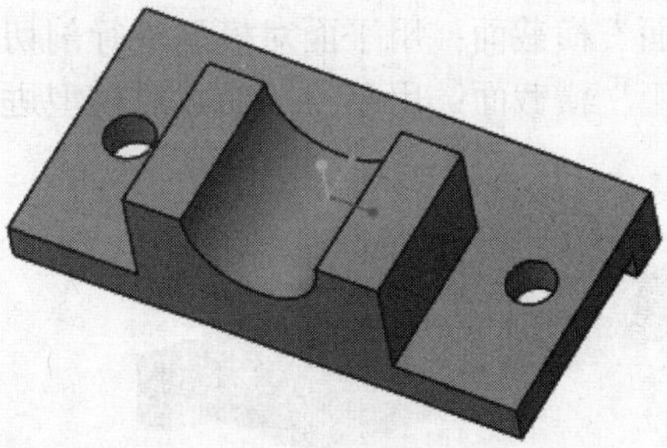

图 3.6.12 模型的选择中心符号

5．模型视图的保存

模型视图一般包括模型的定向和显示大小。可将模型视图调整到某种状态后（即某个方位和显示大小），将这种视图状态保存起来，以便以后直接调用。

在“方向”对话框中单击▶ 已保存方向标签，将弹出如图 3.6.13 所示的“保存的视图”界面。

在上部的列表框中列出了所有已保存视图的名称，其中“标注方向”、“默认方向”、“BACK”、“BOTTOM”等为系统自动创建的视图。

● 如果要保存当前视图，可先在“名称：”文本框中输入视图的名称，然后单击 保存按钮，新创建的视图名称立即出现在名称列表中。

- 如果要删除某个视图，可在列表中选取该视图名称，然后单击 删除 按钮。
- 如果要显示某个视图，可在视图名称列表中选取该视图名称，然后单击 设置 按钮。还有一种快速设置视图的方法，就是单击“视图控制”工具栏中的 按钮，从弹出的视图列表中选取某个视图即可，如图 3.6.14 所示。

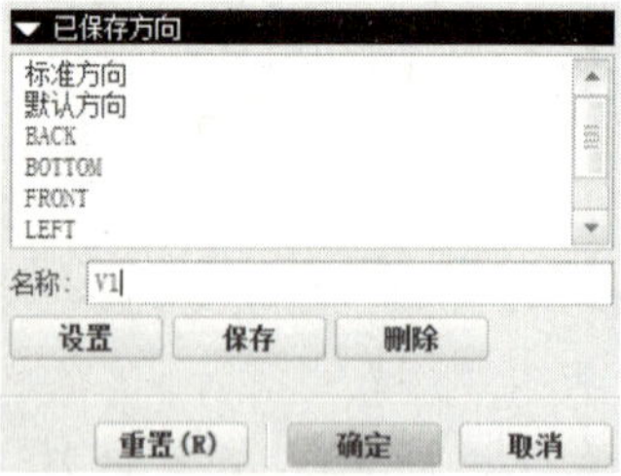

图 3.6.13 “保存的视图”界面

图 3.6.14 “视图控制”工具栏

3.7 模型的横截面

1. 横截面概述

横截面（X-Section）也称 X 截面、剖截面，它的主要作用是查看模型剖切的内部形状和结构。在零件模块和装配模块中创建的横截面，可用于在工程图模块中生成剖视图。

在 Creo 中，横截面分两种类型：

- “平面”横截面：用平面对模型进行剖切，如图 3.7.1 所示。
- “偏距”横截面：用草绘的曲面对模型进行剖切，如图 3.7.2 所示。

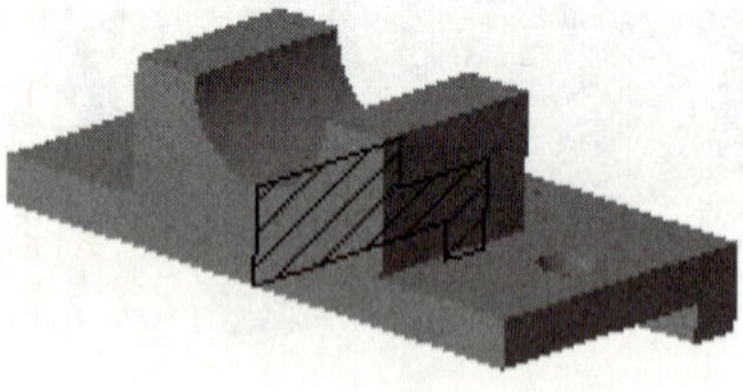

图 3.7.1 “平面”横截面

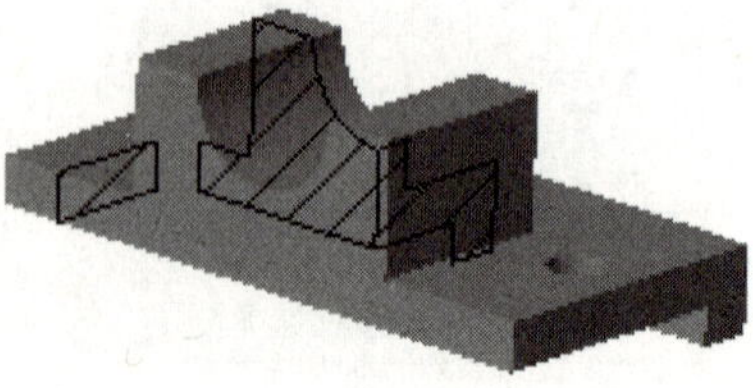

图 3.7.2 “偏距”横截面

选择如图 3.7.3 所示的“视图”功能选项卡“模型显示”区域“管理视图” 节点下的 视图管理器 命令（或直接单击“视图控制”工具栏中的 按钮），在弹出的如图 3.7.4 所示的“视图管理器”操作界面中单击“截面”选项卡，即可进入横截面操作界面。

2. 创建一个“平面”横截面

下面以零件模型 bearing_base.prt 为例，说明创建图 3.7.1 所示的“平面”横截面的操作过程：

Step1：将工作目录设置为 D:\Creo_workspace，打开模型文件 bearing_base.prt。

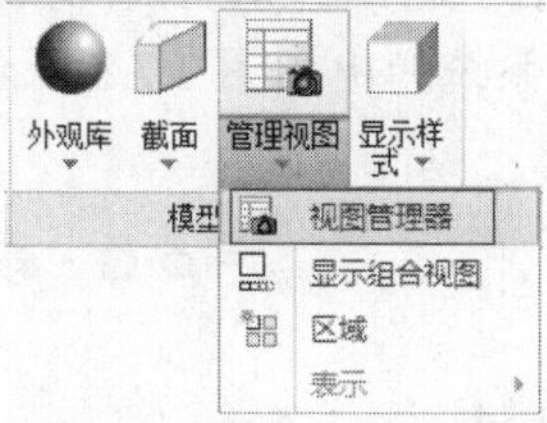

图 3.7.3　“模型显示”区域

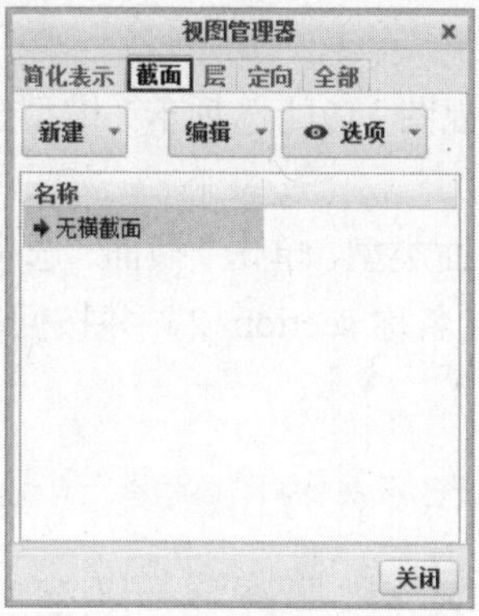

图 3.7.4　“视图管理器”操作界面

Step2：选择“视图”功能选项卡“模型显示”区域“管理视图”节点下的 视图管理器 命令。

Step3：选择截面类型。单击“截面”选项卡，在弹出的视图管理器操作界面中，单击 新建 → 平面 命令，输入名称 section_1，并按回车键，此时系统弹出如图 3.7.5 所示的“截面”操控板。

图 3.7.5　“截面”操控板

Step4：定义截面参考

（1）单击“截面”操控板的“参考”按钮 参考 。

（2）在模型中选取 RIGHT 基准面，此时模型上显示新建的剖面，如图 3.7.6 所示。

（3）单击“截面”操控板中的 ✔ 按钮，完成截面“section_1”的创建。

截面创建后，我们会看到模型树中出现如图 3.7.7 所示的“截面”特征，且 scetion_1 截面处于激活状态。在 scetion_1 处于激活状态时，模型将如图 3.7.6 所示只显示模型的一部分，此时可通过“右击”模型树种的 scetion_1，在弹出的菜单中选择 取消激活，模型可全部显示出来。

截面剖面线、颜色等显示方式可通过图 3.7.5“截面”操控板进行设置。

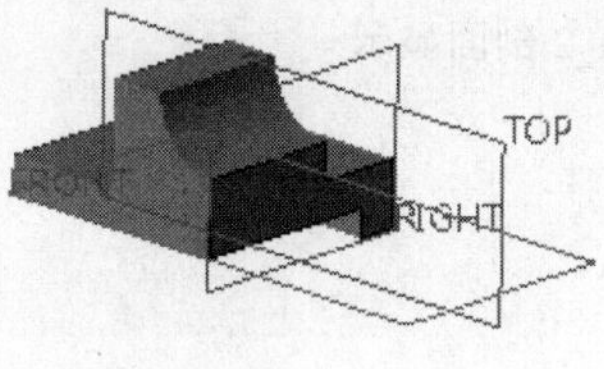

图 3.7.6　section_1 剖面的显示

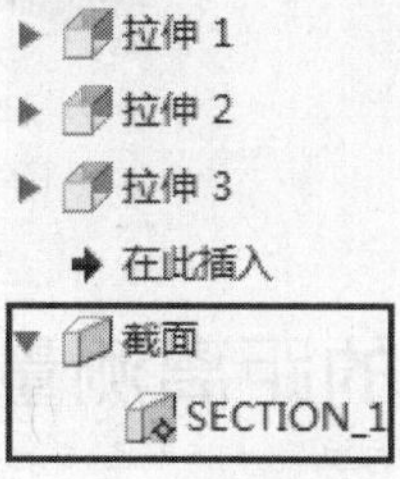

图 3.7.7　“截面”特征

3. 创建一个“偏距”横截面

下面还是以零件模型 bearing_base.prt 为例，说明创建如图 3.7.2 所示的“偏距”横截面的操作过程：

Step1：选择“视图”功能选项卡“模型显示”区域“管理视图”节点下的 视图管理器 命令。

Step2：选择截面类型。单击“截面”选项卡，在弹出的视图管理器操作界面中，单击 **新建** → 偏移 命令，输入名称 section_2，并按回车键，此时系统弹出如图 3.7.8 所示的“截面”操控板。

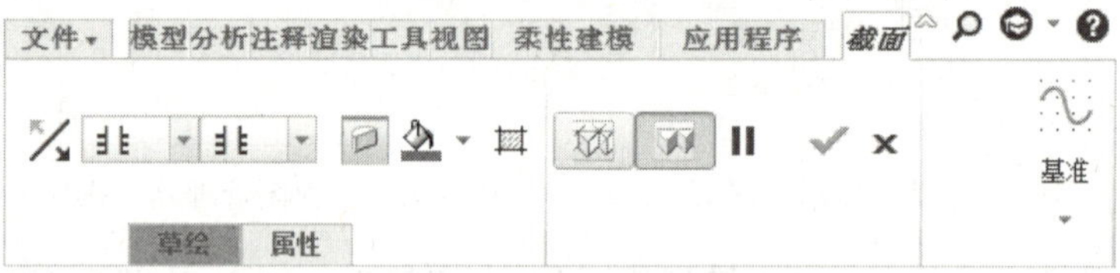

图 3.7.8 “截面”操控板

Step3：绘制偏距截面草绘图。

（1）定义草绘平面。在如图 3.7.8 所示“截面”操控板“草绘”界面中单击 **定义...** 按钮，然后选取如图 3.7.9 所示平面为草绘平面。

（2）绘制如图 3.7.10 所示的偏距横截面草图，完成后单击“确定”按钮 ✔ 。section_2 截面激活状态下，零件的显示如图 3.7.11 所示。

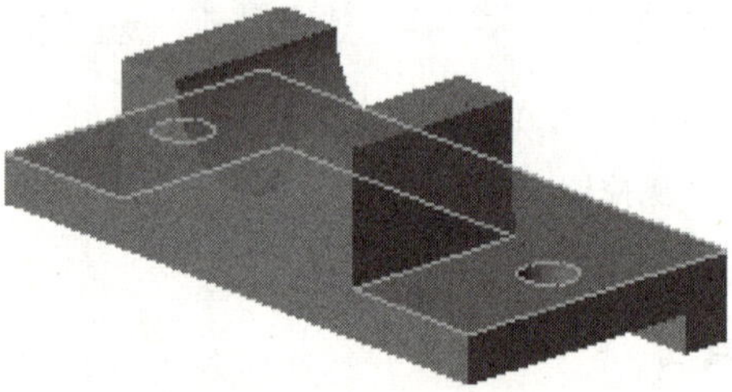

图 3.7.9 选取草绘平面

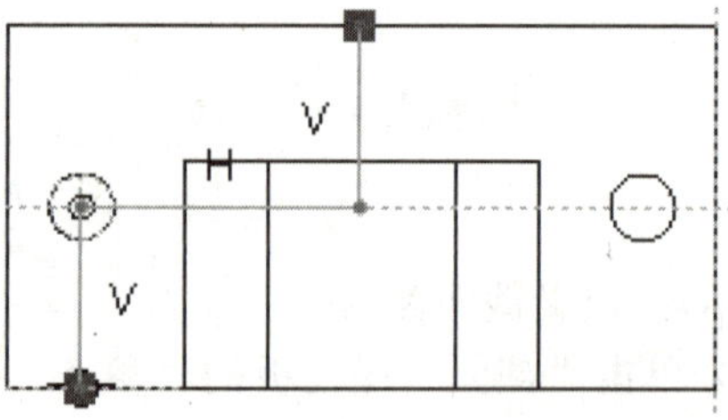

图 3.7.10 偏距剖截面草图

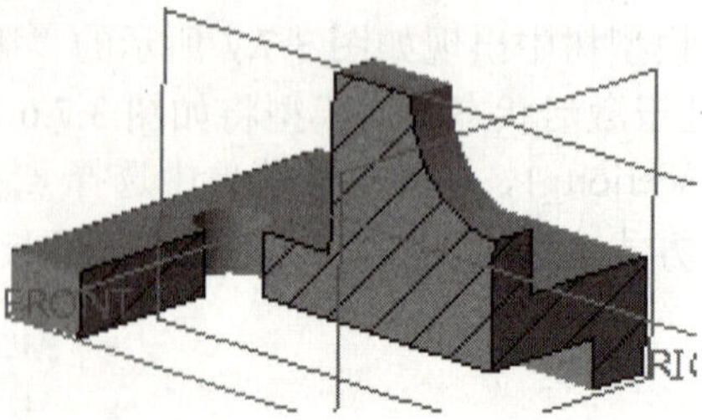

图 3.7.11 section_2 剖面显示

3.8 模型的距离测量

下面以模型文件 bearing_base.prt 例，说明测量距离的一般操作过程和测量类型。先将工作目录设置为 D:\Creo_workspace，然后打开模型文件 bearing_base.prt。

Step1：选择如图 3.8.1 所示“分析”功能选项卡测量区域中的“测量”命令 摘要，系统弹出如图 3.8.2 所示的“测量：汇总”对话框。

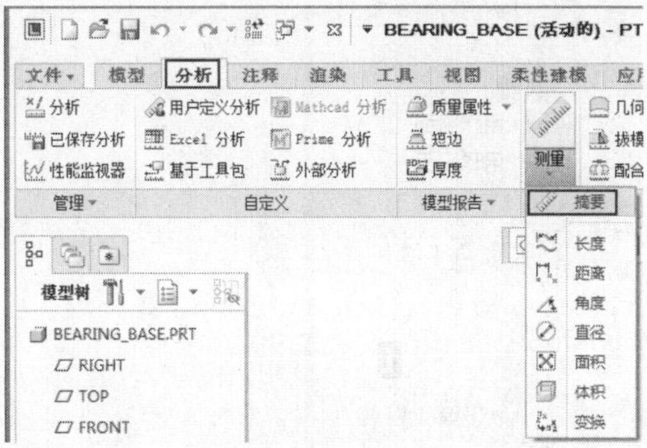

图 3.8.1 “测量”命令选择

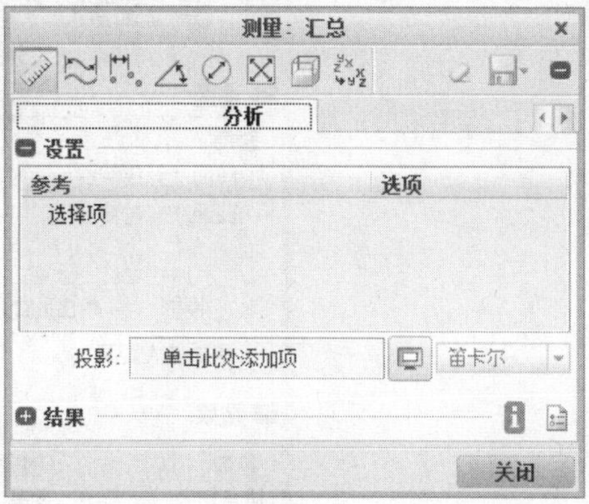

图 3.8.2 “测量：汇总”对话框

说明：

- ●：用于测量曲线等图元的长度值。
- ●：用于测量两图元间的距离，如点到面、点到线、点到点等间的距离。
- ●：用于测量两图元间的角度。
- ●：用于测量图元的直径值。
- ●：用于测量曲面等图元的面积值。
- ●：用于测量模型的体积值。
- ●：用于计算两坐标系间的转换值。

Step2：测量面到面的距离。

（1）单击“距离”按钮，然后单击“结果展开”按钮 **结果**。

（2）选取图 3.8.3（a）所示的模型表面 1，按住 Ctrl 键，选取图 3.8.3（a）所示的模型表面 2。

（3）在图 3.8.4 所示的“测量：汇总”对话框的结果区域中，可查看测量后的结果。

说明：可以在“测量：汇总”对话框的结果区域中查看测量结果，也可以在模型上直接显示测量或分析结果，如图 3.8.3（b）所示。

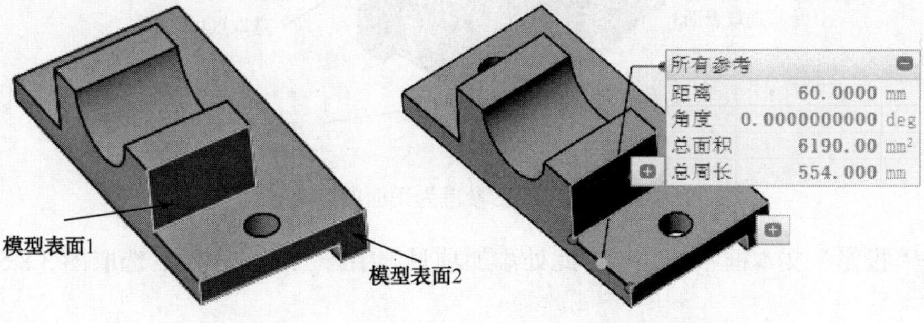

（a）选取测量的面 （b）测量的结果显示

图 3.8.3 测量面到面的距离

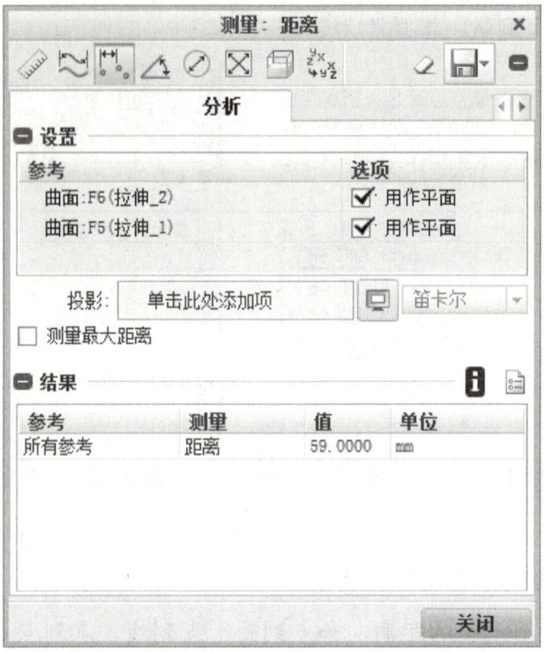

图 3.8.4 “测量：距离”对话框

说明：测量点到面的距离、测量点到线的距离、测量线到线的距离、测量点到点的距离、测量点到坐标系的距离、测量点到曲线的距离，操作方法参见 Step2 相同。

Step3：测量点与点间的投影距离，投影参考为平面。在图 3.8.5 所示的“测量：距离”对话框中进行下列操作：

（1）选取图 3.8.5 所示的点 1。

（2）按住 Ctrl 键，选取图 3.8.5 所示的点 2。

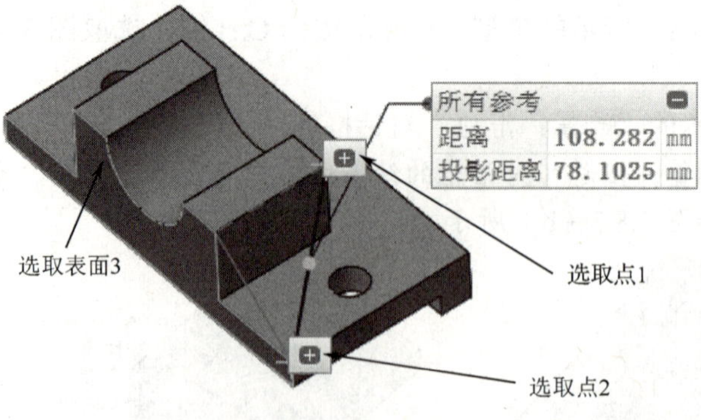

图 3.8.5 投影参考为平面的距离

（3）在“投影”文本框中的“单击此处添加项目”字符上单击，然后选取图 3.8.5 中的模型表面 3。

（4）在图 3.8.6 所示的“测量：距离”对话框的结果区域中，可查看测量的结果。

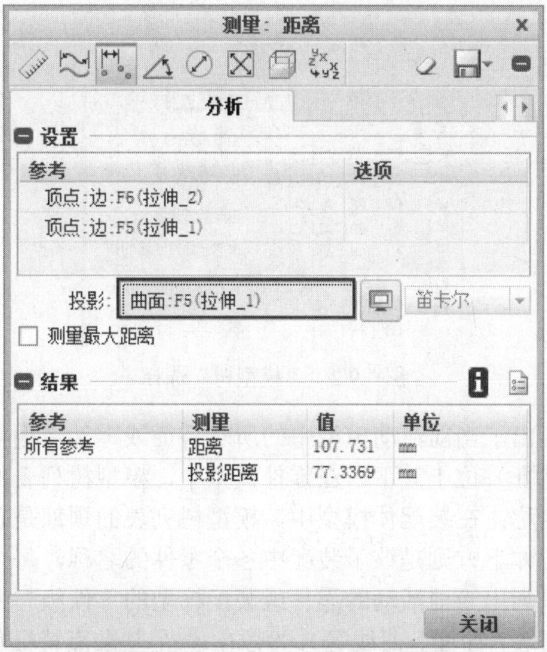

图 3.8.6　“测量：距离”对话框

3.9　Creo 模型树

3.9.1　关于模型树

图 3.9.1 所示为 Creo 的模型树，在新建或打开一个文件后，它一般会出现在屏幕的左侧。如果看不见这个模型树。可在导航选项卡中单击“模型树”标签 ，如果此时显示的是“层树”，可选择如图 3.9.2 所示的导航选项卡中的 命令，展开模型树。

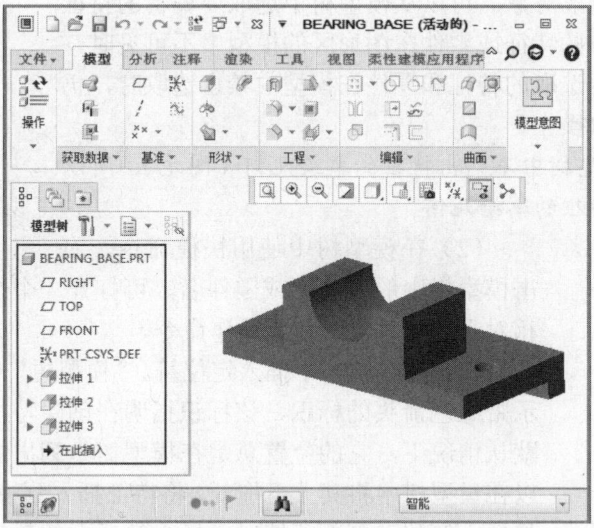

图 3.9.1　模型树

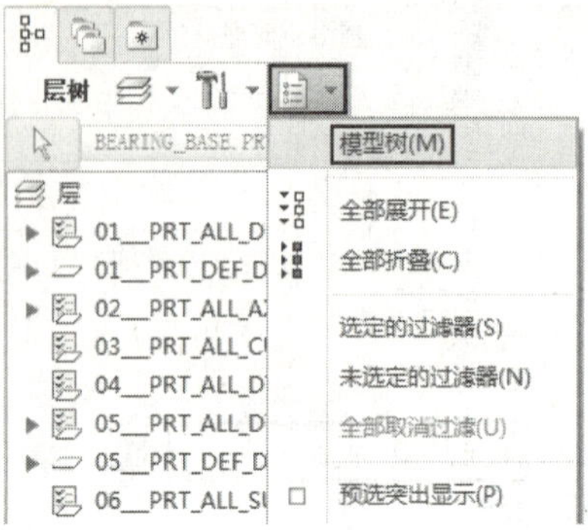

图 3.9.2 “模型树”选择

模型树以树的形式列出了当前活动模型中的所有特征或零件，根（主）对象显示在树的顶部，从属对象（零件或特征）位于其下。在零件模型中，模型树列表的顶部是零件名称，零件名称下方是每个特征的名称；在装配体模型中，模型树列表的顶部是总装配，总装配下是各子装配和零件，每个子装配体下方则是该子装配中各个零件的名称，每个零件的下方是零件中各个特征的名称。模型树只列出当前活动的零件或装配模型的零件级与特征级对象，不列出组成特征的截面几何要素（如边、曲面、曲线等）。例如，一个基准点特征包含多个基准点图元，模型树中则只列出基准点特征名。

如果打开了多个 Creo 窗口，则模型树内容只反映当前活动文件（即活动窗口中的模型文件）。

3.9.2 模型树的作用

1. 控制模型树中项目的显示

在模型树操作界面中，选择如图 3.9.3 所示的 树过滤器(F)... 命令，通过该对话框可控制模型中各类项目是否在模型树中显示。

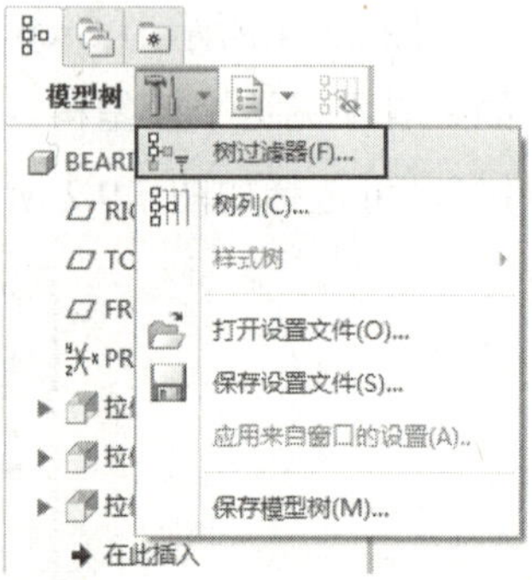

图 3.9.3 “树过滤器”选择

2. 模型树的作用

（1）在模型树中选取对象。可以从模型树中选取要编辑的特征或零件对象。当要选取的特征或零件在图形区的模型中不可见时，此方法尤为有用。当要选取的特征和零件在模型中禁止选取时，仍可在模型树中进行选取操作。

注意： Creo 的模型树中不列出特征的草绘几何（图元），所以不能在模型树中选取特征的草绘几何。

（2）在模型树中使用快捷命令。右击模型树中的特征名或零件名，可打开一个快捷菜单，从中可选择相对于选定对象的特定操作命令。

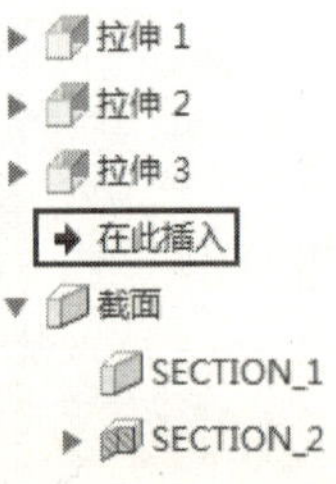

图 3.9.4 模型树“定位符”

（3）在模型树中插入定位符。“模型树”中有一个如图 3.9.4 所示带绿色箭头的标识，该标识指明在创建特征时特征的插入位置。默认情况下，它的位置总是在模型树中列出的所有项目的最后。可以在模型树中将其上下拖动，将特征插入到模型中的其他特征之间。将插入符移动到新位置时，插入符后面的项目将被隐含，这些项目将不在图形区的模型上显示。

3.10 零件材料与单位设置

在零件模块中，选择下拉菜单 文件 → 准备(R) → 模型属性(I) 编辑模型属性 命令，系统弹出如 图 3.10.1 所示的“模型属性”对话框，通过该对话框可以定义基本的数据库输入值，如材料类型、零件精度和度量单位等。

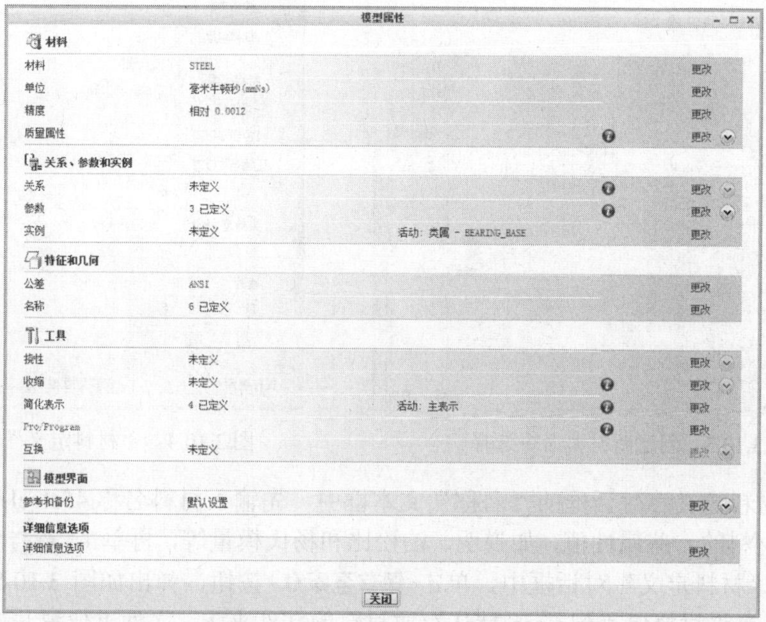

图 3.10.1 “模型属性”对话框

3.10.1 零件材料的设置

下面说明设置零件材料属性的一般操作步骤：

Step1：定义新材料。

（1）进入 Creo 系统，随便创建一个零件。

（2）选择下拉菜单 文件 → 准备(R) → 模型属性(I) 编辑模型属性 命令。

（3）在“模型属性”对话框中，选择图 3.10.2 中的 更改 命令，系统弹出“材料”对话框。

图 3.10.2 进入“材料”对话框

（4）在“材料”对话框中单击图 3.10.3 中的“创建新材料”按钮，系统弹出“材料定义”对话框，如图 3.10.4 所示。

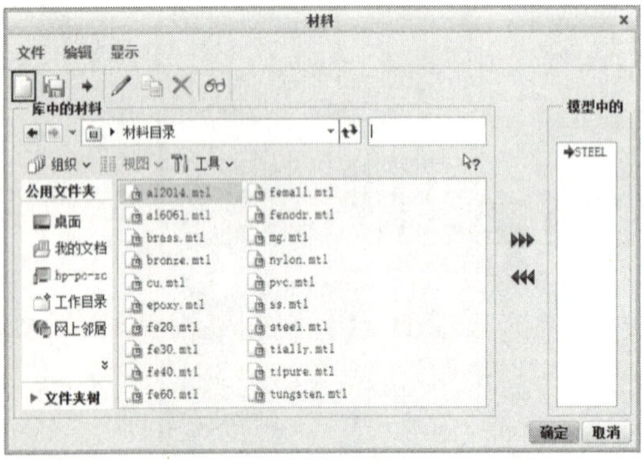

图 3.10.3 创建新材料命令选择

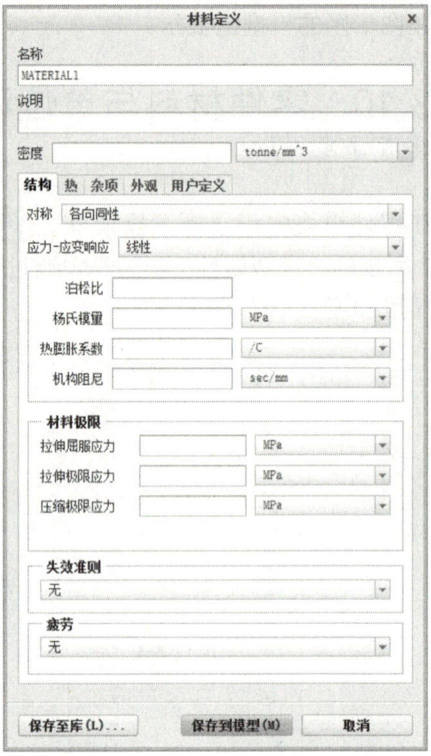

图 3.10.4 “材料定义”对话框

（5）在“材料定义”对话框的“名称”文本框中，先输入材料名称 45steel；然后在其他各区域分别填入材料的一些属性值，如说明、泊松比和杨氏模量等，再单击 **保存到模型(M)** 按钮。

Step2：在“材料定义”对话框中，单击 **保存至库(L)** 按钮，弹出如图 3.10.5 所示的“保存副本”对话框，可将材料保存到 Creo 默认存放材料的文件夹下，文件夹位置与软件安装时位置的选择有关，一般为 C:\Program Files\PTC\Creo 3.0\M050\Common Files\text\materials-library\。可将定义的材料写入磁盘。

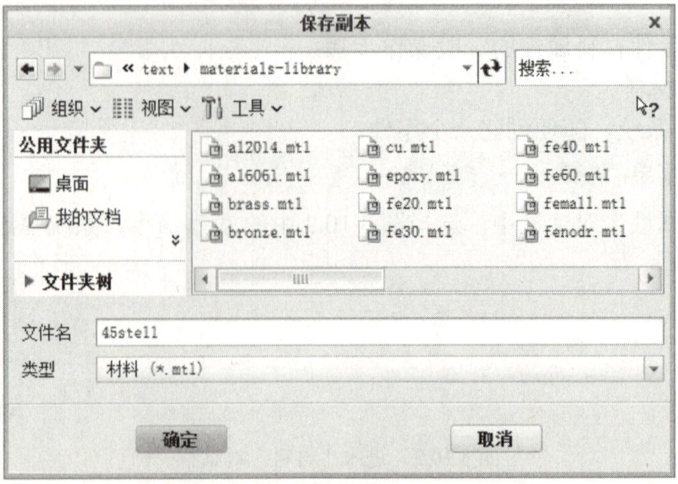

图 3.10.5 材料“保存副本”对话框

Step3：为当前模型指定材料。

（1）在图 3.10.6 所示“材料”对话框的“库中的材料”列表中选取所需的材料名称，如系统自带的材料 steel.mtl。

（2）在“材料”对话框中单击“将材料指定给模型”按钮 ▶▶▶，此时材料名称“STEEL”被放置到“模型中的材料”列表中。

（3）在“材料”对话框中单击 确定 按钮。

图 3.10.6　“材料”对话框

3.10.2　零件单位的设置

每个模型都有一个基本的米制和非米制单位系统，以确保该模型的所有材料属性保持测量和定义的一致性。Creo 提供了一些预定义单位系统，其中一个是默认单位系统。用户还可以定义自己的单位和单位系统（称为定制单位和定制单位系统）。在进行一个产品的设计前，应该使产品中各元件具有相同的单位系统。

Step1：选择下拉菜单 文件 → 准备(R) → 模型属性(I) 编辑模型属性 命令。在“模型属性”对话框中，选择图 3.10.7 中的“更改”命令，系统弹出如图 3.10.8 所示“单位管理器”对话框，可以设置、创建、更改、复制或删除模型的单位系统。在“单位制（M）”选项卡中，绿色箭头指向当前模型的单位系统，用户可以选择列表中任何一个单位系统或创建自定义的单位系统。选择一个单位系统后，在“说明”区域会显示所选单位系统的描述。

Step2：如果要对模型应用其他的单位系统，则须先选取某个单位系统，然后单击 ➔设置(S) 按钮，此时系统会弹出如图 3.10.9 所示的“更换模型单位”对话框，选中其中一个单选项，然后单击 确定 按钮。

Step3：完成对话框操作后，单击 关闭 按钮。

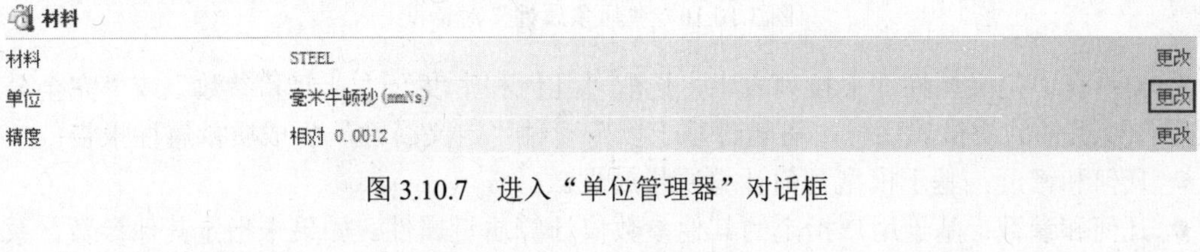

图 3.10.7　进入“单位管理器”对话框

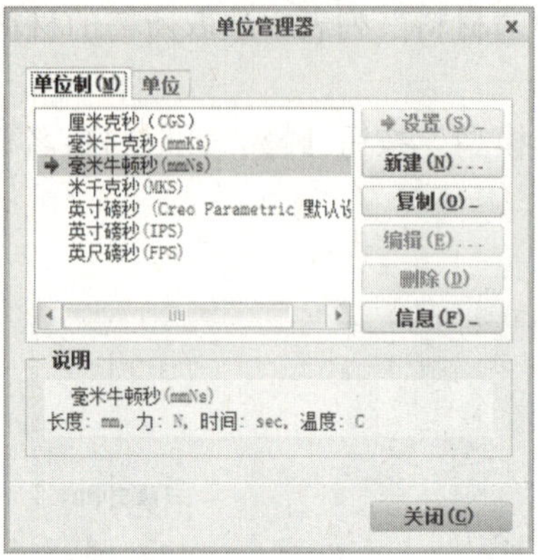

图 3.10.8 “单位管理器”对话框

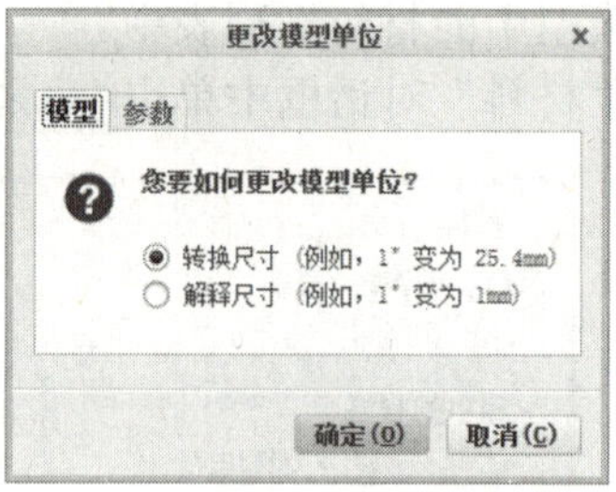

图 3.10.9 “更改模型单位”对话框

3.10.3 设置质量属性

Creo 3.0 可根据对象的实际几何形状或用户指定的参数值计算零件或组件的质量。例如，为组件创建简化零件时，可能希望质量属性与全部零件相对应，可通过为其他质量参数指定值或使用质量属性文件，将质量属性分配到零件或组件中。

设置质量属性的步骤如下：

Step1：选择下拉菜单 文件 → 准备(R) → 模型属性(I) 编辑模型属性。命令。系统将打开“模型属性”对话框。

Step2：在“模型属性”对话框中选取质量属性，如图 3.10.10 所示。

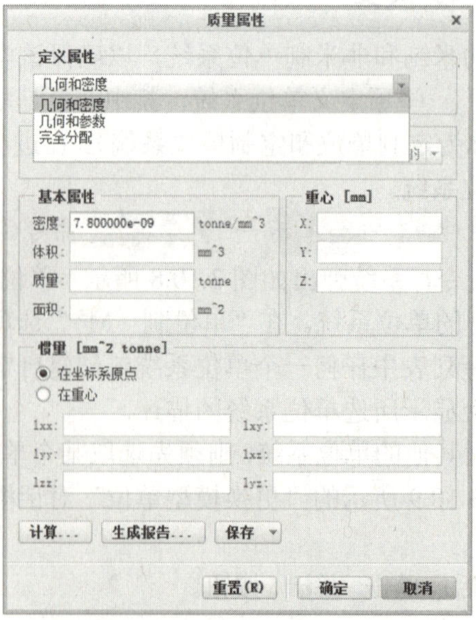

图 3.10.10 “质量属性”对话框

Step3：在“定义属性”下拉列表中，选取“几何和密度”、“几何和参数”或“完全分配”，处理零件或组件的质量属性时，可随时基于以下一种“定义属性”生成质量属性报告：

- 几何和密度：基于模型几何计算质量属性。
- 几何和参数：基于用户指定的其他参数值计算质量属性。如果未指定其他参数，系统会使用模型几何的参数值。

- 完全分配：基于质量属性文件中的参数值计算质量属性。文件必须包含全部参数值。如果文件不完整，系统不会生成报告。

Step4：单击“质量属性”对话框中的“生成报告”按钮，系统将计算质量属性，然后弹出“信息窗口”对话框，在其中显示结果，如图 3.10.11 所示。

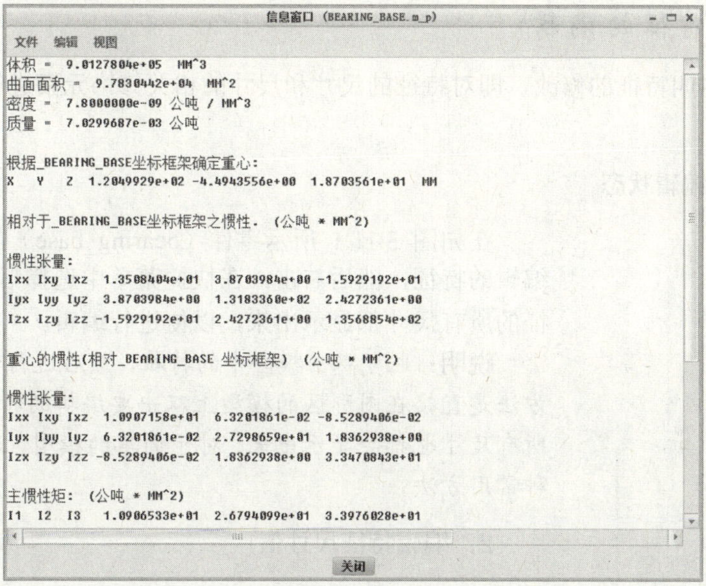

图 3.10.11 质量信息窗口

Step5：在“信息窗口”对话框中选择“文件”，单击“保存”可以将其保存。查看完毕后，单击“关闭”按钮，关闭窗口。

也可以在“分析”功能选项卡“模型报告”区域下单击“质量属性”命令 质量属性，弹出如图 3.10.12 所示的“质量属性”对话框，单击 预览(P) ，即可显示模型质量的相关信息。

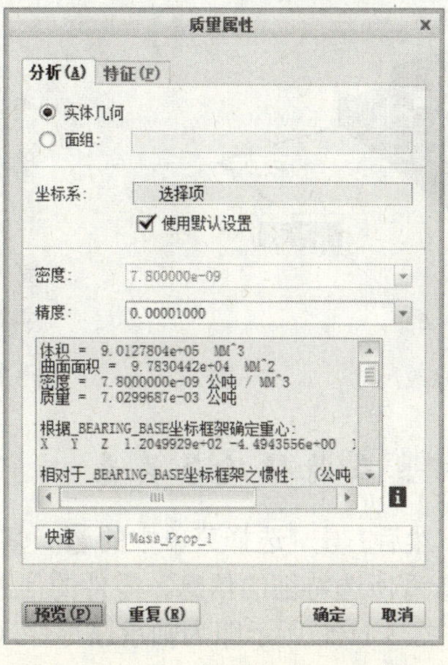

图 3.10.12 “质量属性”对话框

3.11 特征编辑与编辑定义

将工作目录设置为 D:\Creo_workspace，打开文件 bearing_base.prt。

3.11.1 特征的编辑

特征的编辑也叫特征的修改，即对特征的尺寸和尺寸的相关修饰元素进行修改，下面介绍其操作方法。

1. 进入特征编辑状态

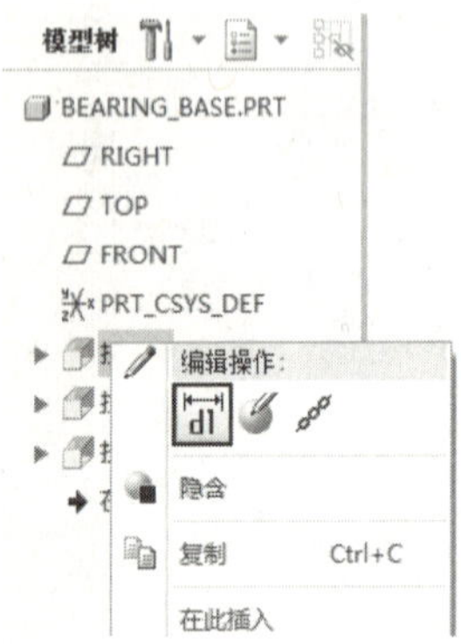

图 3.11.1 “编辑”特征命令选择

在如图 3.11.1 所示零件（bearing_base）的模型树中单击要编辑的特征，然后右击，在快捷菜单中选择 命令，此时该特征的所有尺寸都显示出来，以便进行编辑。

说明： 也可双击模型中的特征，然后进行特征的编辑。这种方法是直接在图形区的模型上双击要编辑的特征，此时该特征的所有尺寸也都会显示出来。对于简单的模型，这是修改特征的一种常用方法。

2. 编辑特征尺寸值

通过上述方法进入特征的编辑状态后，如果要修改特征的某个尺寸值，方法如下：

Step1：在模型中双击要修改的特征的某个尺寸。

Step2：在如图 3.11.2 所示的文本框中输入新的尺寸，并按回车键。

Step3：编辑特征的尺寸后，单击如图 3.11.3 所示的 按钮进行“再生”操作，重新生成模型，这样修改后的尺寸才会重新驱动模型。

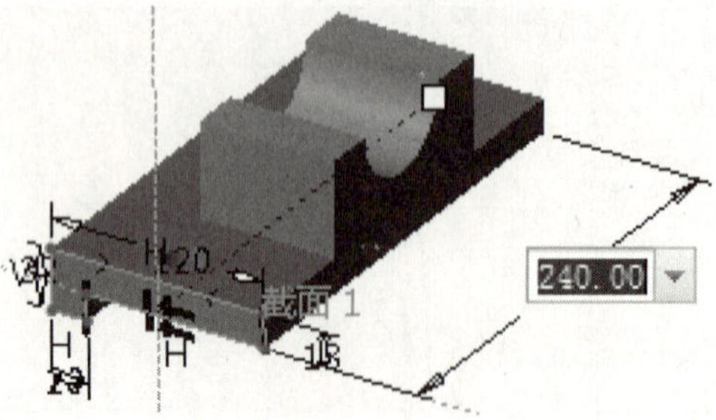

图 3.11.2 修改尺寸

图 3.11.3 “再生”模型命令选择

3.11.2 查看零件信息及特征父子关系

在模型树中选择某个特征，然后右击，选择菜单中的 信息 命令，系统将显示如图 3.11.4 所示的子菜单，通过该菜单可查看所选特征的信息、零件的信息和所选特征与其他特征间的父子关系。选择 参考查看器，图 3.11.5 所示即为轴承座零件（bearing_base）中“拉伸 1”特征与其他特征的父子关系信息对话框。

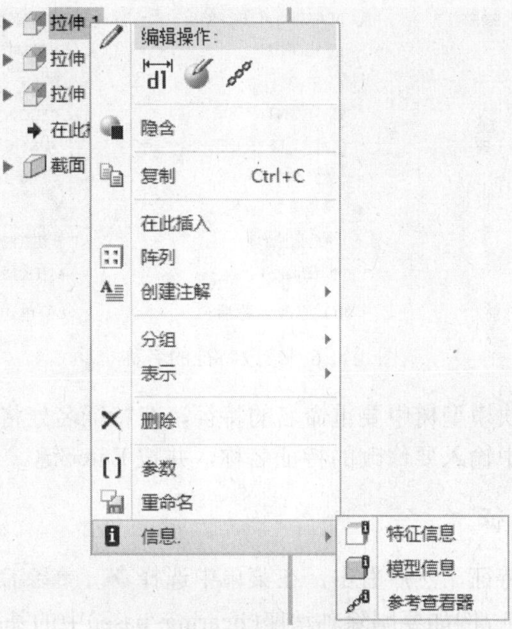

图 3.11.4　“信息”命令选择

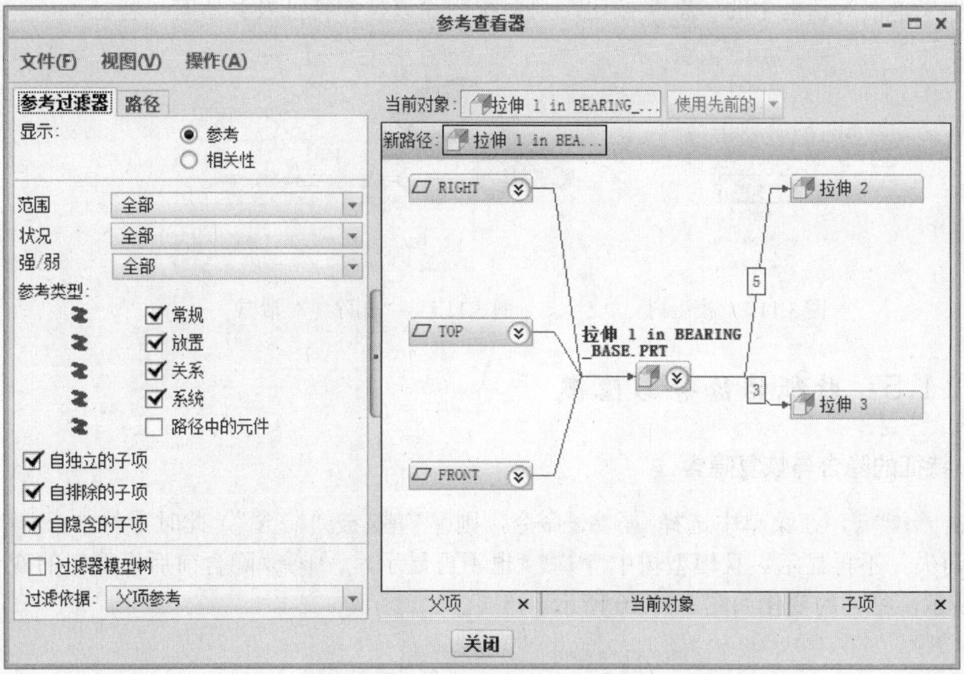

图 3.11.5　“参考查看器”对话框

3.11.3　修改特征的名称

在模型树中可以修改各特征的名称，操作方法有两种：

方法一：右击图 3.11.6 所示的 拉伸 3，在弹出的快捷菜单中选择“重命名”命令，然后在弹出的文本框中输入：切削拉伸 3，并按 Enter 键。

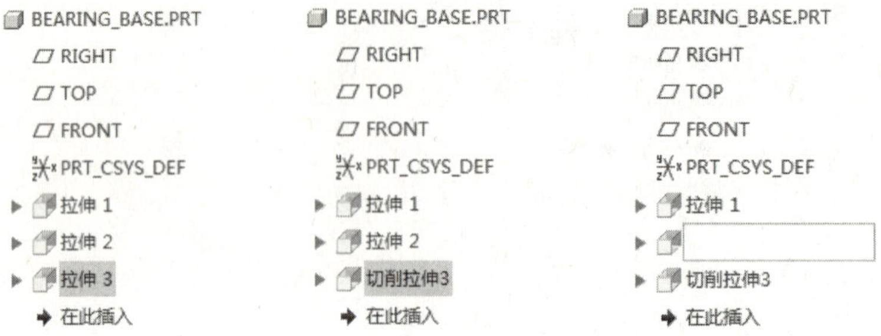

（a）修改名称前　　（b）修改名称后　　（c）单击两次修改名称

图 3.11.6　修改特征的名称

方法二：缓慢单击两次模型树中要重命名的特征，在特征名处将直接出现如图 3.11.6（c）所示的文本框，在文本框中输入要修改的特征名称，并按 Enter 键。

3.11.4　删除特征

在模型树中选择某个特征，然后右击，在菜单中选择 删除 命令，可删除所选的特征。如果要删除的特征有子特征，例如要删除轴承座（bearing_base）中的基础拉伸特征（见图 3.11.7），系统将弹出如图 3.11.8 所示的“删除”对话框，同时系统在模型树上加亮该拉伸特征的所有子特征。如果单击对话框中的 确定 按钮，则系统删除该拉伸特征及其所有子特征。

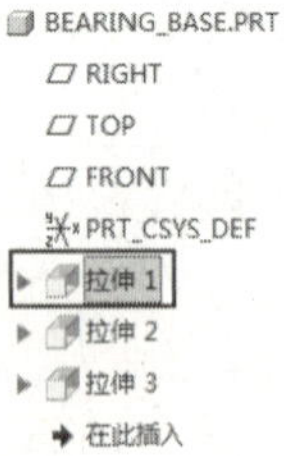

图 3.11.7　模型树

图 3.11.8　“删除”对话框

3.11.5　特征的隐含与隐藏

1. 特征的隐含与恢复隐含

右击 拉伸 3，在菜单中选择 隐含 命令，则 拉伸 3 被“隐含”，此时零件中 拉伸 3 特征的圆孔消失，不再显示。且模型树中 拉伸 3 也不再显示，拉伸 3 隐含前后模型树的变化如图 3.11.9 所示，零件的变化如图 3.11.10 所示。

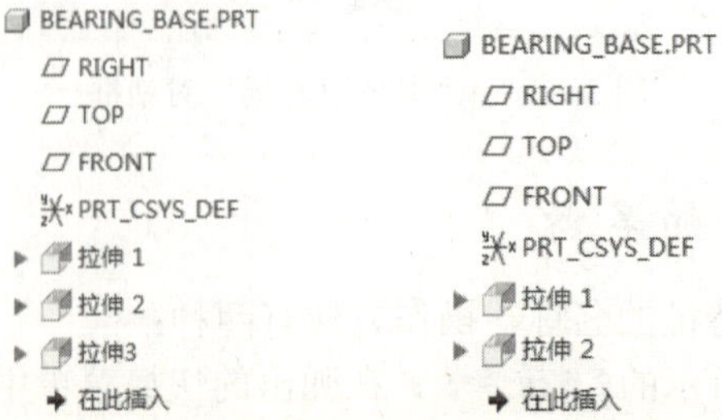

（a）隐含前　　（b）隐含后

图 3.11.9　隐含前后模型树的变化

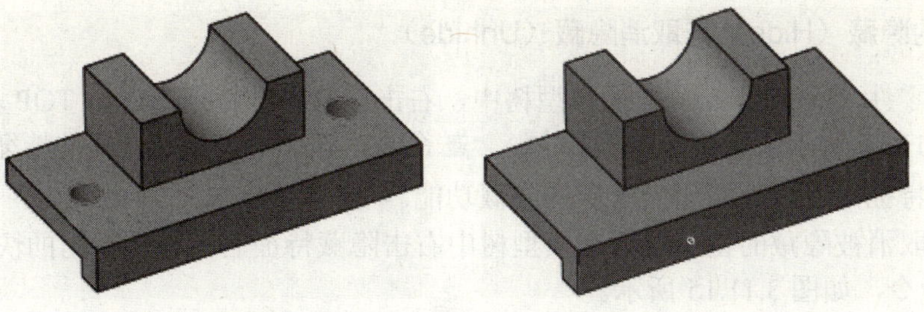

（a）隐含前　　（b）隐含后

图 3.11.10　隐含前后零件的变化

“隐含”特征就是将特征从模型中暂时删除。如果要“隐含”的特征有子特征，子特征也会一同被“隐含”。类似地，在装配模块中，可以“隐含”装配体中的元件。隐含特征的作用如下：

- 隐含某些特征后，用户可更专注于当前工作区域。
- 隐含零件上的特征或装配体中的元件可以简化零件或装配模型，减少再生时间，加速修改过程和模型显示速度。
- 暂时删除特征（或元件）可尝试不同的设计迭代。

一般情况下，特征被“隐含”后，系统不在模型树上显示该特征名。如果希望在模型树上显示该特征名，可以在导航选项卡中选择 → 树过滤器(F)... 命令，系统弹出如图 3.11.11 所示“模型树项”对话框，选中该对话框中的 隐含的对象 复选框，然后单击 确定 按钮，这样被隐含的特征名就会显示在模型树中，注意被隐含的特征名前有一个填黑的小正方形标记，如图 3.11.12 所示。

如果想要恢复被隐含的特征，可在模型树中右击隐含特征名，再在弹出的快捷菜单中选择如图 3.11.13 所示的“恢复”命令。被隐含的特征恢复后零件模型中即正常显示该特征。

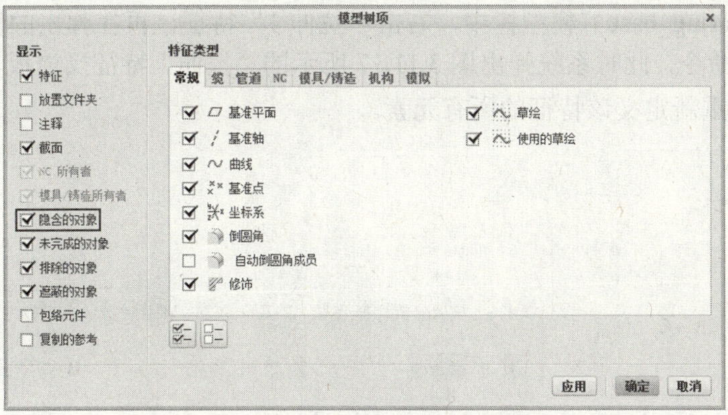

图 3.11.11　“模型树项”对话框

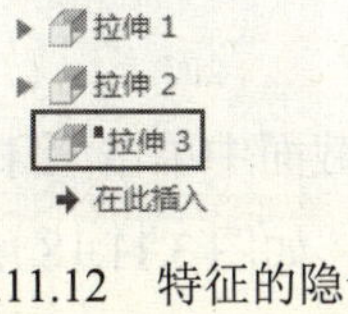

图 3.11.12　特征的隐含

图 3.11.13　快捷菜单

2．特征的隐藏（Hide）与取消隐藏（Unhide）

在轴承座零件（bearing_base）的模型树中，右击某些基准特征名（如 TOP 基准平面），从弹出的如图 3.11.14 所示快捷菜单中选择 隐藏 命令，即可“隐藏”该基准特征，也就是在零件上看不见此特征，这种功能相当于层的隐藏功能。

如果想要取消被隐藏的特征，可在模型树中右击隐藏特征名，再在弹出的快捷菜单中选择 取消隐藏 命令，如图 3.11.15 所示。

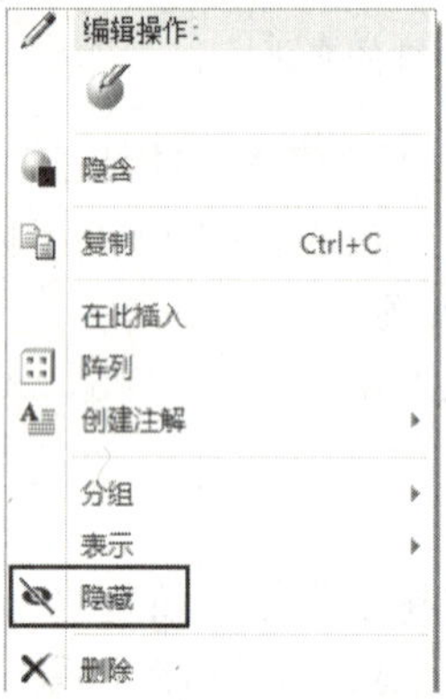

图 3.11.14 “隐藏”命令选择

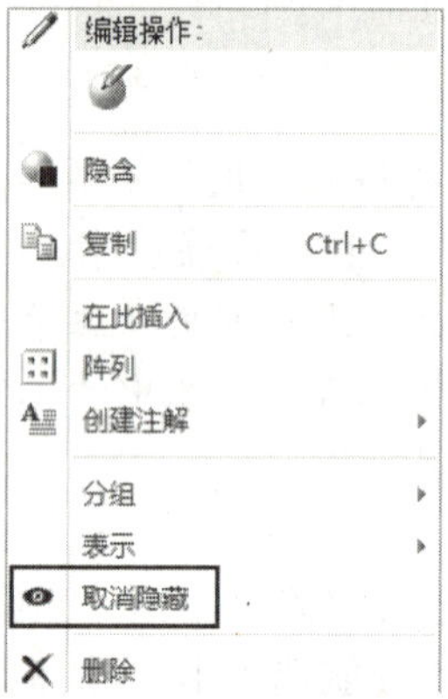

图 3.11.15 “取消隐藏”命令选择

3.11.6 特征的编辑定义

当特征创建完毕后，如果需要重新定义特征的属性、截面的形状或特征的深度选项，就必须对特征进行“编辑定义”，也叫“重定义”。

在轴承座（bearing_base）模型树中，右击“拉伸 1”特征，再在弹出的快捷菜单中选择图 3.11.16 所示的 命令，此时系统弹出图 3.11.17 所示的“拉伸”特征操控板界面，按照图中所示的操作方法，可重新定义该特征的所有元素。

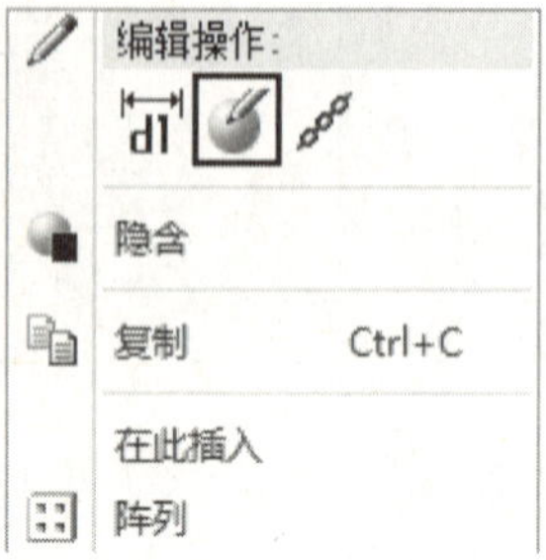

图 3.11.16 特征编辑定义命令选择

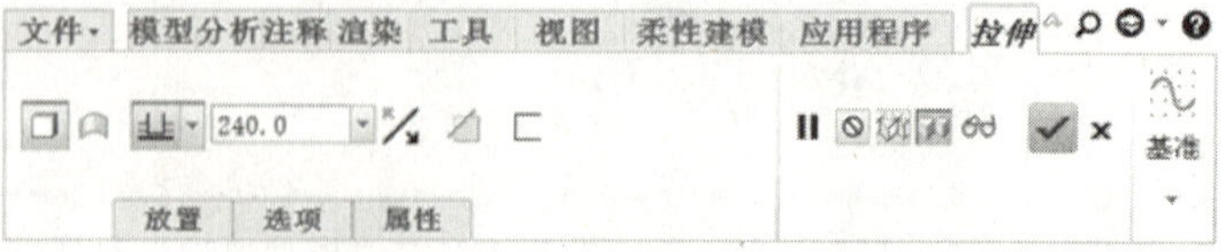

图 3.11.17 “拉伸”特征操控板

1．重定义特征的属性

在图 3.11.17 所示操控板中重新选定特征的深度类型和深度值及拉伸方向等属性。

2．重定义特征的截面

Step1：在操控板中单击“放置”按钮，然后在弹出的截面中单击 编辑... 按钮（或者在绘图区中右击，从弹出的快捷菜单中选择 编辑内部草绘... 命令，如图 3.11.18 所示），进入草绘环境。

Step2：可在草绘环境中修改特征草绘截面的尺寸、约束关系和形状等。如可将图 3.5.22 中的尺寸值 32 修改为 70，修改完成后，单击“确定”按钮✔。则拉伸 1 特征随之改变，修改后的零件 bearing_base 如图 3.11.19 所示。

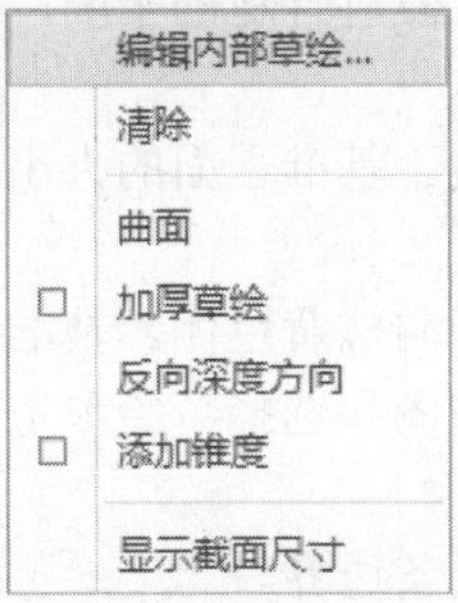

图 3.11.18 快捷菜单

图 3.11.19 修改后的零件 bearing_base

3.12 特征的多级撤销/重做功能

多级撤销/重做功能，意味着在所有对草绘、特征、制图等操作中，如果错误地删除、修改了某些内容，只需要一个简单的“撤销”操作就能恢复原状。下面以一个例子进行说明。

Step1：新建一个零件模型，将其命名为 undo.prt。

Step2：创建如图 3.12.1 所示的拉伸特征。

Step3：创建如图 3.12.2 所示的切削拉伸特征。

图 3.12.1 拉伸特征

图 3.12.2 切削拉伸特征

Step4：删除上步创建的切削拉伸特征，然后单击图 3.12.3 所示快速访问工具栏中的（撤销）按钮，则刚刚被删除的切削拉伸特征又恢复回来了；如果再次单击快速访问工具栏中的（重做）按钮，恢复的切削拉伸特征又被删除了。

图 3.12.3 快速访问工具栏

说明：Creo 系统支持使用快捷键完成相关命令的操作，撤销操作的快捷键为“Ctrl+Z”。

3.13 基准特征

Creo 中的基准包括基准平面、基准轴、基准曲线、基准点和坐标系。这些基准在创建零件一般特征、曲面、零件的剖切面以及装配中都十分有用。

3.13.1 基准平面

基准平面也称基准面。在创建一般特征时，如果模型上没有合适的平面，用户可以创建基准平面作为特征截面的草绘平面及其参考平面。

也可以根据一个基准平面进行标注，就好像它是一条边。基准平面的大小可以调整，以使其看起来适合零件、特征、曲面、边、轴或半径。

基准平面有两侧：橘黄色侧和灰色侧。法向方向箭头指向橘黄色侧。基准平面在屏幕中显示为橘黄色或灰色取决于模型的方向。当装配元件、定向视图和选择草绘参考时，应注意基准平面的颜色。

要选择一个基准平面，可以选择其名称，或选择它的一条边界。

1. 创建基准平面的一般过程

下面以一个范例来说明创建基准平面的一般过程。

如图 3.13.1 所示，现在要创建一个基准平面 DTM1，使其穿过图中模型的一个边线，并与模型上的一个表面成 45° 的夹角。

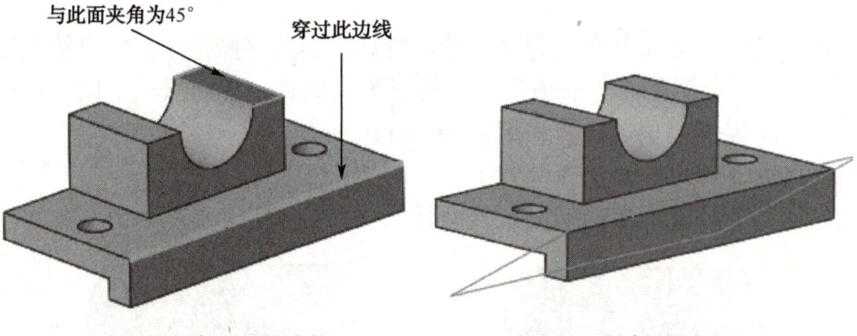

（a）创建基准面的条件　　（b）创建好的基准面

图 3.13.1 基准面的创建

Step1：单击“模型”功能选项卡“基准”区域中的“平面”按钮。系统弹出如图 3.13.2 所示的基准平面对话框。

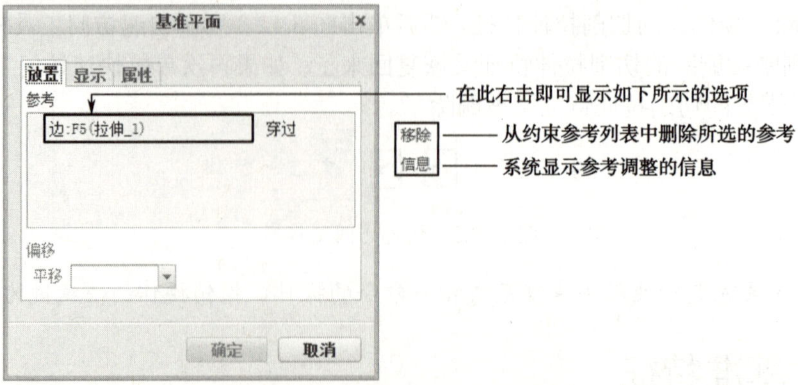

图 3.13.2 “基准平面”对话框

Step2：选取约束。

（1）穿过约束。选择如图 3.13.1 所示的边线，此时对话框的显示如图 3.13.2 所示。

（2）角度约束。按住 Ctrl 键，选择如图 3.13.1 所示的参考平面。

（3）给出夹角。在图 3.13.3 所示对话框下部的文本框中输入夹角值 45.0，并按 Enter 键。

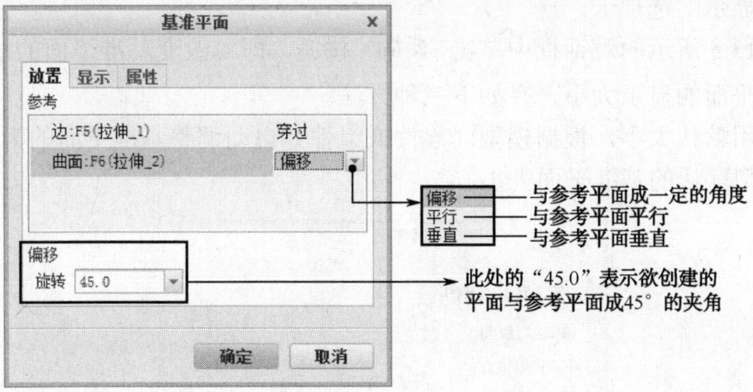

图 3.13.3　输入夹角值

说明：创建基准平面可使用如下一些约束：

- 通过轴/边线/基准曲线：要创建的基准平面通过一个基准轴，或模型上的某个边线，或基准曲线。
- 垂直轴/边线/基准曲线：要创建的基准平面垂直于一个基准轴，或模型上的某个边线，或基准曲线。
- 垂直平面：要创建的基准平面垂直于另一个平面。
- 平行平面：要创建的基准平面平行于另一个平面。
- 与圆柱相切：要创建的基准平面相切于另一个圆柱面。
- 通过基准点/顶点：要创建的基准平面通过一个基准点，或模型上的某顶点。
- 角度平面：要创建的基准平面与另一平面成一角度。

Step3：修改基准平面名称。如图 3.13.4 所示，可在“属性”选项卡“名称”文本框中输入新的名称。

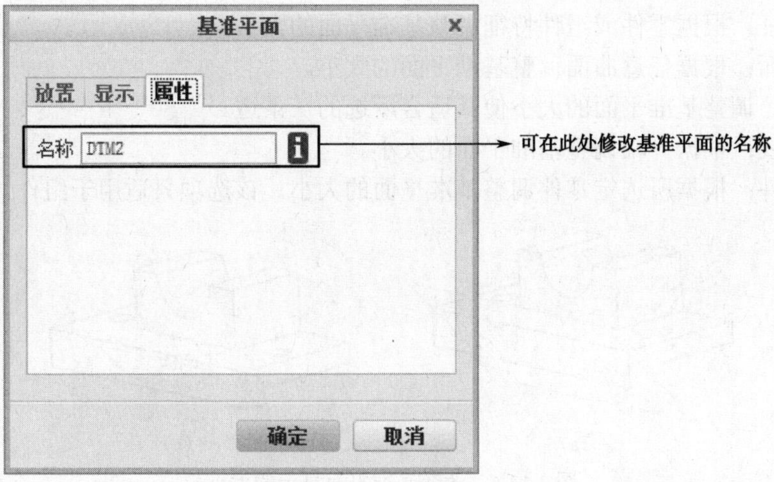

图 3.13.4　修改基准平面的名称

Step4：控制基准平面的法向方向和显示大小。

尽管基准平面实际上是一个无穷大的平面，但在默认情况下系统根据模型大小进行缩放显示。显示的基准平面的大小随零件尺寸而改变。除了那些即时生成的平面外，其他所有基准平面的大小都可以加以调整，以适应零件、特征、曲面、边、轴或半径。操作步骤如下：

（1）单击“显示”选项卡。

（2）在图3.13.5所示的对话框中单击 反向 按钮，即可改变基准平面的法向方向。

要确定基准平面的显示大小，有如下三种方法。

方法一：采用默认大小，根据模型（零件或组件）自动调整基准平面的大小，如图3.13.6（a）所示即为模型默认的基准平面大小。

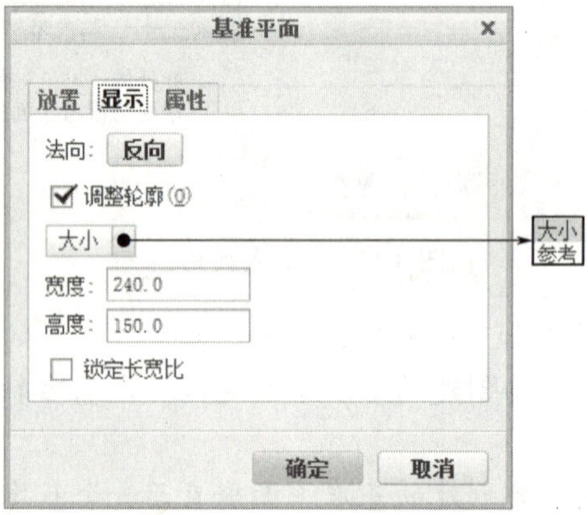

图3.13.5 “显示”选项卡

方法二：通过输入值，改变大小。在图3.13.5所示的对话框中选中“调整轮廓”复选框，在其下拉列表中选择“大小”。在“宽度：”和“高度：”文本框中直接输入要显示大小的尺寸。如图3.13.6（a）中为模型默认的大小，其高度为240，宽度为150。而图3.13.6（b）中改变了高度与宽度值，其高度为140，宽度为50。

方法三：拟合参考大小。在图3.13.5所示对话框中选中“调整轮廓”复选框，在其下拉列表中选择“参考”。再通过选取特征、曲面、边、轴线、零件等参考元素，使基准平面的显示大小拟合所选参考元素的大小。

- 拟合特征：根据零件或组件特征调整基准平面的大小。
- 拟合曲面：根据任意曲面调整基准平面的大小。
- 拟合边：调整基准平面的大小使其适合所选的一条边。
- 拟合轴线：根据一轴调整基准平面的大小。
- 拟合零件：根据所选定零件调整基准平面的大小。该选项只适用于组件。

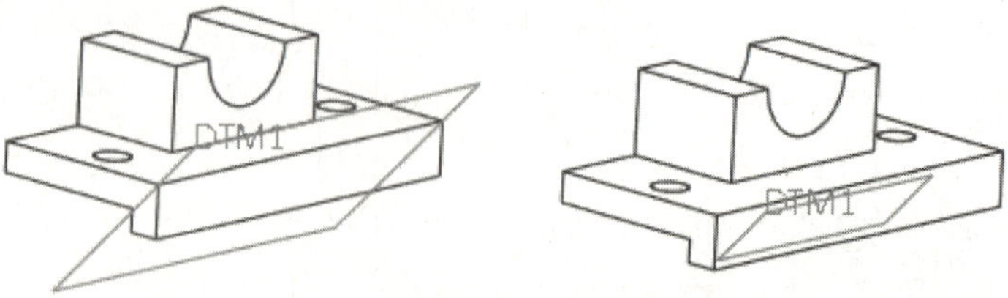

（a）　　（b）

图3.13.6 改变基准平面显示的大小

2. 通过平面创建基准平面

要创建的基准平面通过另一个平面，即与这个平面完全一致，该约束方法能单独确定一个平面。

Step1：单击“平面”按钮。

Step2：选取图 3.13.7 所示的参考平面，此时“基准平面”对话框中系统默认选择参考方式为“偏移”，其对话框如图 3.13.8（a）所示。在参考方式对话框中选择“穿过”选项，此时“基准平面”对话框如图 3.13.8（b）所示。系统创建好与所选平面完全重合的基准平面。单击 确定 按钮，完成基准平面的创建。

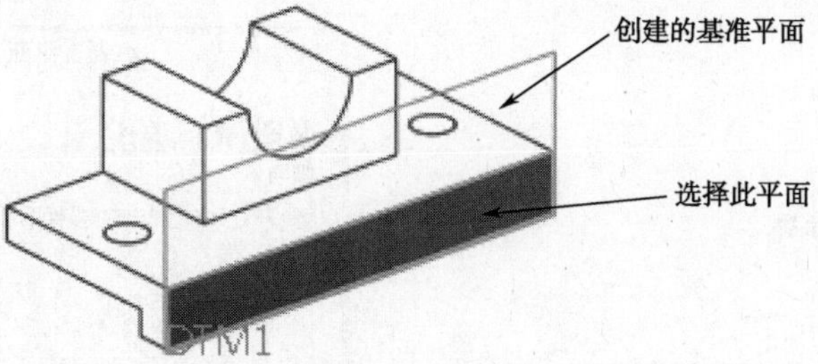

图 3.13.7　创建通过平面的参考平面

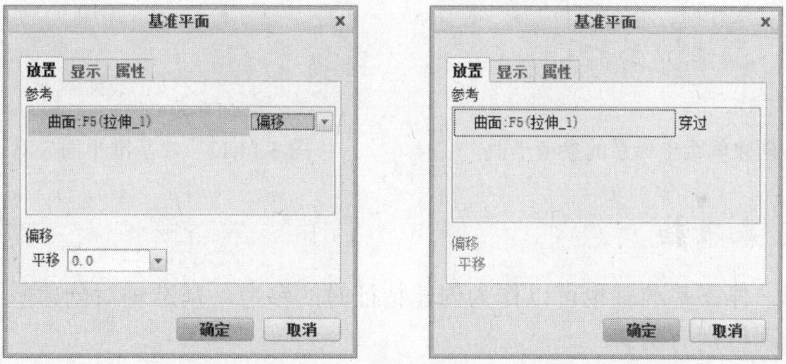

（a）　（b）

图 3.13.8　“基准平面”对话框

3. 通过偏距平面创建基准平面

Step1：单击“平面”按钮。

Step2：选取图 3.13.9 所示的参考平面，此时“基准平面”对话框中系统默认选择参考方式为“偏移”，其对话框如图 3.13.10 所示。然后在“平移”文本框中输入偏距的距离值 20.0。要创建的基准平面平行于另一个平面，并且与该平面有一个偏距距离。单击 确定 按钮，完成基准平面的创建。

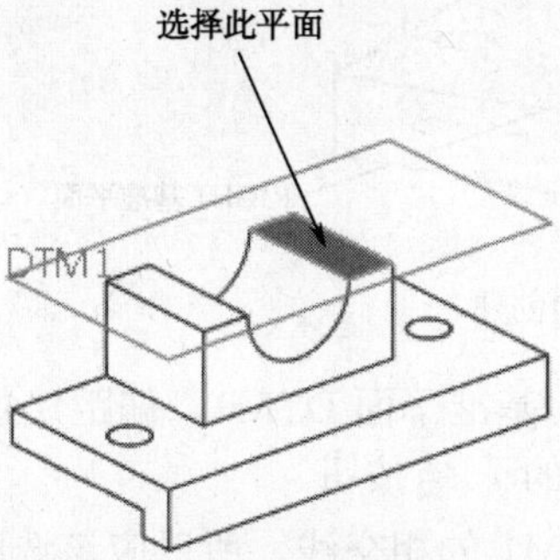

图 3.13.9　创建偏距平面的参考平面

图 3.13.10　“基准平面”对话框

4. 通过偏距坐标系创建基准平面

用此约束方法可以创建一个基准平面，使其垂直于一个坐标轴并偏离坐标原点。当使用该约束方法时，需要选择与该平面垂直的坐标轴，以及给出沿该轴线方向的偏距。

Step1：单击“平面”按钮，并选取图 3.13.11 所示的坐标系。

Step2：如图 3.13.12 所示，在“平移”后面的对话框中选择“X”坐标轴，然后在偏距距离文本框中值 150.0。单击 确定 按钮，完成基准平面的创建。

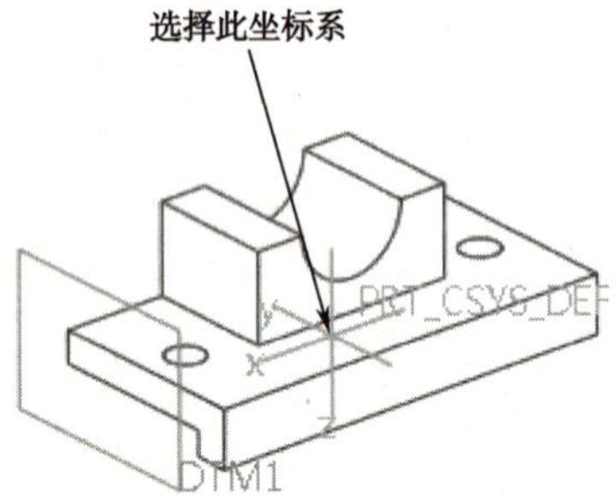

图 3.13.11 创建偏距坐标系的参考平面

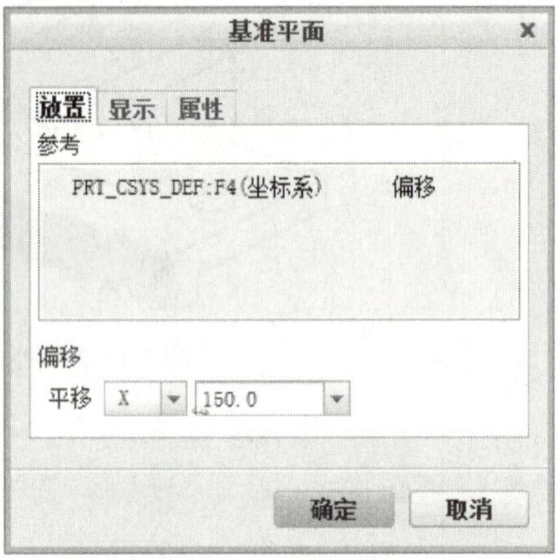

图 3.13.12 “基准平面”对话框

3.13.2 基准轴

同基准平面一样，基准轴也可以作为创建特征时的参考。基准轴对创建基准平面、同轴放置项目和径向阵列特别有用。

基准轴的产生也分两种情况：一是基准轴作为一个单独的特征来创建；二是在创建带有圆弧的特征期间，系统会自动产生一个基准轴，但此时必须将配置文件选项 show_axes_for_extr_arcs 设置为 yes。

创建基准轴后，系统用 A_1、A_2 等依次自动分配其名称。要选取一个基准轴，可选择基准轴线自身或其名称。下面说明创建基准轴的一般过程。

在 bearing_base 零件中创建如图 3.13.13 所示的基准轴，该基准轴位于 TOP 平面内，且与 RIGHT 平面相距为 80。

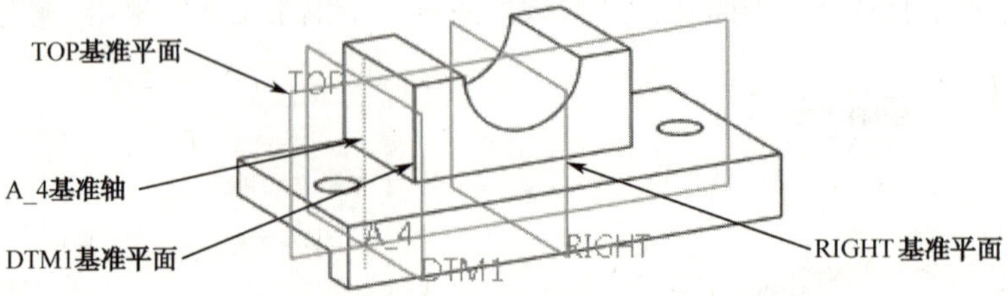

图 3.13.13 基准轴的创建

Step1：在 RIGHT 基准平面左部创建一个“偏距”基准平面 DTM1，偏距尺寸值为 80.0。

Step2：单击“模型”功能选项卡“基准”区域中的 轴按钮。

Step3：要创建的基准轴通过基准平面 TOP 和 DTM1 的相交线，所以应该选取这两个基准平面为约束参考。

（1）选取第一约束平面。选择图 3.13.13 所示的模型的基准平面 TOP，系统弹出图 3.13.14（a）所示的“基准轴”对话框，将约束类型改为“穿过”。

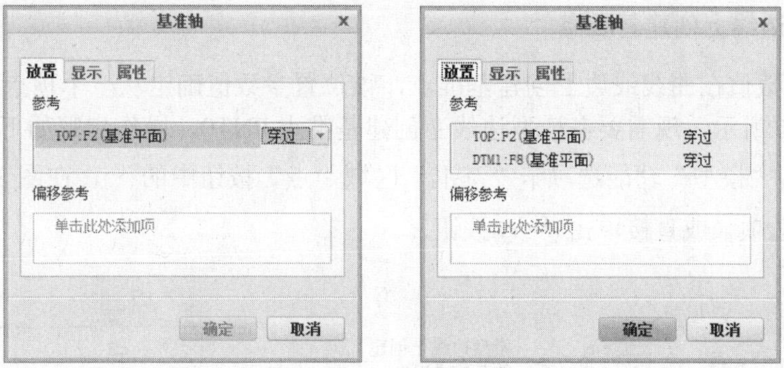

（a）　　　　（b）

图 3.13.14 “基准轴”对话框

注意：由于 Creo 软件所具有的智能性，这里也可不必将约束类型改为“穿过”，因为当用户再选取一个约束平面时，系统会自动将第一个平面的约束改为“穿过”。

（2）选择第二约束平面。按住 Ctrl 键，选择 Step1 中创建的 DTM1 基准平面。此时“基准轴”对话框如图 3.13.14（b）所示。

说明：创建基准轴的方法

- 过边界：要创建的基准轴通过模型上的一个直边。
- 垂直平面：要创建的基准轴垂直于某个平面。使用此方法，应先选取要与其垂直的参考平面，然后分别选取两条定位的参考边，并定义基准轴到参考边的距离。
- 过点且垂直于平面：要创建的基准轴通过一个基准点并与一个“平面”垂直，“平面”可以是一个现成的基准面或模型上的表面，也可以创建一个新的基准面作为“平面”。
- 过圆柱：要创建的基准轴通过模型上的一个旋转曲面的中心轴。使用此方法时，再选择一个圆柱面或圆锥面即可。
- 两平面：在两个指定平面（基准平面或模型上的平面表面）的相交处创建基准轴。两平面不能平行，但在屏幕上不必显示相交。
- 两个点/顶点：要创建的基准轴通过两个点，这两个点既可以是基准点，也可以是模型上的顶点。

Step4：修改基准轴的名称。在对话框“属性”选项卡的“名称”文本框中将系统默认的基准轴名称“A_4”改为新的名称，如图 3.13.15 所示。单击 确定 按钮，完成基准轴的创建。

图 3.13.15 “属性”对话框

3.13.3 基准点

基准点可用来在绘图中连接基准目标和注释、创建坐标系及管道特征轨迹，也可以在基准点处放置轴、基准平面、孔和轴肩。

在默认情况下，Creo 将一个基准点显示为叉号，其名称显示为 PNTn，其中 n 是基准点的编号。要选取一个基准点，可以选择基准点或其名称。

可使用配置文件选项 datum_point_symbol 来改变基准点的显示样式。基准点的显示样式可以使用下列任意一个：cross、dot、circle、triangle 或 square。

1. 在曲线/边线上创建基准点

用位置的参数值在曲线或边上创建基准点，该位置参数值确定从一个顶点开始沿曲线的长度。如图 3.13.16 所示，现需要在模型边线上创建基准点 PNT0，操作步骤如下。

Step1：单击“模型”功能选项卡“基准”区域“点”按钮中的▾，在图 3.13.17 所示的菜单中选择点选项（或直接单击点按钮）。

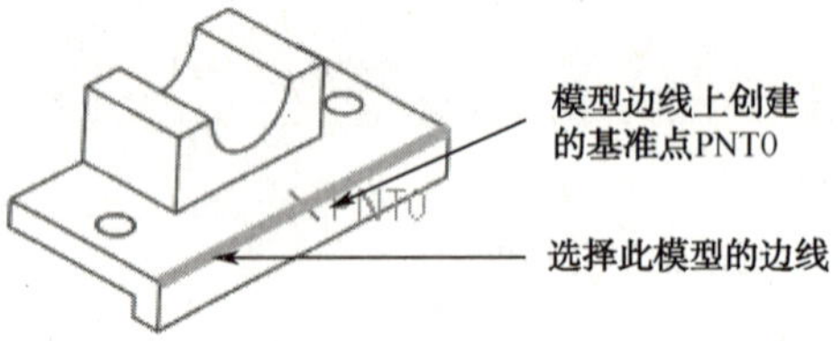

图 3.13.16 线上基准点的创建

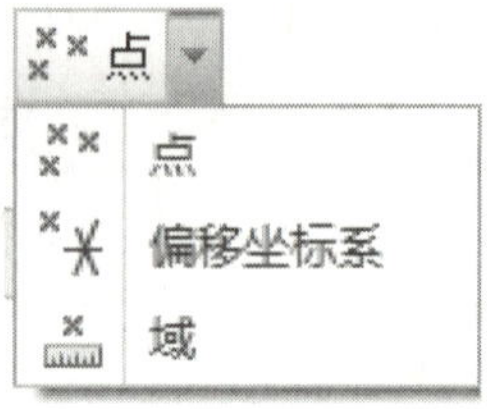

图 3.13.17 “点”菜单

Step:2：选择图 3.13.16 所示的模型的边线，系统立即产生一个基准点 PNT0，如图 3.13.18 所示。此时系统弹出如图 3.13.19 所示的“基准点”对话框。

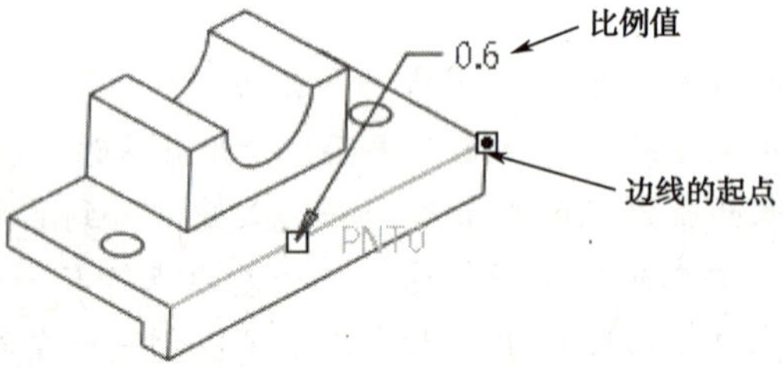

图 3.13.18 产生基准点

Step3：在图 3.13.19 所示的“基准点”对话框中，先选择基准点的定位方式（“比率”或“实际值”），再键入基准点的定位数值（比率系数或实际长度值）。单击 **确定** 按钮，完成基准点的创建。

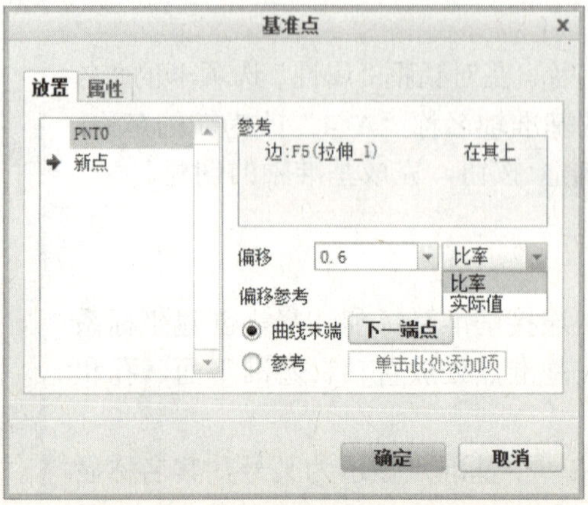

图 3.13.19 “基准点”对话框

说明：

- 在“基准点”对话框中，如果选择“比率方式”，此处显示比例值（即基准点到边线起点的长度值与边线总长度的比例值）；如果选择“实际值”方式，此处显示基准点到边线起点的长度值。
- 单击“下一端点”可将起点切换到下一个端点。
- 选择◉ 参考可选取一个参考来确定基准点的位置。

2．过顶点创建基准点

在零件边、曲面特征边、基准曲线或输入框架的顶点上创建基准点。

如图 3.13.20 所示，现需要在模型的顶点处创建一个基准点 PNT0，操作步骤如下。

Step1：单击 点按钮。

Step2：如图 3.13.20 所示，选取模型的顶点，系统立即在此顶点处产生一个基准点 PNT0，此“基准点”对话框如图 3.13.21 所示。单击 **确定** 按钮，完成基准点的创建。

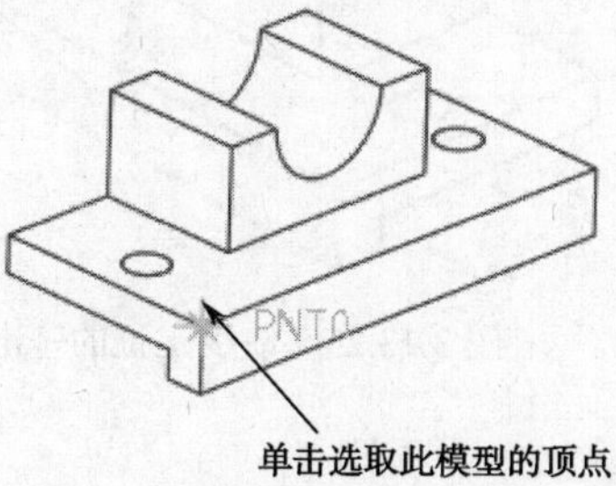

图 3.13.20 顶点基准点的创建

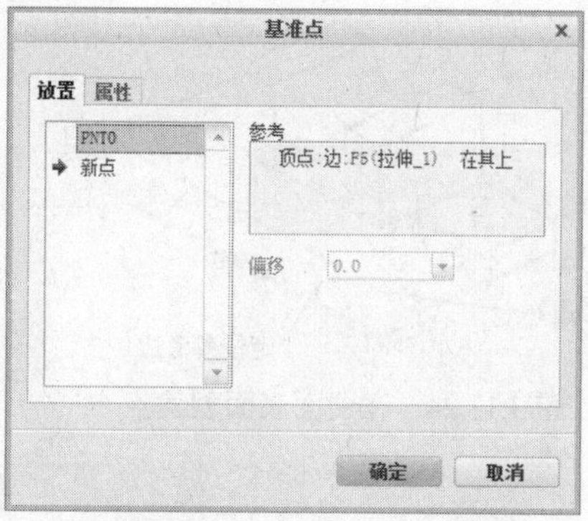

图 3.13.21 “基准点”对话框

3．过中心点创建基准点

在一条弧、一个圆或一个椭圆图元的中心处创建基准点。现需要在如图 3.13.22 所示模型表面孔的圆心处创建一个基准点 PNT0，操作步骤如下。

Step1：单击 点按钮。

Step2：选取如图 3.13.22 所示模型表面孔的边线。

Step3：在图 3.13.23 所示的“基准点”对话框下拉列表中选取“居中”选项。单击 **确定** 按钮，完成基准点的创建。

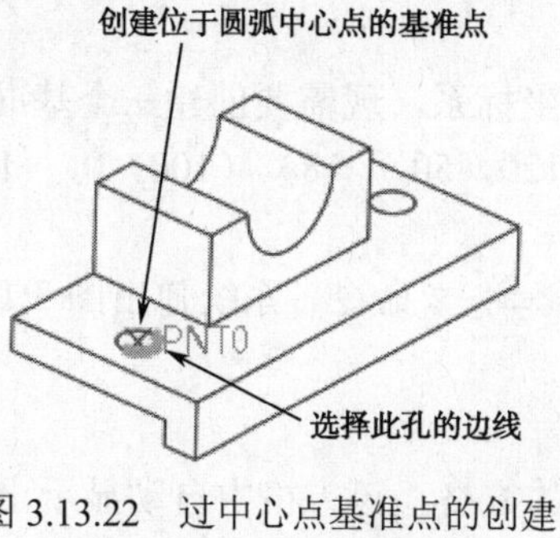

图 3.13.22 过中心点基准点的创建

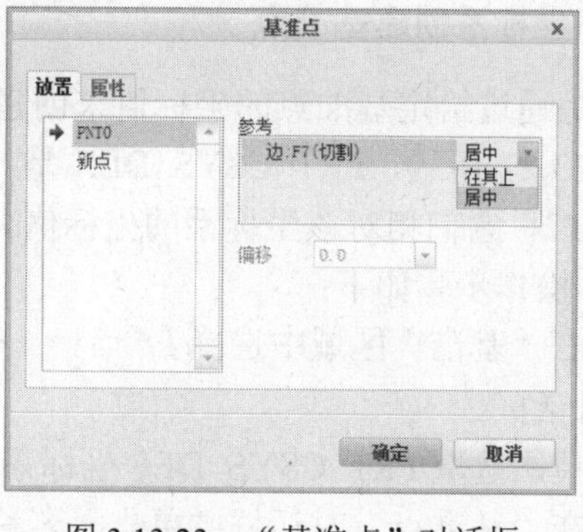

图 3.13.23 “基准点”对话框

4. 在曲面上创建基准点

在曲面上创建基准点时可以参考两个平面或两条边来对其进行定位。如果在属于面组的曲面上创建基准点，则该点参考整个面组，而不是单独的曲面。现需要在如图 3.13.24 所示模型表面上创建一个基准点 PNT0，操作步骤如下。

Step1：单击 点按钮。

Step2：单击图 3.13.24 所示模型的表面，系统立即产生一个如图 3.13.25 所示缺少定位的基准点 PNT0，并弹出如图 3.13.26 所示的“基准点”对话框。

Step3：在“基准点”对话框中进行如下操作：

（1）在“偏移参考”下面的空白区单击，以激活此区域。

（2）按住 Ctrl 键，选取图 3.13.24 所示的定位参考边 1 和参考边 2，并修改偏移尺寸。单击 **确定** 按钮，完成基准点的创建。

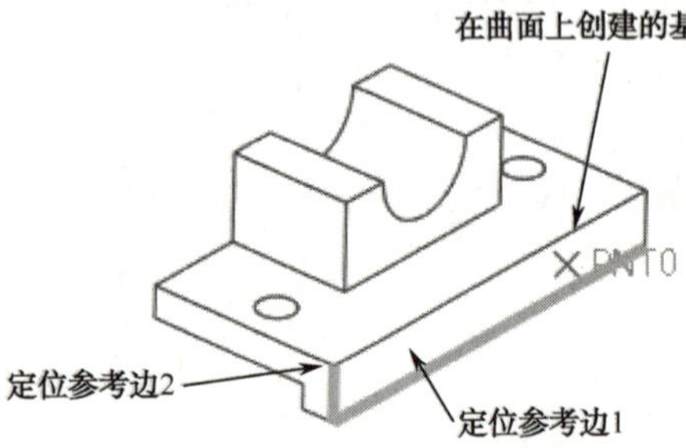

图 3.13.24　在曲面表面创建点

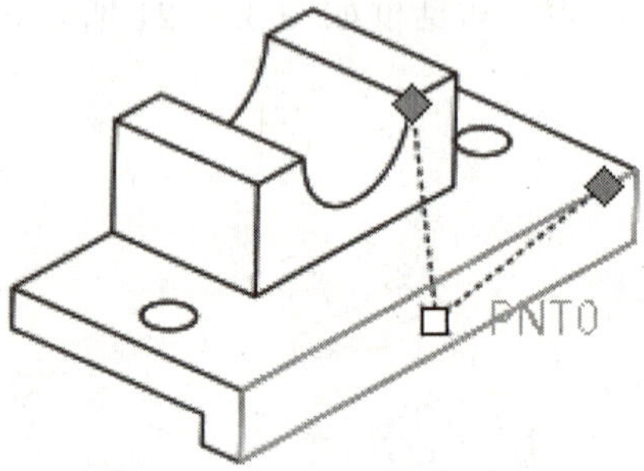

图 3.13.25　缺少定位的基准点

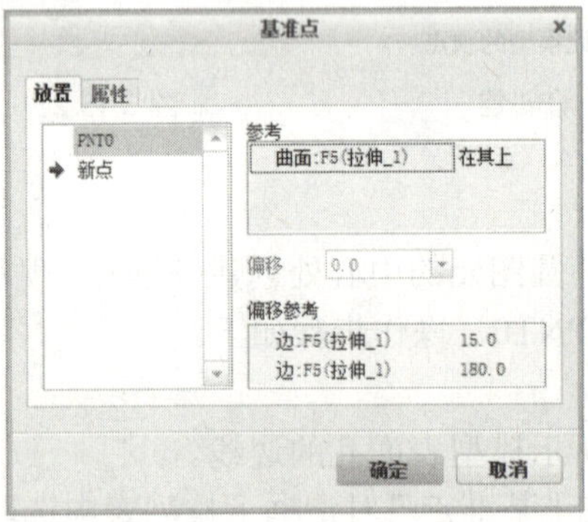

图 3.13.26　“基准点”对话框

5. 偏移坐标系创建基准点

此方法是通过给定基准点的坐标值来创建基准点。

如图 3.13.27 所示，PRT_CSYS_DEF 是一个基准坐标系，现需要创建三个基准点 PNT0、PNT1 和 PNT2，它们相对该坐标系的坐标值分别为（120，50，-18）、（100，0，-18）和（80，-50，-18），操作步骤如下：

Step1：在“基准”区域中选择 点 → 偏移坐标系 命令。系统弹出图 3.13.28 所示的“基准点”对话框。

step2：单击选取 PRT_CSYS_DEF 坐标系。

step3：在“基准点”对话框中单击“名称”下面的方格，该方格中自动显示出 PNT0 基准点，且此时 X、Y、Z 坐标值均为 0，分别输入 X、Y、Z 的坐标值 120、50、-18。以同样的方法创建点 PNT1 和 PNT2。单击 **确定** 按钮，完成基准点的创建。

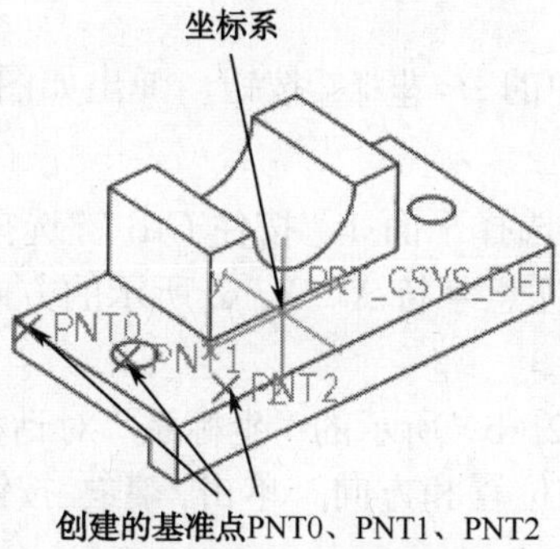

图 3.13.27　创建基准点

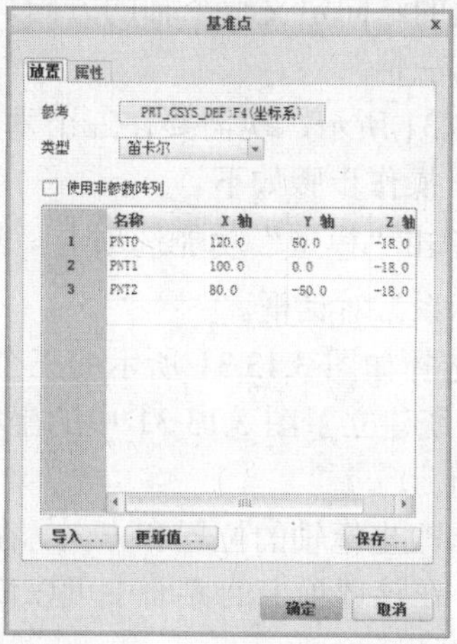

图 3.13.28　“基准点”对话框

6. 创建域点

可在一个曲面、曲线上的任意位置创建基准点而无须进行尺寸定位，这样的基准点称为域点。要在如图 3.13.29 所示的曲面上创建一个域点 PNT0，其过程如下：

Step1：在“基准”区域中选择 点 → 域 命令。系统弹出如图 3.13.30 所示的“基准点”对话框。

Step2：在图 3.13.29 所示的曲面上某位置单击，系统即在单击位置处创建一个基准点 FPNT0。可用鼠标拖移该点，以改变其在曲面上的位置。单击 **确定** 按钮，完成基准点的创建。

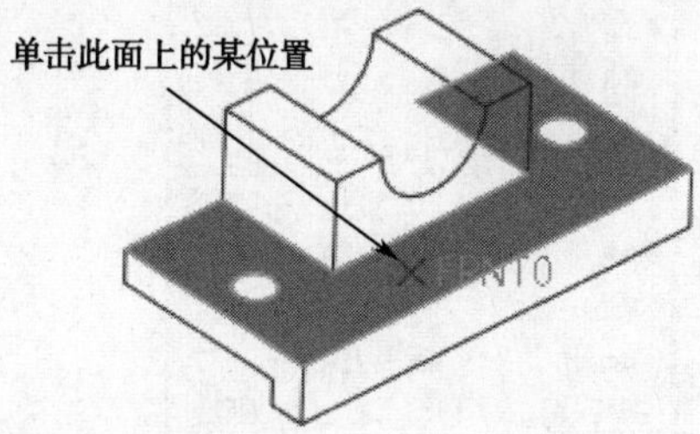

图 3.13.29　域点的创建

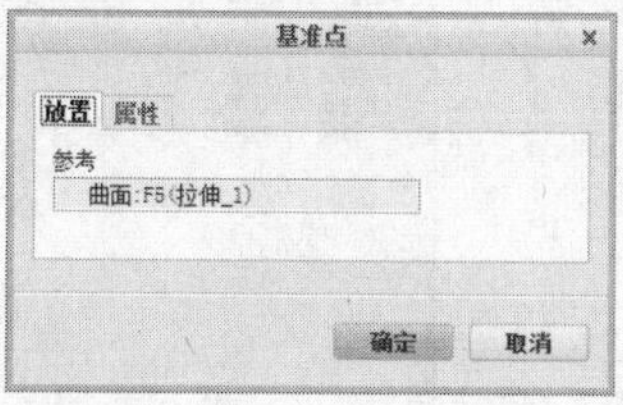

图 3.13.30　“基准点”对话框

3.13.4　坐标系

坐标系是可创建在零件和装配体中的参考特征值，它可用于：

- 计算零件、装配体的质量属性。
- 装配元件时的定位。
- 用于定位其他特征的参考（坐标系、基准点、平面和轴线、输入的几何等）。

在 Creo 系统中，可以使用下列三种形式的坐标系：

- 笛卡尔坐标系。系统用 *X*、*Y*、*Z* 表示坐标值。
- 柱坐标系。系统用半径、theta 和 Z 表示坐标值。
- 球坐标系。系统用半径、theta 和 phi 表示坐标值。

使用三个平面创建坐标系的方法。

选择三个平面（模型的表面或基准平面），这些平面不必正交，其交点即为坐标原点，选定的第一个平面的法向定义一个轴的方向，第二个平面的法向定义另一个轴的方向，系统使用右手定则确定第三轴。

如图 3.13.31 所示，现需要在三个垂直平面（平面 1、平面 2 和平面 3）的交点上创建一个坐标系 CSO，操作步骤如下。

Step1：单击“模型”功能选项卡“基准”区域中的 坐标系按钮，弹出如图 3.13.32（a）所示的“坐标系”对话框。

Step2：选择如图 3.13.31 所示的三个垂直平面。选择平面 1，按住 Ctrl 键选择平面 2 与平面 3。此时系统建立了图 3.13.31 中的坐标系 CSO，注意字符 *X*、*Y*、*Z* 所示的方向正是相应坐标轴的正方向。

Step3：修改坐标轴的位置和方向。在如图 3.13.32（b）所示的“坐标系”对话框中打开“方向”选项卡，在该选项卡的界面中可以修改坐标轴的位置和方向。单击 **确定** 按钮，完成基准坐标系的创建。

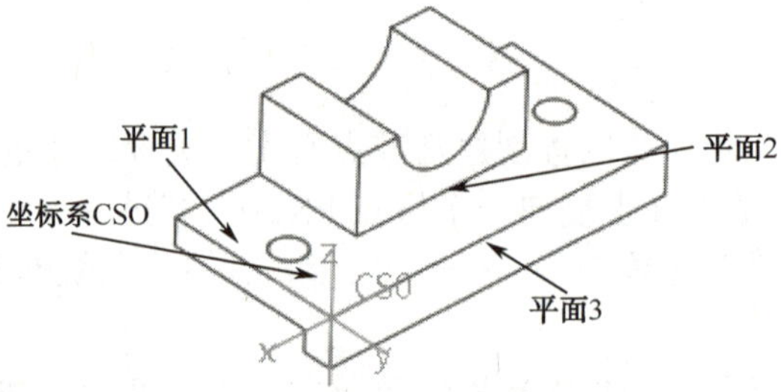

图 3.13.31　由三个平面创建坐标系

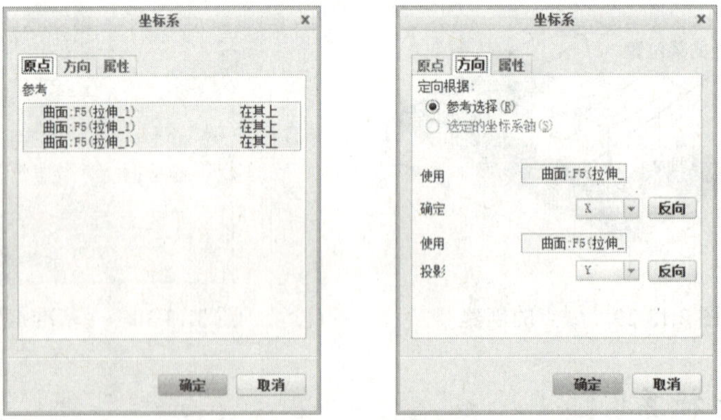

（a）　　　　（b）

图 3.13.32　“坐标系”对话框

3.14　系统配置文件 Config.pro

Creo 最重要的配置文件是 Config.pro，它是整个 Creo 系统的灵魂，其他所有的配置文件都是围绕它展开的，Creo 里的所有设置，都是通过配置文件来完成的。正是由于 Config.pro 的设置和调用，它们才能够真正发挥出自己的威力。一般在企业或公司中都把 Config.pro 定制为标准文件，作为大家共同的工作环境，在应用产品数据管理和协同设计过程中便于交流和数据共享。

3.14.1　Config.pro 说明

Config.pro 是一个文本文件，采用写字板、记事本等进行创建和修改，所包含的参数可以进行以下设置：单位的设置、库的设置、模板的设置、运行环境、运行界面的设置、工程图设置和打印设置等。Config.pro 有大量的选项，决定着系统运行的方方面面，各种选项都可以按照字母顺序进行排列，也可以按功能分类。Config.pro 文件只有在调用加载后才会发挥作用。Creo 系统可以有很多 Config.pro 文件，根据不同的项目和使用环境使用不同的 Config.pro 文件。项目不同，装配零部件的搜索路径就不同，必须为各个项目设置正确的搜索路径，才能保证打开装配时能找到它的零部件。项目不同，零件的精度、调用的色表、软件的配置环境、工程图的标注等可能改变，这也需要配置新的 Config.pro 文件。

Config.pro 的创建、调用修改等使用方法如下：

1．创建 Config.pro

在 Creo 中，有上千个选项。如果用户非常熟悉这些选项，就可以自行创建 Config.pro。主要有两种创建方式：一种是通过记事本、写字板等文本编辑器进行创建，只是保存时注意后缀；另一种是在“选项”对话框中编辑修改后保存为其他文件。

2．修改 Config.pro

下面通过实例来介绍如何进行配置文件的修改，其操作过程如下：

Step1：进入配置编辑器对话框。

选择“文件”下拉菜单中的 文件▾ → 选项命令，进入“PTC Creo Paramatric 选项”对话框，选择“配置编辑器”选项，用于设置系统配置文件 Config.pro，如图 3.14.1 所示。

图 3.14.1　“PTC Creo Paramatric 选项”对话框

在对话框的最上边有“排序”下拉列表和“显示”下拉列表。其中“排序”下拉列表用于选取配置文件各选项的排序方法，其选项是由系统所提供的排序方法，共 3 种：按字母、按设置和按类别。“显示”下拉列表用于选取需要进行修改的配置文件，其选项是当前系统中所拥有的配置方案（配置文件）。

Step2：添加配置选项。

添加配置选项的方式有两种。

方法一：若准确知道配置选项的名称，可直接通过“添加”命令添加。

（1）单击“添加”命令，弹出如图 3.14.2 所示的“添加选项”对话框。

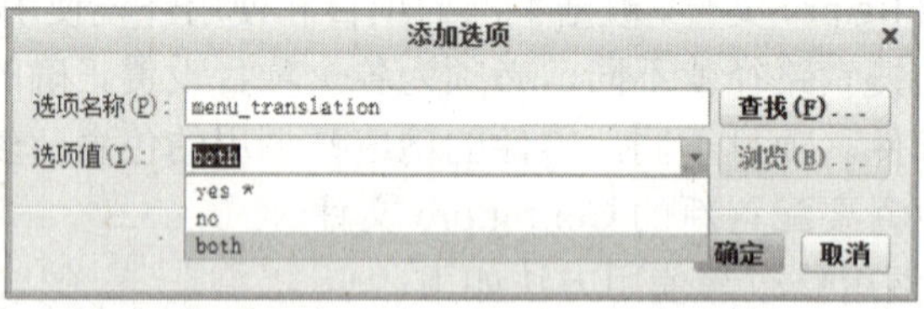

图 3.14.2 “添加选项”对话框

（2）在“选项名称”对话框中输入“menu_translation”（我们看到我们在输入名称时，只输入到 menu_t 软件即联想出我们可能要输入的为“menu_translation”，此时确认即可），单击“选项值”文本后面的按钮，选择“both”。

（3）单击 **确定** 按钮，此时我们看到在选项对话框中多出了一行选项，如图 3.14.3 所示。

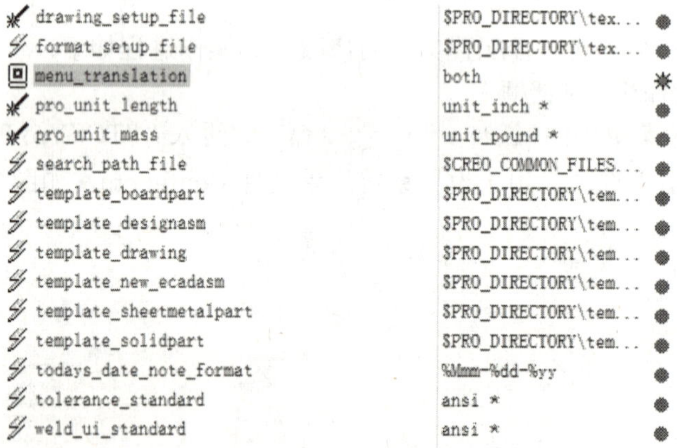

图 3.14.3 选项对话框

方法二：在只知道部分配置选项名称的情况下，使用“查找”命令添加。

（1）单击“查找”命令弹出如图 3.14.4 所示的“查找选项”对话框。

（2）在“输入关键字”文本框中输入“menu”，单击“立即查找”。

（3）在“选取选项”文本框中出现所有名称中带有“menu”字符的选项，选择“menu_translation”。

（4）单击“设置值”文本后面的按钮，选择“both”。

（5）单击 **添加/更改(A)** 按钮。此时“menu_translation”选项添加到选项对话框，单击 **关闭**。

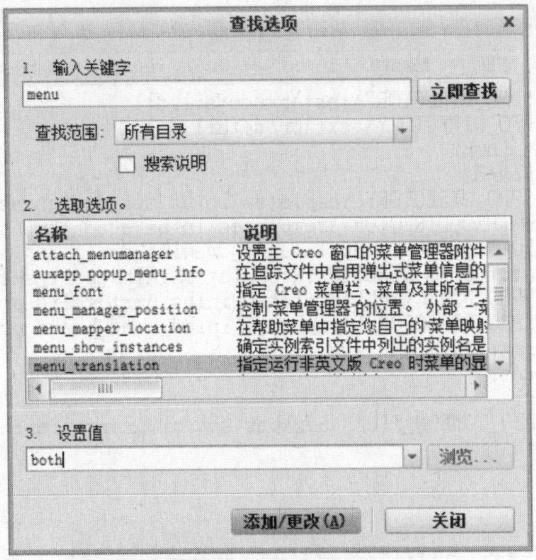

图 3.14.4 “查找选项”对话框

Step3：导出 Config.pro 文件。

（1）单击选项对话框右下角的“导入/导出”选项，选择“根据当前过滤器导出”，弹出如图 3.14.5 所示的“另存为”对话框。

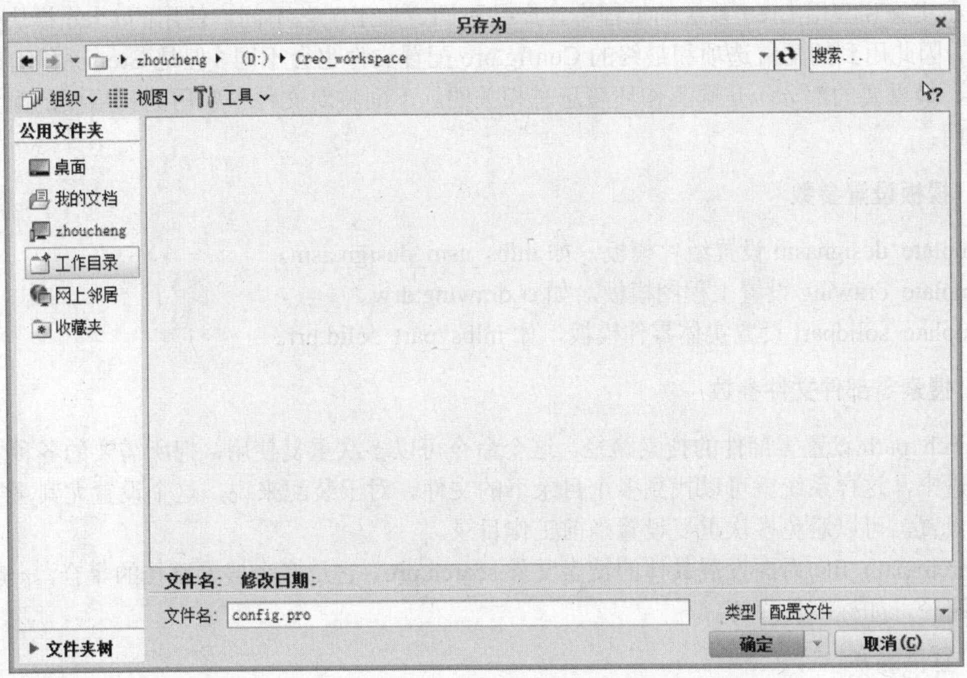

图 3.14.5 “另存为”对话框

（2）单击对话框右侧的“工作目录”选项 工作目录，单击 确定 按钮，将 Config.pro 文件保存到工作目录中。在工作目录文件夹中我们就会看到一个 config.pro 文件。

（3）使用记事本打开 config.pro 文件，config.pro 文件中的显示内容如图 3.14.6 所示。可以在记事本中对其进行编辑和修改。

```
drawing_setup_file $PRO_DIRECTORY\text\prodetail.dtl
format_setup_file $PRO_DIRECTORY\text\prodetail.dtl
pro_unit_length unit_inch
pro_unit_mass unit_pound
template_designasm $PRO_DIRECTORY\templates\inlbs_asm_design.asm
template_new_ecadasm $PRO_DIRECTORY\templates\inlbs_ecad_asm.asm
template_drawing $PRO_DIRECTORY\templates\c_drawing.drw
template_sheetmetalpart $PRO_DIRECTORY\templates\inlbs_part_sheetmetal.prt
template_solidpart $PRO_DIRECTORY\templates\inlbs_part_solid.prt
template_boardpart $PRO_DIRECTORY\templates\inlbs_ecad_board.prt
todays_date_note_format %Mmm-%dd-%yy
tolerance_standard ansi
weld_ui_standard ansi
search_path_file $CREO_COMMON_FILES\afx\parts\prolibrary\search.pro
menu_translation both
```

图 3.14.6 使用记事本打开 config.pro 文件

3.14.2 Config.pro 重要配置选项说明

Creo 系统的 Config.pro 选项有上千个，每个选项都控制着特定的对象，有它特定的作用。各企业在实施和应用 Creo 系统的工程中，产品不同、加工工艺不同，使用的 Creo 模块也会有所不同，因此用到的配置选项和最终的 Config.pro 配置文件也会不同。但是 Creo 系统有一些最基本的、最重要的部分，是同工作环境息息相关的。下面将对文件中常用的、重要的配置选项进行说明：

1. 模板设置参数

template_designasm 设置组件模板，如 inlbs_asm_design.asm。

template_drawing 设置工程图模板，如 c_drawing.drw。

template_solidpart 设置实体零件模板，如 inlbs_part_solid.prt。

2. 搜索零部件文件参数

Search_path 设置零部件的搜索路径。这个命令可以多次重复使用，把所需要的各种文件夹都添加进来，这样系统就可以找到多个目录下的文件。对于装配来说，这个设置尤其重要。用户这样设置，可以避免多次重复设置当前工作目录。

Search_path_file 后面设置具体的搜索文件 search.pro，它是多个搜索路径的集合，一般用于固定的路径，如标准件库等。

3. 环境参数

pro_unit_length 指定长度单位。

pro_unit_mass 指定质量单位。

4. 公差设置参数

tol_display 设置是否显示公差。如果选择 yes，则显示公差；如果选择 no，则不显示。

tol_mode 设置公差显示模式。如果选择 limits，则显示上下极限公差；如果选择 nominal，则只显示名义尺寸，不显示公差；如果选择 plusminus，则显示带有正负公差值的尺寸；如果选择 plusminussym，则显示带有对称正负公差值的尺寸。

tolerance_standard 设置公差标准，包括 ansi 和 iso 两种。

5. 用户界面参数

allow_confirm_window 决定在退出 Creo 之前是否出现提示窗口。如果选择 Yes 则将显示确认对话框；如果选择 No，则将不显示。

button_name_in_help 决定在按钮相关帮助菜单中显示选项名称的方式。如果选择 Yes，则将显示英文选项；如果选择 No，则将显示中文选项。

default_font 设置文本字体，不包括菜单、菜单栏及其子项和弹出式菜单等。

diglog_translation 决定对话框的显示方式。如果选择 Yes，则将显示简体中文对话框；如果选择 No，则将显示英文对话框。

3.14.3 Config 文件的加载顺序

当 Creo 启动时，会自动加载 Config.sup 和 Config.pro 文件。但是加载顺序有所不同，一般按照以下顺序加载：

（1）加载 Creo 安装目录下的 text 文件夹中的 Config.sup 文件。这个文件主要用于配置企业强制执行标准，属于绝对遵守的参数。

（2）加载 Creo 安装目录下的 text 文件夹中的 Config.pro 文件。这个文件主要用于配置常用库目录的路径。

（3）加载本地目录下的 Config.pro 文件。这个文件主要用于配置启动的常用目录的路径。本地目录是启动目录的上一级目录。

（4）加载启动目录下的 Config.pro 文件。这个文件主要用于配置环境变量和搜索本地目录的路径。

（5）对于在上述文件中没有配置的选项，可以取系统的默认值。

第 4 章 零件建模

4.1 底板

无碳小车底板零件模型及模型树如图 4.1.1 所示，该模型创建时主要运用拉伸特征和倒圆角特征。

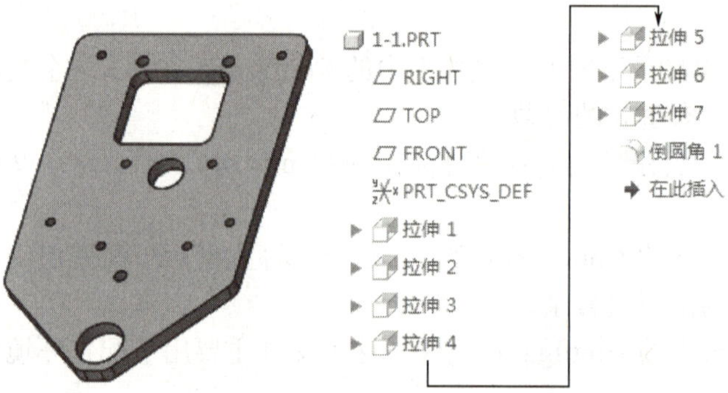

图 4.1.1　底板零件模型及模型树

Step1：新建一个零件，并将其命名为“1-1”，选用 mmns_part_solid 模板。

Step2：创建如图 4.1.2 所示的拉伸 1 特征。

（1）单击“模型”功能选项卡“形状”区域中的“拉伸”按钮 拉伸。

（2）绘制截面草图。

① 单击“放置”，单击 定义... ；选取 TOP 基准平面为草绘平面，RIGHT 基准平面为参考平面，方向为 右；单击草绘按钮，进入草绘环境。

② 选择“草绘”区域下的“中心矩形”命令 矩形，绘制如图 4.1.3 所示的截面草图。

③ 单击“确定”按钮，退出草绘环境。

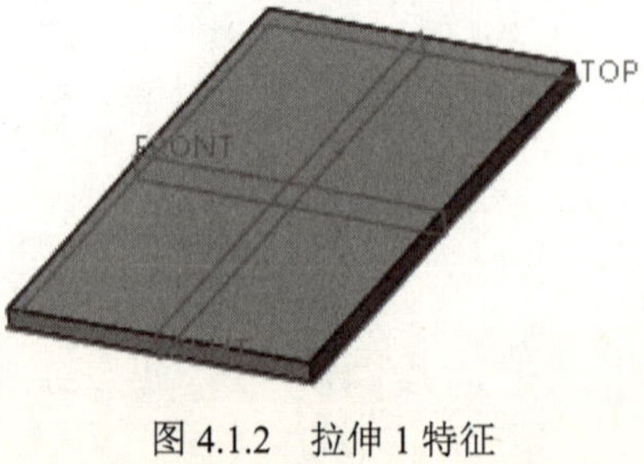

图 4.1.2　拉伸 1 特征

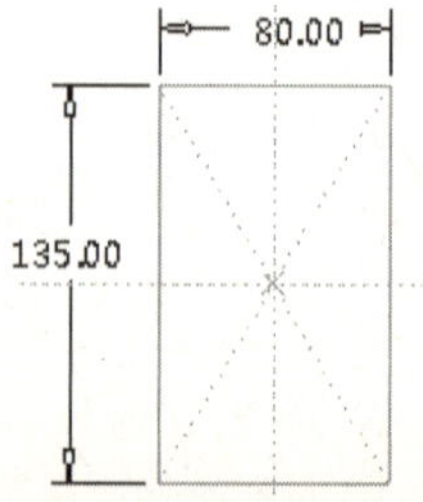

图 4.1.3　截面草图

（3）定义拉伸属性。在操控板中选择拉伸类型为，输入深度值 5，并按回车键。

（4）在操控板中单击“确定”按钮，完成拉伸 1 特征的创建。

Step3：创建图 4.1.4 所示的拉伸 2 特征。

（1）单击“模型”功能选项卡“形状”区域中的“拉伸”按钮 拉伸，按下“移除材料”按钮。

（2）选取 TOP 基准平面为草绘平面，RIGHT 基准平面为参考平面，方向为 右；单击草绘按钮，进入草绘环境。

（3）使用“投影” 投影、“线链” 线、“删除段” 删除段 等命令绘制如图 4.1.5 所示的截面草图，单击“确定”按钮，退出草绘环境。

（4）在操控板中选取深度类型，输入深度值 5。

（5）在操控板中单击“确定”按钮，完成拉伸 2 特征的创建。

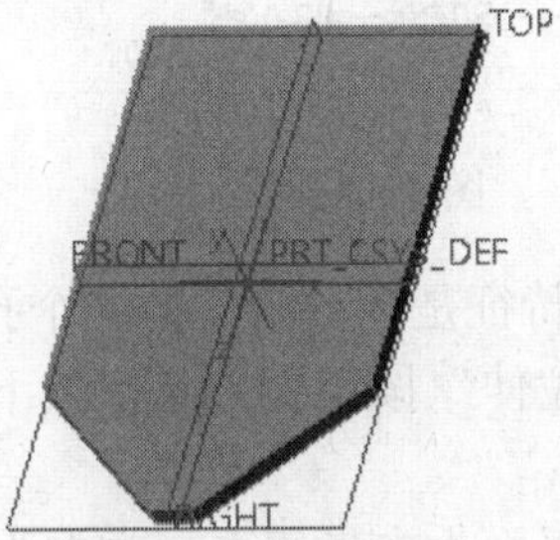

图 4.1.4 拉伸 2 特征

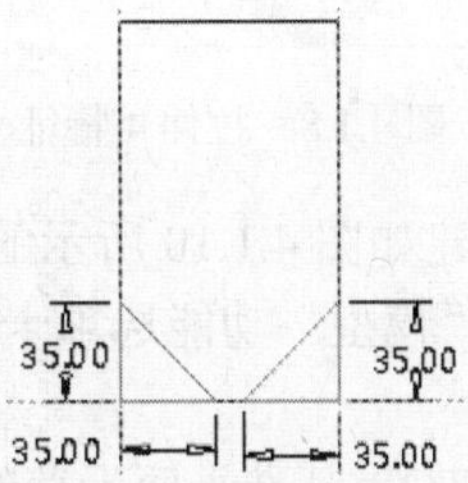

图 4.1.5 截面草图

Step4：创建如图 4.1.6 所示的拉伸 3 特征。

（1）单击“模型”功能选项卡“形状”区域中的“拉伸”按钮 拉伸，按下“移除材料”按钮。

（2）选取 TOP 基准平面为草绘平面，RIGHT 基准平面为参考平面，方向为下；单击草绘按钮，进入草绘环境。

（3）使用“圆心和点” 圆命令绘制如图 4.1.7 所示的截面草图，单击“确定”按钮，退出草绘环境。

（4）在操控面板中选取深度类型，输入深度值 5。

（5）在操控板中单击“确定”按钮，完成拉伸 3 特征的创建。

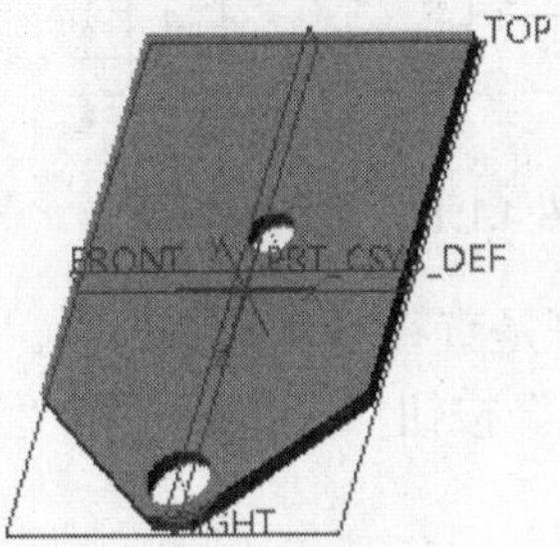

图 4.1.6 拉伸 3 特征

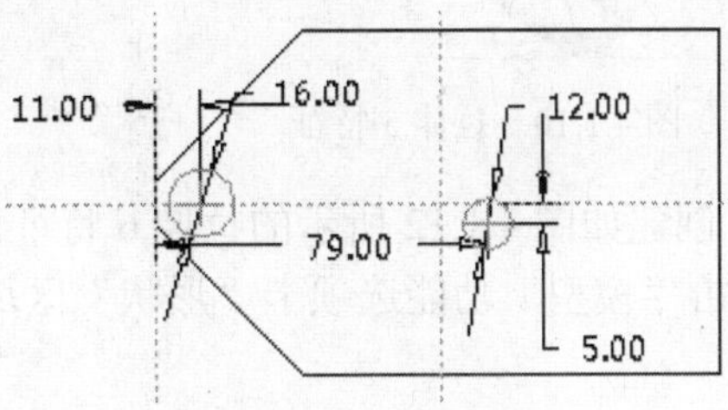

图 4.1.7 截面草图

Step5：创建如图 4.1.8 所示的拉伸 4 特征。拉伸 4 特征是直径为 3 的 4 个孔。

（1）单击“模型”功能选项卡“形状”区域中的“拉伸”按钮 拉伸，按下“移除材料”按钮。

（2）选取 TOP 基准平面为草绘平面，RIGHT 基准平面为参考平面，方向为下；单击草绘按钮，进入草绘环境。

（3）使用“圆心和点”圆命令绘制如图 4.1.9 所示的截面草图，单击“确定”按钮，退出草绘环境。

（4）在操控面板中选取深度类型，输入深度值 5。

（5）在操控板中单击“确定”按钮，完成拉伸 4 特征的创建。

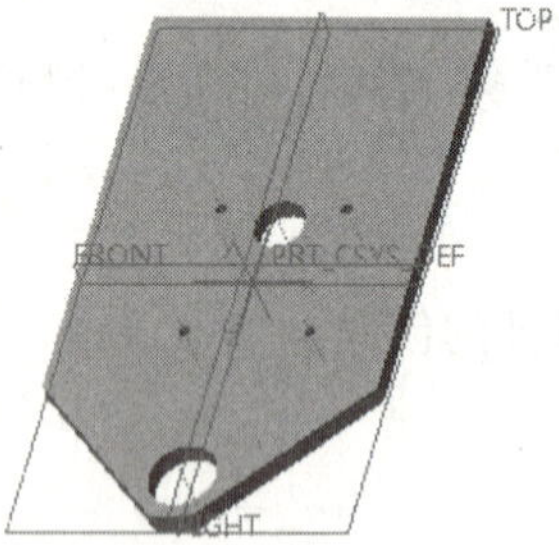

图 4.1.8 拉伸 4 特征

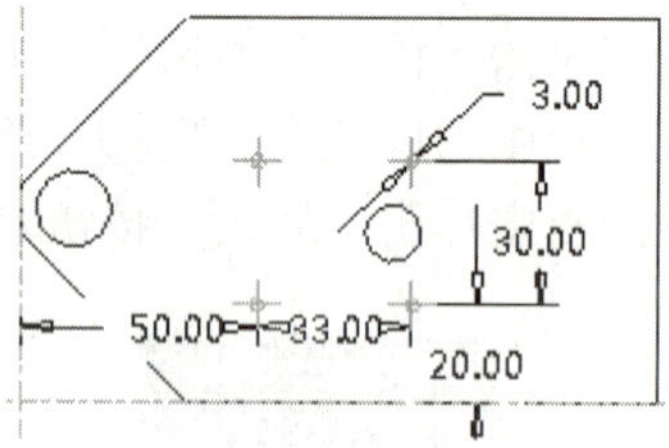

图 4.1.9 截面草图

Step6：创建如图 4.1.10 所示的拉伸 5 特征。拉伸 5 特征是直径为 3 的 4 个孔。

（1）单击“模型”功能选项卡“形状”区域中的“拉伸”按钮 拉伸，按下“移除材料”按钮。

（2）选取 TOP 基准平面为草绘平面，RIGHT 基准平面为参考平面，方向为下；单击草绘按钮，进入草绘环境。

（3）使用“圆心和点”圆命令绘制如图 4.1.11 所示的截面草图，单击“确定”按钮，退出草绘环境。

（4）在操控面板中选取深度类型，输入深度值 5。

（5）在操控板中单击“确定”按钮，完成拉伸 5 特征的创建。

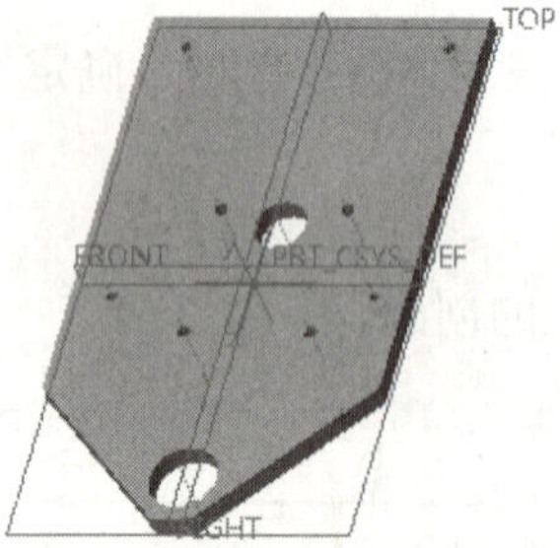

图 4.1.10 拉伸 5 特征

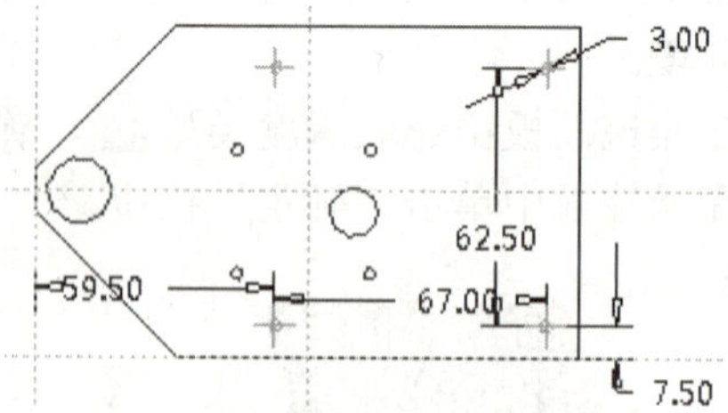

图 4.1.11 截面草图

Step7：创建如图 4.1.12 所示的拉伸 6 特征。拉伸 6 特征是直径为 4 的 3 个孔。

（1）单击“模型”功能选项卡“形状”区域中的“拉伸”按钮 拉伸，按下“移除材料”按钮。

（2）选取 TOP 基准平面为草绘平面，RIGHT 基准平面为参考平面，方向为下；单击草绘按钮，进入草绘环境。

（3）使用“圆心和点”圆命令绘制如图 4.1.13 所示的截面草图，单击“确定”按钮，退出草绘环境。

（4）在操控面板中选取深度类型，输入深度值 5。

（5）在操控板中单击“确定”按钮，完成拉伸 6 特征的创建。

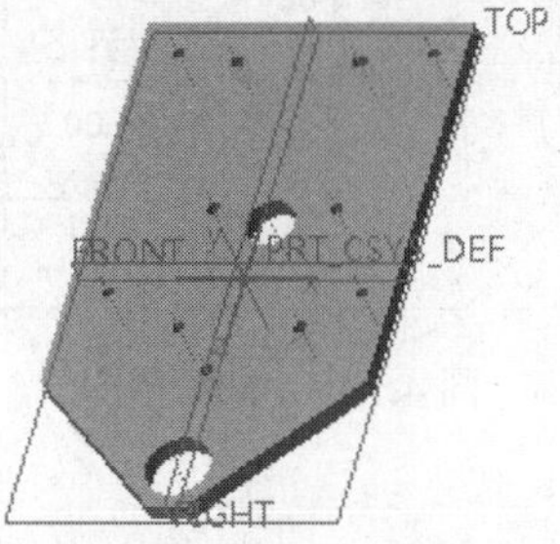

图 4.1.12　拉伸 6 特征

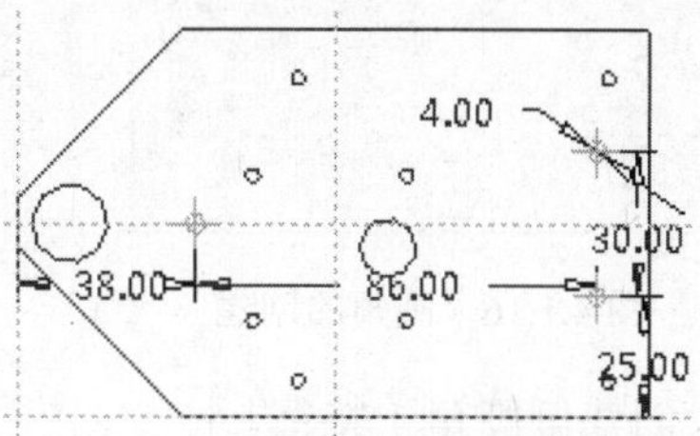

图 4.1.13　截面草图

Step8：创建如图 4.1.14 所示的拉伸 7 特征。

（1）单击“模型”功能选项卡“形状”区域中的“拉伸”按钮 拉伸，按下“移除材料”按钮。

（2）绘制截面草图

① 选取 TOP 基准平面为草绘平面，RIGHT 基准平面为参考平面，方向为下；单击草绘按钮，进入草绘环境。

② 取消选中 显示尺寸 和 显示约束 复选框，关闭尺寸与约束的显示。

③ 选择“草绘”区域中的“拐角矩形”命令 矩形，绘制如图 4.1.15 所示的矩形。

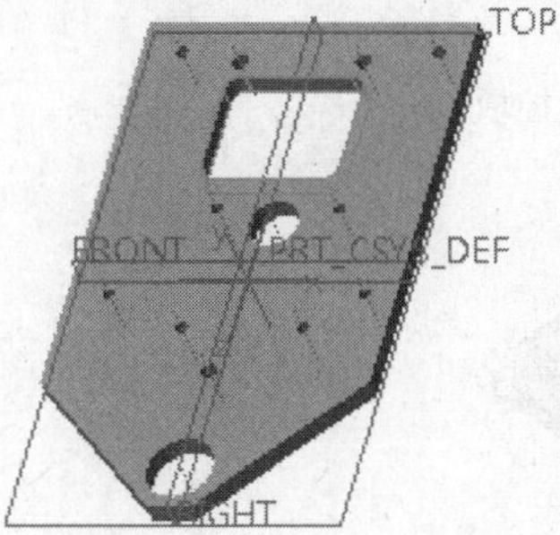

图 4.1.14　拉伸 7 特征

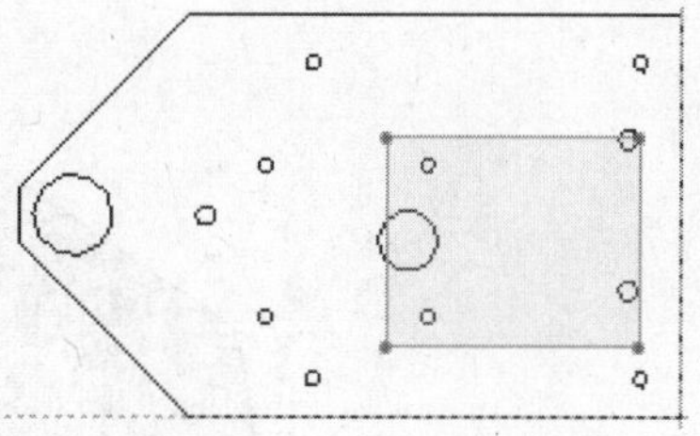
图 4.1.15　绘制矩形

④ 选择“草绘”区域中的“圆角”命令 圆角，分别单击图 4.1.16 中的直线 1 与直线 2，此时在直线 1 与直线 2 的顶点处产生一个圆角。使用同样的方式在矩形的其他 3 个顶点处创建圆角。

注意：绘制圆角时，鼠标在直线 1 与直线 2 上单击的位置不同，会影响圆角直径值的大小。

⑤ 单击“约束”区域下的“相等”约束命令 ═ 相等，分别单击 4 个圆角，约束 4 个圆角的直径相等。

⑥ 选中 显示尺寸 复选框，打开尺寸的显示，取消选中 显示顶点 复选框，关闭顶点的显示。

⑦ 按图 4.1.17 所示修改矩形的尺寸。单击“确定”按钮，退出草绘环境。

（3）在操控面板中选取深度类型，输入深度值 5，在操控板中单击“确定”按钮。

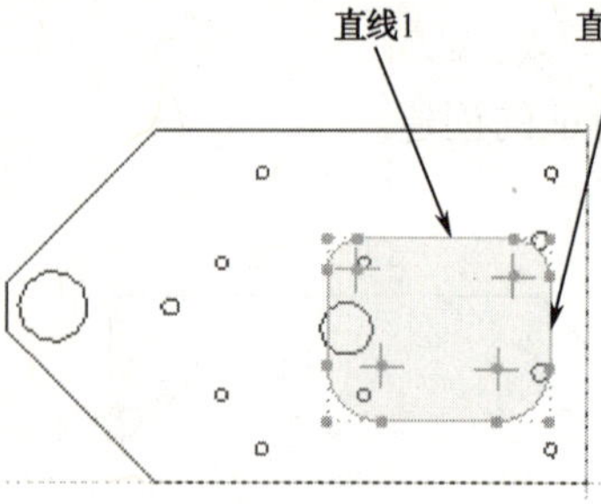

图 4.1.16　圆角的创建

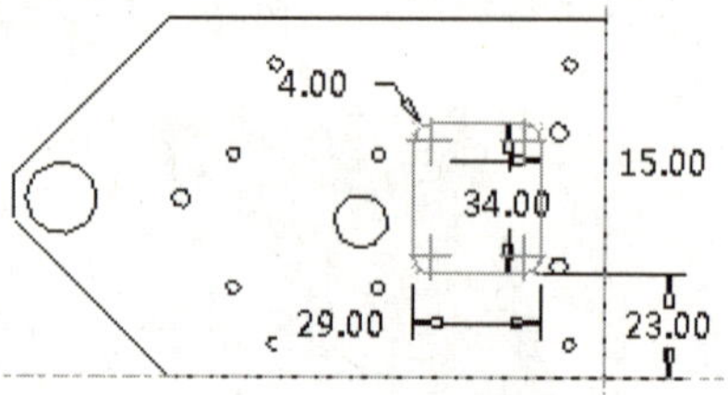

图 4.1.17　截面草图

Step9：创建倒圆角 1 特征。

（1）单击如图 4.1.18 所示“模型”功能选项卡“工程”区域中的“倒圆角” 倒圆角按钮，弹出如图 4.1.19 所示的“倒圆角”命令操控板。

（2）按住 Ctrl 键选取图 4.1.20 中的多条边线，并在圆角半径 5.00 对话框中输入圆角半径值为 5。

（3）单击操控板中“确定”按钮。完成倒圆角 1 特征的创建。

至此，完成底板零件的创建。

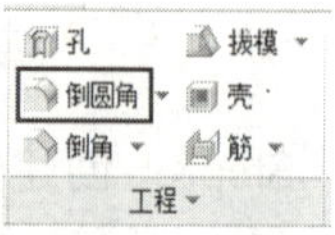

图 4.1.18 “倒圆角”命令选择

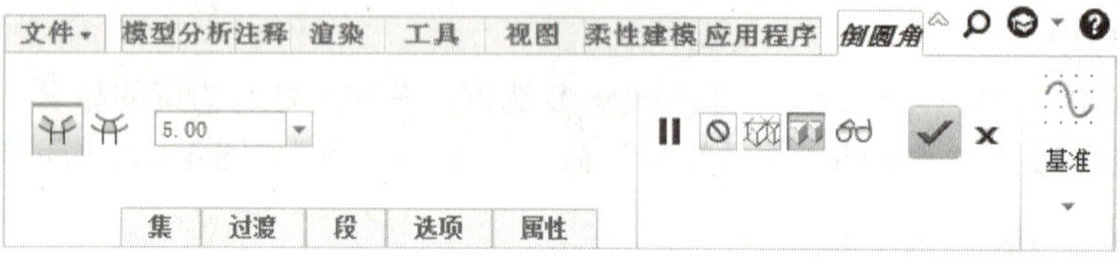

图 4.1.19 “倒圆角”命令操控板

图 4.1.20　倒圆角 1 特征

说明：关于圆角特征

圆角在零件设计过程中是重要的结构之一。倒圆角特征是指在零件的边角棱线上建立平滑过渡曲面的特征。使用圆角代替棱边可以使模型表面更光滑，既可增加美感，又可提高产品的实用性。

1. 圆角类型

按照半径定义的方式，倒圆角可以分为恒定半径倒圆角、可变半径倒圆角、曲线延伸倒圆角和完全倒圆角。

（1）恒定半径倒圆角：倒圆角段具有恒定半径值，如图 4.1.21 所示。

（2）可变半径倒圆角：倒圆角段具有多个半径值，如图 4.1.22 所示。

（3）曲线延伸倒圆角：通过选择曲线来创建倒圆角，如图 4.1.23 所示。

2. 放置参照

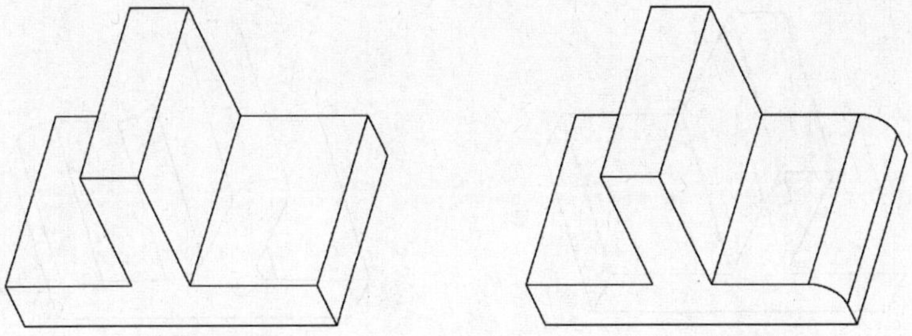

（a）倒圆角前　　（b）倒圆角后

图 4.1.21　恒定半径倒圆角

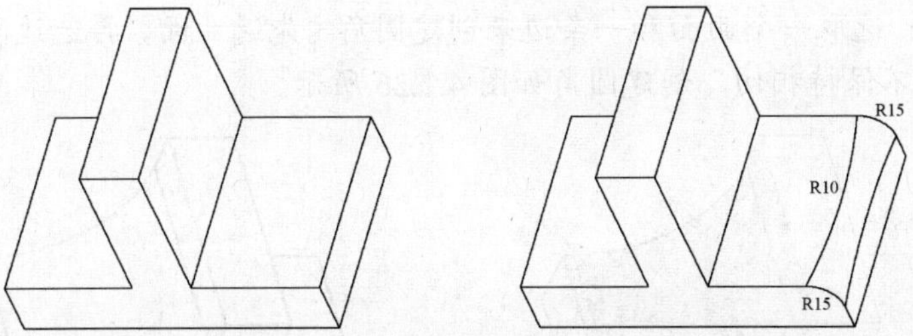

（a）倒圆角前　　（b）倒圆角后

图 4.1.22　可变半径倒圆角

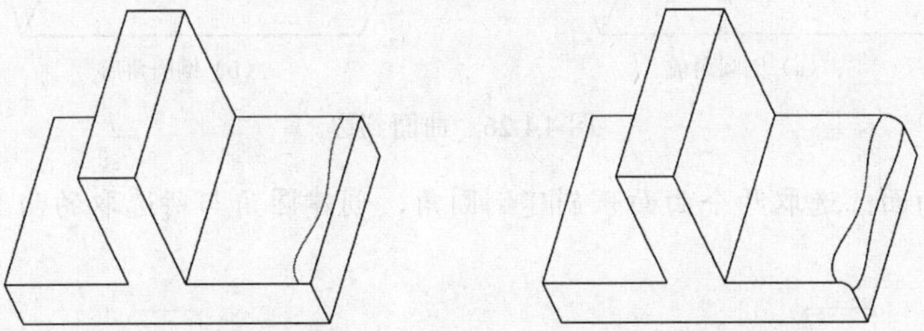

（a）倒圆角前　　（b）倒圆角后

图 4.1.23　曲线延伸倒圆角

（4）完全倒圆角：不需要输入半径值，系统直接将指定的曲面或平面倒成圆角，如图 4.1.24 所示。

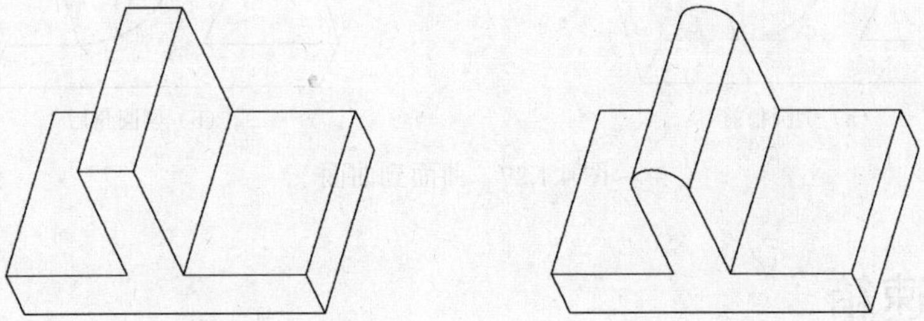

（a）倒圆角前　　（b）倒圆角后

图 4.1.24　完全倒圆角

2. 放置参照

Creo 3.0 系统提供了以下 4 种类型的放置参照。

（1）边或边链：直接选取圆角放置的边或者边链（相切边组成的边链），可以按住 Ctrl 键一次选取多个边，创建圆角如图 4.1.25 所示。在选取一边时，与之相切的边链会同时被选取。

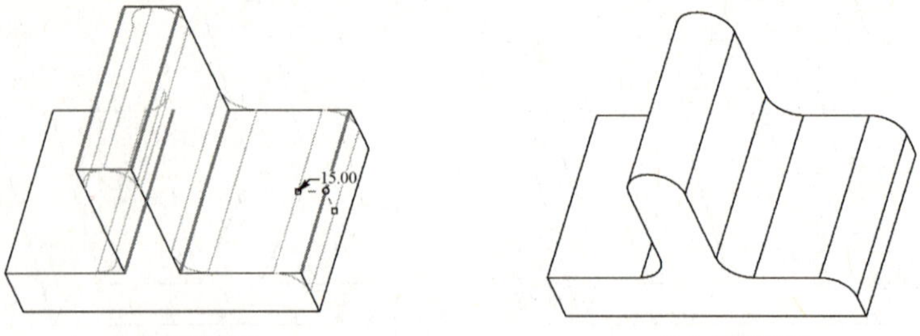

（a）倒圆角前　　（b）倒圆角后

图 4.1.25　边或边链

（2）曲面到边：选取一个曲面和一条边来创建圆角（先选曲面，再选边），该倒圆角与曲面保持相切，边参照不保持相切，创建圆角如图 4.1.26 所示。

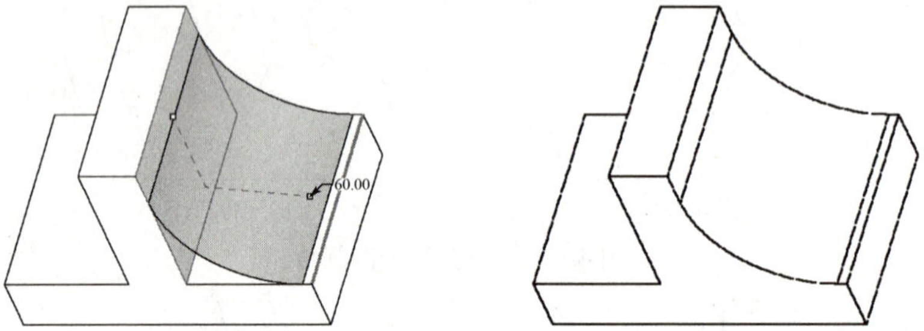

（a）倒圆角前　　（b）倒圆角后

图 4.1.26　曲面到边

（3）曲面到曲面：选取两个曲面来创建倒圆角，创建圆角与所选取的曲面相切，创建圆角如图 4.1.27 所示。

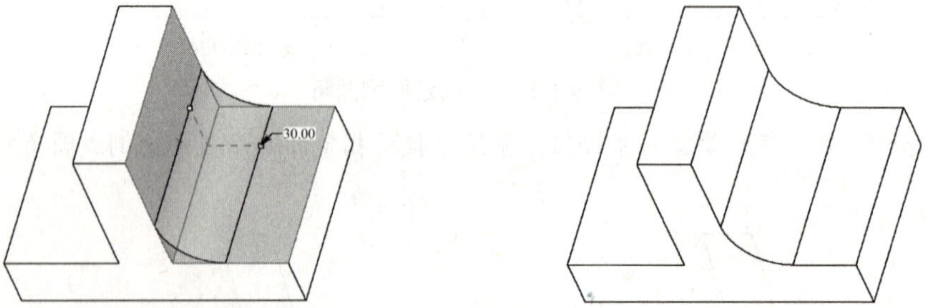

（a）倒圆角前　　（b）倒圆角后

图 4.1.27　曲面到曲面

4.2　变速箱

无碳小车变速箱零件模型及模型树如图 4.2.1 所示，该模型创建时主要运用拉伸特征、修饰螺纹特征，以及倒圆角特征。

Step1：新建一个零件，并将其命名为“2-1”，选用 mmns_part_solid 模板。

Step2：创建如图 4.2.2 所示的拉伸 1 特征。

（1）单击“模型”功能选项卡“形状”区域中的“拉伸”按钮 拉伸。

图 4.2.1　变速箱零件模型及模型树

（2）选取 TOP 基准平面为草绘平面，RIGHT 基准平面为参考平面，方向为 右；单击草绘按钮，进入草绘环境。

（3）使用“拐角矩形” 矩形、“圆心和点” 圆命令绘制如图 4.2.3 所示的截面草图，单击“确定”按钮，退出草绘环境。

（4）在操控面板中选取深度类型，输入深度值 5。

（5）在操控板中单击“确定”按钮，完成拉伸 1 特征的创建。

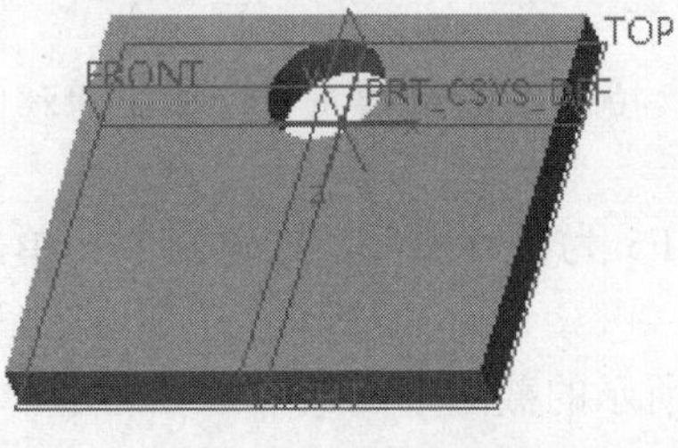

图 4.2.2　拉伸 1 特征

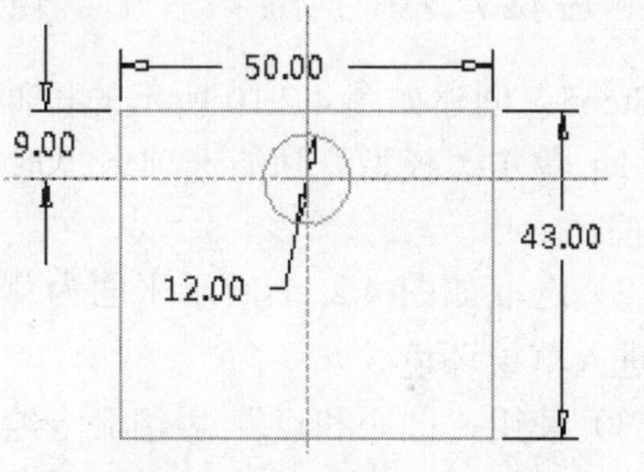

图 4.2.3　截面草图

Step3：创建如图 4.2.4 所示拉伸 2 特征。

（1）单击“模型”功能选项卡“形状”区域中的“拉伸”按钮 拉伸。

（2）选取如图 4.2.5 所示平面为草绘平面，RIGHT 基准平面为参考平面，方向为 右；单击草绘按钮，进入草绘环境。

（3）使用“拐角矩形” 矩形 命令绘制如图 4.2.6 所示的截面草图，单击“确定”按钮，退出草绘环境。

（4）在操控面板中选取深度类型，输入深度值 43。

（5）在操控板中单击“确定”按钮，完成拉伸 2 特征的创建。

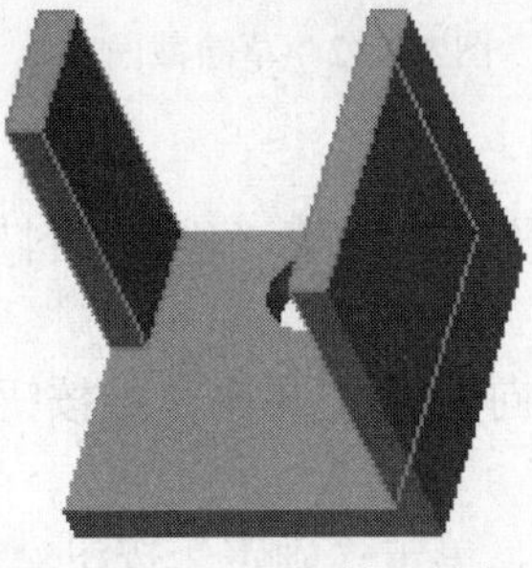

图 4.2.4　拉伸 2 特征

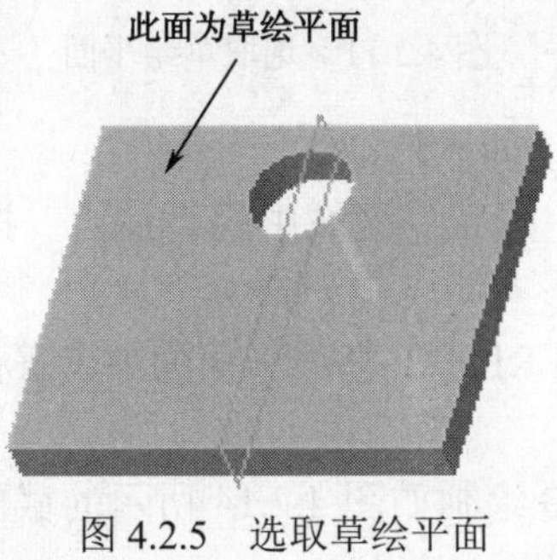

图 4.2.5　选取草绘平面

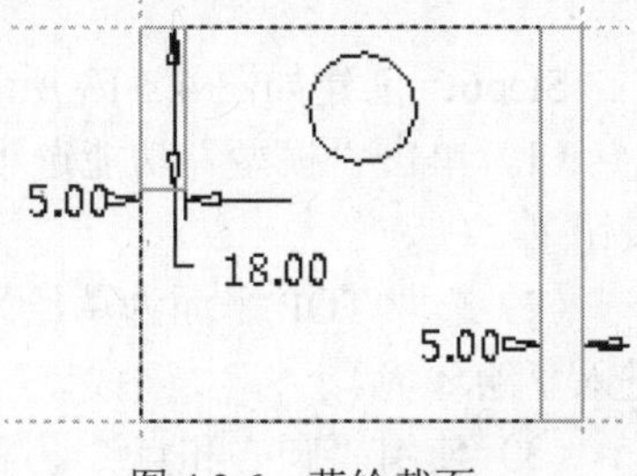

图 4.2.6　草绘截面

Step4：创建如图 4.2.7 所示的拉伸 3 特征。

（1）单击“模型”功能选项卡“形状”区域中的“拉伸”按钮 拉伸，按下“移除材料”按钮。

（2）选取如图 4.2.8 所示平面为草绘平面，曲面 F5 为参考平面，方向为下；单击草绘按钮，进入草绘环境。

（3）使用“圆心和点”圆命令绘制如图 4.2.9 所示的截面草图，单击“确定”按钮，退出草绘环境。

（4）在操控面板中选取深度类型，输入深度值 5，注意拉伸方向的选择。

（5）在操控板中单击“确定”按钮，完成拉伸 3 特征的创建。

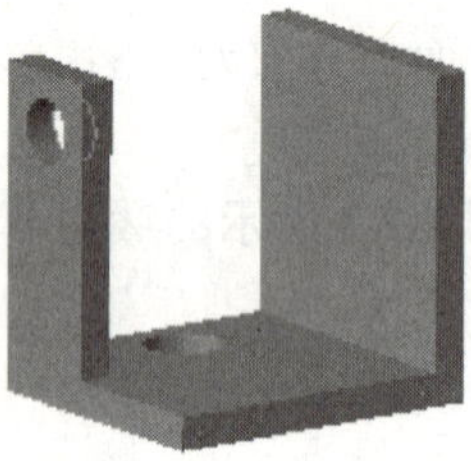
图 4.2.7 拉伸 3 特征

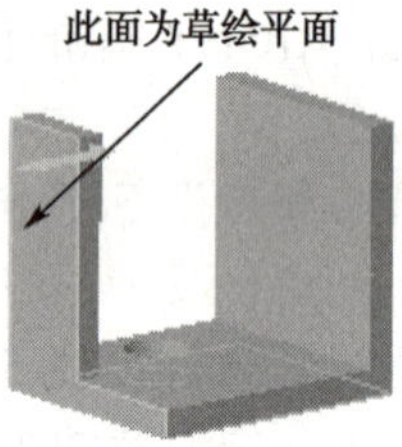

图 4.2.8 选取草绘平面

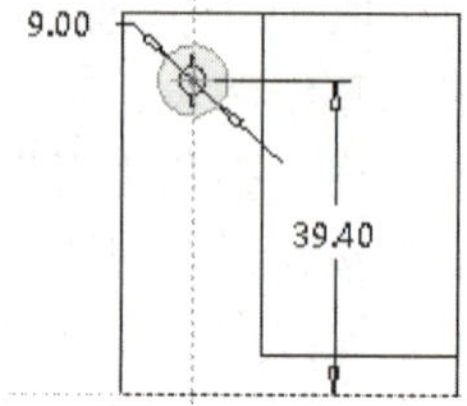

图 4.2.9 草绘截面

Step5：创建如图 4.2.10 所示的拉伸 4 特征。

（1）单击“模型”功能选项卡“形状”区域中的“拉伸”按钮 拉伸，按下“移除材料”按钮。

（2）选取如图 4.2.11 所示平面为草绘平面，曲面 F5 为参考平面，方向为下；单击草绘按钮，进入草绘环境。

（3）使用“圆心和点”圆命令绘制如图 4.2.12 所示的截面草图，单击“确定”按钮，退出草绘环境。

（4）在操控面板中选取深度类型，输入深度值 5，注意拉伸方向的选择。

（5）在操控板中单击“确定”按钮，完成拉伸 4 特征的创建。

图 4.2.10 拉伸 4 特征

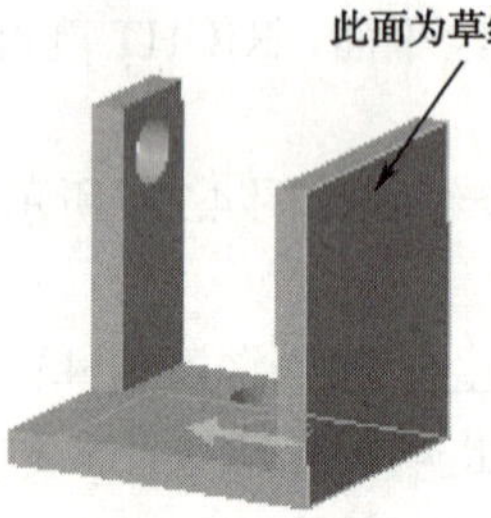

图 4.2.11 选取草绘平面

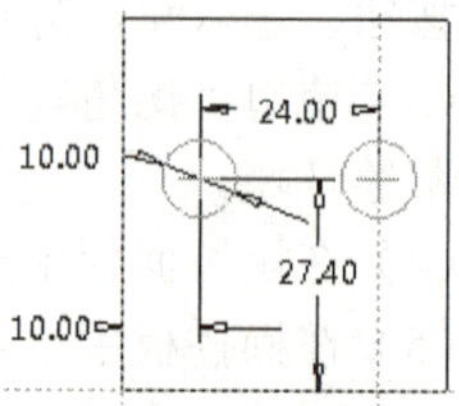

图 4.2.12 草绘截面

Step6：创建如图 4.2.13 所示的拉伸 5 特征。

（1）单击“模型”功能选项卡“形状”区域中的“拉伸”按钮 拉伸，按下“移除材料”按钮。

（2）选取 TOP 平面为草绘平面，RIGHT 基准平面为参考平面，方向为 右；单击草绘按钮，进入草绘环境。

（3）使用“圆心和点”圆命令绘制如图 4.2.14 所示的截面草图，单击“确定”按钮，退出草绘环境。

（4）在操控面板中选取深度类型⊥⊥，输入深度值 5，注意拉伸方向的选择。

（5）在操控板中单击“确定”按钮✓，完成拉伸 5 特征的创建。

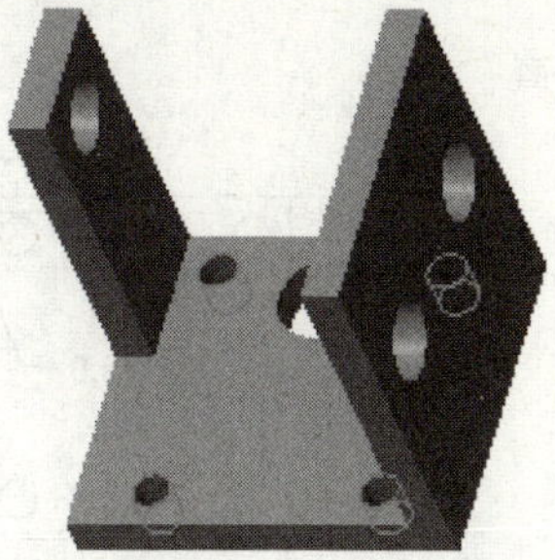

图 4.2.13　拉伸 5 特征

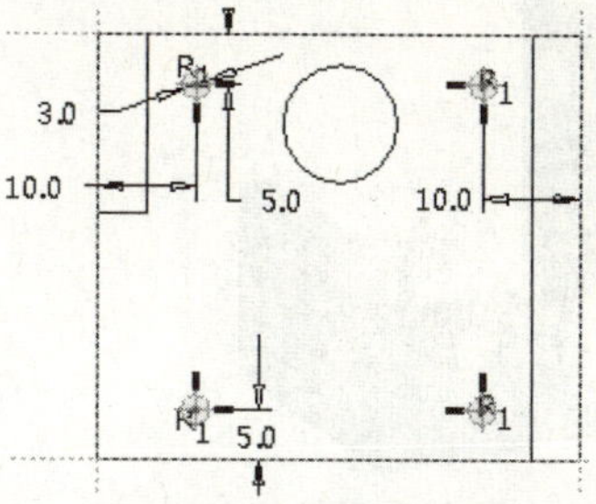

图 4.2.14　草绘截面

Step7：创建如图 4.2.15 所示的拉伸 6 特征。

（1）单击“模型”功能选项卡“形状”区域中的“拉伸”按钮 拉伸，按下“移除材料”按钮。

（2）选取如图 4.2.16 所示平面为草绘平面，RIGHT 基准平面为参考平面，方向为 右；单击草绘按钮，进入草绘环境。

（3）使用“投影” 投影 命令绘制如图 4.2.17 所示的截面草图，单击“确定”按钮✓，退出草绘环境。

（4）在操控面板中选取深度类型⊥⊥，输入深度值 20.6，注意拉伸方向的选择。

（5）在操控板中单击“确定”按钮✓。

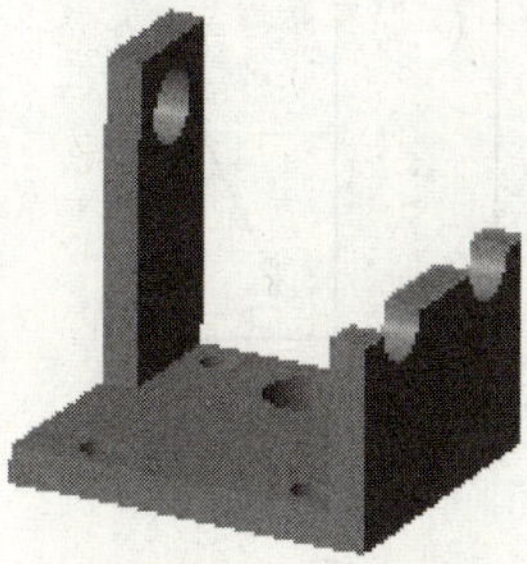

图 4.2.15　拉伸 6 特征

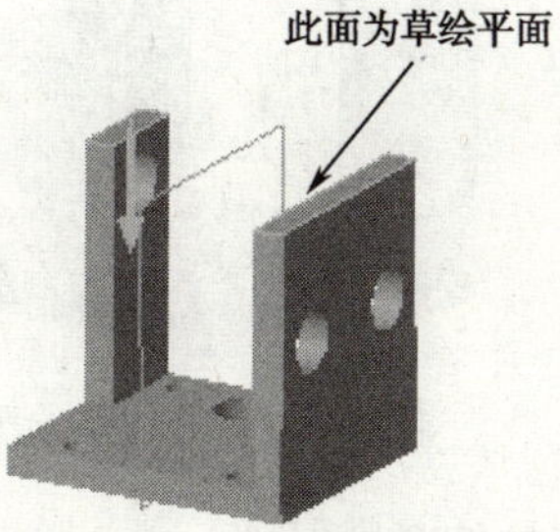

图 4.2.16　选取草绘平面

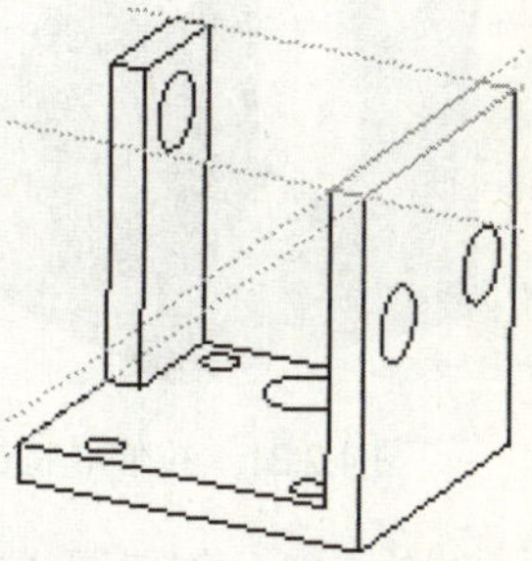

图 4.2.17　草绘截面

Step8：创建如图 4.2.18 所示的拉伸 7 特征。

（1）单击“模型”功能选项卡“形状”区域中的“拉伸”按钮 拉伸，按下“移除材料”按钮。

（2）选取如图 4.2.19 所示平面为草绘平面，RIGHT 基准平面为参考平面，方向为 右；单击草绘按钮，进入草绘环境。

（3）使用“圆心和点” 圆命令绘制如图 4.2.20 所示的截面草图，单击“确定”按钮✓，退出草绘环境。

（4）在操控面板中选取深度类型⊥⊥，输入深度值 5，注意拉伸方向的选择。

（5）在操控板中单击“确定”按钮✓，完成拉伸 7 特征的创建。

Step9：创建图 4.2.21 所示拉伸 8 特征。

（1）单击“模型”功能选项卡“形状”区域中的“拉伸”按钮 拉伸，按下“移除材料”按钮。

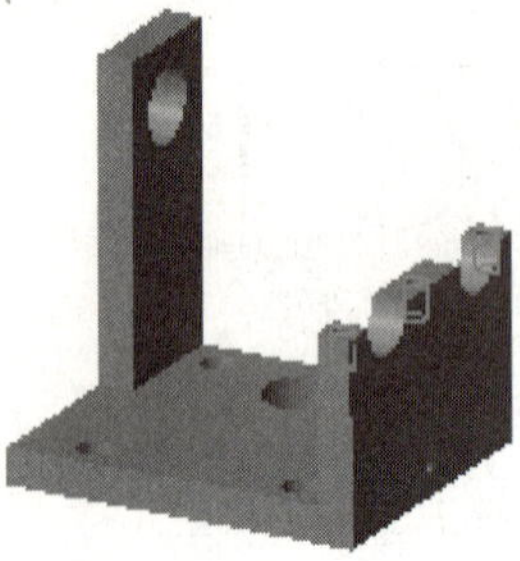

图 4.2.18 拉伸 7 特征

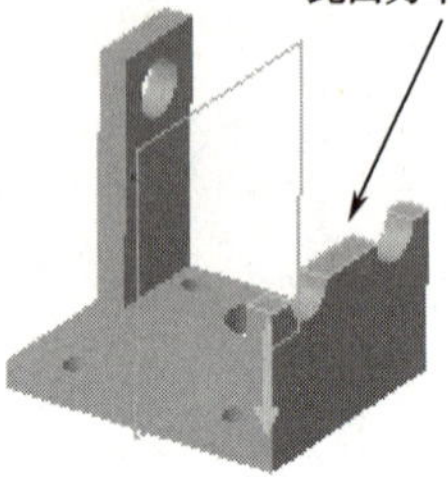

图 4.2.19 选取草绘平面

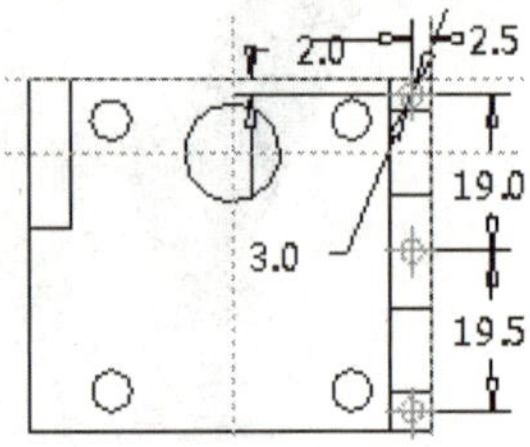

图 4.2.20 草绘截面

（2）选取如图 4.2.22 所示平面为草绘平面，曲面 F5 为参考平面，方向为下；单击草绘按钮，进入草绘环境。

（3）选择“草绘”区域中的“同心圆”命令 同心，单击图 4.2.23 中的圆，拖动鼠标，在圆大小合适时单击左键，再次单击鼠标中键，完成同心圆的绘制，将圆直径尺寸修改为 40，单击“确定”按钮，退出草绘环境。

（4）在操控面板中选取深度类型，输入深度值 5。

（5）在操控板中单击“确定”按钮，完成拉伸 8 特征的创建。

图 4.2.21 拉伸 8 特征

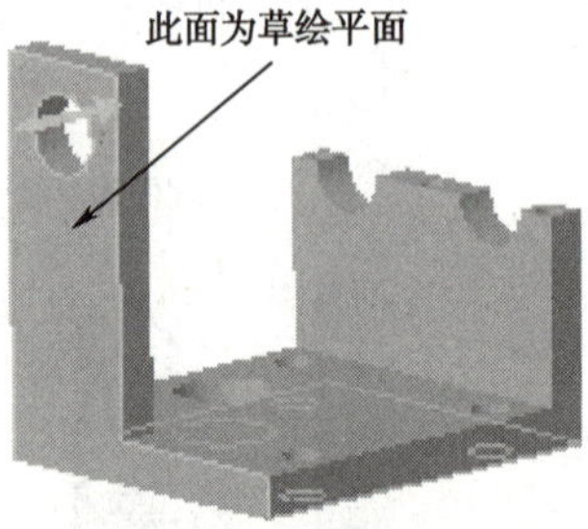

图 4.2.22 选取草绘平面

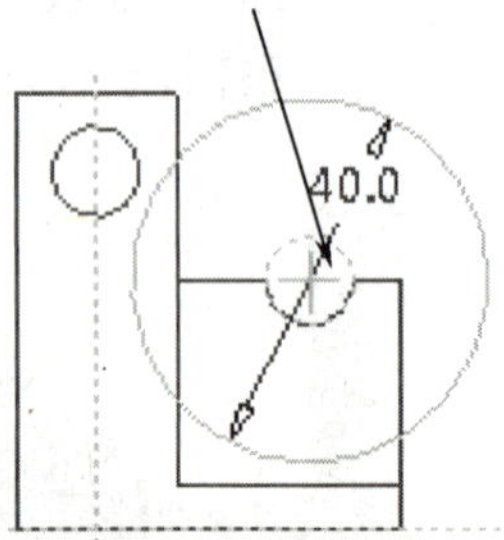

图 4.2.23 草绘截面

Step10：创建图 4.2.24 所示的拉伸 9 特征。

（1）单击“模型”功能选项卡“形状”区域中的“拉伸”按钮 拉伸，按下“移除材料”按钮。

（2）选取如图 4.2.25 所示平面为草绘平面，曲面 F6 为参考平面，方向为上；单击草绘按钮，进入草绘环境。

（3）使用“同心圆” 同心命令绘制如图 4.2.26 所示的截面草图，单击“确定”按钮，退出草绘环境。

（4）在操控面板中选取深度类型，输入深度值 3。

（5）在操控板中单击“确定”按钮，完成拉伸 9 特征的创建。

Step11：创建修饰螺纹

（1）单击“模型”功能选项卡工程按钮，在弹出的如图 4.2.27 所示菜单中选择修饰螺纹选项。系统弹出螺纹操控板。

（2）选取要进行螺纹修饰的曲面。单击“螺纹”操控板上“放置”按钮，选取如图 4.2.28

所示要进行螺纹修饰的曲面，完成上述操作步骤后的“螺纹”操控板如图 4.2.29 所示。

图 4.2.24　拉伸 9 特征

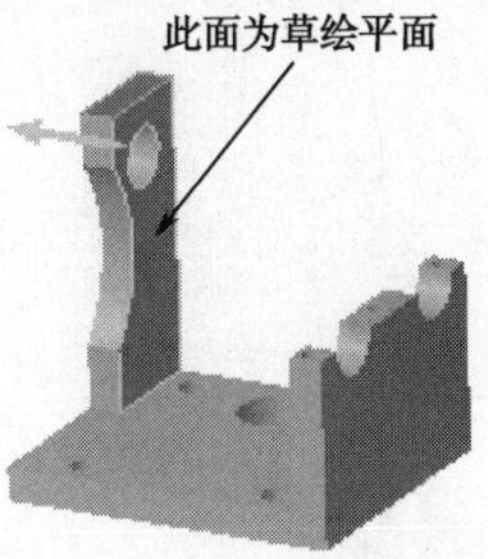

图 4.2.25　选取草绘平面

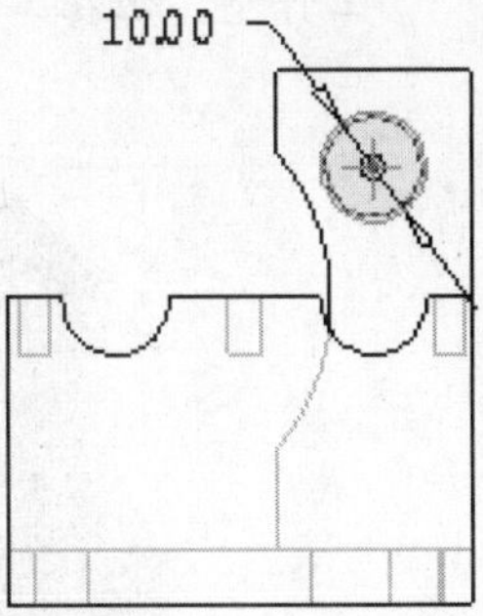

图 4.2.26　草绘截面

图 4.2.27 “工程”子菜单

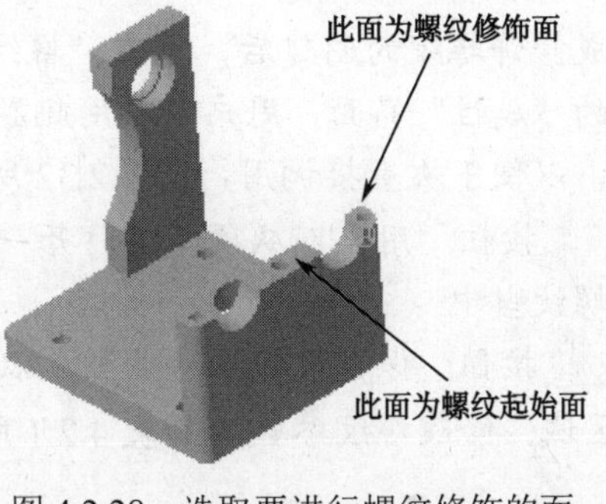

图 4.2.28　选取要进行螺纹修饰的面

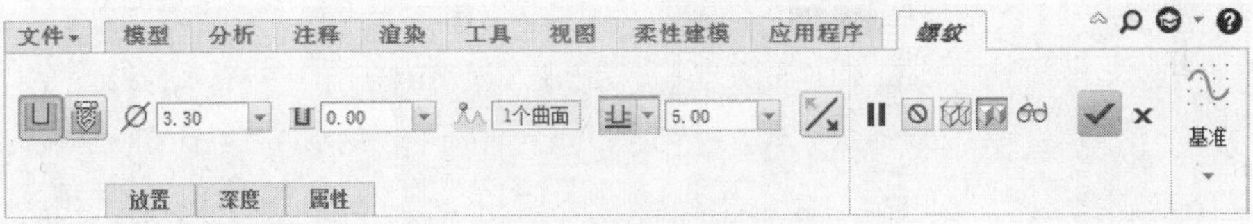

图 4.2.29 “螺纹”操控板

（3）选取螺纹的起始曲面。单击“螺纹”操控板中的“深度”按钮，选取如图 4.2.28 所示的螺纹起始曲面。

注：对于螺纹的起始曲面，可以是一般模型特征的表面（比如拉伸、旋转、倒角、圆角和扫描等特征的表面）或基准平面，也可以是面组。

（4）定义螺纹的长度方向。完成上步操作后，模型上显示如图 4.2.30 所示的螺纹深度方向箭头。箭头必须指向附着面的实体一侧，如方向错误，可以单击按钮反转方向。

（5）定义螺纹长度。在文本框中输入螺纹长度值 5。

（6）定义螺纹大径。在 $\varnothing$ 文本框中输入螺纹大径 3.3。

注：对于内螺纹，默认螺纹大径值比孔的直径约大 10%；对于外螺纹，默认外螺纹小径值比孔的直径约小 10%。

（7）定义螺纹节距。在文本框中输入 1。

（8）以相同的方式创建图 4.2.31 中的其他孔的螺纹修饰面。

说明：关于修饰螺纹

- 修饰特征是在其他特征上绘制复杂的几何图形，并能在模型上清楚地显示出来，主要包括草绘特征、修饰螺纹和修饰槽特征等，通常用来处理产品零件上的标识符号、商标、功能说明和螺纹示意等。修饰螺纹在三维建模时创建的为螺纹示意图，能够减小建模的工作量，但在工程图环境下就显示为螺纹的画法，给工程图中螺纹的绘制带来了便利。

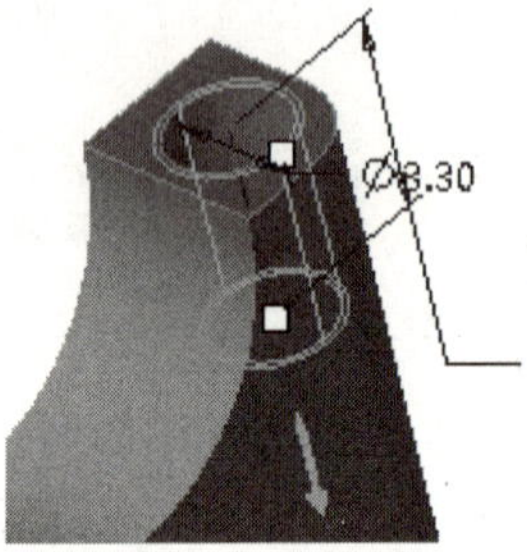

图 4.2.30　螺纹深度方向

图 4.2.31　须创建螺纹修饰特征的孔

- 在完成修饰螺纹的创建后，单击“螺纹”操控板中的“属性”按钮，系统弹出图 4.2.32 所示的“属性”界面，用户可以用此界面进行螺纹参数设置，并能将设置好的参数文件保存，以便下次直接调用。图 4.2.32 所示“属性”界面中各命令说明如下：

➢ 打开... 按钮：用户可从硬盘上打开一个包含螺纹注释参数的文件，并把它们应用到当前的螺纹当中。

➢ 保存... 按钮：保存螺纹注释参数，以便以后再利用。

➢ 参数区域：修改螺纹参数（如表 4.2.1 所示）。

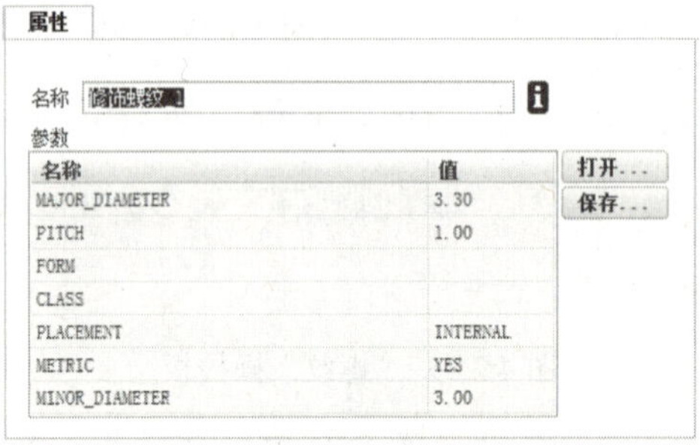

图 4.2.32　螺纹“属性”界面

表 4.2.1　螺纹参数列表

参数名称	参数值	参数描述
MAJOR_DIAMETER	数字	螺纹的公差直径
PITCH	数字	螺距
FORM	字符串	螺纹形式
CLASS	数字	螺纹等级
PLACEMENT	字符	螺纹放置（A-轴螺纹，B-孔螺纹）
METRIC	YES/NO	螺纹为米制

Step12：创建如图 4.2.33 所示的倒圆角 1 特征。

（1）单击“模型”功能选项卡“工程”区域中的“倒圆角”按钮 倒圆角。

（2）按住 Ctrl 键选取图 4.2.33 中的边线，并在圆角半径 4.0 对话框中输入圆角半径值为 4。

（3）在操控板中单击“确定”按钮✓，完成倒圆角 1 特征的创建。

图 4.2.33　倒圆角 1 特征

至此完成变速箱零件的创建。

4.3　曲柄轴

无碳小车曲柄轴零件模型及模型树如图 4.3.1 所示，该模型创建时主要运用旋转特征和拉伸特征。

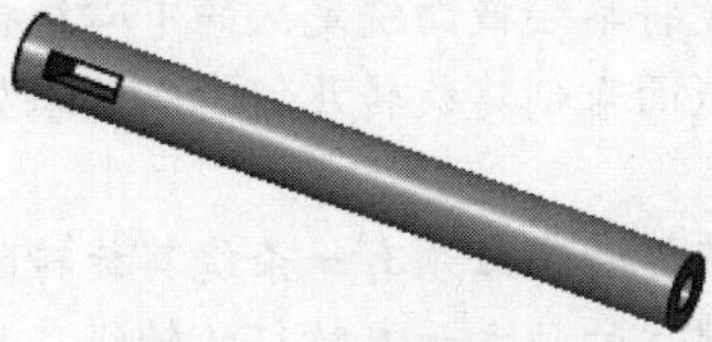

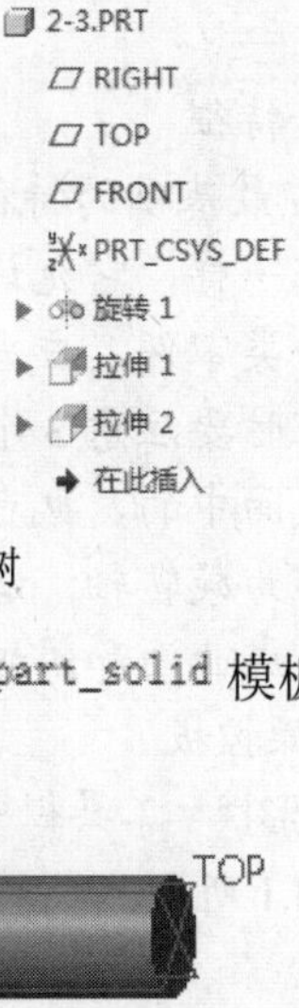

图 4.3.1　曲柄轴零件模型及模型树

Step1：新建一个零件，并将其命名为“2-3”，选用 mmns_part_solid 模板。

Step2：创建图 4.3.2 所示的旋转 1 特征。

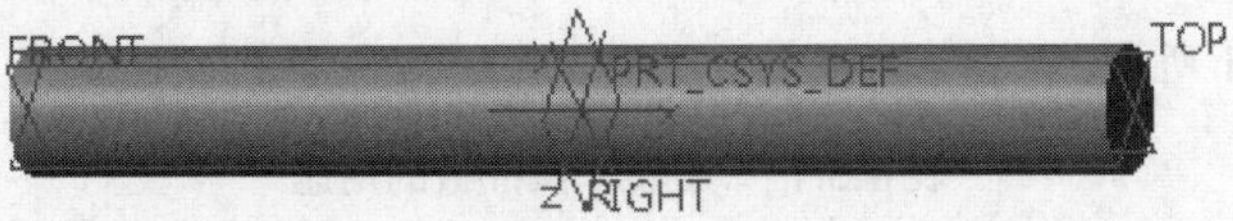

图 4.3.2　旋转 1 特征

（1）单击“模型”功能选项卡“形状”区域中的“旋转”按钮旋转。弹出如图 4.3.3 所示的“旋转”操控板。

图 4.3.3　“旋转”操控板

（2）单击“放置”，弹出如图 4.3.4 所示的“放置”对话框，单击 定义... 设置草绘平面，选取 TOP 基准平面为草绘平面，RIGHT 基准平面为参考平面，方向为 右 ；单击草绘按钮，进入草绘环境。

（3）选择“基准”区域中的“中心线” 中心线命令绘制如图 4.3.5 所示的中心线，然后使用“拐角矩形” 矩形 命令绘制如图 4.3.6 所示的草绘截面，单击“确定”按钮 ，退出草绘环境。

（4）单击“旋转”操控板中的 按钮，完成旋转 1 特征的创建。

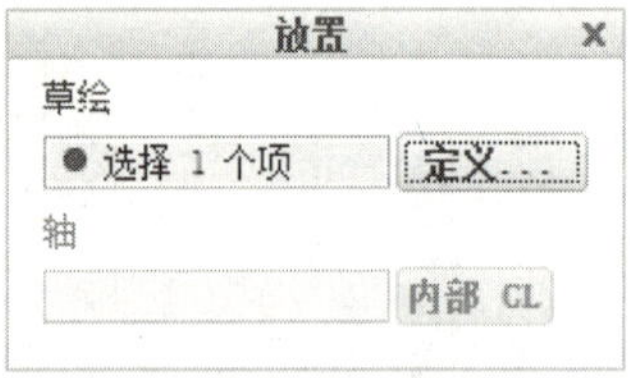

图 4.3.4 “放置”对话框

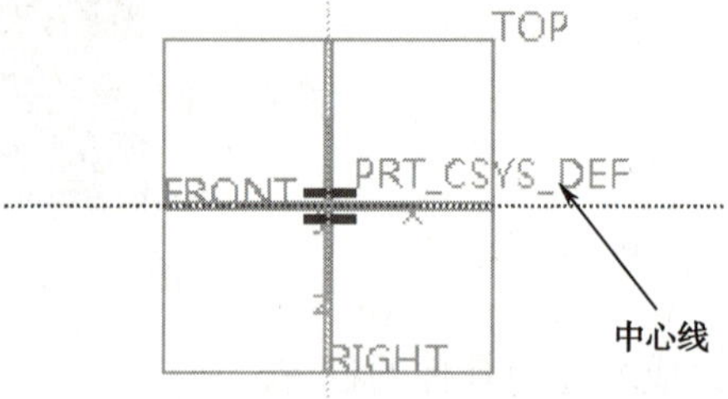

图 4.3.5 绘制中心线

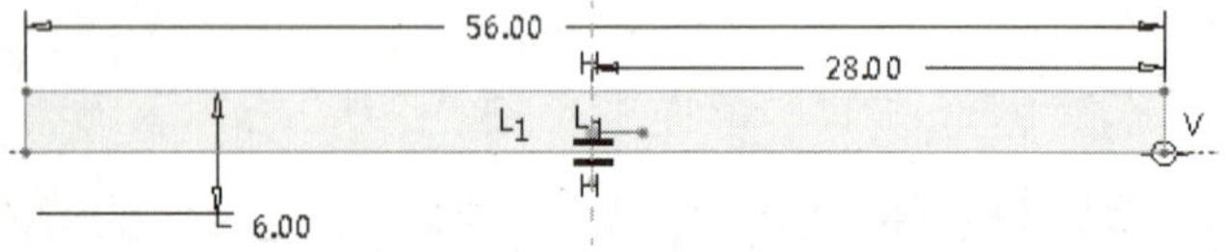

图 4.3.6 草绘截面

说明：关于旋转特征

旋转特征是Creo 最基础的特征之一，它是将草绘截面绕定义的中心线旋转一定角度来创建特征的。与拉伸特征一样，它允许通过旋转截面来创建旋转几何，以及添加或去除材料。旋转特征适用于创建回转类零件，应当熟练掌握。

在建立旋转特征时要注意 3 个问题：①旋转特征必须有一条绕其旋转的中心线，此中心线可以是包含在草绘截面中的，也可以是以前建立的独立于本特征的轴线，如果有多条中心线，则以第一条中心线作为旋转轴；②截面必须全部位于中心线的一侧；③生成旋转实体时，截面必须是封闭的，而生成曲面和薄板特征时，截面可以是开放的。

1. 旋转特征的操控板

单击绘图区上侧 形状 工具栏中的 旋转按钮，系统打开如图 4.3.3 所示的“旋转”操控板，该操控板的用途如表 4.3.1 所示。

表 4.3.1 “旋转”操控板的用途

选　项	图　标	用　途
“旋转”选项		旋转为实体
		旋转为曲面
“旋转方向”选项		相对于草绘平面反转特征创建方向
“加厚草绘”选项		通过为截面轮廓指定厚度创建特征
		改变添加厚度的一侧，或向两侧添加厚度
创建“切口”的选项		使用旋转特征体积块创建切口
		创建切口时改变要移除的侧

续表

选 项	图 标	用 途
创建“旋转曲面修剪”的选项		使用旋转截面修剪曲面
		改变要被移除的面组侧，或保留两侧

2. 旋转的一般步骤

1）决定旋转类型

在旋转面板上单击按钮，将生成旋转实体；如果再单击按钮，将生成薄板特征；单击按钮，将生成曲面。

2）绘制草绘截面

旋转特征就是截面围绕旋转轴转动一定角度生成的特征。截面的形状决定旋转特征的形状，所以首先必须绘制好截面。

3）定义旋转角度

旋转角度的定义有 3 种形式，分别为变量、对称和到选定。各种模式的含义如下：

- 变量：该选项是直接指定旋转特征角度值，并沿旋转方向生成该角度的特征。选择框后面的下拉框表示旋转角度值，可以下拉选择，也可以输入，系统一般默认为 360°。
- 对称：该选项是直接指定旋转特征总角度值，而产生的特征是关于草绘平面对称的，与“变量”不同的是，变量旋转的角度是从草绘平面到结束平面的夹角，而对称旋转的角度是关于草绘平面对称的，且两端面的夹角即为旋转角度。
- 到选定：该选项是以草绘平面为旋转的起始面，以用户指定的一个参照（如曲面、曲线、轴或点）为旋转的结束位置，沿着箭头指示的特征方向建立旋转特征，其底面形状与选定的面相同。

当选择到选定形式创建旋转特征时，可以从草绘平面两侧分别指定旋转角度。当已经选择好一个参照作为结束面时，单击 **选项** 按钮，如图 4.3.7 所示，在“角度”对话框中设置两个方向上的旋转角度，通过对侧 1和侧 2角度的指定配合使用，可以使造型更为快捷。

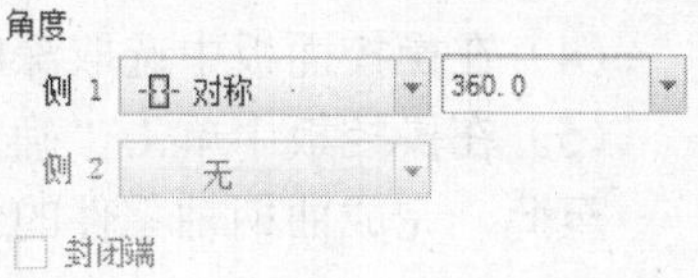

图 4.3.7 “角度”设置对话框

4）去除材料模式

与拉伸特征一样，旋转也可以在已有的实体特征上去除材料，在旋转操控板中选择去除材料按钮。操控板中按钮用来决定去除材料的方向。

5）薄板特征

如果希望生成薄板，则在操控板上单击薄板按钮，然后通过其上侧的按钮来决定薄板生成的方向，并输入薄板厚度。生成的薄板可以在草绘的内侧、外侧或是两侧，当生成薄板位于草绘两侧时，输入的厚度值被草绘图形平均分割。

6）结束旋转特征操作

最后单击“确定”按钮，即可完成整个旋转特征的创建。用户也可以单击特征操控板的按钮，预览该旋转特征。

Step3：创建如图 4.3.8 所示的拉伸 1 特征。

（1）单击“模型”功能选项卡“形状”区域中的“拉伸”按钮 拉伸，按下“移除材料”按钮。

（2）选取图 4.3.9 所示平面为草绘平面，参考平面和方向采用系统默认值；单击草绘按钮，进入草绘环境。

（3）使用“同心圆” 同心 命令绘制如图 4.3.10 所示的截面草图，单击“确定”按钮，退出草绘环境。

（4）在操控面板中选取深度类型，输入深度值 8。

（5）在操控板中单击“确定”按钮，完成拉伸 1 特征的创建。

图 4.3.8　拉伸 1 特征

图 4.3.9　选取草绘平面

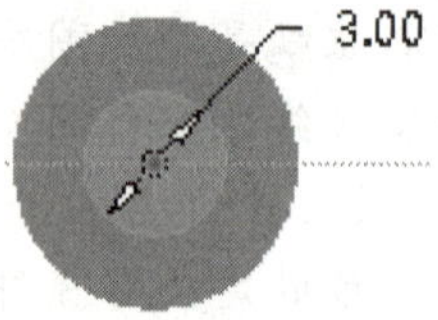

图 4.3.10　截面草图

Step4：创建如图 4.3.11 所示的拉伸 2 特征。

（1）单击“模型”功能选项卡“形状”区域中的“拉伸”按钮 拉伸，按下“移除材料”按钮。

（2）选取 TOP 基准平面为草绘平面，RIGHT 基准平面为参考平面，方向为 右；单击草绘按钮，进入草绘环境。

（3）使用“拐角矩形” 矩形 命令绘制如图 4.3.12 所示的截面草图，单击“确定”按钮，退出草绘环境。

（4）在操控面板中选取深度类型，输入深度值 6。

（5）在操控板中单击“确定”按钮，完成拉伸 2 特征的创建。

至此，完成曲柄轴零件的创建。

图 4.3.11　拉伸 2 特征

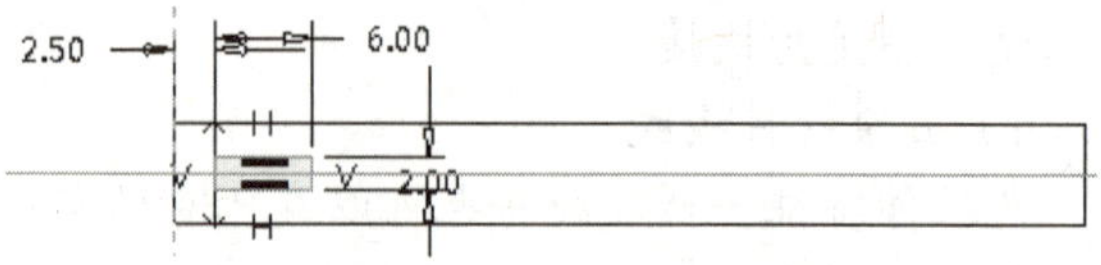

图 4.3.12　截面草图

4.4　齿轮（72）

无碳小车齿轮（72）零件模型及模型树如图 4.4.1 所示，该模型创建时主要运用关系工具以及拉伸、镜像、阵列等特征。

Step1：新建一个零件，并将其命名为“1-8”，选用 mmns_part_solid 模板。

Step2：定义齿轮的部分参数：齿轮模数——M，齿轮齿数——Z，齿轮厚度——WIDTH，齿轮压力角——PA。

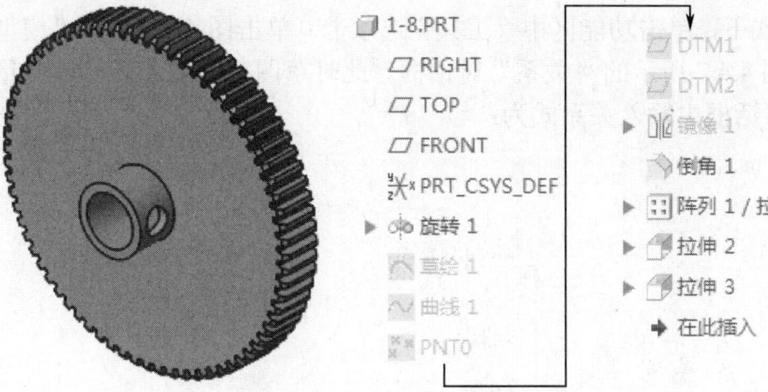

图 4.4.1　大齿轮零件模型及模型树

（1）在功能区的“模型”选项卡中单击如图 4.4.2 所示“模型意图”区域中的[] 参数，此时系统弹出如图 4.4.3 所示的“参数”对话框。

（2）单击“添加”按钮+，在“名称”栏下输入代表齿轮模数的字母“M”，在“值”栏下输入 0.5，按回车键。

（3）以同样的方式，将齿轮齿数 Z，齿轮厚度 WIDTH，齿轮压力角 PA 按照图 4.4.3 中的数字输入“参数”对话框中

（4）单击 确定 按钮，完成用户自定义参数的建立。

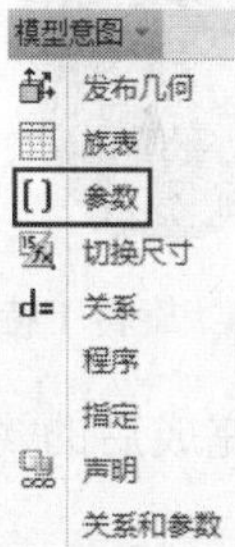

图 4.4.2 “参数”命令选择

Step3：创建如图 4.4.4 所示的旋转 1 特征。

图 4.4.3 “参数”对话框

（1）单击“模型”功能选项卡“形状”区域中的“旋转”按钮 旋转。

（2）选取 TOP 基准平面为草绘平面，RIGHT 基准平面为参考平面，方向为 右；单击草绘按钮，进入草绘环境。

（3）选择“基准”区域下的“中心线” 中心线 命令绘制一条水平的中心线，然后使用“拐角矩形” 矩形 命令绘制如图 4.4.5 所示的草绘截面。

（4）在草绘模式下，单击功能区中“工具”选项卡，单击图 4.4.6 所示“模型意图”选项卡下 d= 关系，弹出如图 4.4.7 所示的“关系”对话框。此时草图截面的各尺寸以变量符号显示，如图 4.4.8 所示，在对话框中输入关系式为：

sd0=m*z+2*m

sd1=width

图 4.4.4 旋转 1 特征

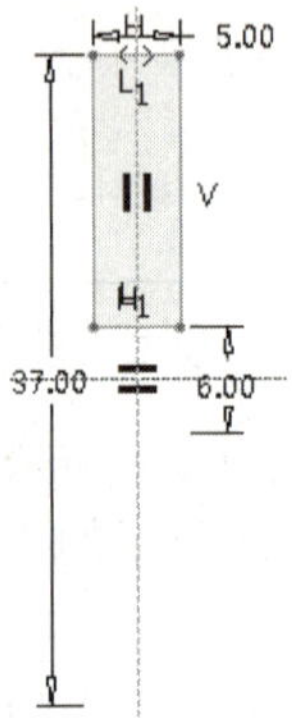

图 4.4.5 草绘截面

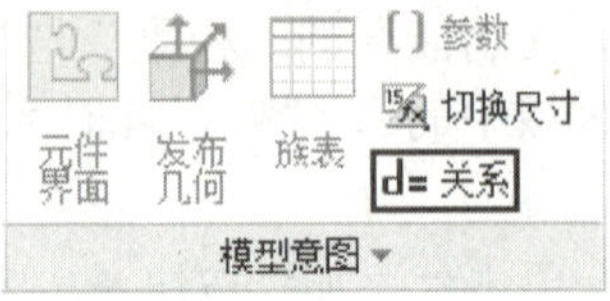

图 4.4.6 “关系”命令选择

输入完成后的“关系”对话框如图 4.4.7 所示。单击“关系”对话框上的 确定 按钮。

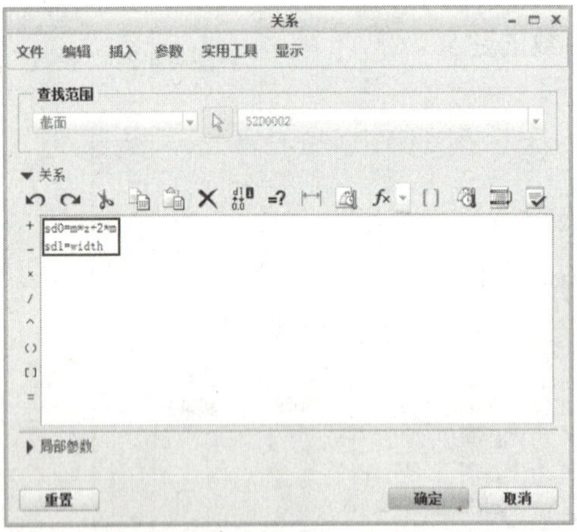

图 4.4.7 “关系”对话框

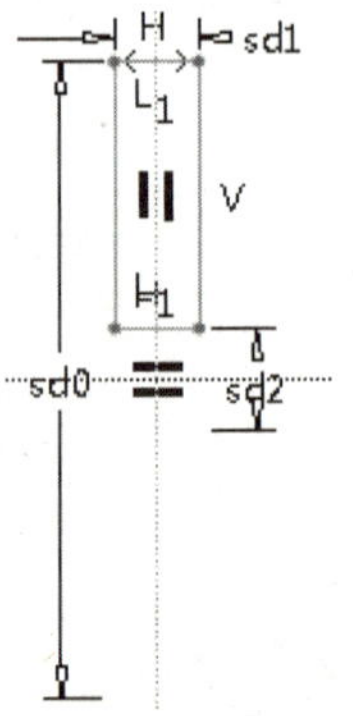

图 4.4.8 草图截面

注意：由于绘制草图时图元顺序的不同，草图截面中的尺寸变量符号可能与图 4.4.8 不同，在对话框中输入关系时要注意。

（5）在功能区中切换回“草绘”选项卡，单击“确定”按钮，退出草绘环境。

（6）接受默认的旋转角度为“360°”，在旋转操控板中单击“确定”按钮，完成旋转 1 特征的创建。

说明：关于“关系”

关系（也称参数关系）是用户定义的尺寸和参数之间的数学表达式。关系捕捉特征之间、参数之间或装配元件之间的设计联系，是捕捉设计意图的一种方式。用户可用它驱动模型，改变关系也就改变了模型。例如在图 4.4.9 所示的模型中，通过创建关系 d10=2*d9，可以使孔特征 2 直径总是孔特征 1 直径的两倍，而且孔特征 2 直径始终由孔特征 1 直径所驱动和控制。

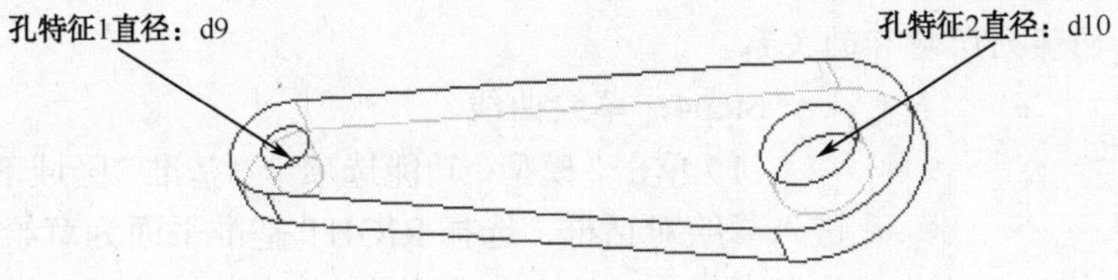

图 4.4.9　关系的基本概念

有两种类型的关系：

- 等式：使等式左边的一个参数等于右边的表达式。这种关系用于给尺寸和参数赋值。例如：简单的赋值 d1=3.86，复杂的赋值 d4=d3*(SQRT(d2/9.0+d4))。
- 比较：比较左边的表达式和右边的表达式。这种关系一般用来作为一个约束或用于逻辑分支的条件语句中。例如：

作为约束（d9+d7)>(d5+5.8）；在条件语句中 IF（d5+3.6）<=d11。

可以把关系增加到：

- 特征的截面草图中（在二维草绘模式下）。
- 特征（在零件或装配模式下）。
- 零件（在零件或装配模式下）。
- 装配（在装配模式下）。

在零件和装配模式下，要进入关系操作界面，单击“工具”功能选项卡“模型意图”区域中的 d= 关系 按钮，此时系统弹出如图 4.4.10 所示的“关系”对话框。当第一次进入关系操作界面时，系统默认查看或改变当前模型中的关系，可从“对象类型”列表中选择下列选项之一：

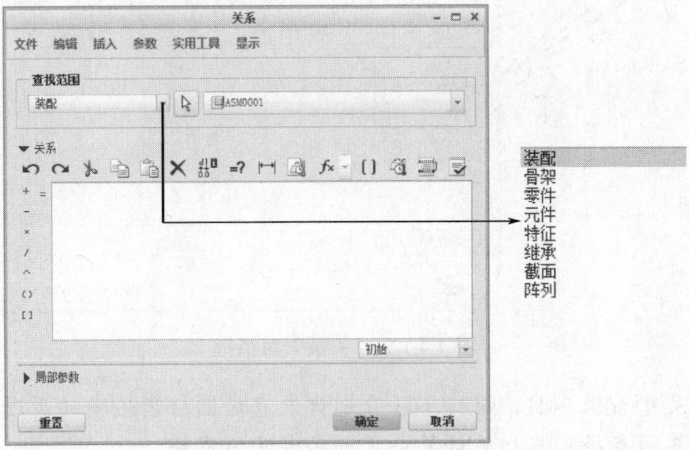

图 4.4.10　“关系”对话框

- 装配：访问装配中的关系。
- 骨架：访问装配中骨架模型的关系（只对装配适用）。
- 零件：访问零件中的关系。
- 元件：访问元件中的关系（只对装配适用）。
- 特征：访问特征特有的关系。
- 继承：访问继承关系。适用于“零件”和“装配”。
- 截面：如果特征有一个截面，那么用户就可对截面中关系或者对作为一个整体的特征中的关系进行访问。

● 阵列：访问阵列所特有的关系。

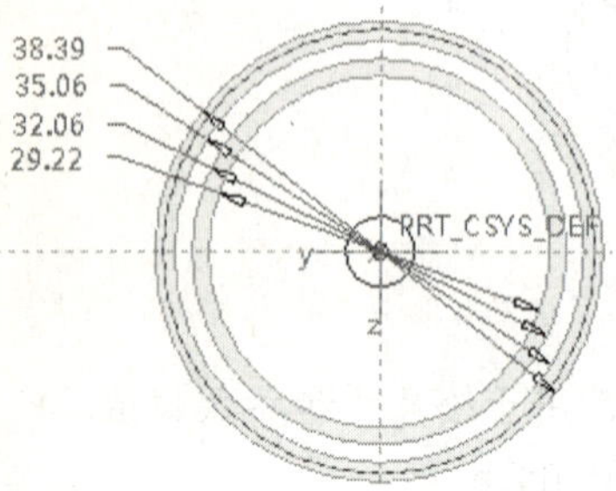

图 4.4.11 绘制圆

Step4：草绘曲线。

（1）单击“模型”功能选项卡“基准”区域下的草绘按钮，进入草绘对话框，选择 RIGHT 基准平面为草绘平面，TOP 平面为参考平面，方向为“左”。单击草绘按钮，进入草绘环境。

（2）采用“同心圆” 同心 命令分别绘制如图 4.4.11 所示的 4 个圆，无须修改 4 个圆的尺寸值。

（3）在功能区中切换至“工具”选项卡，从“模型意图”组中单击 d= 关系，弹出“关系”对话框。此时草图截面的各尺寸以变量符号显示，在对话框中输入关系式为：

sd0=m*(z+2)

sd1=m*z

sd2=m*z-2.5*m

sd3=m*z*cos(pa)

db=sd2

完成后的“关系”对话框如图 4.4.12 所示，在“关系”对话框中单击 确定 。

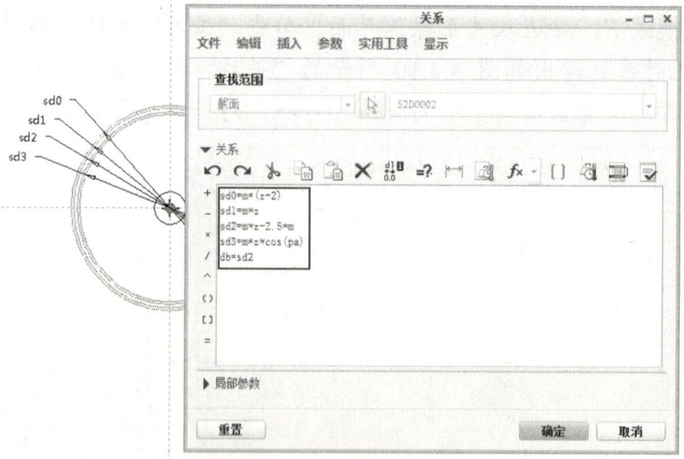

图 4.4.12 “关系”对话框

说明：本例中尺寸 sd0、sd1、sd2、sd3 分别代表直齿圆柱齿轮中的齿顶圆直径、分度圆直径、齿底圆直径和基圆直径。其相关计算公式可参考其他资料。

（4）在功能区中切换回“草绘”选项卡，单击 确定 ，退出草绘模式。

Step5：创建渐开线。

（1）单击如图 4.4.13 所示的模型功能选项卡“基准”选项卡下 曲线 按钮下的 来自方程的曲线 ，弹出如图 4.4.14 所示的“曲线：从方程”操控板。

（2）坐标系选择 笛卡尔 。在系统 ➡选择方程要参考的坐标系。提示下，在模型树中选取 PRT_CSYS_DEF 坐标系（即原点坐标系）。

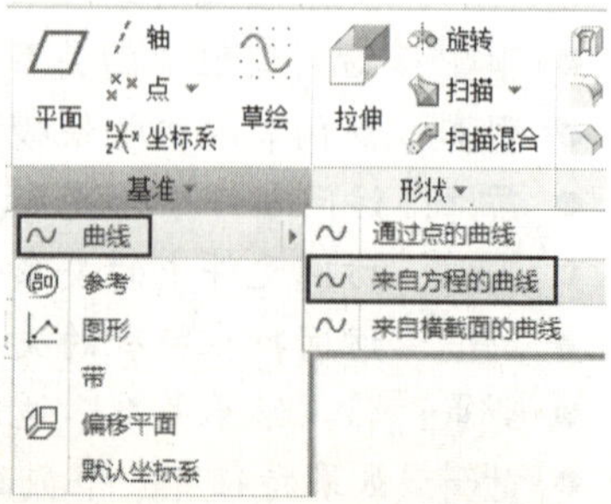

图 4.4.13 “来自方程的曲线”命令选择

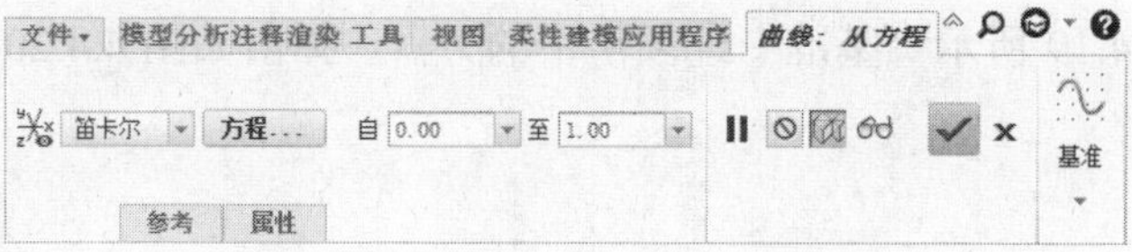

图 4.4.14 “曲线：从方程”操控板

（3）单击 **方程...** 按钮，系统弹出如图 4.4.15 所示的“方程”对话框。在系统弹出的“方程”窗口中，输入渐开线方程：

```
r=db/2
theta=t*60
x=0
y=r*cos(theta)+r*(theta*pi/180)*sin(theta)
z=r*sin(theta)-r*(theta*pi/180)*cos(theta)
```

（4）方程输入后可单击如图 4.4.15 所示“执行/校验关系并按关系创建新参数”按钮对输入方程的正误进行校验，如校验正确，系统将弹出如图 4.4.16（a）所示的对话框，如校验错误系统将弹出如图 4.4.16（b）所示的对话框，此时需仔细检查方程，改正错误，直到校验正确为止。校验正确后单击 **确定** 按钮，退出“方程”对话框。

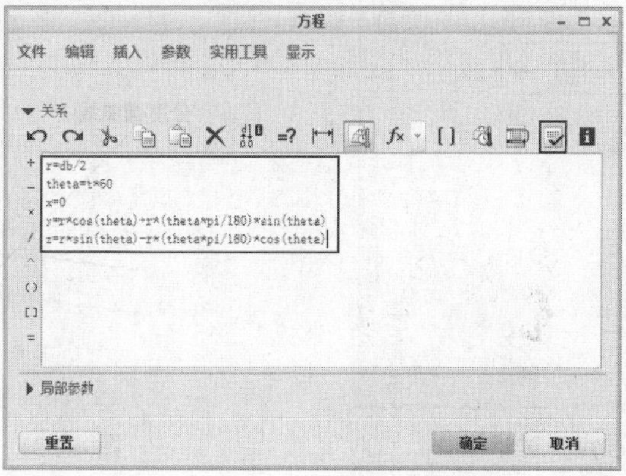

图 4.4.15 “方程”对话框

（a）校验成功　　（b）校验失败

图 4.4.16 方程校验提示对话框

（5）在“曲线：从方程”操控板中单击“确定”按钮✔，完成曲线的创建。创建好的曲线如图 4.4.17 所示。

图 4.4.17 创建好的渐开线

说明：基准曲线可用于创建曲面和其他特征，或作为扫描轨迹。创建基准曲线的方法很多，可以通过草绘创建基准曲线、经过点创建基准曲线、从方程创建基准曲线、在两个曲面相交处创建基准曲线等。

Step6：创建如图 4.4.18 所示的基准点 PNT0。

（1）单击如图 4.4.19 所示“基准”选项卡下的 点，弹出如图 4.4.20 所示“基准点”对话框。

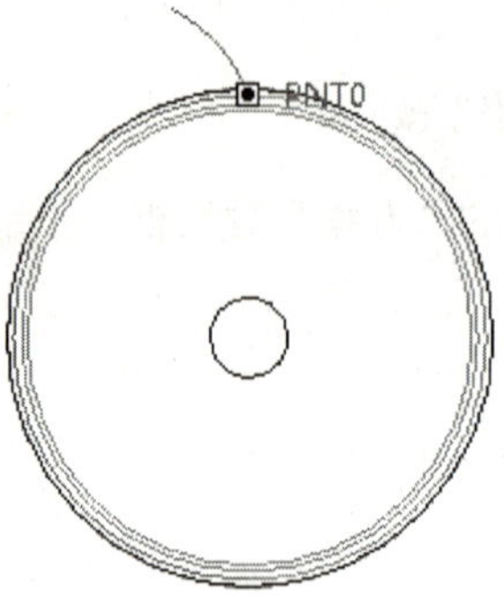

图 4.4.18　创建基准点 PNT0

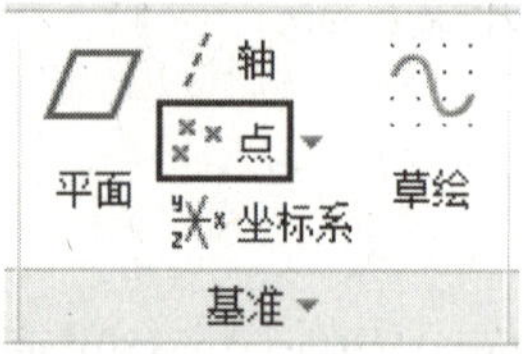

图 4.4.19　“基准点”命令选择

（2）按住 Ctrl 键，选择图 4.4.21 所示的渐开线和分度圆曲线，该边线上立即出现一个基准点 PNT0。完成后单击 确定 按钮。

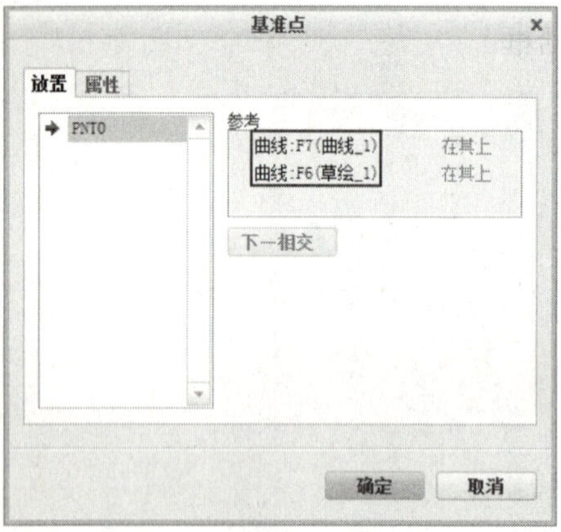

图 4.4.20　“基准点”对话框

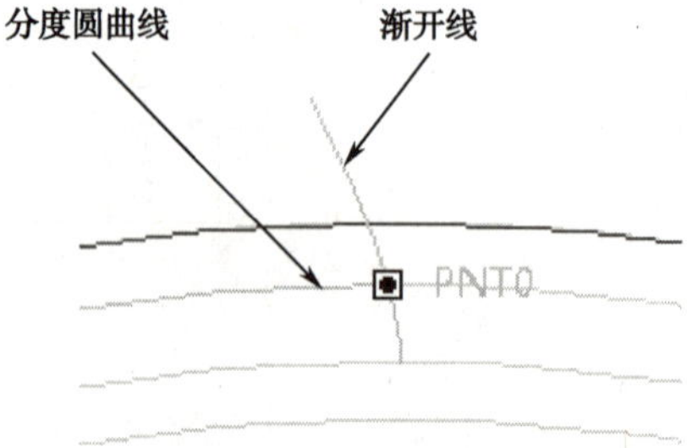

图 4.4.21　PNT0 点的创建

Step7：创建如图 4.4.22 所示的基准平面特征 DTM1。

（1）单击“基准”选项卡下“平面”，弹出如图 4.4.23 所示的“基准平面”对话框。

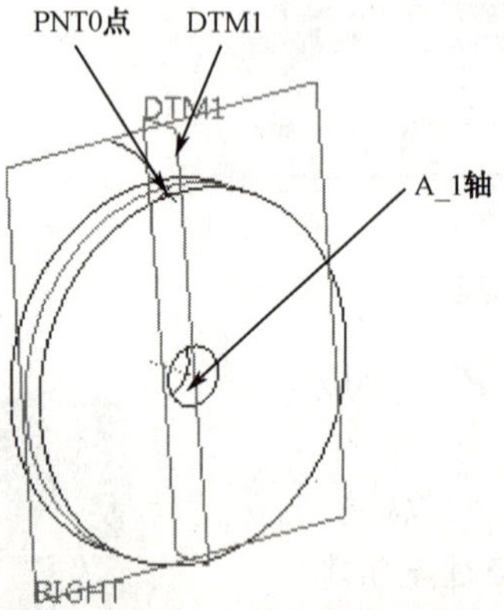

图 4.4.22　基准平面 DTM1

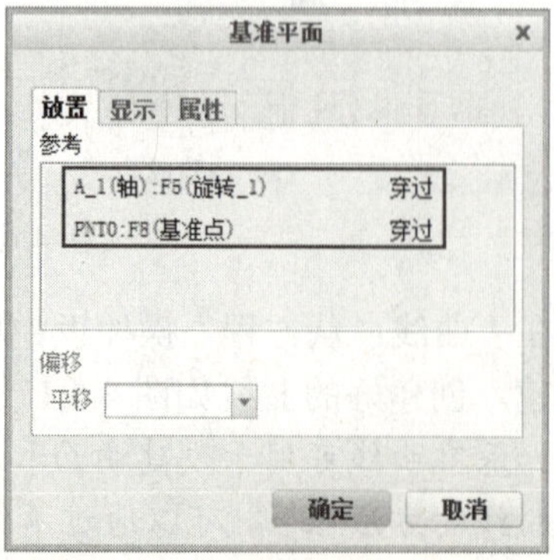

图 4.4.23　“基准平面”对话框

（2）选择如图 4.4.22 所示的 A_1 轴，在“基准平面”对话框中选择约束类型为“穿过”。

（3）按住 Ctrl 键，再选取 PNT0 为参照，在“基准平面”对话框中选择约束类型为“穿过”。

（4）单击“基准平面”对话框中 确定 按钮，完成基准平面特征 DTM1 的创建。

Step8：创建如图 4.4.24 所示的基准平面特征 DTM2。

（1）单击“基准”选项卡下“平面”，弹出如图 4.4.25 所示“基准平面”对话框。

（2）选择如图 4.4.24 所示的 A_1 轴，在“基准平面”对话框中选择约束类型为“穿过”。

（3）按住 Ctrl 键，再选取 DTM1 为参照，在“基准平面”对话框中选择约束类型为“偏移”，在旋转角度中输入-1.25。

（4）单击“基准平面”对话框中的 确定 按钮，完成基准平面特征 DTM2 的创建。

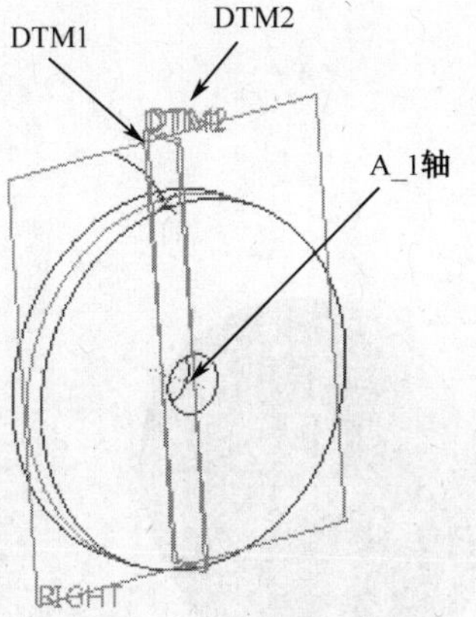

图 4.4.24　基准平面 DTM2

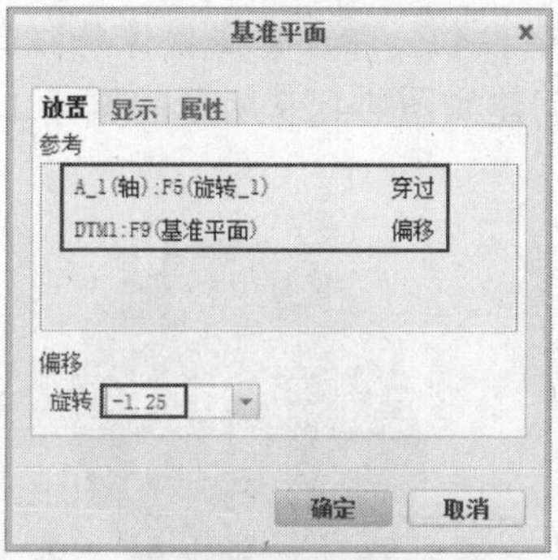

图 4.4.25 “基准平面”对话框

Step9：创建如图 4.4.26 所示的镜像 1 特征。

（1）单击渐开线，此时如图 4.4.27 所示编辑选项卡中的 镜像 命令按钮被激活，单击 镜像 按钮，弹出如图 4.4.28 所示的镜像操控板。

（2）单击 DTM2 基准平面，此时可以看到操控板中 镜像平面 1个平面 对话框中已有被选中的平面。

（3）单击“镜像”操控面板中的“确定”按钮✔，完成镜像特征 1 的创建。

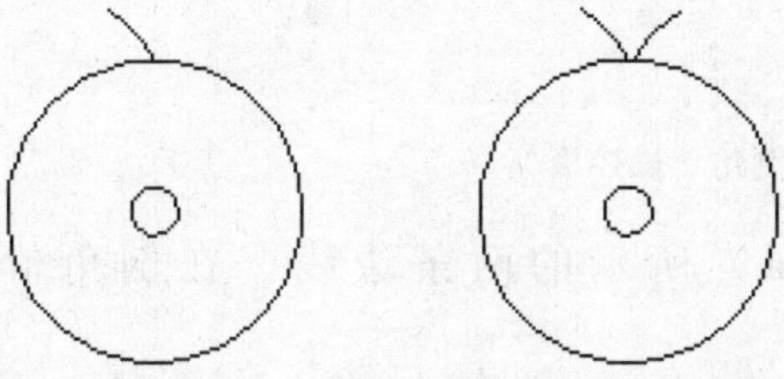

（a）镜像前　（b）镜像后

图 4.4.26　镜像 1 特征的创建

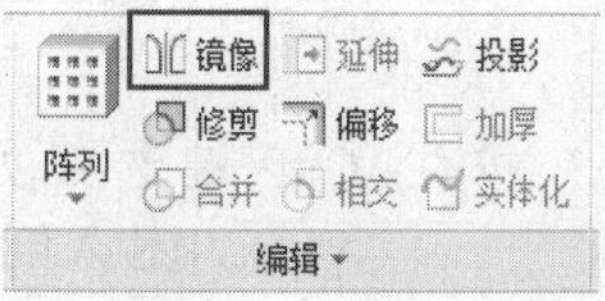

图 4.4.27 “镜像”命令选择

图 4.4.28 “镜像”操控板

说明：关于镜像特征

镜像特征是以参照面或对称中心为参照，复制出原对象的一个副本。镜像后的两部分实体之间具有关联关系，若改变镜像操作的源对象，镜像生成的对象也会发生相应的改变。但镜像后特征零件间的关联性，仅针对将源特征进行编辑或编辑定义等操作而言，对于给零件添加新的特征，镜像后的副本并不进行相应的改变（例如将源特征进行倒圆角操作，镜像特征并不改变）。

除了实体特征，镜像工具允许复制镜像平面周围的曲线、曲面、阵列和基准特征。

创建镜像特征的基本操作步骤如下。

（1）选择要镜像的特征。

（2）在镜像操控板中设置镜像的平面。

（3）单击✔按钮，即可完成镜像特征的操作。

Step10：创建如图 4.4.29 所示的倒角 1 特征。

（a）倒角前　　（b）倒角后

图 4.4.29　创建倒角 1 特征

（1）单击“模型”功能选项卡“工程”区域中的“倒角”按钮 倒角。系统弹出如图 4.4.30 所示的“边倒角”操控板。

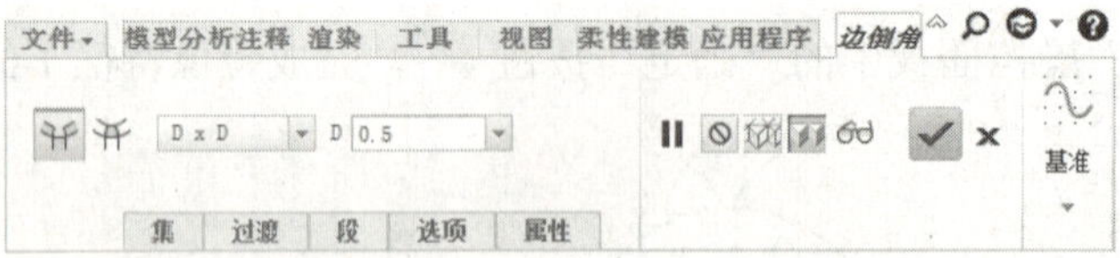

图 4.4.30　“边倒角”操控板

（2）按住 Ctrl 键选择如图 4.4.29（a）所示的两条边线，在倒角值对话框 D x D D 0.5 中输入倒角值 0.5。

（3）单击“边倒角”操控板中的✔按钮，完成倒角 1 特征的创建。

说明：关于倒角特征

倒角是用来处理模型周围棱角的方式之一，与倒圆角功能类似。

1. 倒角类型

倒角是对边或拐角进行斜切削而产生的一种特征，根据所选取放置参照的不同，将倒角特征分为边倒角特征和拐角倒角特征。

（1）边倒角：将所选择的实体边切除，以斜面连接共有此边的两个曲面。

（2）拐角倒角：将实体的顶点切除，产生斜面倒角，如图 4.4.31 所示。

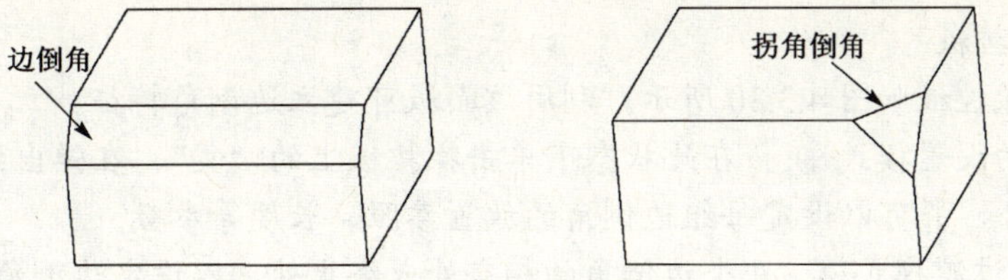

（a）　　　　（b）

图 4.4.31　边倒角特征

2. 边倒角特征

1）边倒角的放置参照

与倒圆角特征相似，边倒角特征也属于放置特征，其主参照即为放置参照，Creo 提供了 3 种可以放置边倒角特征的放置参照。

（1）边倒角特征可以放置在模型边上。如图 4.4.32（a)所示，选定模型三条边作为放置倒角的参照，生成边长为 1 的倒角，如图 4.4.32（b）所示。

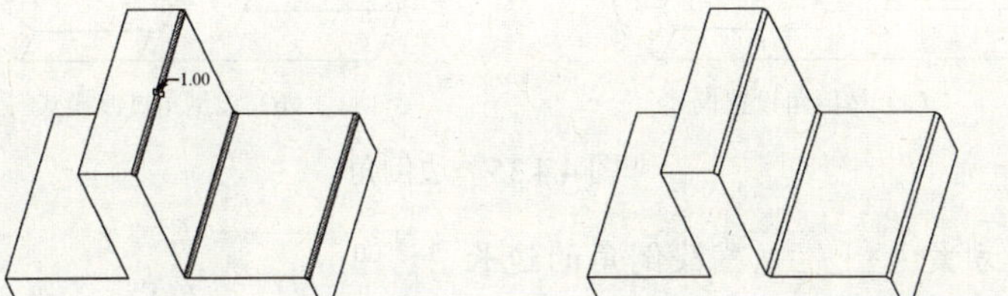

（a）　　　　（b）

图 4.4.32　模型边上倒角

（2）边倒角特征可以放置在两个平面的交线上。如图 4.4.33（a）所示，依次选取两个平面，系统在其交线处生成边倒角特征，如图 4.4.33（b）所示。

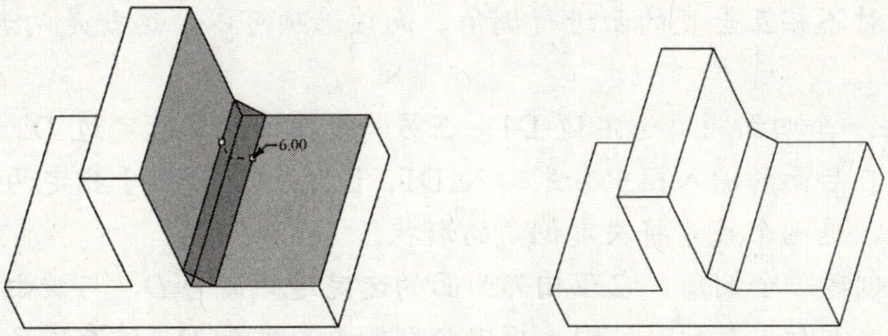

（a）　　　　（b）

图 4.4.33　两平面交线倒角

（3）边倒角特征还可以经过一个面和一条边。如图 4.4.34（a）所示，首先选取一个面，再选择一条边，系统生成经过选定边和平面的边倒角特征，如图 4.3.34（b）所示。

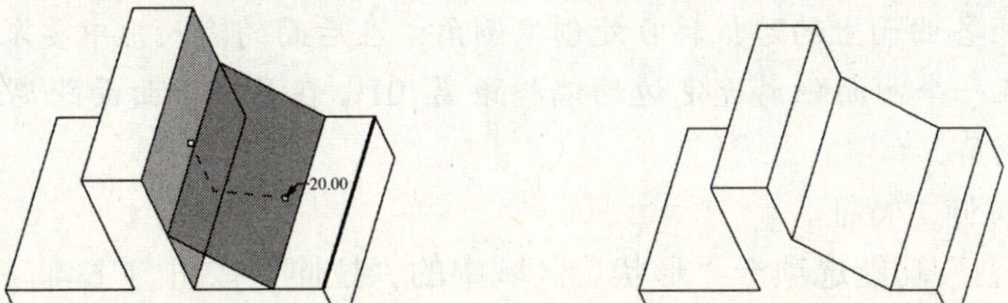

（a）　　　　（b）

图 4.4.34　一面一边倒角

2）边倒角操控板

边倒角特征操控板如图 4.3.30 所示。利用该面板可建立边倒角特征。

（1）边倒角的设置模式。在此状态下单击操控板上的“集”，在弹出的上滑面板中可以建立边倒角的集合，并可以设定每组边倒角的放置参照、长度等参数。

（2）边倒角的过渡模式。几个边倒角的相交处或终止处可以设定边倒角过渡的不同类型，当在模型中生成边倒角后此选项才可用。在最初创建边倒角时，系统使用默认方式设定过渡。单击切换到此模式后，可以修改边倒角过渡的类型，图 4.4.35 所示的是两种不同的过渡模式。

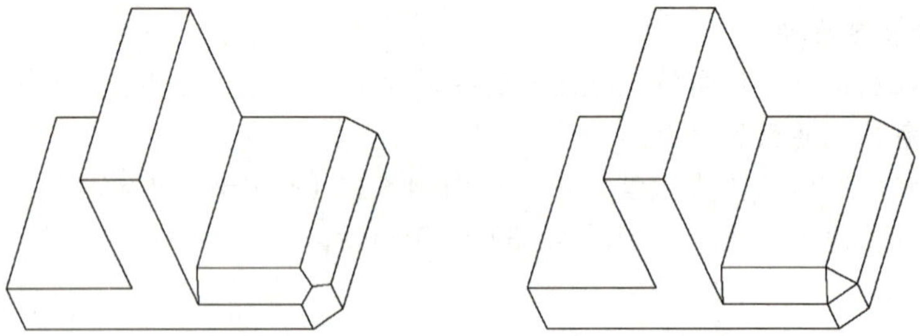

（a）边倒角设置模式　　（b）边倒角过渡模式

图 4.4.35　边倒角

（3）设计倒角方案 D x D 及倒角的边长 D 3.00。

单击边倒角方案下拉列表，弹出列表如图 4.3.36 所示，对其中的倒角方案解释如下。

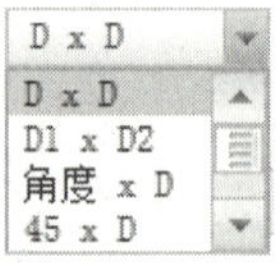

图 4.4.36　边倒角下拉列表

- D x D：距所选边距离为 *D* 的位置创建倒角，没有角度限制，所以，两面可以不相互垂直，是系统默认的一种形式。对于两个相互垂直面的边来说，产生的效果与后面的选项 45 x D 的效果完全相同。但是 45 x D 不能对不相互垂直的面进行倒角，而该选项可以，这就是两者的区别。
- D1 x D2：在一个曲面距离选定边 D1，在另一个曲面距离选定边 D2 处创建倒角；选定此方案后，在后面的输入框中分别输入 D1、D2。该选项用于指定两个尺寸，以产生不等边的斜角，这两个尺寸将决定倒角的形状。
- 角度 x D：创建一个倒角，它距相邻曲面的选定边距离为 *D*，与该曲面的夹角为指定角度；选定此方案后，在后面的输入框中分别输入角度和 *D*。该选项只能用于两个相互垂直的面的交线上。
- 45 x D：创建一个倒角，它与两个曲面都成 45°角，且与各曲面上的边的距离为 *D*；选定此方案后，在后面的输入框中输入 *D* 即可。由于产生的角度是 45°，因此该选项只能用于两个相互垂直面的交线上（边），否则就会出现错误。
- 0 X 0：在沿各曲面上的边偏移 0 处创建倒角；在后面的输入框中要求输入 0 的数值。
- 01 X 02：在一个曲面距离选定边的偏移距离 01，在另一个曲面距离选定边的偏移距离 02 处创建倒角。

Step11：创建拉伸 1 特征。

（1）单击“模型”功能选项卡“形状”区域中的“拉伸”按钮 拉伸，按下“移除材料”按钮。

（2）选取 RIGHT 基准平面为草绘平面，TOP 平面为参考平面，方向为“左”，单击草绘按钮，进入草绘环境。

（3）使用“投影”投影、“删除段”删除段、“圆角”圆角命令绘制如图 4.4.37 所示的截面草图，单击“确定”按钮，退出草绘环境。

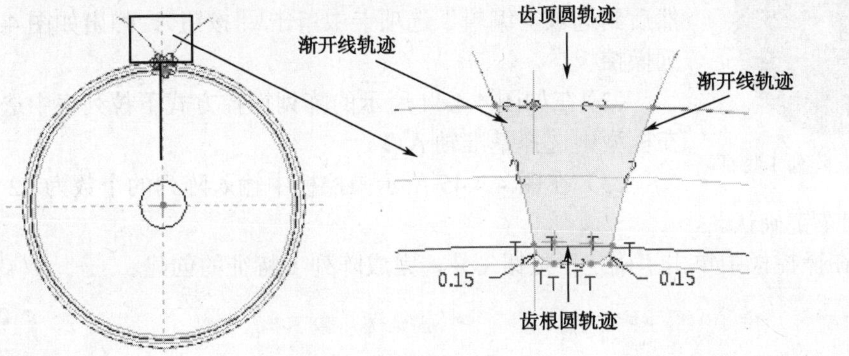

图 4.4.37 创建草绘图形

（4）单击图 4.4.38 拉伸特征操控板中的“选项”按钮，在“深度”界面中将“侧 1”与“侧 2”的深度类型均设置为穿透.

（5）在操控板中单击“确定”按钮，完成拉伸 1 特征的创建。拉伸 1 特征如图 4.4.39 所示。

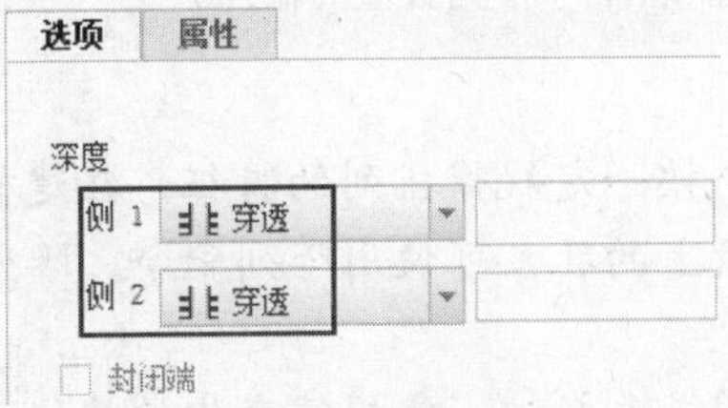

图 4.4.38 拉伸特征操控板

图 4.4.39 拉伸 1 特征的创建

Step12：隐藏草绘平面等。在模型树中选择“草绘 1”，右击，在弹出的快捷菜单中选择“隐藏”。同样的操作方法隐藏“曲线 1”、“PNT0”、“DTM1”、“DTM2”和“镜像 1”。完成隐藏后的模型树及齿轮（72）模型如图 4.4.40 和图 4.4.41 所示。

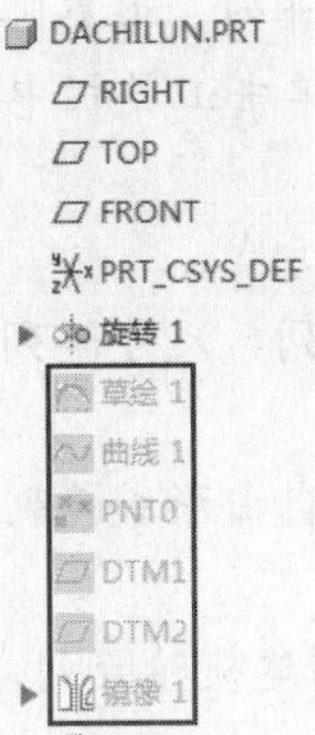

图 4.4.40 完成隐藏后的模型树

图 4.4.41 完成隐藏后的模型

图 4.4.42 阵列 1 特征

Step13：创建图 4.4.42 所示的阵列 1 特征。

（1）在模型树中，选中 ▸ 拉伸 1，右击，单击“模型”功能选项卡“编辑”区域中的 阵列按钮（或者在模型树中单击拉伸特征 1，然后到选项“编辑”选项卡中单击按钮），弹出如图 4.4.43 所示的阵列操控板。

（2）在如图 4.4.44 所示的阵列操控方式下拉列表中选择“轴”选项。在模型中选择基准轴 A_1。

（3）在图 4.4.45 所示操控板中输入阵列的个数为 72 和旋转角度为 5，并按回车键确认。

（4）在操控板中单击“确定”按钮 ，完成阵列 1 特征的创建。

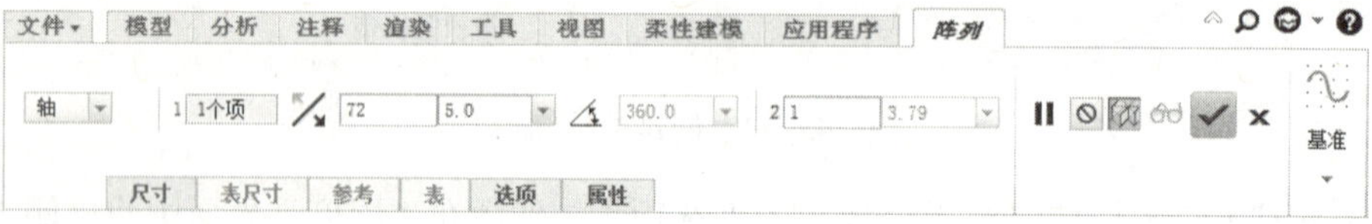

图 4.4.43 阵列操控板

图 4.4.44 阵列方式的选择

图 4.4.45 阵列数值的输入

说明：关于阵列特征

使用特征阵列的方法可以根据需要一次生成多个按一定规律排列的特征。在建模过程中，如果同时需要建立多个相同或类似的特征，如法兰盘上的孔，可使用阵列命令。阵列特征有如下优点。

（1）使用阵列方式创建特征可同时创建多个相同或参数按一定规律变化的特征，设计效率高。

（2）阵列是受参数控制的，通过改变阵列参数，可修改阵列。

（3）当需要修改阵列特征时，只需修改原始特征的参数，系统会自动更新整个阵列，其修改效率比分别修改各个特征更高。

特征阵列有多种方式，分别为尺寸阵列、方向阵列、轴阵列、填充阵列、表阵列等。各种阵列使用场合不同，生成的阵列特征的排列方式也不相同。单击工具栏中的按钮，弹出阵列操控板如图 4.4.43 所示。

单击操控板左下角的下拉列表，可显示如下可用的阵列方式。

（1）尺寸。通过使用创建原始特征的驱动尺寸来控制阵列，尺寸阵列可以为单向阵列，也可以为双向阵列。

（2）方向。通过指定某方向作为阵列增长的方向来创建自由形式阵列，方向阵列可以为单向阵列或双向阵列。

（3）轴。通过指定围绕某轴线旋转的角增量为驱动来创建旋转阵列。

（4）填充。通过选定栅格用实例填充区域来控制阵列。

（5）表。通过使用阵列表并为每一阵列实例指定尺寸值来控制阵列，使用表阵列可创建以原始特征的参照为坐标面的平面内自由阵列。

（6）参考。通过参照另一阵列来形成新的阵列。

（7）曲线。通过指定沿着曲线的阵列成员间的距离或数目来控制阵列。

以上各种阵列创建方法各不相同，其创建时的操控板也有所变化，下面说明较为常用的尺寸阵列和方向阵列。

1. 尺寸特征

尺寸阵列通过使用创建原始特征的驱动尺寸来控制阵列的生成。若选择单方向的驱动尺寸，可创建单向阵列；若选取双方向的驱动尺寸，可创建双向阵列。下面以如图 4.4.46 所示的单向尺寸阵列为例说明尺寸阵列的创建方法和过程。

图 4.4.46　单向尺寸阵列

（1）打开 Creo 系统，新建一个零件设计环境。

（2）建立拉伸 1 特征。单击拉伸特征命令按钮 拉伸，选取 TOP 基准平面作为草绘平面，以 RIGHT 基准平面为右方向参照，其草绘截面如图 4.4.47（a）所示，在操控板中输入拉伸深度为 10，完成后模型如图 4.4.47（b）所示。

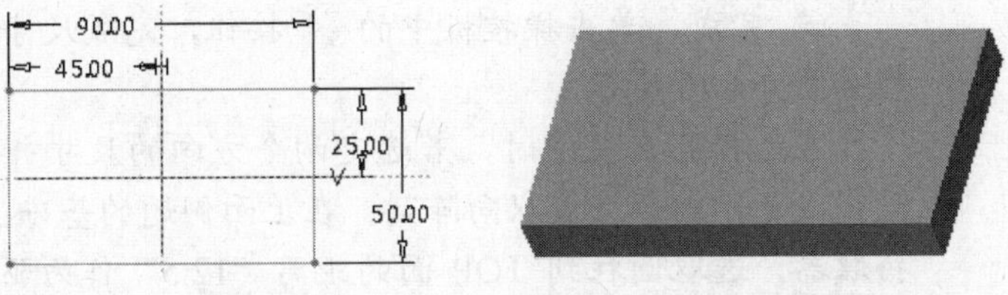

（a）草绘截面　　（b）拉伸 1

图 4.4.47　拉伸 1 特征

（3）建立拉伸 2 特征。单击拉伸特征命令按钮 拉伸，以拉伸 1 上表面作为草绘平面，草绘截面如图 4.4.48（a）所示，在操控板中输入拉伸深度为 15，完成后模型如图 4.4.48（b）所示。

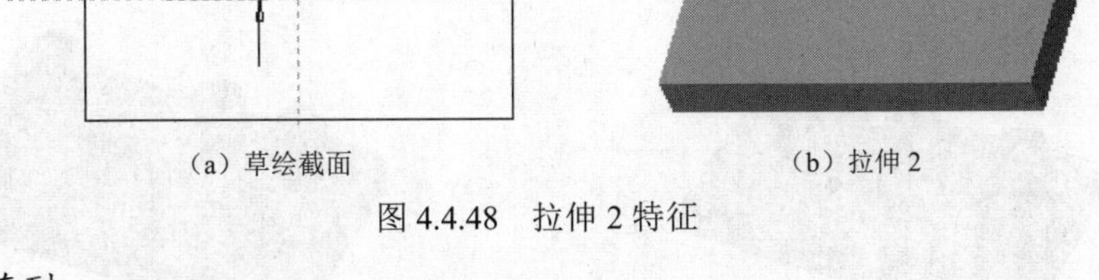

（a）草绘截面　　（b）拉伸 2

图 4.4.48　拉伸 2 特征

（4）尺寸阵列。

① 激活命令。选取拉伸 2 特征，在工具栏中单击图标。

② 选定阵列方式。从阵列下拉列表中选定阵列方式为尺寸。

③ 选定阵列尺寸和增量，指定阵列数量。单击操控板上的“尺寸”图标，弹出下滑面板如图 4.4.49 所示，在确保方向 1 收集器处于活动状态（默认状态即为方向 1 收集器处于活动状态）的情况下，在图形窗口单击选择原始特征到 RIGHT 面的距离尺寸“30”作为阵列的驱动尺寸，并修改此尺寸的增量为“-20”，然后在操控板的阵列数目输入框中输入第一方向的阵列数“4”，此时生成阵列特征的预览如图 4.4.50 所示。

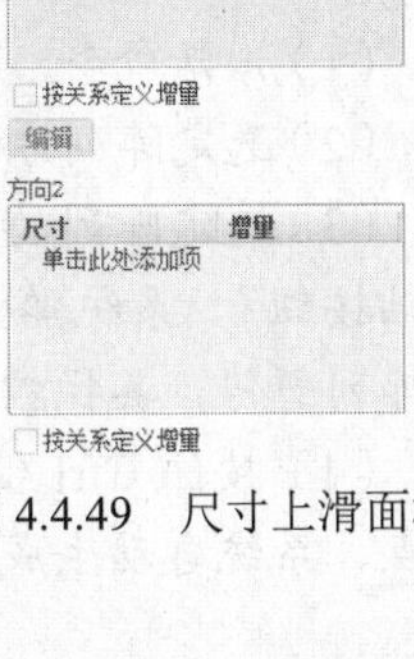

图 4.4.49　尺寸上滑面板

④ 跳过阵列成员。若要使阵列中某一成员不生成，可单击标识该阵列成员的黑点，此黑点变为白色，如图 4.4.51 所示，此成员在生成阵列时将被跳过，在模型树和模型上都不存在。要恢复此阵列成员，单击白点即可转换成黑点，可正常生成。

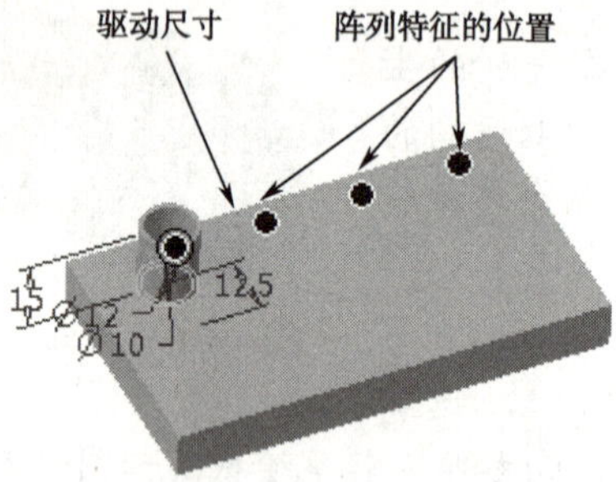

图 4.4.50 阵列特征预览

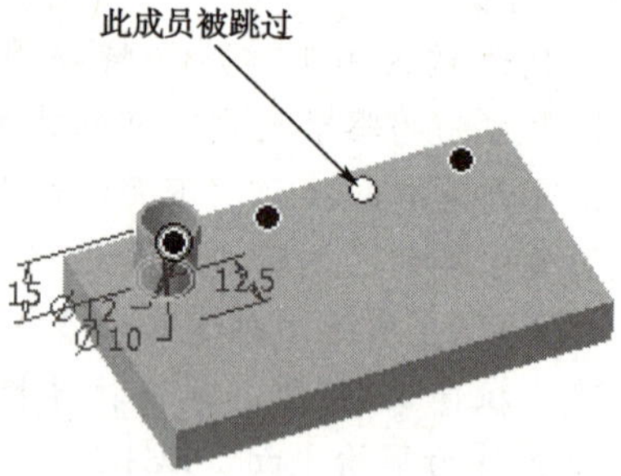

图 4.4.51 跳过阵列成员

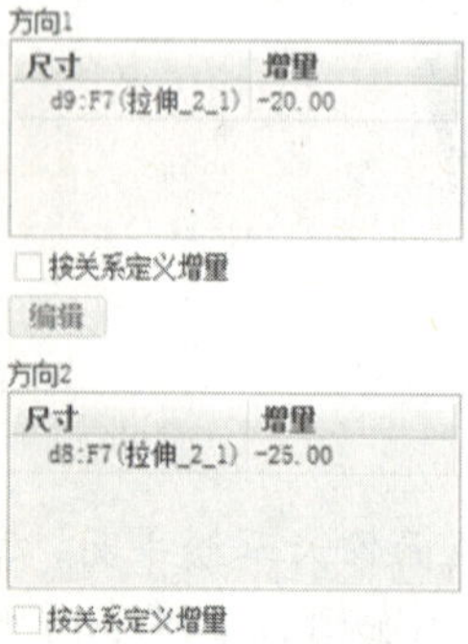

图 4.4.52 尺寸上滑面板

⑤ 完成。单击操控板中的 ✔ 按钮，完成尺寸阵列，完成后的模型如图 4.4.46 所示。

在选择驱动尺寸时，若选定两个方向的尺寸并分别指定增量值、阵列数量，则会生成双向阵列。在上面例题的基础上，单击激活方向2拾取器，选取圆柱到 TOP 面的距离“12.5”作为驱动尺寸，将其增量改为“ −25”，如图 4.4.52 所示；在操控板中将方向2的阵列数目改成“2”（默认状态即为 2）。此时图形中生成的阵列预览如图 4.4.53 所示，单击操控板中的 ✔ 按钮，完成尺寸阵列，完成后的模型如图 4.4.54 所示。

2. 方向阵列

当生成上面的阵列时，若驱动尺寸不容易选取，或者当要生成非驱动尺寸方向的阵列时，可以使用方向阵列。如图 4.4.55 所示，要生成左上、右下两点对角线方向上的特征阵列，可以过两点的轴线为方向生成方向阵列，其创建过程如下。

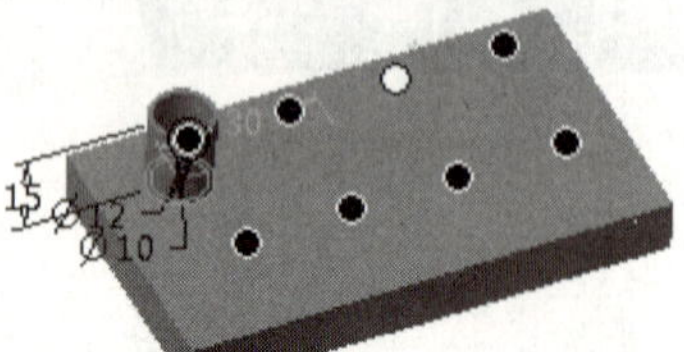

图 4.4.53 双向阵列特征预览

图 4.4.54 双向阵列特征生成

（1）激活命令。选取拉伸 2 特征，在工具栏中单击图标。

（2）选定阵列方式。从阵列下拉列表中选定阵列方式为“方向”。

（3）选定阵列的方向。单击图 4.4.56 所示“基准”工具栏创建基准轴按钮，系统弹出如图 4.4.57 所示的“基准轴”对话框。此时特征阵列暂停，其操控板也处于冻结状态。

图 4.4.55 方向阵列

（4）按住 Ctrl 键选择如图 4.4.58 所示六面体的左上角和右下角两点，系统自动生成基准轴。

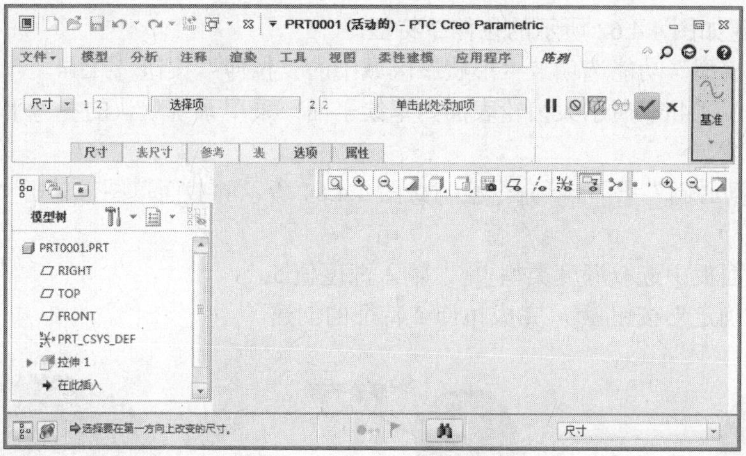

图 4.4.56 “基准”工具栏

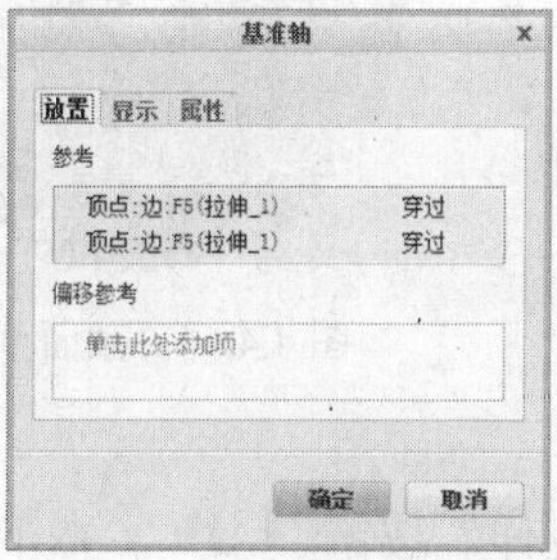

图 4.4.57 “基准轴”对话框

图 4.4.58 基准轴

（5）单击阵列特征的▶按钮，继续阵列过程，此时上面所做的基准轴被自动选定为阵列方向，阵列操控板如图 4.4.59 所示。（此过程中，暂停了阵列操作，制作了一条轴线，这是命令的嵌套使用。当单击阵列操控板中的▶按钮时，特征阵列恢复执行。在这期间制作的“轴”特征将被隐藏并隶属于阵列特征，其模型树如图 4.4.60 所示。当选定阵列的方向时，除了可以使用轴线外，还可以选定模型边、平面等。若选定平面，阵列的方向为面的正方向。）

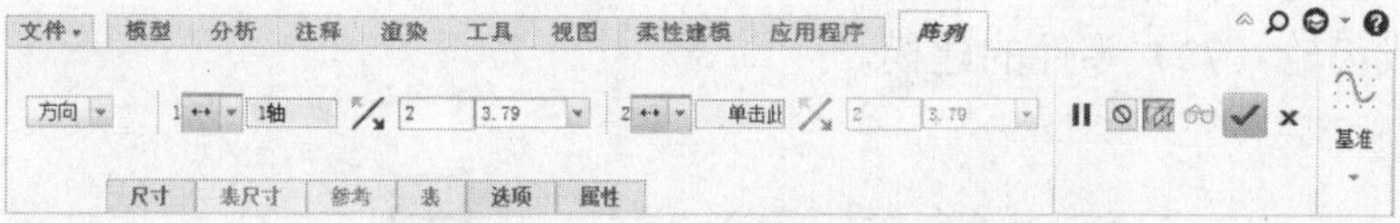

图 4.4.59 方向阵列操控板

（6）在操控板中，指定生成特征的数目为“5”，特征间的距离为“15”，此时生成特征的预览如图 4.4.61 所示。若要使其中的某个成员不显示，可以单击标识该阵列成员的黑点，黑点将变成白色，此成员将不显示；要恢复阵列成员，单击白点将变成黑点，成员显示。

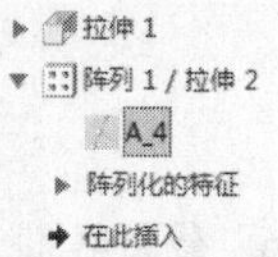

图 4.4.60 模型树

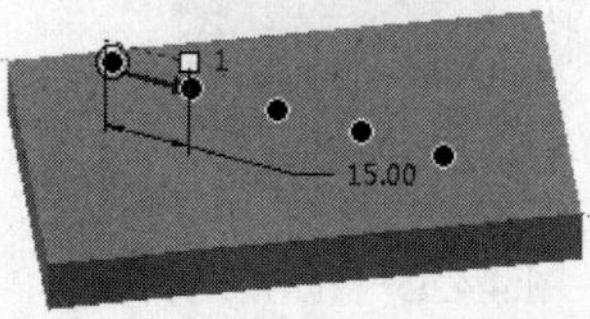

图 4.4.61 方向特征阵列预览

（7）单击操控板中的✔按钮，完成方向阵列，完成后的模型如图 4.4.55 所示。

Step14：创建如图 4.4.62 所示的拉伸 2 特征。

（1）单击“模型”功能选项卡“形状”区域中的“拉伸”按钮 拉伸。

（2）选取如图 4.4.63 所示大齿轮表面为草绘平面，采用系统默认的参考平面；单击草绘按钮，进入草绘环境。

（3）使用“同心圆” 同心命令绘制如图 4.4.64 所示的截面草图，单击“确定”按钮，退出草绘环境。

（4）在操控面板中选取深度类型，输入深度值 5。

（5）单击“确定”按钮，完成拉伸 2 特征的创建。

图 4.4.62　拉伸 2 特征

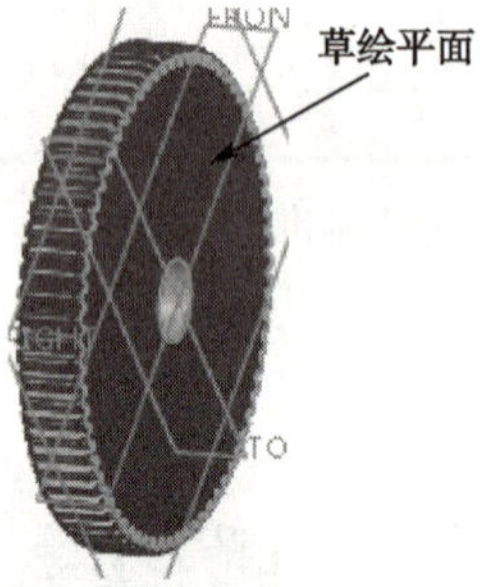

图 4.4.63　草绘平面选择

图 4.4.64　截面草图

Step15：创建如图 4.4.65 所示的拉伸 3 特征。

（1）单击“模型”功能选项卡“形状”区域中的“拉伸”按钮 拉伸，按下“移除材料”按钮。

（2）选取 TOP 基准平面为草绘平面，RIGHT 基准平面为参考平面，方向为 右；单击草绘按钮，进入草绘环境。

（3）使用“圆心和点” 圆命令绘制如图 4.4.66 所示的截面草图，单击“确定”按钮，退出草绘环境。

（4）在操控面板中选取深度类型，输入深度值 8。

（5）单击“确定”按钮，完成拉伸 3 特征的创建。

至此，完成齿轮（72）零件的建模。

图 4.4.65　拉伸 3 特征

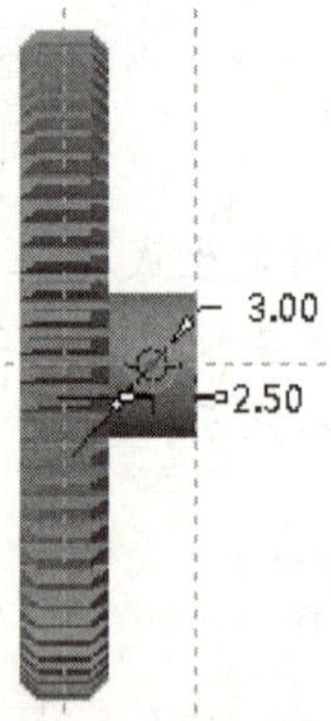

图 4.4.66　截面草图

4.5　前轮架

无碳小车前轮架实体模型及模型树如图 4.5.1 所示，该模型创建时主要运用拉伸特征、孔特征以及倒圆角特征。

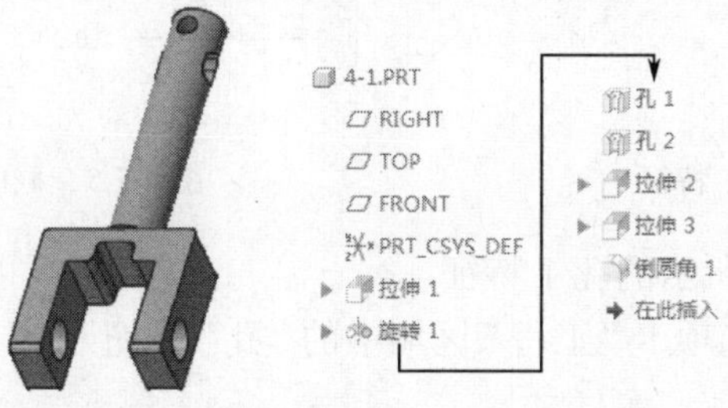

图 4.5.1　前轮架实体模型及模型树

Step1：新建一个零件，并将其命名为“4-1”，选用 mmns_part_solid 模板。

Step2：创建如图 4.5.2 所示的拉伸 1 特征。

（1）单击“模型”功能选项卡“形状”区域中的“拉伸”按钮 拉伸。

（2）选取 TOP 基准平面为草绘平面，RIGHT 基准平面为参考平面，方向为 右；单击草绘按钮，进入草绘环境。

（3）使用“线链” 线 命令绘制如图 4.5.3 所示的截面草图，单击“确定”按钮，退出草绘环境。

（4）在操控面板中选取深度类型，输入深度值 10。

（5）单击“确定”按钮，完成拉伸 1 特征的创建。

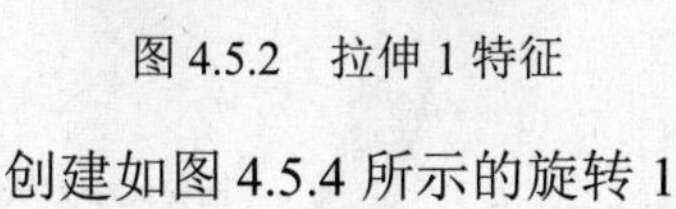

图 4.5.2　拉伸 1 特征

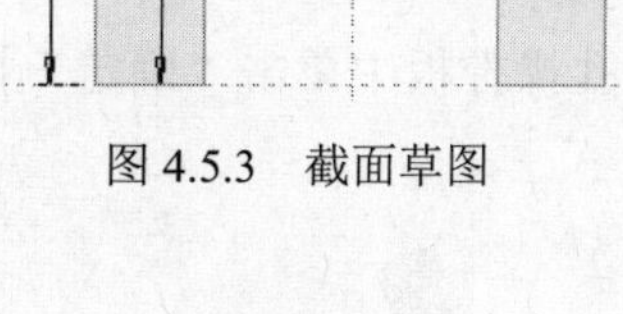

图 4.5.3　截面草图

Step3：创建如图 4.5.4 所示的旋转 1 特征。

（1）单击“模型”功能选项卡“形状”区域中的“旋转”按钮 旋转。

（2）选取 TOP 基准平面为草绘平面，RIGHT 基准平面为参考平面，方向为 右；单击草绘按钮，进入草绘环境。

（3）使用“基准”区域中的“中心线” 中心线 命令绘制竖直方向的旋转中心线，使用“线链” 线 命令绘制如图 4.5.5 所示的截面草图。单击“确定”按钮，退出草绘环境。

（4）在操控面板中选取旋转类型，输入角度值 360。

（5）单击“确定”按钮，完成旋转 1 特征的创建。

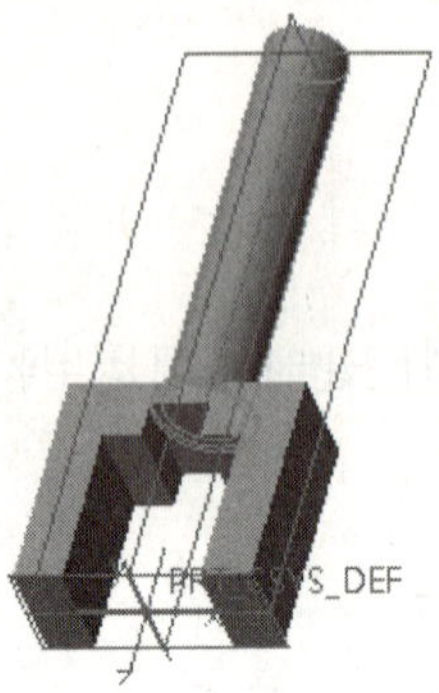

图 4.5.4 旋转 1 特征

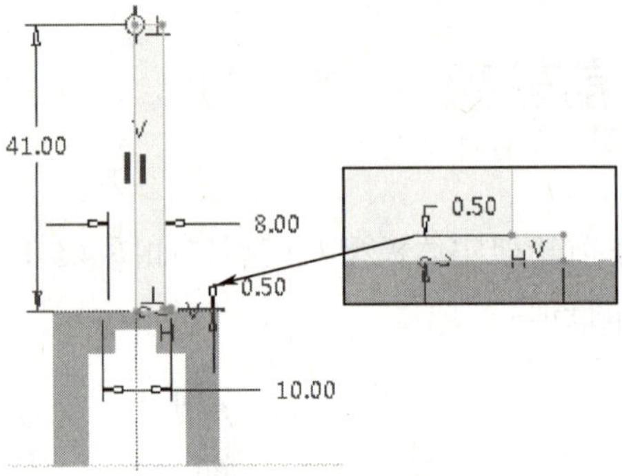

图 4.5.5 截面草图

Step4：创建如图 4.5.6 所示的孔 1 特征。

（1）单击“模型”功能选项卡“工程”区域中的“孔”按钮孔。弹出如图 4.5.7 所示的“孔”操控板。

图 4.5.6 孔 1 特征

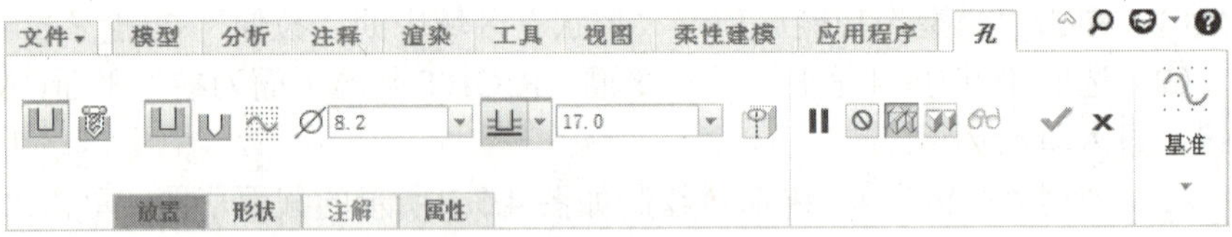

图 4.5.7 “孔”操控板

（2）选取孔的类型。采用系统默认的孔类型，即直孔。将孔的直径改为 6，即 6.0，深度类型改为。

（3）定义孔的放置参考。单击“放置”，选取图 4.5.8 所示的平面为放置参考，此时系统以当前默认值自动生成孔的轮廓，如图 4.5.9 所示。拖动如图 4.5.9 所示的两个小方块将其移动到曲面 1 和曲面 2，移动后其效果如图 4.5.10 所示。图 4.5.10 相比较 4.5.9 新出现了两个定位尺寸 11 和 4.6。

（4）在“放置”下滑面板中修改定位尺寸值，将尺寸 11.0 和 4.6 分别修改为如图 4.5.11 所示的 5.5 和 5。

（5）在孔操控板中单击“确定”按钮，完成孔 1 特征的创建。

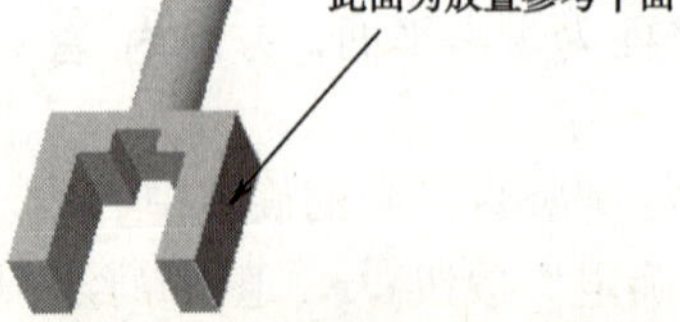

图 4.5.8 选取放置参考平面

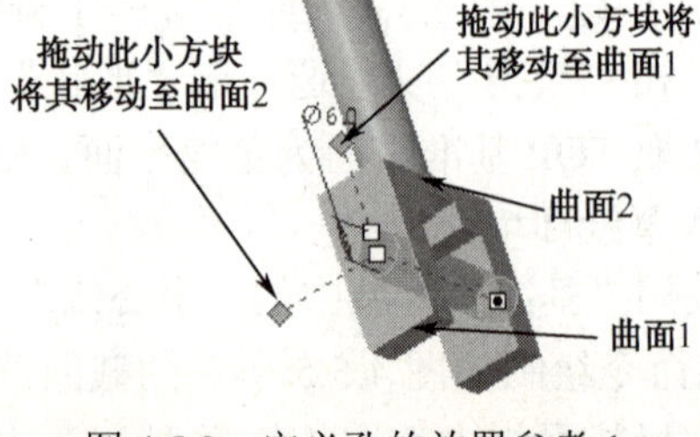

图 4.5.9 定义孔的放置参考 1

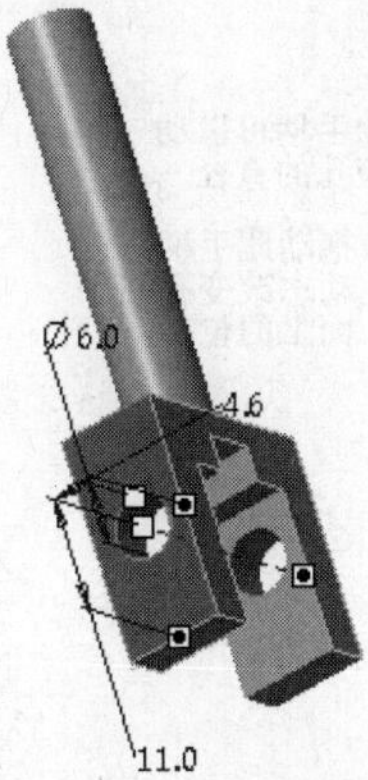

图 4.5.10　定义孔的放置参考 2

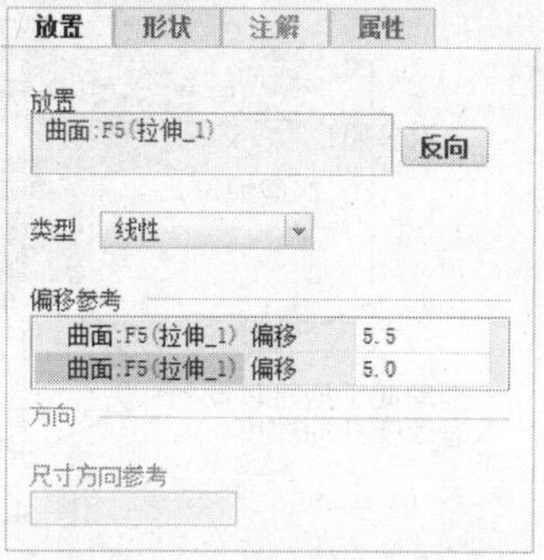

图 4.5.11　放置上滑面板

说明：关于孔特征

在工程设计中，孔特征是一类非常重要的零件特征，也是 Creo 软件学习必须熟练掌握的一种特征建立方法。

1. 孔特征操控板

单击“模型”功能选项卡“工程”区域中的“孔”按钮 孔。系统弹出如图 4.5.7 所示的“孔”操控板，该操控板中各项的含义如下。

（1）：选择生成孔的类型，此处可以选择生成简单孔或标准孔，简单孔又分如下三类。

- 预定义矩形轮廓孔：又称简单直孔，孔的截面形状为矩形，是最简单、常用的一类孔。
- 标准孔轮廓孔：孔的截面形状为带钻孔顶角的标准孔轮廓，使用麻花钻加工而成。
- 草绘轮廓孔：孔的截面形状由草图定义。

（2）Ø 40.00：指定孔的直径。

（3）83.55：指定孔的深度模式和深度值。孔的深度模式有“盲孔”、“对称”、“到下一个”、“穿透”、“穿至”和“到选定”6 个选项，各选项的含义与前面拉伸特征相同，这里不再详解。

（4）放置：单击弹出下滑面板，可以指定孔的主放置参照和次参照。

（5）形状：单击弹出下滑面板，可以指定孔的各参数。孔的直径、深度等在此下滑面板中也可以指定。

（6）注释：单击弹出下滑面板，用于显示标准孔的注释。此面板仅在标准孔时可用，在选择孔的类型为“简单孔”或“草绘孔”时不可用。

（7）属性：单击弹出下滑面板，可以更改孔特征的名称。

不论哪一种孔，都需要确定放置方式和参照，因此，建立孔的过程也就是确定孔的形式、位置和形状的过程。

2. 孔的放置

单击操控板中的“放置”，在弹出的下滑面板中指定孔特征的主放置参照、放置方式及指定次参照，系统会以当前默认值自动生成孔的轮廓，如图4.5.12 所示，可以通过拖动轮廓图中的手柄来改变孔的直径、深度、放置面。

孔轮廓图生成后，需要进一步确定孔在主参照面上的位置，在“放置”上滑面板单击 反向 按钮可以使孔的方向反向，按钮的下面有 类型 列表，孔的放置类型有 4 项。

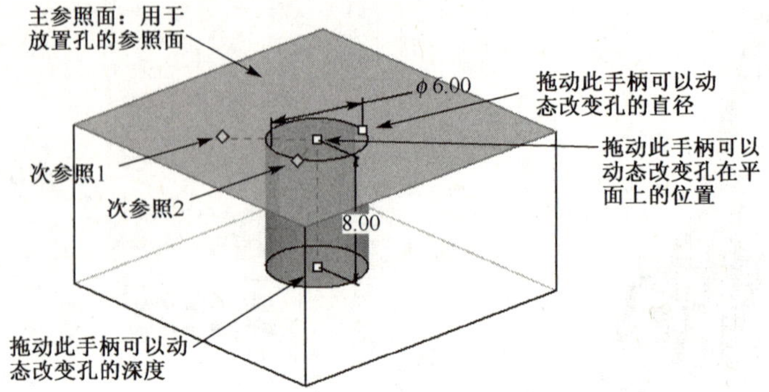

图 4.5.12　孔的放置

（1）线性：该选项用于以线性方式来放置直孔特征，操控板如图 4.5.13（a）所示。从图 4.5.13（a）中可见，用户需要指定两个线性次参照，可以是边、轴、平面或者基准面。在偏移参考列表中单击，然后按下 Ctrl 键，选择两个次参照，分别输入孔特征与线性参照之间的距离，其中线性参照如图 4.5.13（b）所示，以线性方式建立一个直径为 20 的直孔。

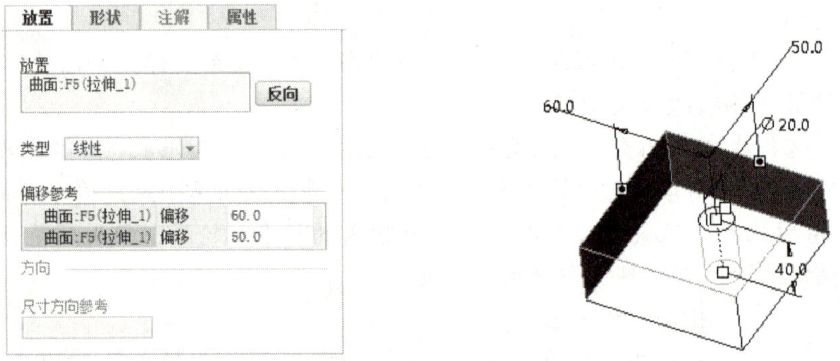

（a）　　（b）

图 4.5.13　以线性方式建立的直孔特征

（2）径向：该选项用于以径向方式来放置直孔特征，即以极坐标形式确定直孔特征位置，操控板如图 4.5.14（a）所示。从图 4.5.14（a）中可见，用户需要指定轴次参照与角度次参照，同时输入孔特征与轴次参照之间的距离、孔特征与角度次参照之间的角度。其中，轴次参照为垂直于主参照面的轴线，角度参照为用于标注角度的参照平面。如图 4.5.14（b）所示，以径向方式建立了一个直径为 20 的简单孔。在执行此操作时，要插入一个基准轴。

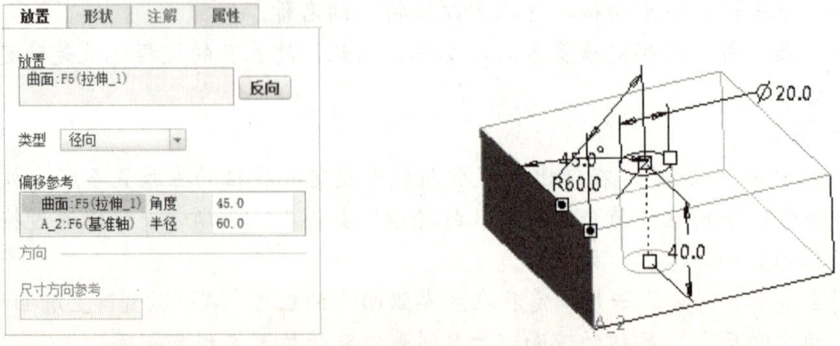

（a）　　（b）

图 4.5.14　以径向方式建立的直孔特征

（3）直径：该选项用于以直径方式来放置简单直孔特征，操控板如图 4.5.15（a）所示。以该方式同样需要用户指定轴次参照与角度次参照，但是输入的是直径与角度，即建立孔特征的圆心位于指定直径的参考圆上，然后由孔的圆心和轴次参照所在的平面与角度次参照平面构成指定的角度来完成确定孔的位置，如图 4.5.15（b）所示，以直径方式建立了一个直径为 20 的直孔。

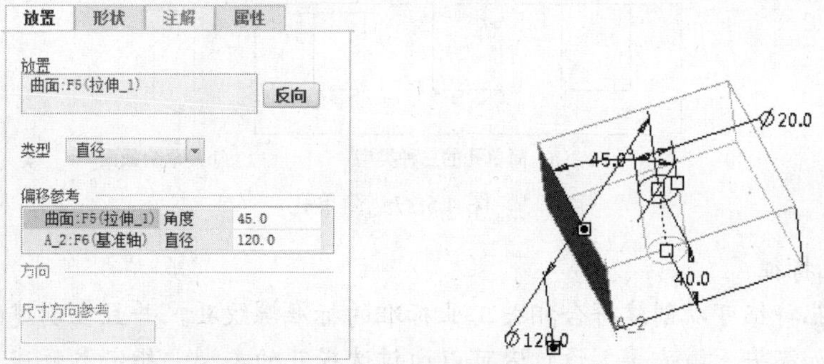

（a）　　　　（b）

图 4.5.15　以直径方式建立的孔特征

（4）同轴：该选项用于以同轴方式放置孔特征，只要选择一根参照轴线作为孔特征的轴线，同时选择孔所在的平面，操控板如图 4.5.16(a)所示。图 4.5.16（b）以同轴方式建立了一个直径为 40 的孔。

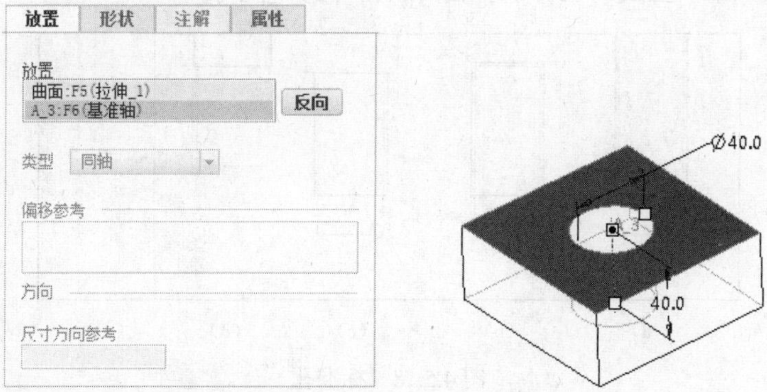

（a）　　　　（b）

图 4.5.16　以同轴方式建立孔特征

选择的主放置平面不同时，可选用的放置方式也不同，总结如下。

- 主参照为平面时，可选用“线性”、“径向”和“直径”放置方式。
- 主参照为曲面时，可选用“径向”放置方式。
- 主参照为轴线和平面时，可选用“同轴”放置方式。

3. 简单孔特征

Creo 3.0 提供了两大类孔供用户使用：简单孔和标准孔。简单孔分为 3 类：预定义矩形轮廓孔（又称简单直孔）、标准孔轮廓孔和草绘轮廓孔。

- 简单直孔：使用系统预定义的形式生成的孔，此孔生成于主放置平面，并向实体内延伸至指定深度，其断面形状为矩形，如图 4.5.17（a）左侧图形所示。

- 标准孔轮廓孔：带顶角的简单孔。此孔生成于主放置平面，向实体延伸至指定深度，在孔的末端，具有麻花钻钻孔形成的顶角，如图 4.5.17（a）中间图形所示。
- 草绘轮廓孔：在定义了孔的放置平面及孔中心的位置后，进入草绘环境下创建孔的截面，如图 4.5.17（b）所示，然后旋转得到孔，其断面形状为草绘图形，如图 4.5.17（a）右侧图形所示。

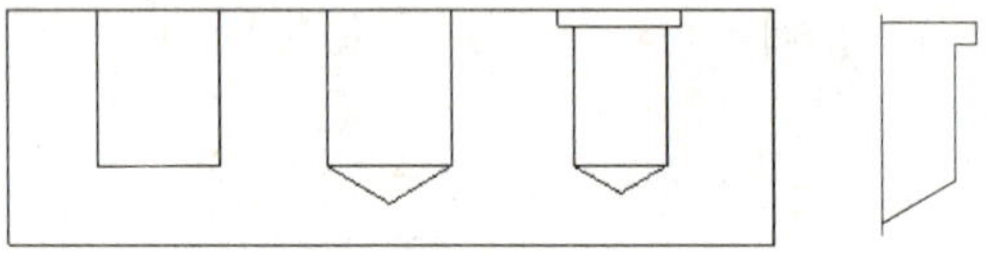

（a）简单孔的三种类型　　（b）草绘截面

图 4.5.17　简单孔

4. 标准孔特征

使用标准孔特征可以创建符合相关工业标准的标准螺纹孔，并且在创建的孔中可带有不同的末端形状，如沉头、埋头等。设计者可以通过选择孔的类型、指定参数建立复杂的孔截面形状。同时，系统提供了 ISO、UNC、UNF 等标准的螺纹孔供用户选择，操作如下。

- 单击按钮/，生成的孔形状如图 4.5.18（a）所示。
- 单击按钮//，生成的孔形状如图 4.5.18（b）所示。
- 单击按钮//，生成的孔形状如图 4.5.18（c）所示。
- 单击按钮//，生成的孔形状如图 4.5.18（d）所示。
- 单击按钮/，生成的孔形状如图 4.5.18（e）所示。

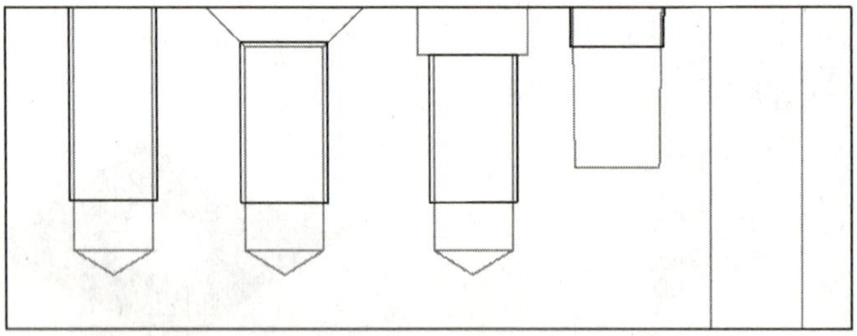

（a）　（b）　（c）　（d）　（e）

图 4.5.18　标准孔

Step5：创建如图 4.5.19 所示的孔 2 特征。单击“模型”功能选项卡“工程”区域中的“孔”按钮 孔。选取图 4.5.20 所示平面为孔放置平面，“孔”操控板选项及孔数值如图 4.5.21 所示，孔位置尺寸如图 4.5.22 所示。在操控板中单击“确定”按钮，完成孔 2 特征的创建。

图 4.5.19　孔 2 特征

图 4.5.20　选取草绘平面

图 4.5.21 “孔”操控板

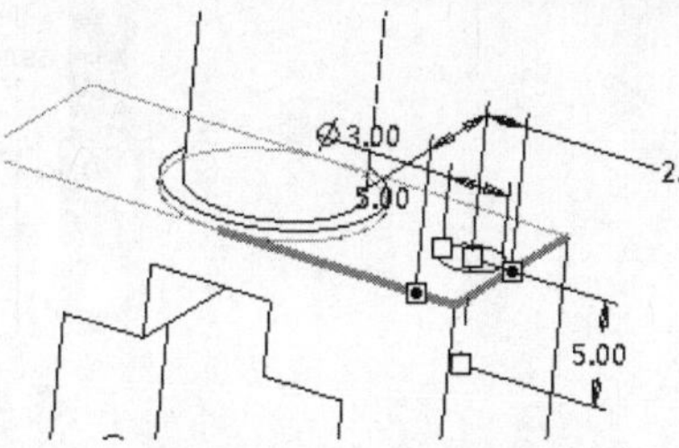

图 4.5.22 孔位置尺寸

Step6：创建如图 4.5.23 所示的拉伸 2 特征。

（1）单击“模型”功能选项卡“形状”区域中的“拉伸”按钮 拉伸，按下“移除材料”按钮。

（2）选取 TOP 平面为草绘平面，RIGHT 基准平面为参考平面，方向为 右；单击草绘按钮，进入草绘环境。

（3）使用“圆心和点” 圆命令绘制如图 4.5.24 所示的截面草图，单击“确定”按钮，退出草绘环境。

（4）在操控板中选取深度类型，输入深度值 8。

（5）在操控板中单击“确定”按钮，完成拉伸 2 特征的创建。

图 4.5.23 拉伸 2 特征

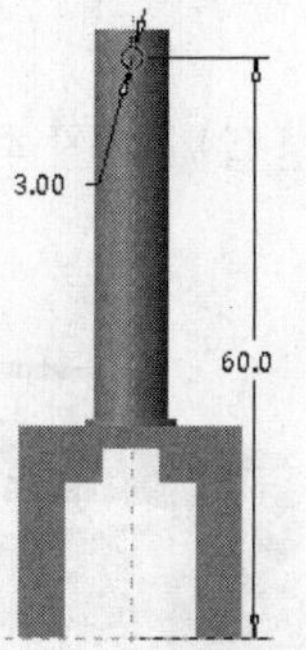

图 4.5.24 截面草图

Step7：创建如图 4.5.25 所示的拉伸 3 特征。

（1）单击“模型”功能选项卡“形状”区域中的“拉伸”按钮 拉伸，按下“移除材料”按钮。

（2）选取 RIGHT 平面为草绘平面，TOP 基准平面为参考平面，方向为左；单击草绘按钮，进入草绘环境。

（3）使用“圆心和点” 圆、“线链” 线、“删除段” 删除段命令绘制如图 4.5.26 所示的截面草图，单击“确定”按钮，退出草绘环境。

（4）在操控板中选取深度类型，输入深度值 8。

（5）在操控板中单击“确定”按钮，完成拉伸 3 特征的创建。

图 4.5.25　拉伸 3 特征

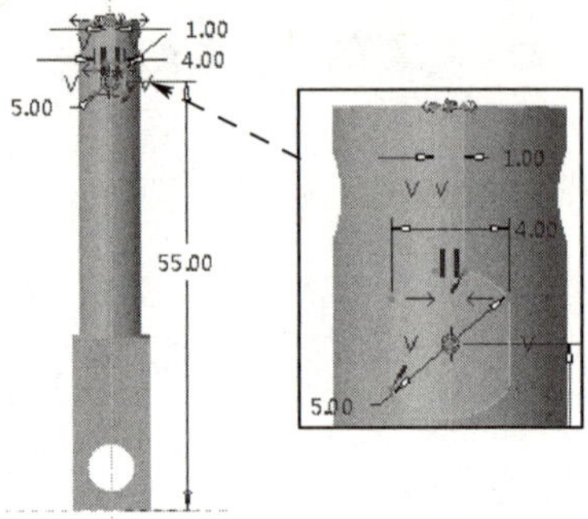

图 4.5.26　截面草图

Step8：创建如图 4.5.27 所示的倒圆角 1 特征。

（1）单击“模型”功能选项卡“工程”区域中的“倒圆角”倒圆角按钮。

（2）按住 Ctrl 键选取图 4.5.27 中的边线，并在圆角半径 1.00 对话框中输入圆角半径值为 1。

（3）在操控板中单击“确定”按钮，完成倒圆角 1 特征的创建。

至此，完成前轮架零件的创建。

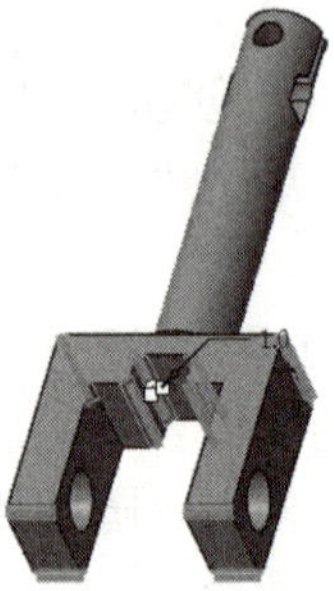

图 4.5.27　倒圆角半径为 1 的边

4.6　弹簧

弹簧零件模型及模型树如图 4.6.1 所示，该模型创建时主要运用螺旋扫描、拉伸切除命令。

图 4.6.1　弹簧零件模型及模型树

Step1：新建一个零件，并将其命名为“2-14”，选用 mmns_part_solid 模板。

Step2：创建螺旋扫描 1 特征。

（1）单击“模型”功能选项卡“形状”区域 扫描 按钮中的，在弹出的菜单中选择 螺旋扫描 命令，系统弹出如图 4.6.2 所示的螺旋扫描操控板。

（2）在操控板中确认“实体”按钮和“使用右手定则”按钮被按下。

（3）定义螺旋扫描轮廓。

① 单击操控板中的“参考”按钮，在弹出的下滑面板中单击 定义... 按钮，系统弹出“草绘”对话框。

② 选取 TOP 基准平面为草绘平面，RIGHT 基准平面为参考平面，方向向右，单击 草绘

系统进入草绘环境。

③ 在草绘环境中，单击“基准”区域下的“中心线”按钮 中心线，过竖直参考直线绘制螺旋扫描的中心线。

④ 单击“线链”命令 线，以水平参考直线为起点，由下向上绘制一个线段，其尺寸如图 4.6.3 所示，该段直线即为螺旋扫描轨迹草图。

注意：绘制螺旋扫描轨迹时，轨迹线两端点的先后顺序不同，会使图 4.6.3 中螺旋扫描的起始箭头方向不同。

⑤ 单击 按钮，退出草绘环境。此时图形区如图 4.6.4 所示。

（4）定义螺距值。在“螺旋扫描”操控板的螺距值 1.50 文本框中输入螺距 1.5，并按回车键。

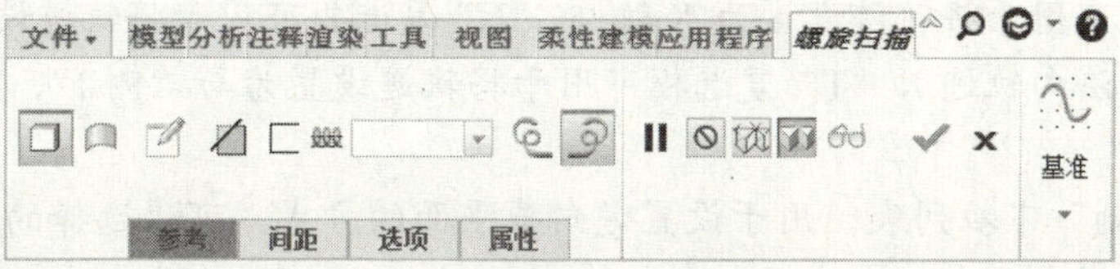

图 4.6.2 “螺旋扫描”操控板

（5）创建扫描截面。

① 单击螺旋操控板中的草绘按钮 ，进入草绘环境，系统自动生成了草绘参考，如图 4.6.5 所示。

② 以图 4.6.5 中的圆点为圆心绘制图 4.6.6 所示的截面草图。

③ 单击草绘工具栏中的 按钮，退出草绘环境。

注意：把基准面显示打开，并把截面旋转到三维视图，图 4.6.5 中的截面中心点更容易找到。

（6）单击螺旋扫描操控板中的 按钮，完成螺旋扫描 1 特征的创建，如图 4.6.7 所示。

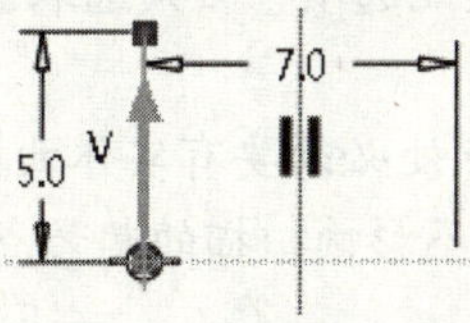

图 4.6.3　扫描轨迹草图

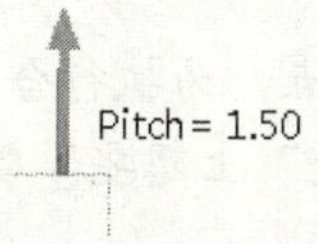

图 4.6.4　图形区显示内容

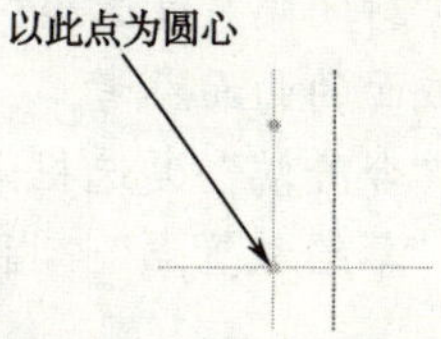

图 4.6.5　草绘圆心选择

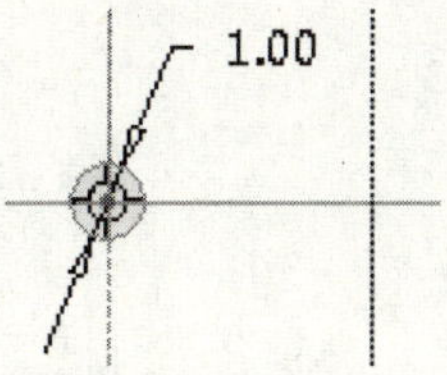

图 4.6.6　截面草图

图 4.6.7　螺旋扫描 1 特征

说明：关于扫描和螺旋扫描

1. 扫描

扫描特征是将绘制好的截面沿着轨迹线扫出来的特征，因此如何绘制好截面和轨迹线对于扫描特征非常重要。通常在绘制扫描截面之前，需要绘制一条曲线作为扫描截面移动的轨迹线，该轨迹线决定截面的走向，从而控制产生特征的整体外形。

单击“模型”功能选项卡“形状”区域扫描按钮 扫描▾，系统弹出如图 4.6.8 所示的“扫描”操控板。

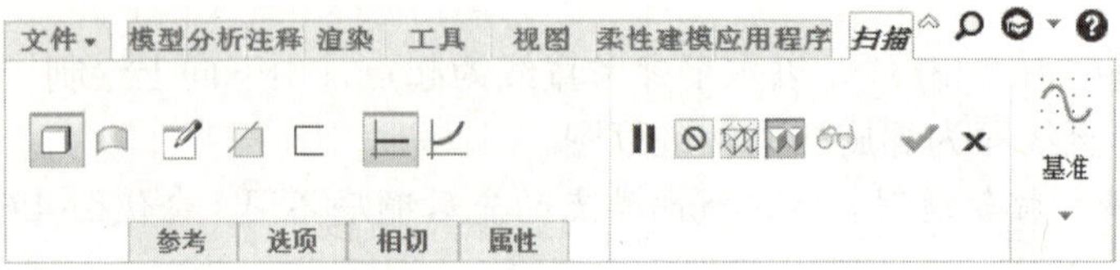

图 4.6.8 “扫描”操控板

（1）“参考”下滑面板如图 4.6.9 所示。

- “轨迹”列表：“轨迹”列表用于显示轨迹，包括用户选择作为轨迹原点和集类型的轨迹；“X”复选框可用于将轨迹设置为 X 轨迹，“N”复选框可用于将轨迹设置为法向轨迹（截面将垂直于法向轨迹），“T”复选框可用于将轨迹设置为与“侧 1”、“侧 2”或选定的曲面参考相切。
- “截平面控制”下拉列表：用于设置定向截平面的方式。可供选择的有垂直于轨迹、垂直于投影和横向法向三个选项：

➢ 垂直于轨迹：截面平面在整个长度上保持与“原点”轨迹垂直。普通（默认）扫描参考。

➢ 垂直于投影：沿投影方向看去，截面平面与“原点”轨迹保持垂直。Z 轴与指定方向上的“原点”轨迹的投影相切。必须指定方向参考。

➢ 横向法向：Z 轴平行于指定方向参考向量。必须指定方向参考。

- “水平/竖直控制”下拉列表：用于决定绕草图平面法向的框架旋转沿扫描如何定向。该下拉列表可提供的选项有“自由”、“垂直于曲面”和“X 轨迹”，其中，“自动”为默认选项，表示由 XY 方向定向横截面。

（2）“选项”下滑面板如图 4.6.10 所示，用于选取可变或恒定扫描。

- “封闭端”复选框：向扫描添加封闭端点。请注意：要使用此选项，必须选取具有封闭截面的曲面参考。
- “合并端”复选框：合并扫描端点。为执行合并，扫描端点处必须要有实体曲面。
- “草绘放置点”：指定“原始轨迹”上想要草绘剖面的点。不影响扫描的起始点。

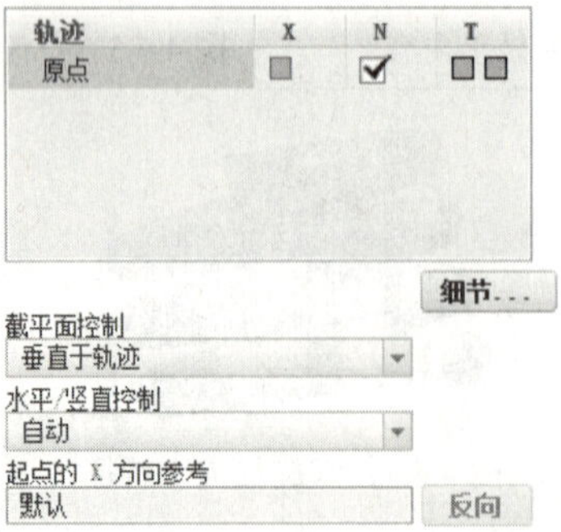

图 4.6.9 “参考”下滑面板

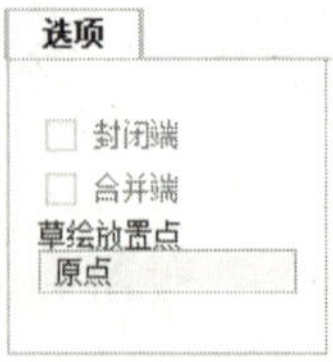

图 4.6.10 “选项”下滑面板

（3）“相切”下滑面板：用相切轨迹选取及控制曲面。

下面以创建如图 4.6.11 所示的回形针为例说明创建扫描特征的过程。

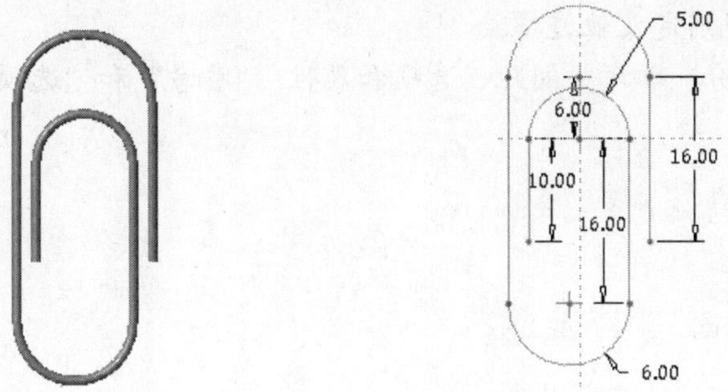

（a）实体模型　　（b）扫描轨迹线

图 4.6.11　回形针

操作步骤：

（1）打开 Creo 3.0 系统，新建一个“零件”设计环境，选用 mmns_part_solid 模板。

（2）单击“模型”功能选项卡“形状”区域扫描按钮 扫描，单击扫描操控板右上角的按钮，系统出现如图 4.6.12 所示的基准区域下拉菜单，单击草绘按钮，系统进入草绘环境，选择 TOP 平面为基准平面，RIGHT 平面为参考平面。

（3）绘制如图 4.6.11（b）所示的扫描轨迹线，单击“确定”按钮，退出草绘环境。

（4）单击“扫描”操控板中的“退出暂停模式按钮”，继续进行“扫描”建模。系统默认将刚刚绘制的草绘轨迹线作为扫描的轨迹线。此时扫描轨迹线状态如图 4.6.13 所示。图中箭头所指方向即为扫描起始方向。

（5）单击“扫描”操控板中的创建扫描截面按钮，系统再次进入草绘环境。

（6）以如图 4.6.14 所示草绘平面上的两条中心线的交点为圆心，绘制一个直径为 1 的圆作为草绘截面。单击“确定”按钮，退出草绘环境。此时我们看到系统已经默认生成了回形针扫描特征的预览。单击扫描操控板中的“确定”按钮，完成扫描特征的建模。

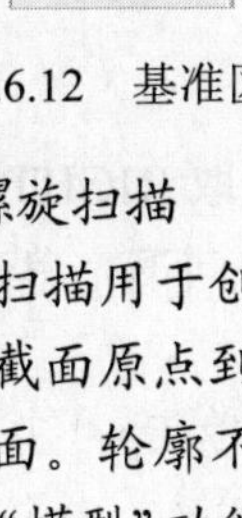

图 4.6.12　基准区域

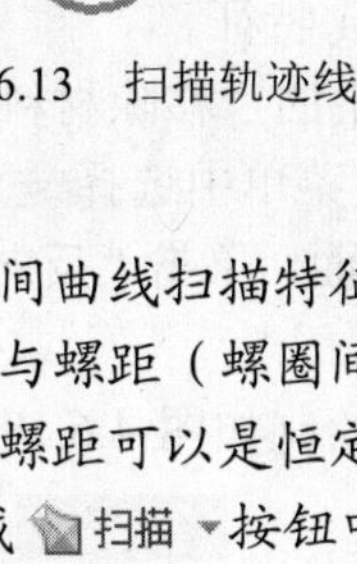

图 4.6.13　扫描轨迹线状态

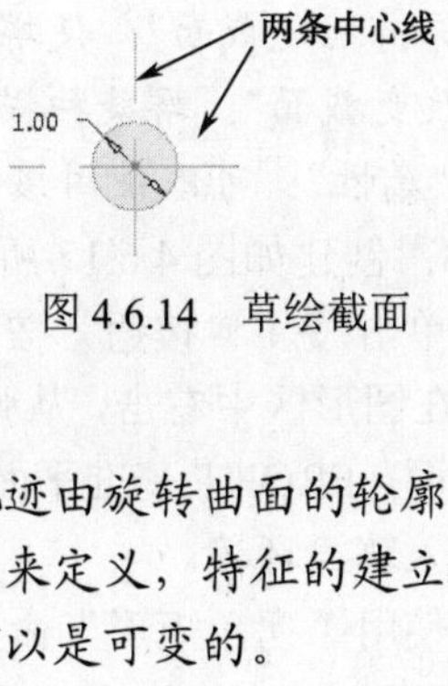

图 4.6.14　草绘截面

2. 螺旋扫描

螺旋扫描用于创建弹簧、螺纹等空间曲线扫描特征。螺旋轨迹由旋转曲面的轮廓（定义螺旋特征的截面原点到其旋转轴的距离）与螺距（螺圈间的距离）来定义，特征的建立还需要旋转轴和截面。轮廓不能是封闭的曲线，螺距可以是恒定的，也可以是可变的。

单击“模型”功能选项卡“形状”区域 扫描 按钮中的，在弹出的菜单中选择 螺旋扫描 命令，系统弹出如图 4.6.2 所示的螺旋扫描操控板。

“螺旋扫描”操控板与“扫描”操控板相似，只多了三项，解释如下：

- ：螺旋扫描的节距。
- ：使用左手规则定义轨迹螺旋

- ：使用右手规则定义轨迹螺旋

具体设置分为 4 部分：参考、间距、选项和属性。“参考”和“选项”下滑面板如图 4.6.15 及图 4.6.16 所示。

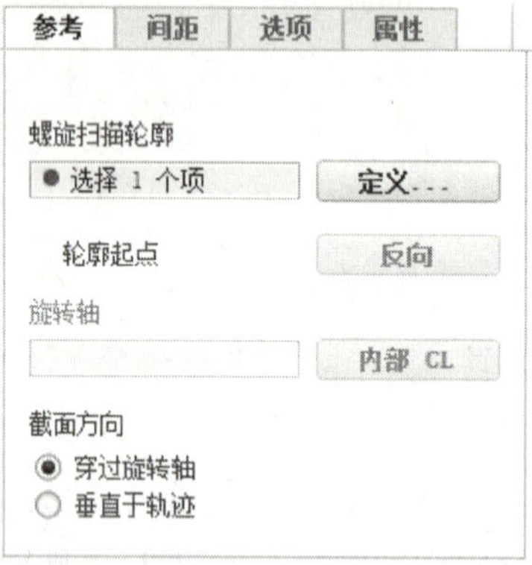

图 4.6.15 “参考”下滑面板

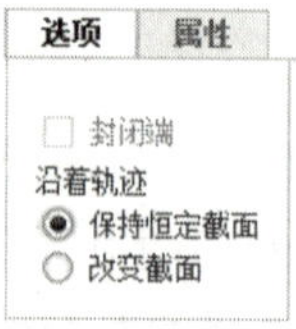

图 4.6.16 “选项”下滑面板

（1）“参考”：该面板包含“螺旋扫描轮廓”、“旋转轴”、“穿过旋转轴”、“垂直于轨迹”。

- “螺旋扫描轮廓”：螺旋扫描的外轮廓线必须开放，并且不允许与中心线（即螺旋轴）相互垂直。当以轨迹法向方式建立螺旋扫描特征时，其扫描轨迹线可由多条曲线组成，但这些曲线之间必须以相切的方式连接。
- “旋转轴”：螺旋扫描时所围绕的中心，这条线是必需的。“内部 CL”表示以内部草绘的中心线作为旋转轴。
- “穿过旋转轴”：特征截面在扫描过程中始终穿过旋转轴线。
- “垂直于轨迹”：特征截面在扫描过程中始终垂直于螺旋轨迹线。

（2）“间距”：该面板可以通过不断添加不同位置，设置不同位置的节距。

（3）“选项”：该面板包括“封闭端”、“保持恒定截面”、“改变截面”三个选项。

- “封闭端”：使曲面特征两端封闭，在扫描曲面的时候才能选，扫描的是实体，自然成灰色不可用状态。
- “保持恒定截面”：使螺旋扫描的剖面保持不变。
- “改变截面”：螺旋扫描的剖面随着轨迹而改变。

（4）“属性”：可以使用该下滑面板来编辑特征名，并且在浏览器中打开特征信息。

Step3：创建如图 4.6.17 所示的拉伸 1 特征。

（1）单击 拉伸按钮，按下操控板中的“移除材料按钮” 。

（2）在图形区中右击，从弹出的快捷菜单中选择 定义内部草绘... 命令，选取 RIGHT 基准平面为草绘平面，FRONT 基准平面为参考平面，单击“反向”按钮 反向 ，方向向下，单击 草绘 按钮，进入草绘环境。

（3）使用“拐角矩形”命令 矩形绘制如图 4.6.18 所示的截面草图，单击 按钮，退出草绘环境。

（4）在操控板中定义拉伸类型为 ，输入深度值 8；单击“确定”按钮 ，完成拉伸 1 特征的创建。

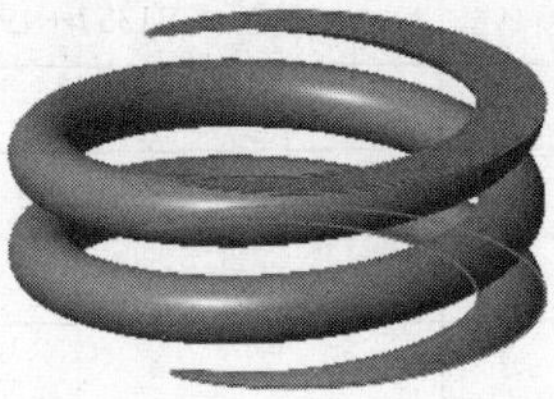

图 4.6.17　拉伸 1 特征

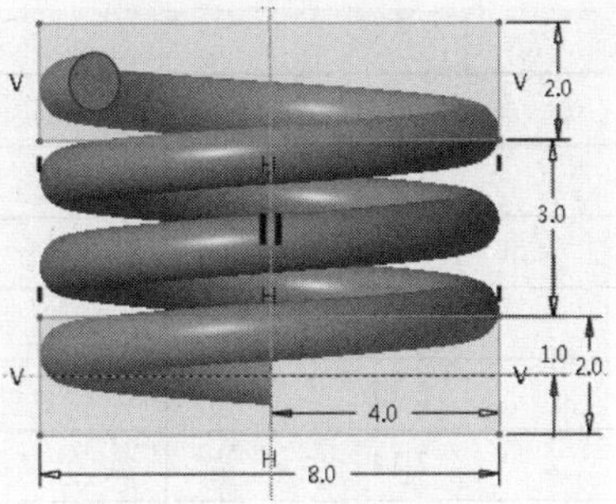

图 4.6.18　截面草图

4.7　其他零件

本节提供无碳小车其他零件的尺寸，在学习了前面的内容后读者可根据提供的零件尺寸自行建立其他零件的三维模型。为后续学习无碳小车的装配以及运动仿真等内容做准备。

无碳小车共有加工零件 51 种，标准件 10 种，各零件代号及其名称如表 4.7.1 所示。加工零件尺寸将在下面内容给出，标准件尺寸可查阅机械设计手册，根据尺寸自行建模。

表 4.7.1　无碳小车各零件代号与名称

序　号	代　号	名　称	备　注
1	1-1	底板	
2	1-2	左侧板	
3	1-3	右侧板	
4	1-4	后轮轴	
5	1-5	弹性挡圈 1	
6	1-6	绕线轴	
7	1-7	弹性挡圈 2	
8	1-8	齿轮（72）	GB1357—1987
9	1-9	弹性挡圈 3	
10	1-10	齿轮（32）	GB1357—1987
11	1-11	后轮	
12	2-1	变速箱	
13	2-2	变速箱盖	
14	2-3	曲柄轴	
15	2-4	弹性挡圈 4	
16	2-5	齿轮（48）	GB1357—1987
17	2-6	曲柄	
18	2-7	摩擦杆轴 1	
19	2-8	摩擦杆轴 2	
20	2-9	齿轮（64）	GB1357—1987

续表

序　号	代　号	名　称	备　注
21	2-10	齿轮（24）	GB1357—1987
22	2-11	摩擦轮套	
23	2-12	摩擦轮轴	
24	2-13	摩擦轮	
25	2-14	弹簧	
26	3-1	千分尺杆	
27	3-2	千分尺套筒	
28	3-3	锁紧件	
29	3-4	关节轴承 M3	
30	3-5	内球套	
31	3-6	内球节	
32	4-1	前轮架	
33	4-2	前轮轴	
34	4-3	弹性挡圈 5	
35	4-4	前轮	
36	4-5	弹性挡圈 6	
37	4-6	轴承座	
38	4-7	关节轴承 M5	
39	5-1	重物座	
40	5-2	导线架	
41	5-3	导线轴	
42	5-4	连接杆下	
43	5-5	连接杆	
44	5-6	导线杆	
45	5-7	连接杆上	
46	5-8	滑轮架	
47	5-9	滑轮轴	
48	5-10	弹性挡圈 7	
49	5-11	滑轮	
50	5-12	砝码	
51	5-13	丝线	
52	LD-M3	内六角螺钉	GB/T70.2—2000
53	JDLD-M2	紧定螺钉 M2	GB/T71—1985
54	JDLD-M3	紧定螺钉 M3	GB/T71—1985
55	LM-M3	六角螺母 M3	GB/T6170—2000
56	LM-M4	六角螺母 M4	GB/T6170—2000
57	LM-M5	六角螺母 M5	GB/T6170—2000

续表

序　号	代　号	名　称	备　注
58	ZC-MR106ZZ	深沟球轴承 1	
59	693ZZ	深沟球轴承 2	
60	ZC-MR128-2RS	深沟球轴承 3	
61	HF0612	单向轴承	

1．代号：1-1，名称：底板

参见 3.1 节。

2．代号：1-2，名称：左侧板

左侧板零件尺寸如图 4.7.1 所示。

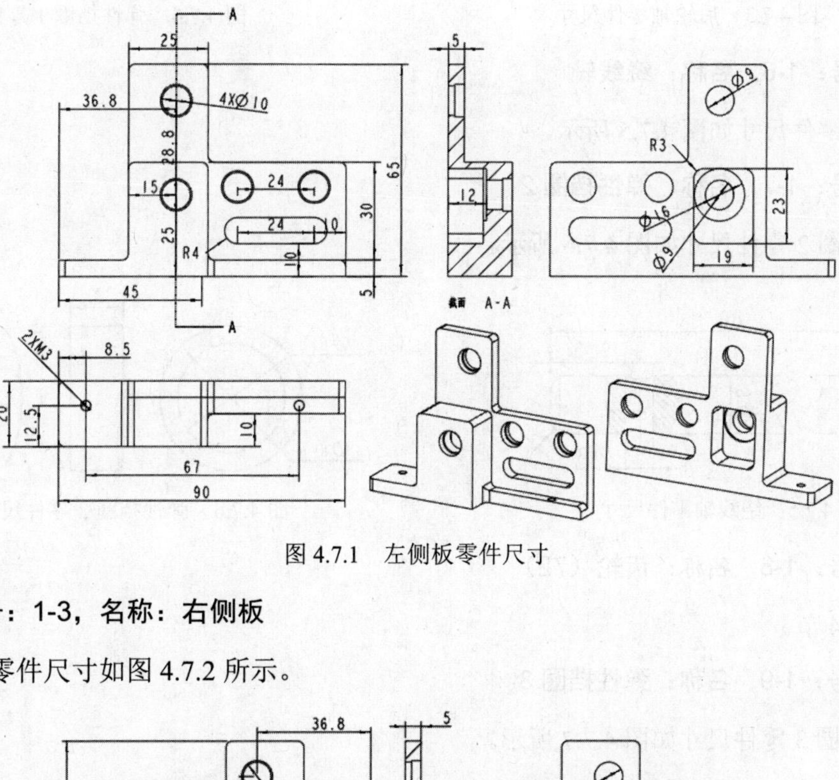

图 4.7.1　左侧板零件尺寸

3．代号：1-3，名称：右侧板

右侧板零件尺寸如图 4.7.2 所示。

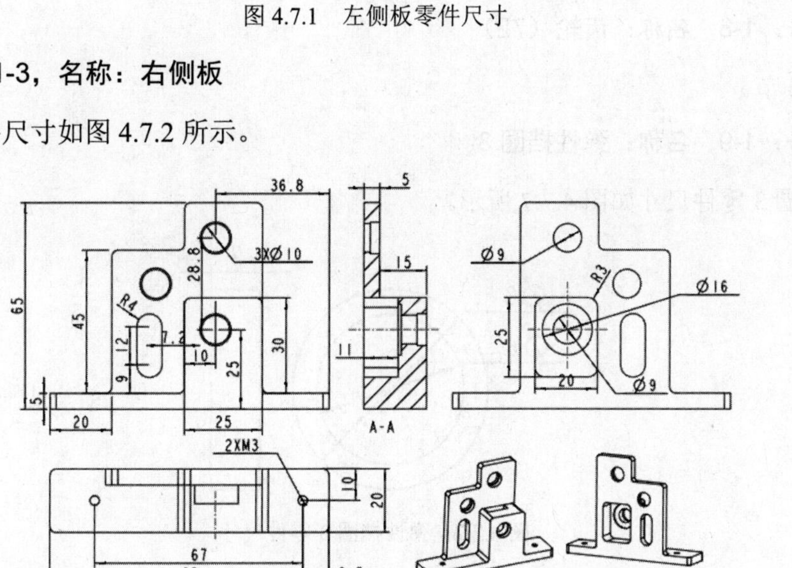

图 4.7.2　右侧板零件尺寸

4. 代号：1-4，名称：后轮轴

后轮轴零件尺寸如图 4.7.3 所示。

5. 代号：1-5，名称：弹性挡圈 1

弹性挡圈 1 零件尺寸如图 4.7.4 所示。

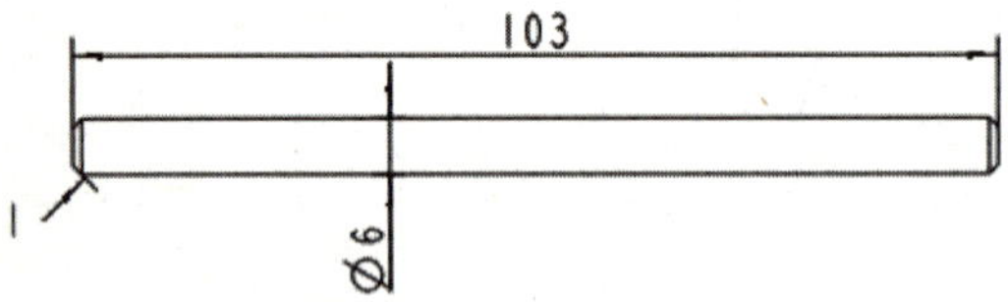

图 4.7.3 后轮轴零件尺寸

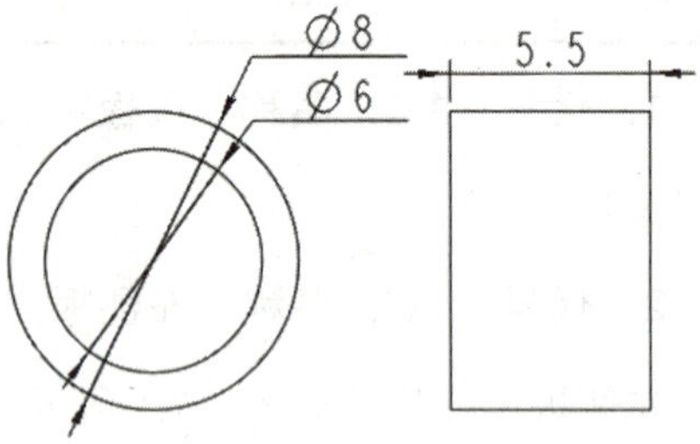

图 4.7.4 弹性挡圈 1 零件尺寸

6. 代号：1-6，名称：绕线轴

绕线轴零件尺寸如图 4.7.5 所示。

7. 代号：1-7，名称：弹性挡圈 2

弹性挡圈 2 零件尺寸如图 4.7.6 所示。

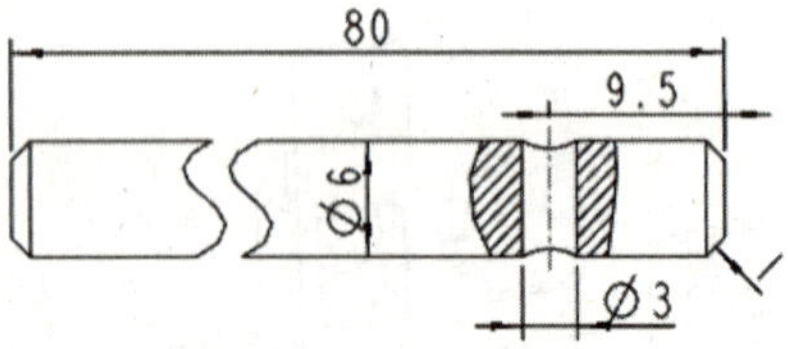

图 4.7.5 绕线轴零件尺寸

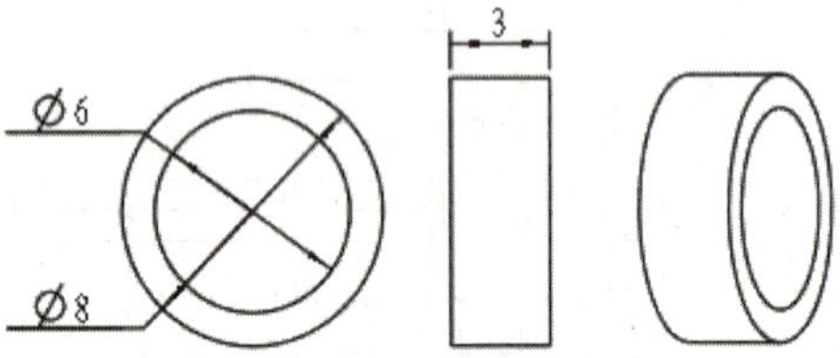

图 4.7.6 弹性挡圈 2 零件尺寸

8. 代号：1-8，名称：齿轮（72）

参照 4.4 节。

9. 代号：1-9，名称：弹性挡圈 3

弹性挡圈 3 零件尺寸如图 4.7.7 所示。

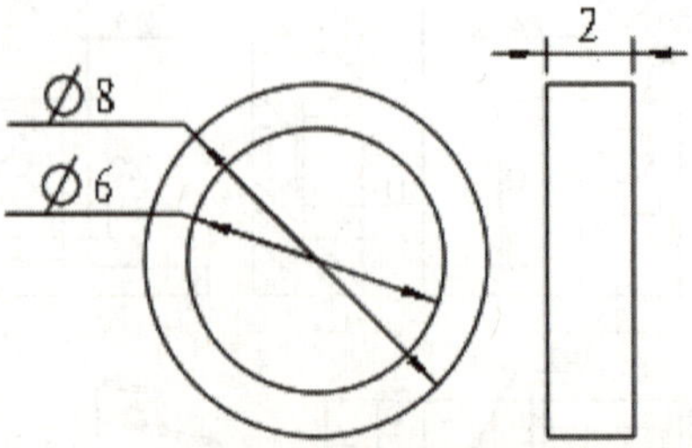

图 4.7.7 弹性挡圈 3 零件尺寸

10．代号：1-10，名称：齿轮（32）

齿轮（32）零件尺寸如图 4.7.8 所示。

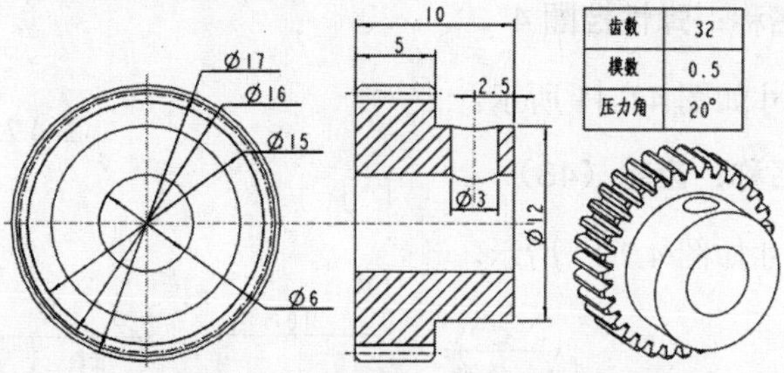

图 4.7.8　齿轮（32）零件尺寸

11．代号：1-11，名称：后轮

后轮零件尺寸如图 4.7.9 所示。

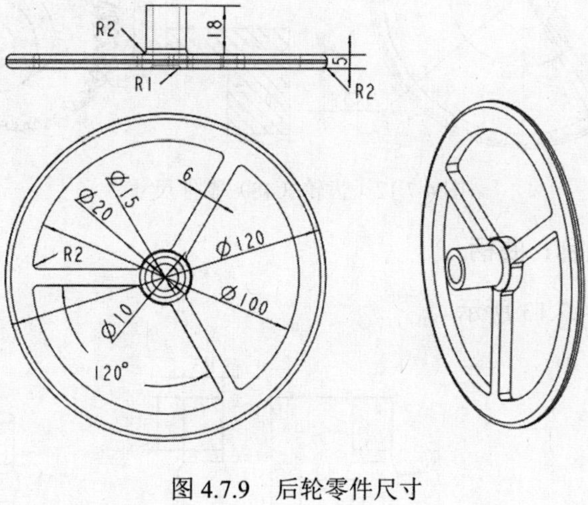

图 4.7.9　后轮零件尺寸

12．代号：2-1，名称：变速箱

参见 3.2 节。

13．代号：2-2，名称：变速箱盖

变速箱盖零件尺寸如图 4.7.10 所示。

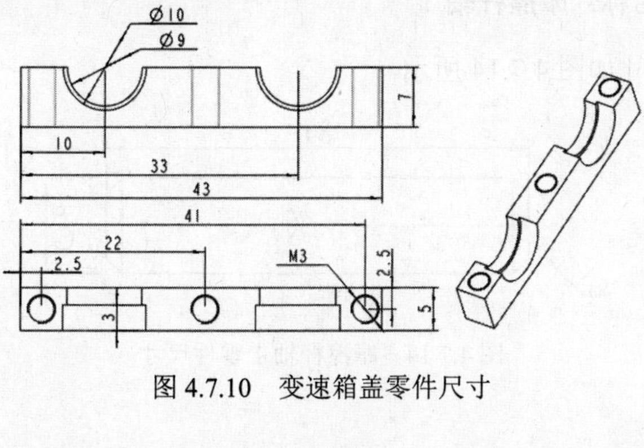

图 4.7.10　变速箱盖零件尺寸

14．代号：2-3，名称：曲柄轴

参见 3.3 节。

15．代号：2-4，名称：弹性挡圈 4

弹性挡圈 4 零件尺寸如图 4.7.11 所示。

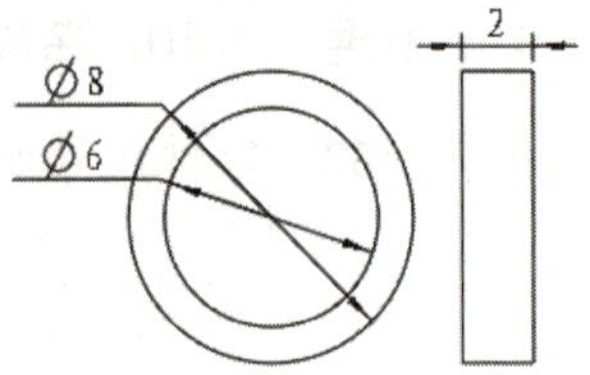

图 4.7.11　弹性挡圈 4 零件尺寸

16．代号：2-5，名称：齿轮（48）

齿轮（48）零件尺寸如图 4.7.12 所示。

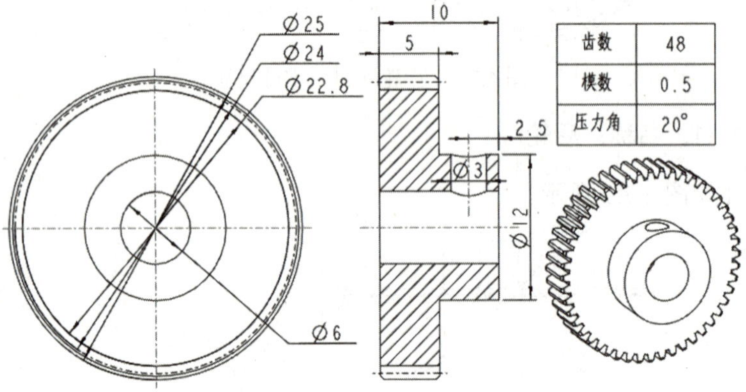

图 4.7.12　齿轮（48）零件尺寸

17．代号：2-6，名称：曲柄

曲柄零件尺寸如图 4.7.13 所示。

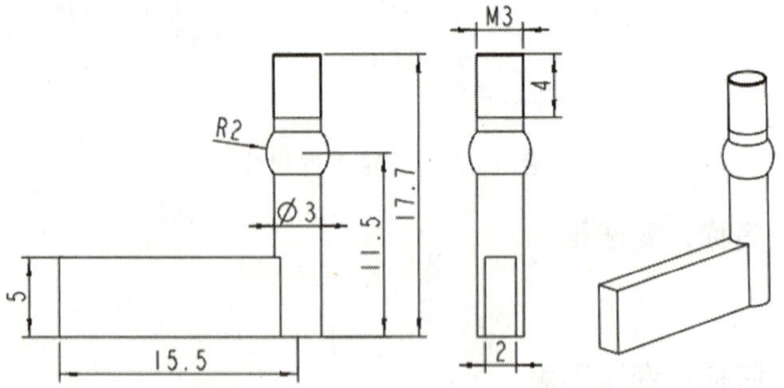

图 4.7.13　曲柄零件尺寸

18．代号：2-7，名称：摩擦杆轴 1

摩擦杆轴 1 零件尺寸如图 4.7.14 所示。

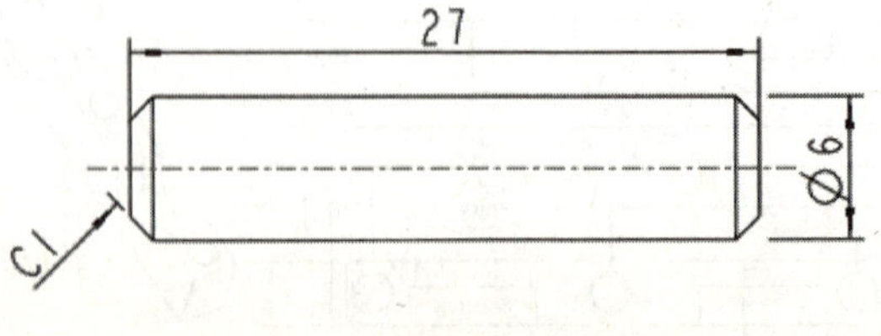

图 4.7.14　摩擦杆轴 1 零件尺寸

19. 代号：2-8，名称：摩擦杆轴 2

摩擦杆轴 2 零件尺寸如图 4.7.15 所示。

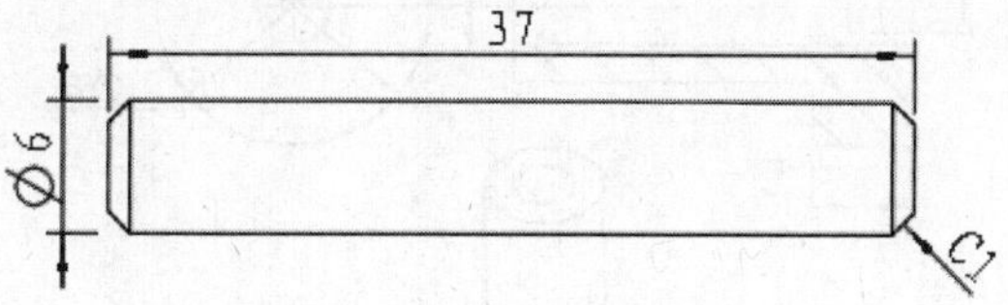

图 4.7.15　摩擦杆轴 2 零件尺寸

20. 代号：2-9，名称：齿轮（64）

齿轮（64）零件尺寸如图 4.7.16 所示。

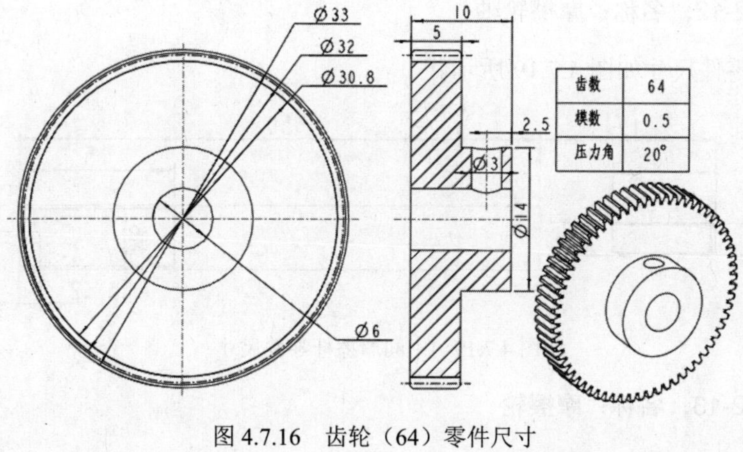

图 4.7.16　齿轮（64）零件尺寸

21. 代号：2-10，名称：齿轮（24）

齿轮（24）零件尺寸如图 4.7.17 所示。

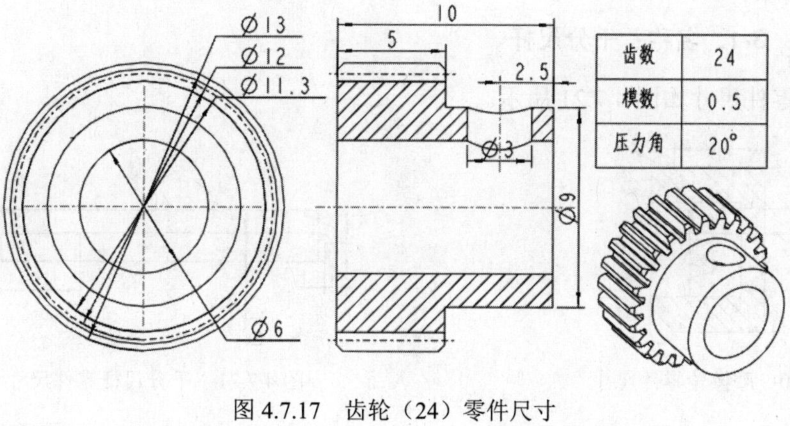

图 4.7.17　齿轮（24）零件尺寸

22. 代号：2-11，名称：摩擦轮套

摩擦轮套零件尺寸如图 4.7.18 所示。

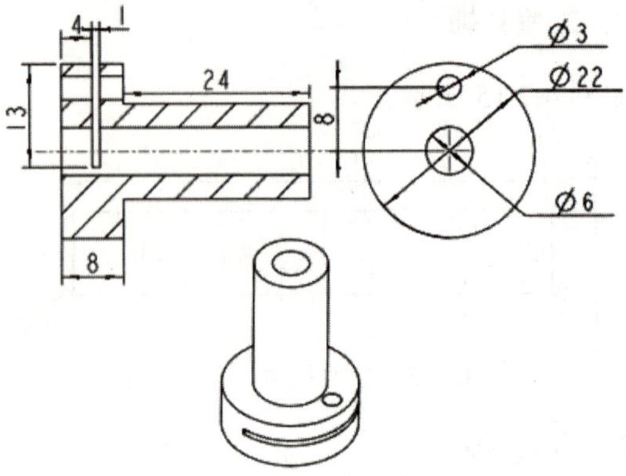

图 4.7.18　摩擦轮套零件尺寸

23．代号：2-12，名称：摩擦轮轴

中间摩擦杆零件尺寸如图 4.7.19 所示。

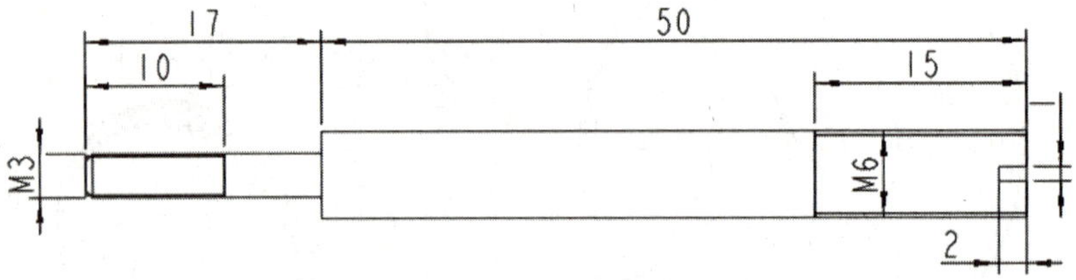

图 4.7.19　中间摩擦杆零件尺寸

24．代号：2-13，名称：摩擦轮

摩擦轮零件尺寸如图 4.7.20 所示。

25．代号：2-14，名称：弹簧

参见 4.6 节。

26．代号：3-1，名称：千分尺杆

千分尺杆零件尺寸如图 4.7.21 所示。

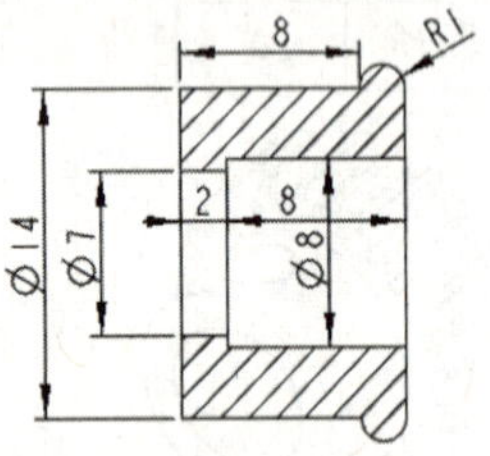

图 4.7.20　摩擦轮零件尺寸

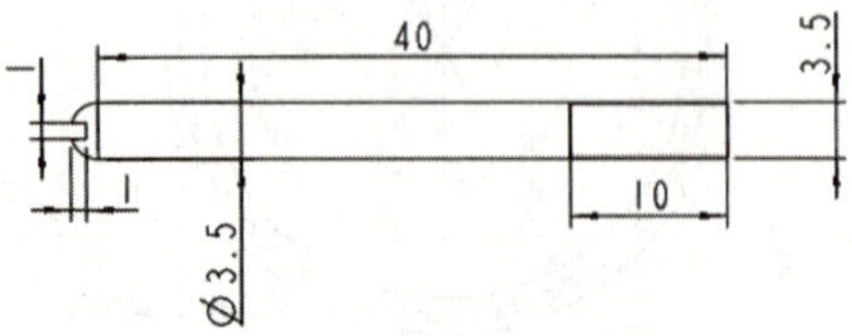

图 4.7.21　千分尺杆零件尺寸

27．代号：3-2，名称：千分尺套筒

千分尺套筒零件尺寸如图 4.7.22 所示。

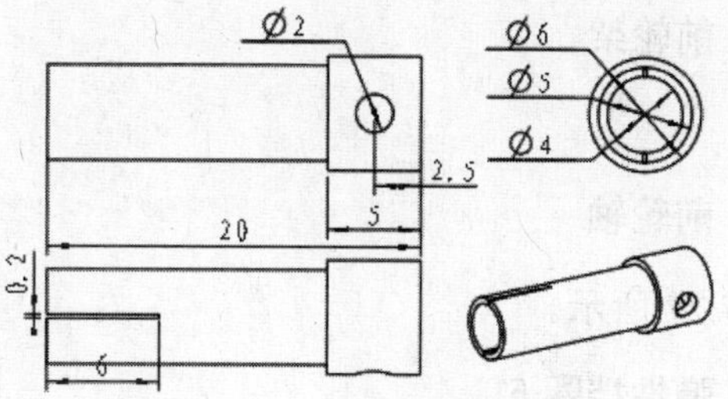

图 4.7.22　千分尺套筒零件尺寸

28．代号：3-3，名称：锁紧件

锁紧件零件尺寸如图 4.7.23 所示。

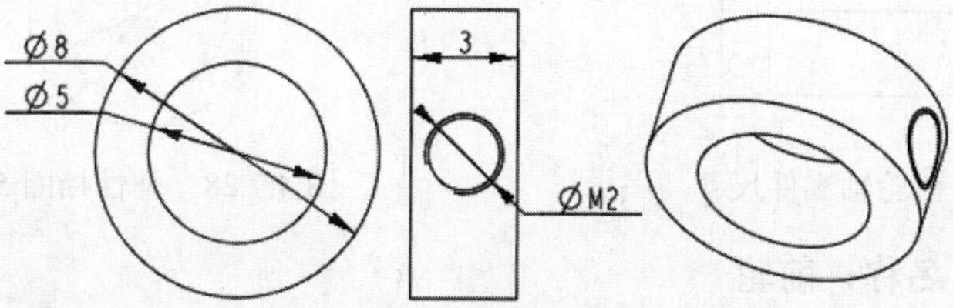

图 4.7.23　锁紧件零件尺寸

29．代号：3-4，名称：关节轴承 M3

关节轴承 M3 零件尺寸如图 4.7.24 所示。

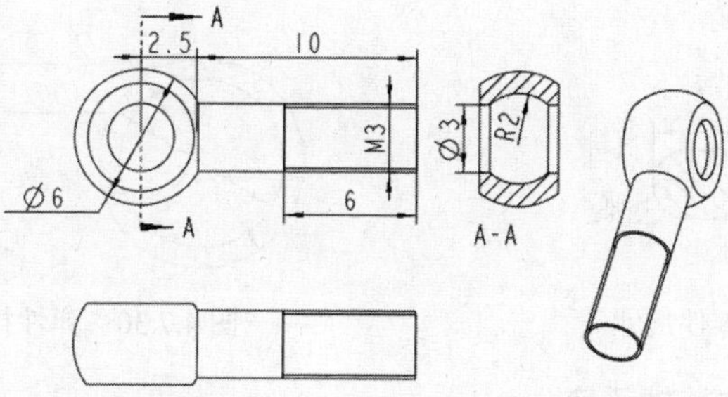

图 4.7.24　关节轴承 M3 零件尺寸

30．代号：3-5，名称：内球套

内球套零件尺寸如图 4.7.25 所示。

31．代号：3-6，名称：内球节

内球节零件尺寸如图 4.7.26 所示。

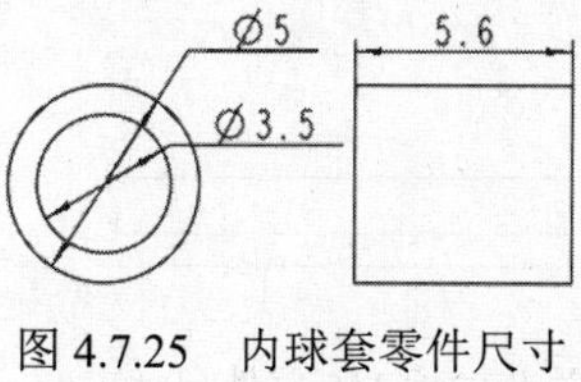

图 4.7.25　内球套零件尺寸

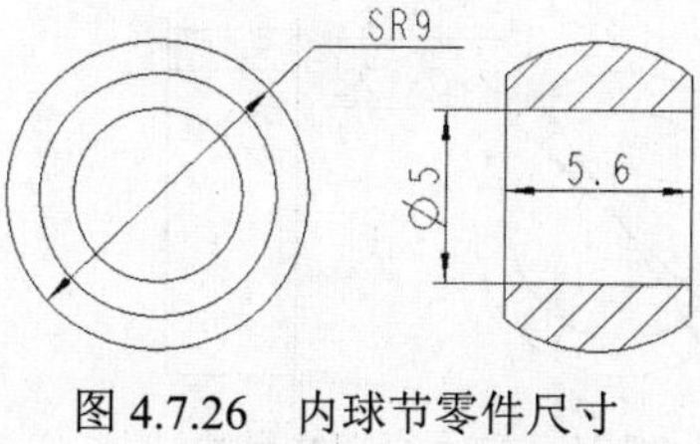

图 4.7.26　内球节零件尺寸

32．代号：4-1，名称：前轮架

参见 4.5 节。

33．代号：4-2，名称：前轮轴

前轮轴零件尺寸如图 4.7.27 所示。

34．代号：4-3，名称：弹性挡圈 5

弹性挡圈 5 零件尺寸如图 4.7.28 所示。

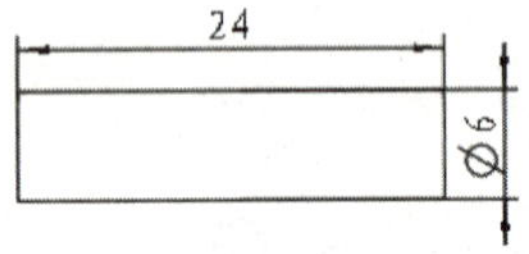

图 4.7.27　前轮轴零件尺寸

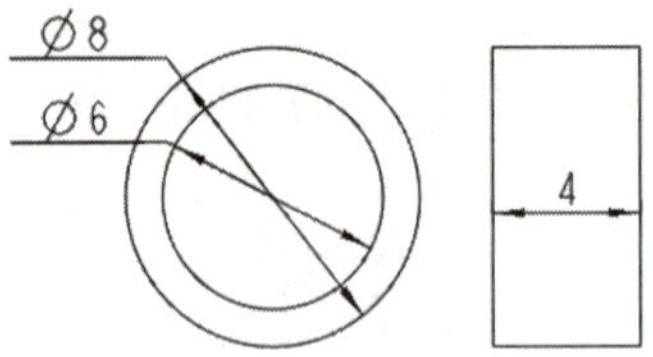

图 4.7.28　弹性挡圈 5 零件尺寸

35．代号：4-4，名称：前轮

前轮零件尺寸如图 4.7.29 所示。

36．代号：4-5，名称：弹性挡圈 6

弹性挡圈 6 零件尺寸如图 4.7.30 所示。

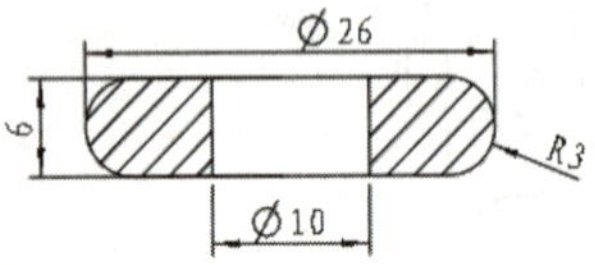

图 4.7.29　前轮零件尺寸

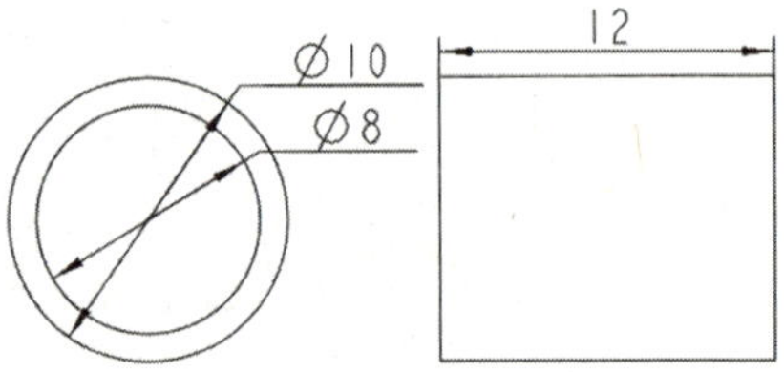

图 4.7.30　弹性挡圈 6 零件尺寸

37．代号：4-6，名称：轴承座

轴承座零件尺寸如图 4.7.31 所示。

38．代号：4-7，名称：关节轴承 M5

关节轴承 M5 零件尺寸如图 4.7.32 所示。

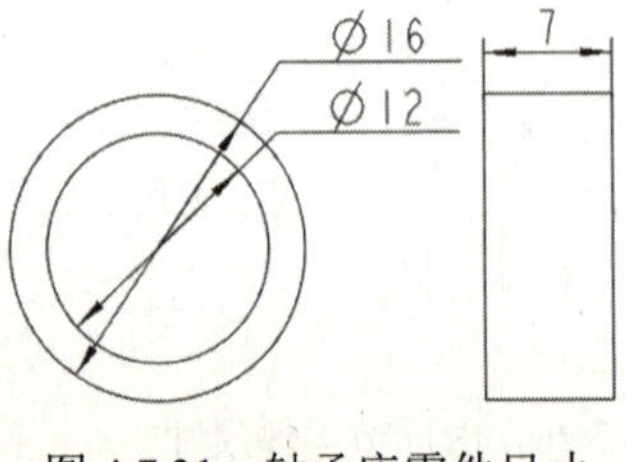

图 4.7.31　轴承座零件尺寸

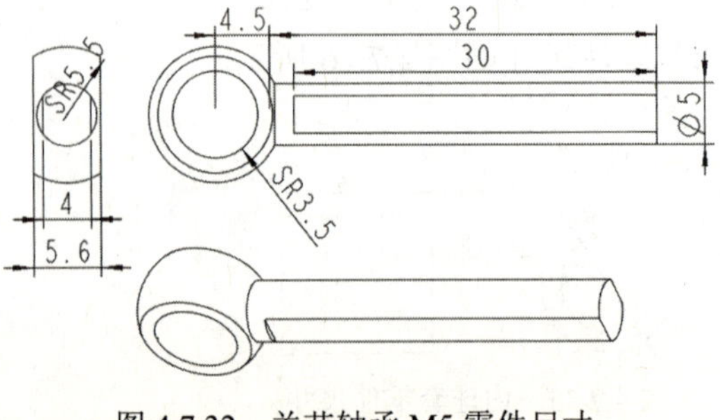

图 4.7.32　关节轴承 M5 零件尺寸

39．代号：5-1，名称：重物座

重物座零件尺寸如图 4.7.33 所示。

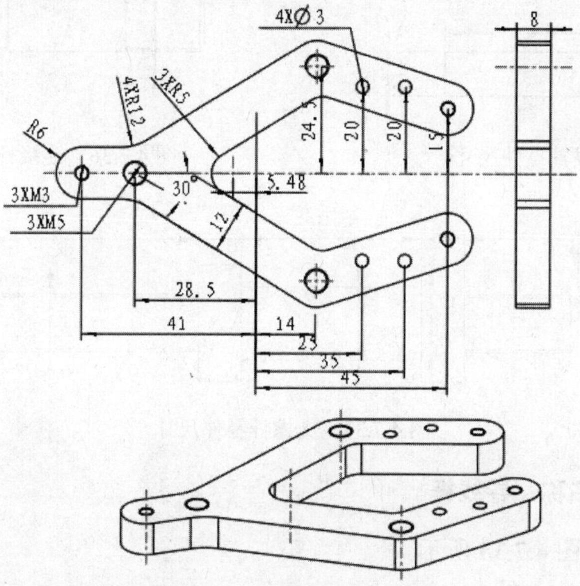

图 4.7.33　重物座零件尺寸

40．代号：5-2，名称：导线架

导线架零件尺寸如图 4.7.34 所示。

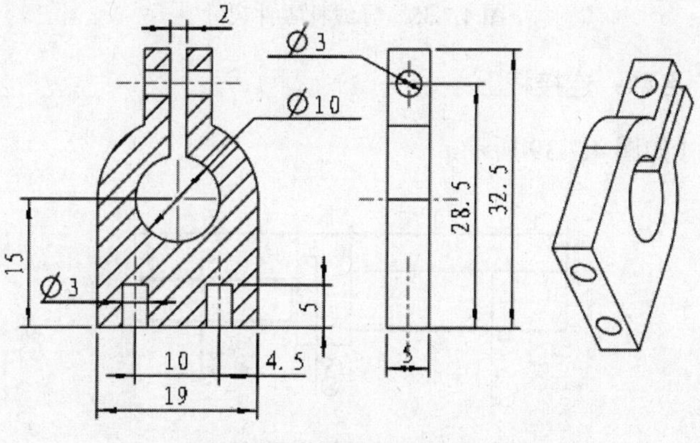

图 4.7.34　导线架零件尺寸

41．代号：5-3，名称：导线轴

导线轴零件尺寸如图 4.7.35 所示。

42．代号：5-4，名称：连接杆下

连接杆下零件尺寸如图 4.7.36 所示。

43．代号：5-5，名称：支撑杆

支撑杆零件尺寸如图 4.7.37 所示。

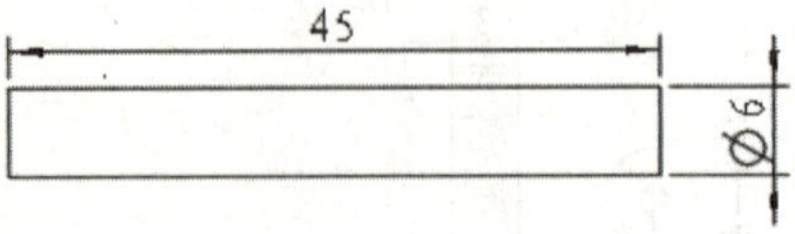

图 4.7.35 导线轴零件尺寸

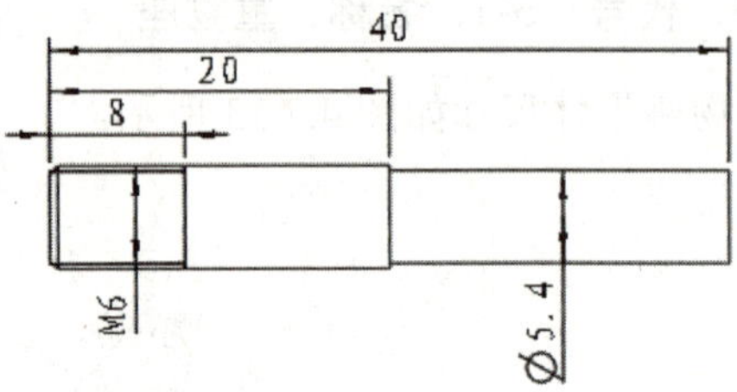

图 4.7.36 连接杆下零件尺寸

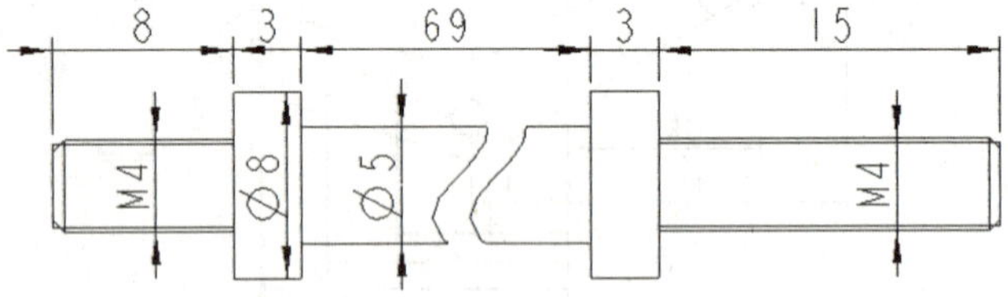

图 4.7.37 支撑杆零件尺寸

44．代号：5-6，名称：导线杆

导线杆零件尺寸如图 4.7.38 所示。

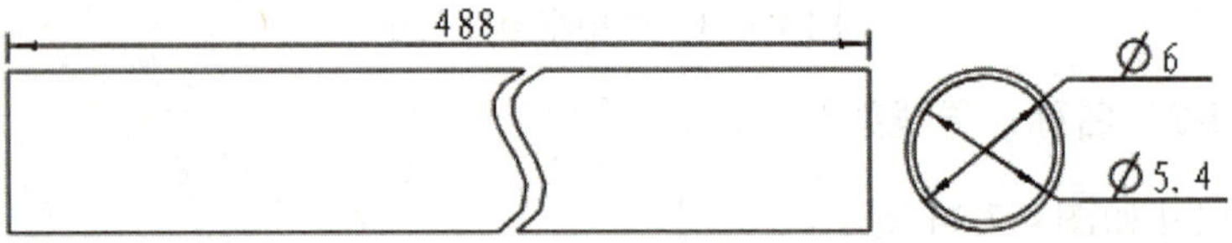

图 4.7.38 导线杆零件尺寸

45．代号：5-7，名称：连接杆上

连接杆上零件尺寸如图 4.7.39 所示。

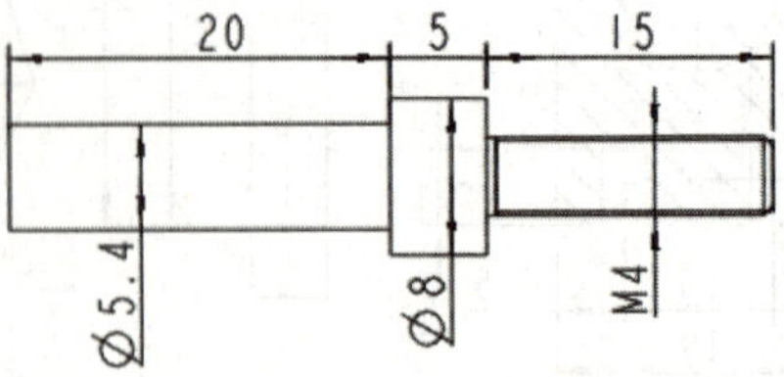

图 4.7.39 连接杆上零件尺寸

46．代号：5-8，名称：滑轮架

滑轮架零件尺寸如图 4.7.40 所示。

47．代号：5-9，名称：滑轮轴

滑轮轴零件尺寸如图 4.7.41 所示。

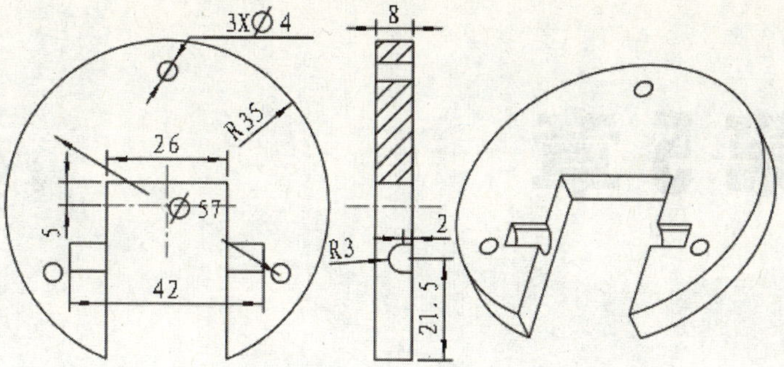

图 4.7.40　滑轮架零件尺寸

48．代号：5-10，名称：弹性挡圈 7

弹性挡圈 7 零件尺寸如图 4.7.42 所示。

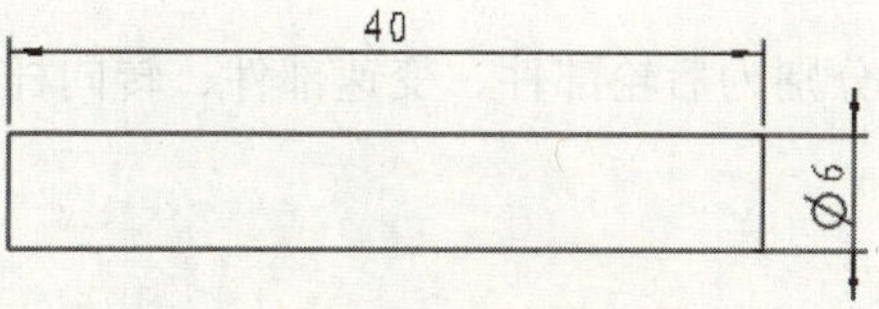

图 4.7.41　滑轮轴零件尺寸

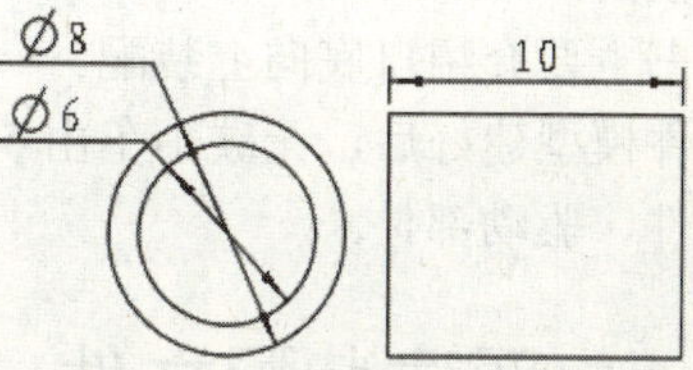

图 4.7.42　弹性挡圈 7 零件尺寸

49．代号：5-11，名称：滑轮

滑轮零件尺寸如图 4.7.43 所示。

50．代号：5-12，名称：砝码

砝码零件尺寸如图 4.7.44 所示。

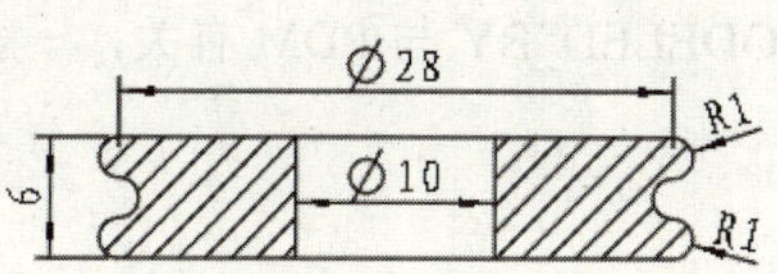

图 4.7.43　滑轮零件尺寸

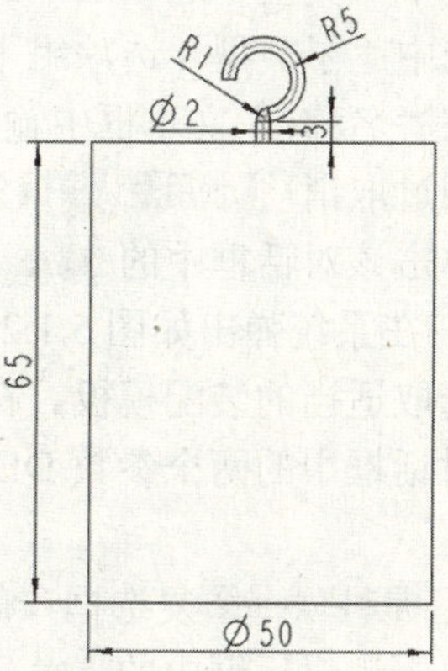

图 4.7.44　砝码零件尺寸

第5章 组件装配

Creo 提供了自底向上和自顶向下两种装配功能。如果首先设计好全部零件，然后将零件作为部件添加到装配体中，则称之为自底向上装配；如果是首先设计好装配模型，然后在装配体中组建模型，最后生成零件模型，则称之为自顶向下装配。自底向上装配是一种常用的装配模式，本书主要介绍自底向上装配。

零件模型建好后，无碳小车由 5 个部件组成，分别为后轮部件、变速部件、转向杆部件、前轮部件、驱动部件。

5.1 新建装配文件

新建装配文件的步骤如下：

将工作目录设置为 D:\Creo_workspace。

Step1：单击“新建”按钮 新建，弹出如图 5.1.1 所示文件“新建”对话框，进行下列操作：

（1）选中“类型”选项组下的 装配 单选项。

（2）选中“子类型”选项组下的 设计 单选项。

（3）在“名称：”文本框中输入文件名“01”。

（4）通过取消 使用默认模板 复选框中的“√”号，来取消“使用默认模板”。

（5）单击该对话框中的 确定 按钮。

Step2：在系统弹出如图 5.1.2 所示的“新文件选项”对话框中，进行下列操作：

（1）选取适当的装配模板。在模板选项组中，选取 mmks_asm_design 模板命令。

（2）对话框中的两个参数 DESCRIPTION 和 MODELED_BY 与 PDM 有关，一般不对此进行操作。

（3） 复制关联绘图 复选框一般不用进行操作。

（4）单击该对话框中的 确定 按钮。

完成这一步操作后，系统进入装配模式（环境），如图 5.1.3 所示，此时在图形区中可看到三个正交的装配基准平面。

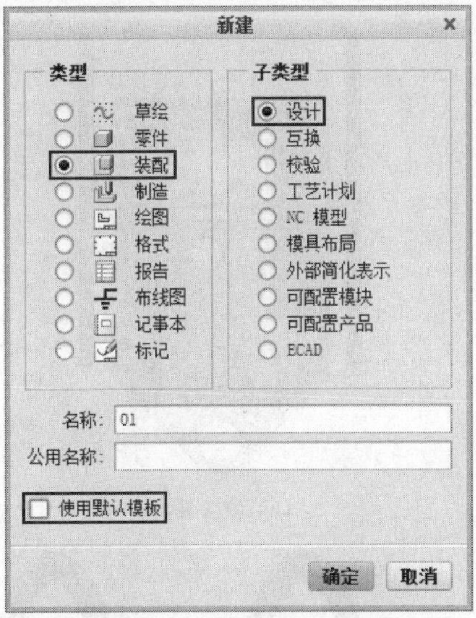

图 5.1.1　新建装配文件对话框

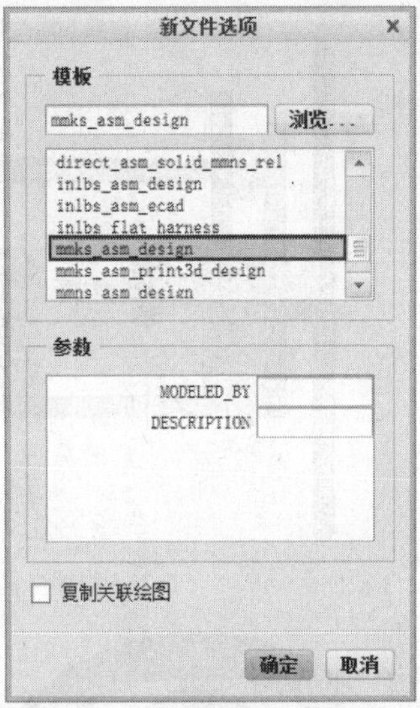

图 5.1.2 "新文件选项"对话框

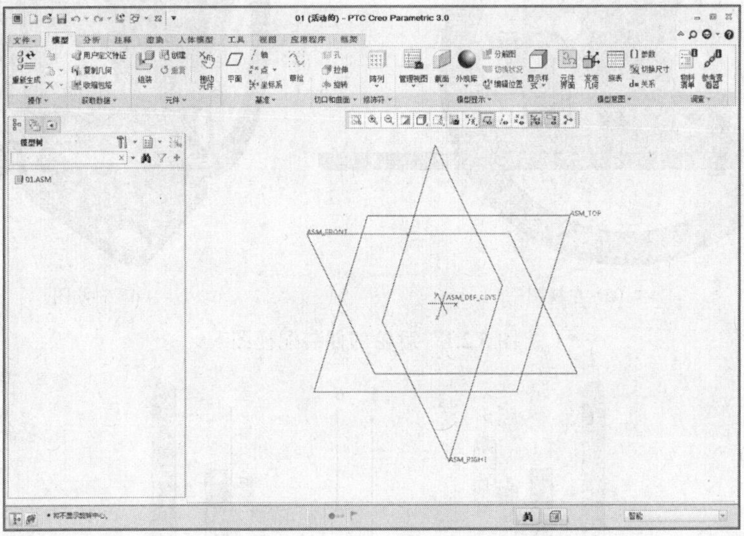

图 5.1.3　装配模式

5.2　后轮部件装配

后轮部件由底板（1-1）、左侧板（1-2）、右侧板（1-3）、后轮轴（1-4）、弹性挡圈 1（1-5）、绕线轴（1-6）、弹性挡圈 2（1-7）、齿轮（72）（1-8）、弹性挡圈 3（1-9）、齿轮（32）（1-10）、后轮（1-11）、内六角螺钉（LD-M3）、深沟球轴承（ZC-MR106ZZ）、单向轴承（DXZC-UGLY）、紧定螺钉 M3（JDLD-M3）组成。后轮部件装配图如图 5.2.1 所示，以后轮轴中心为剖面的主视图剖视图如图 5.2.2 所示，后轮部件装配模型树如图 5.2.3 所示。

其零件组成明细如表 5.2.1 所示。

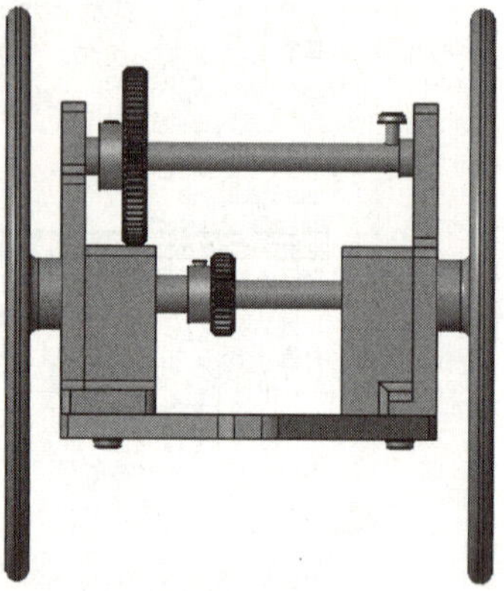

（a）主视图

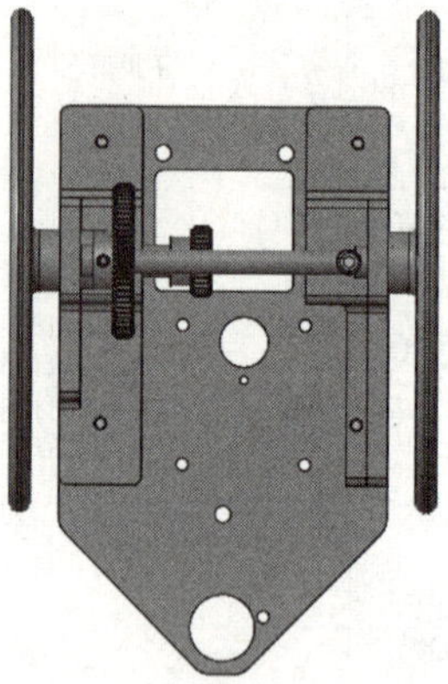

（b）俯视图

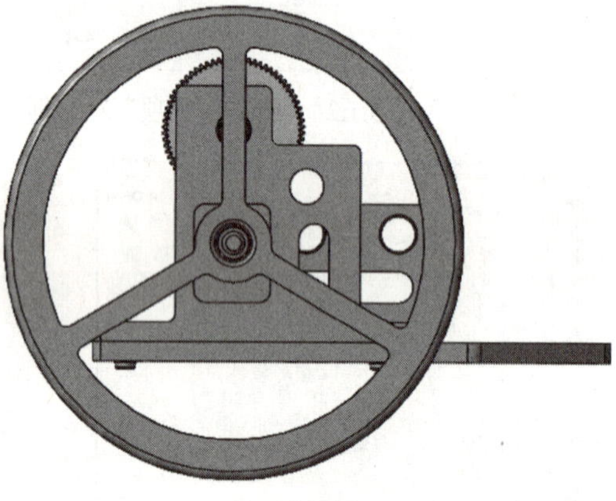

（c）左视图

（d）轴测图

图 5.2.1　后轮部件装配视图

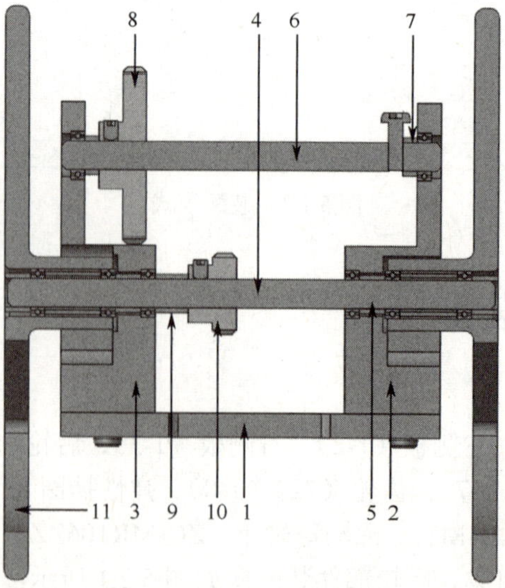

1—底板；2—左侧板；3—右侧板；4—后轮轴；5—弹性挡圈 1；6—绕线轴；7—弹性挡圈 2；

8—齿轮（72）；9—弹性挡圈 3；10—齿轮（32）；11—后轮

图 5.2.2　主视图剖视图

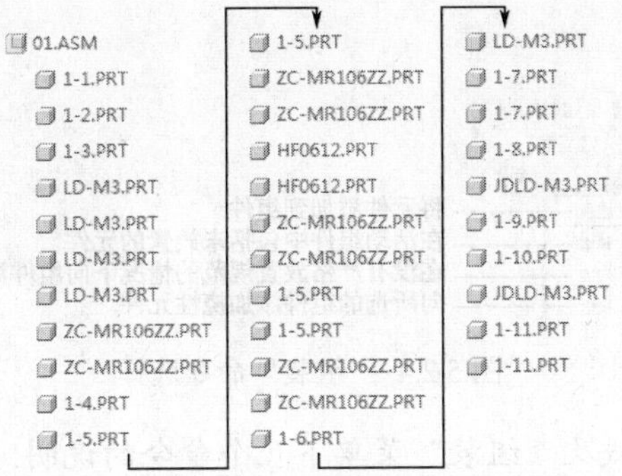

图 5.2.3 模型树

表 5.2.1 后轮部件组成明细

序 号	代 号	名 称	数 量	备 注
1	1-1	底板	1	
2	1-2	左侧板	1	
3	1-3	右侧板	1	
4	1-4	后轮轴	1	
5	1-5	弹性挡圈 1	1	
6	1-6	绕线轴	1	
7	1-7	弹性挡圈 2	1	
8	1-8	齿轮（72）	1	GB1357—1987
9	1-9	弹性挡圈 3	1	
10	1-10	齿轮（32）	1	GB1357—1987
11	1-11	后轮	2	
12	LD-M3	内六角螺钉	5	GB/T70.2—2000
13	JDLD-M3	紧定螺钉 M3	2	GB/T71—1985
14	ZC-MR106ZZ	深沟球轴承 1	8	
15	HF0612	单向轴承	2	

在向装配环境中添加装配元件之前，一般应先建立三个正交的装配基准平面，方法为：进入装配模式后，单击模型功能选项卡 基准 ▾ 区域中的“平面”按钮，系统便自动创建三个正交的装配基准平面。

如果不创建三个正交的装配基准平面，那么基础元件就是放置到装配环境中的第一个零件、子组件或骨架模型，此时无须定义位置约束，元件只按默认放置。如果用互换元件来替换基础元件，则替换元件也总是按默认放置。

说明：本例中，由于选取了 mmks_asm_design 模板命令，系统便自动创建三个正交的装配基准平面，所以无须再创建装配基准平面。

5.2.1 放置第一个零件

Step1：引入第一个零件

（1）单击“模型”功能选项卡“元件”区域中“组装”按钮，在弹出的菜单中选择 组装选项，如图 5.2.4 所示。

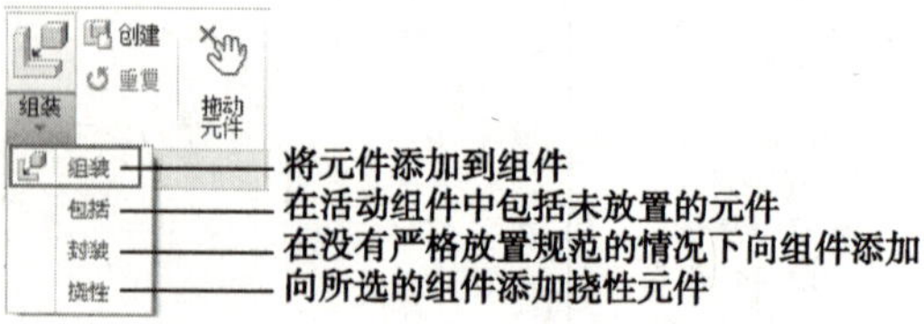

图 5.2.4 “组装”命令选择

说明：关于“元件”区域及“组装”菜单下几个命令的说明：

- 组装：将已有的元件（零件、子装配件或骨架模型）装配到装配环境中。用“元件放置”对话框，可将元件完整地约束在装配件中。
- 创建（创建）：选择此命令可在装配环境中创建不同类型的元件，如零件、子装配件、骨架模型及主体项目，也可创建一个空元件。
- 重复（重复）：使用现有的约束信息在装配中添加一个当前选中零件的新实例，但是当选中零件以“默认”或“固定”约束定位时无法使用此功能。
- 包括：选择此命令，可在活动组件中包括未放置的元件。
- 封装：选择此命令可将元件不加装配约束地放置在装配环境中，它是一种非参数形式的元件装配。
- 挠性：选择此命令可以向所选的组件添加挠性元件（如弹簧）。

（2）此时系统弹出“打开”对话框，如图 5.2.5 所示，选择无碳小车底板零件模型文件“1-1.prt”，此时可在“预览”窗口看到底板零件的三维模型，然后单击 打开 按钮。

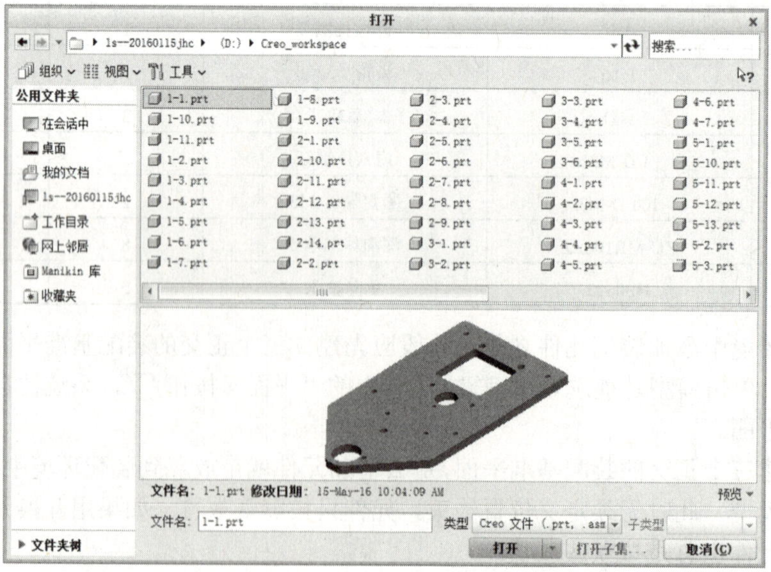

图 5.2.5 “打开”对话框

Step2：完全约束放置第一个零件。完成上步操作后，系统弹出元件放置操控板，如图 5.2.6 所示。在该操控板中单击“放置”按钮，在如图 5.2.7 所示“放置”界面的“约束类型”下拉列表中选择 默认 选项，将元件按默认放置，此时操控板中显示的信息为“完全约束”，说明零件已经完全约束放置；单击操控板中的 ✔ 按钮。

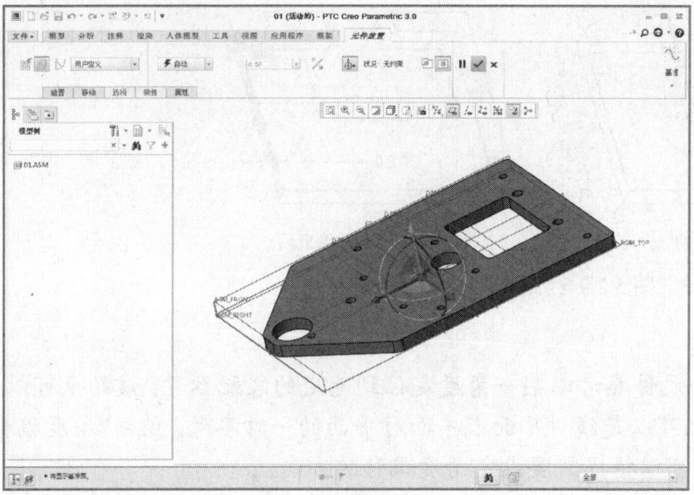

图 5.2.6 “元件放置”操控板

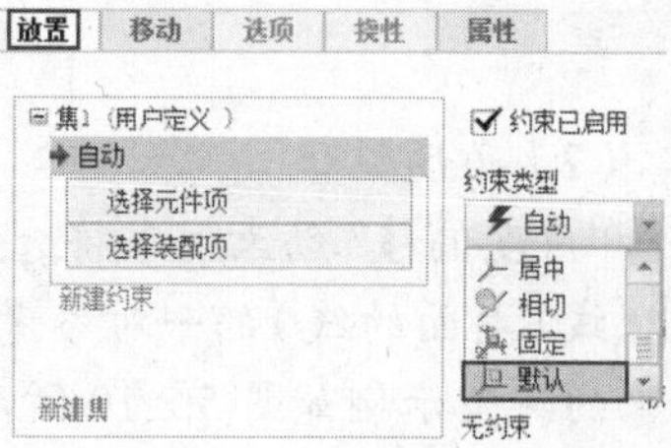

图 5.2.7 “放置”操控板

说明：

1. 关于“元件放置”操控板

“元件放置”选项卡中几个基本按钮的功能：

- ：指定约束时，在装配窗口中显示元件。在初始默认时，该按钮处于被选中的状态。
- ：指定约束时，在单独窗口中显示元件。
- ：使偏移方向反向。
- ：切换 3D 拖动器的显示。在装配时可关闭 3D 拖动器的显示，便于模型的查看。
- ：用于将约束转换为机构连接，或者将机构连接转换为约束。
- ：使用界面放置元件。
- ：手动放置元件。

其中，“在装配窗口中显示元件”按钮和“在单独窗口中显示元件”按钮可以同时处于活动状态.

2. 关于装配约束

利用装配约束，可以指定一个元件相对于装配体（组件）中其他元件（或装配环境中基准特征）的放置方式和位置。装配约束类型主要包括“距离”、“平行”、“重合”、“居中”、“固定”等，如图 5.2.8 所示。在 Creo 中，一个元件通过装配约束添加到装配体中后，它的位置会随着与其有约束关系元件的改变而改变，而且约束设置值作为参数可随时修改，并可与其他参数建立关系方程，这样整个装配体实际上是一个参数化的装配体。

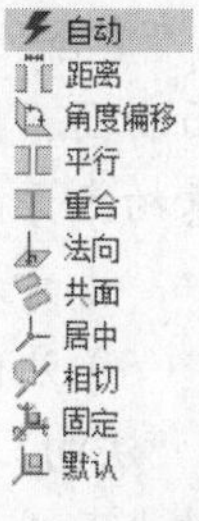

图 5.2.8　装配约束类型

（1）距离

使用“距离”约束定义两个装配元件中的点、线和平面之间的距离值。约束对象可以是元件中的平整表面、边线、定点、基准点、基准平面和基准轴，所选对象不必是同一种类型，例如可以定义一条直线与一个平面之间的距离。当约束对象是两平面时，两平面平行（见图 5.2.9）；当约束对象是两直线时，两直线平行；当约束对象是一直线与一平面时，直线与平面平行。当距离值为 0 时，所选对象将重合、共线或共面。

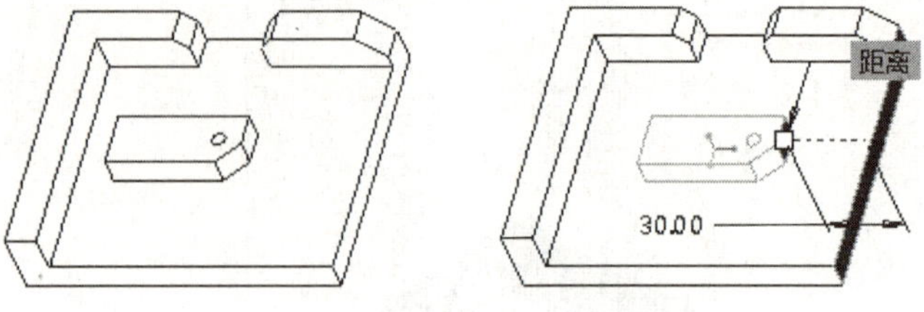

（a）约束前　　（b）“距离”约束后

图 5.2.9 “距离”约束

（2）角度偏移

“角度偏移”约束用来将选定的元件参考以某一角度定位到选定的装配参考。该约束可以是线对线（共面的线）的一对参考，也可以是线对平面或平面对平面的一对参考。使用“角度偏移”约束的典型示例如图 5.2.10 所示，可以根据需要设定角度偏移的方向。

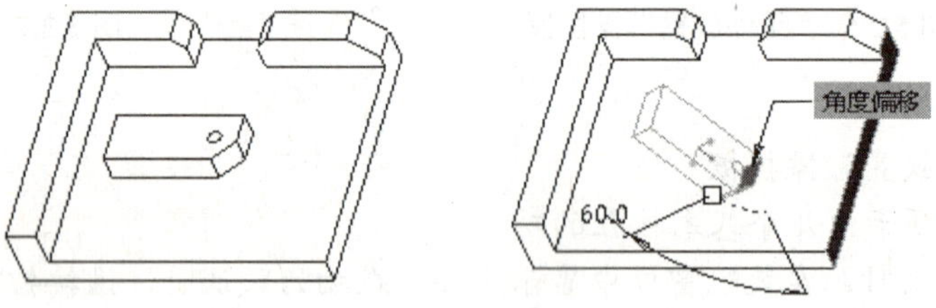

（a）约束前　　（b）“角度偏移”约束后

图 5.2.10 “角度偏移”约束

（3）平行

“平行”约束主要平行于装配参考放置元件参考，其参考可以是线对线、线对平面或平面对平面。“平行”约束示例如图 5.2.11 所示。

（4）重合

“重合”约束用于将元件参考定位为与装配参考重合。该约束的参考可以为点、线、平面或平面曲面、圆柱、圆锥、曲线上的点以及这些参考的任何组合。在使用“重合”约束时，需要注意约束方向的正确设定，单击“反向”按钮可以更改重合的约束方向。在图 5.2.12 所示的图例中，小方块的底面（元件参考）与装配参考面重合。

（5）法向

“法向”约束用于将元件参考定位为与装配参考垂直，其参考可以是线对线（共面的线）、线对平面或平面对平面。应用“法向”约束的典型图例如图 5.2.13 所示，在小方块上选定的元件参考面与在装配体中选定的装配参考面垂直。

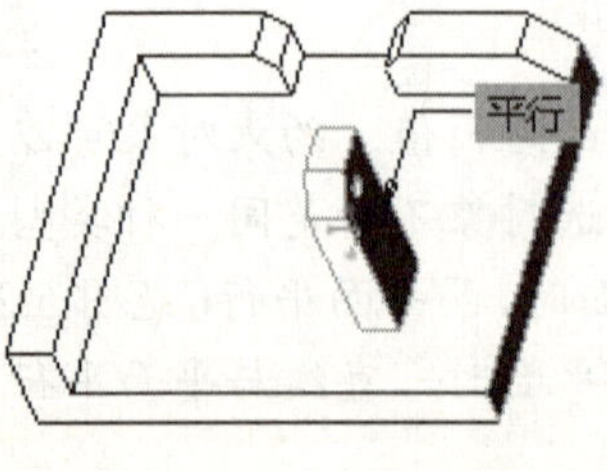

图 5.2.11 “平行”约束

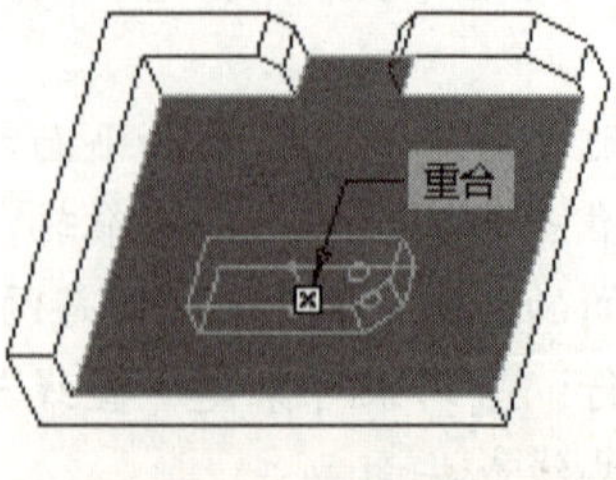

图 5.2.12 “重合”约束

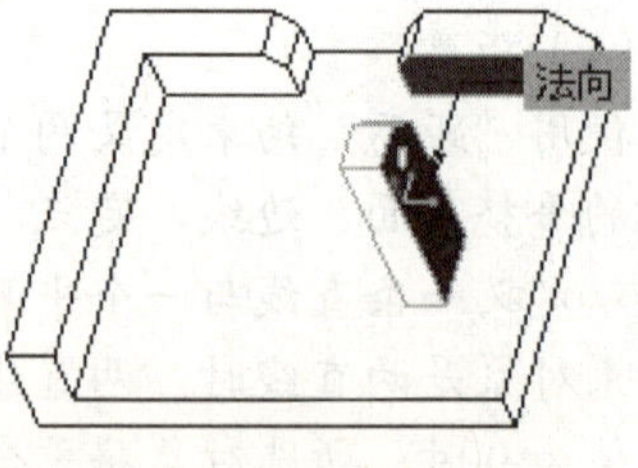

图 5.2.13 “法向”约束

（6）共面

“共面”约束主要用于将元件边、轴、目的基准轴或曲面定位为与类似的装配参考共面。“共面”约束的典型示例如图 5.2.14 所示，元件参考对装配参考为线对线形式。

（7）居中

“居中”约束可用来使元件中的坐标系或目标坐标系的中心与装配中的坐标系或目的坐标系的中心对齐。参考可以为圆锥对圆锥、圆环对圆环或球面对球面。应用“居中”约束的典型示例如图 5.2.15 所示，图中为两元件的坐标系居中约束。

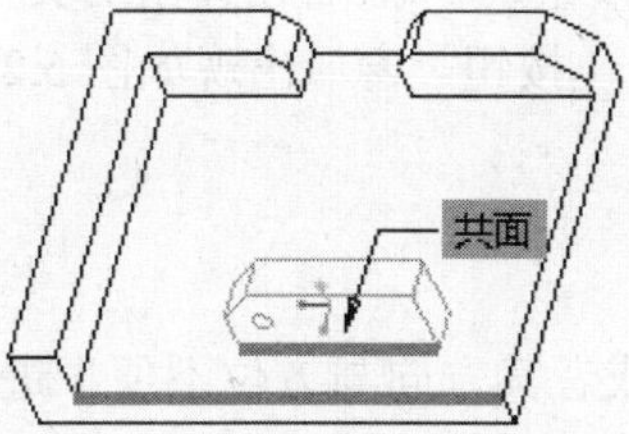

图 5.2.14 “共面”约束

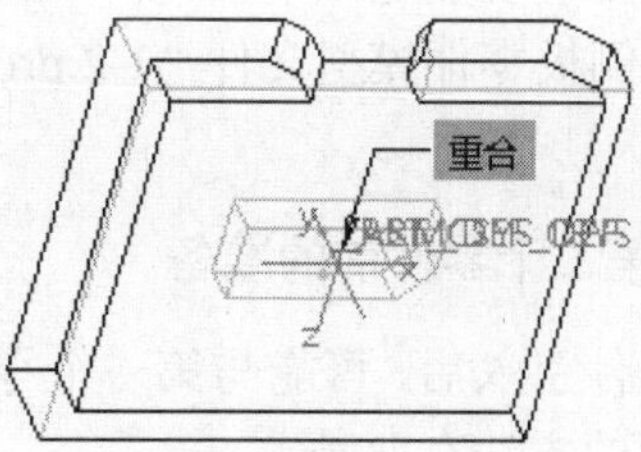

图 5.2.15 “居中”约束

（8）相切

“相切”约束用于控制两个曲面在切点的接触。

（9）默认

“默认”约束也称为“缺省”约束，可以用该约束将元件上的默认坐标系与装配环境的默认坐标系对齐。当向装配环境中引入第一个元件（零件）时，常常对该元件实施这种约束形式。

（10）固定

“固定”约束也是一种装配约束形式，可以用该约束将元件固定在图形区的当前位置。当向装配环境中引入第一个元件（零件）时，也可对该元件实施这种约束形式。

（11）自动

“自动”约束是基于所选参考的自动约束，系统会根据所选参考而智能地提供一种可能的约束类型。

定义放置约束是装配设计的一项基本功。下面总结几点使用放置约束的一般原则及注意事项。

（1）当定义某些约束时，系统会显示约束方向，根据设计要求决定是否反向约束方向。例如当为“距离”约束输入偏移值时，系统会显示约束的偏移方向，此时要选择相反方向，可以单击方向箭头，或输入一个负值，或在图形窗口中往反方向拖动控制手柄至合适位置。

（2）一些约束对其参考的类型有要求。例如，“距离”约束的参考要求为点对点、点对线、线对线、平面对平面、平面曲面对平面曲面、点对平面或线对平面；“平行”约束的参考是线对线（共面的线）、线对平面或平面对平面。

（3）一次只能添加一个约束，例如，不能使用一个单一的约束选项约束一个零件上的两个不同的孔与另一个零件上的两个不同的孔，而必须定义两个单独的约束。

（4）元件的装配需要定义放置约束集。所述的放置约束集由若干个（一般为 2 个或 3 个）放置约束构成，用来完全定义元件的放置和方向。进入“元件放置”操控板的“放置”面板，可以看到当前定义的放置约束集，如图 5.2.16

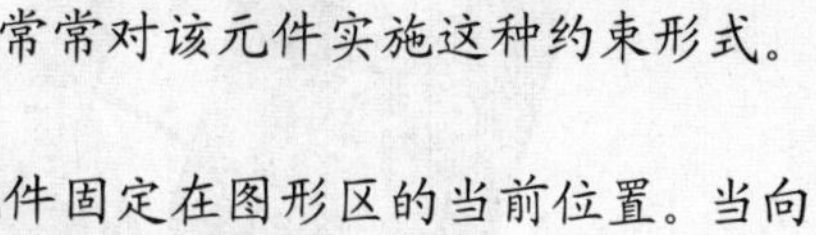

图 5.2.16 “放置”操控板

所示，该放置约束集为集 1，由 3 个放置约束构成。若要新建约束，可以在“放置”面板的放置约束收集器中选择“新建约束”选项。

（5）可在放置约束中使用的曲面仅限于平面、圆柱面、圆锥面、环面和球面。

5.2.2 装配左侧板

1. 引入第二个零件

单击“模型”功能选项卡“元件”区域中“组装”按钮；然后在弹出的文件“打开”对话框中，选左侧板零件模型文件“1-2.prt”，单击 打开 按钮。窗口出现如图 5.2.17 所示的两个零件模型。

2. 放置第二个零件前的准备

第二个零件引入后，可能与第一个零件相距较远，或者其方向与方位不便于进行装配放置。解决这个问题的方法有两种。

方法一：移动元件（零件）

Step1：在元件放置操控板中单击“移动”按钮，系统弹出如图 5.2.18 所示的“移动”操控板。

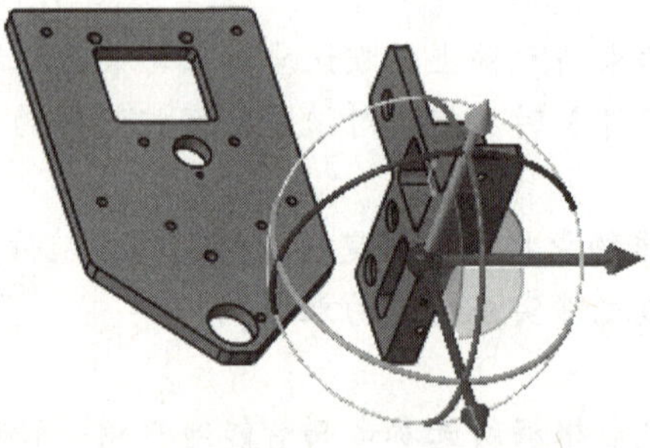

图 5.2.17 左侧板零件引入后窗口中的模型

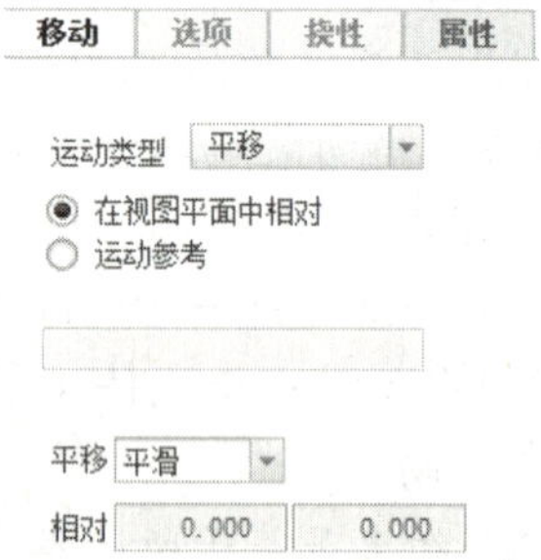

图 5.2.18 “移动”操控板

Step2：在“移动”下拉列表中选择“平移”选项。

Step3：选取运动参考。在“移动”界面中选中◉ 在视图平面中相对 单选项（相对于视图平面移动元件）。

Step4：在绘图区按住鼠标左键，并移动鼠标，可看到装配元件（左侧板）随着鼠标的移动而平移。

Step5：与前面的操作相似，在“移动”操控板的“运动类型”下拉列表中选择“旋转”，然后选中◉ 在视图平面中相对 单选项，将左侧板旋转到比较便于装配的位置。

Step6：在元件放置操控板中单击“放置”按钮，弹出“放置”操控板，可对元件进行放置。

方法二：打开辅助窗口

在元件放置操控板中，单击按钮即可打开一个包含要装配元件的辅助窗口，如图 5.2.19 所示。在此窗口中可单独对要装入的元件（如左侧板零件模型）进行缩放（中键滚轮）、旋转（中键）和平移（Shift+中键）。这样就可以将要装配的元件调整到方便选取装配约束参考的位置。

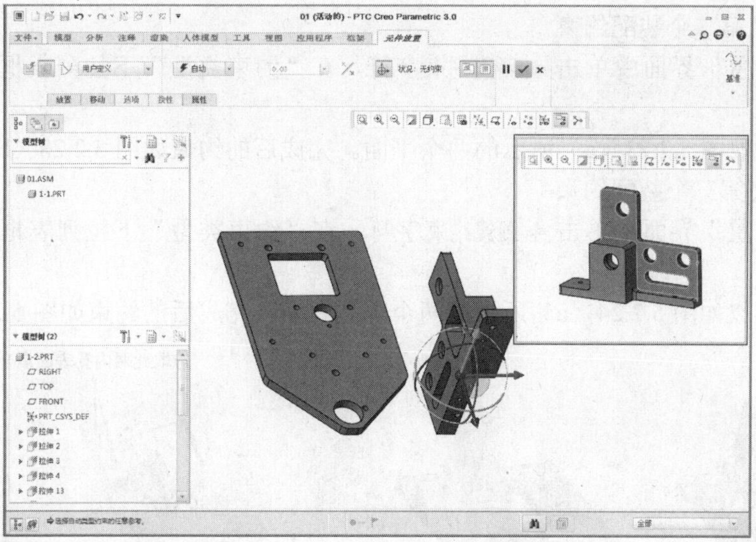

图 5.2.19　辅助窗口

方法三：使用 3D 拖动控制器移动

“元件放置”操控板中 3D 拖动器显示图标按下时，在新引入零件上显示如图 5.2.20 所示的 3D 拖动器，3D 拖动器有 3 个轴向自由度和 3 个转动自由度，单击选择某一自由度，拖动鼠标即可方便地对零件进行移动和旋转操作。

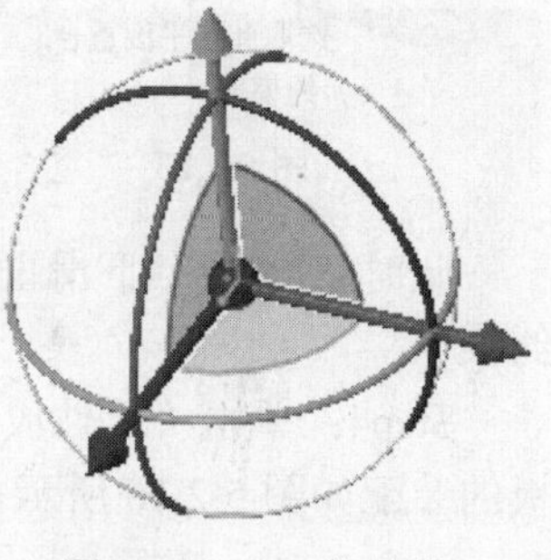

图 5.2.20　3D 拖动器

3．完全约束放置第二个零件

当引入元件到装配件中时，系统将选择“自动”放置。从装配件和元件中选择一对有效参考后，系统将自动选择适合指定参考的约束类型。约束类型的自动选择可省去手动从约束列表中选择约束的操作步骤，从而有效地提高工作效率。但某些情况下，系统自动指定的约束不一定符合设计意图，需要重新进行选取。

Step1：定义第一个装配约束

（1）在“放置”界面的“约束类型”下拉列表框中选择 工 重合 选项。

（2）分别选取图 5.2.21（a）所示的两个平面为约束对象。

此时“放置”操控板如图 5.2.22 所示，操控板中“状况”选项组中显示的信息为“部分约束”，所以还得继续添加装配约束，直至显示“完全约束”。

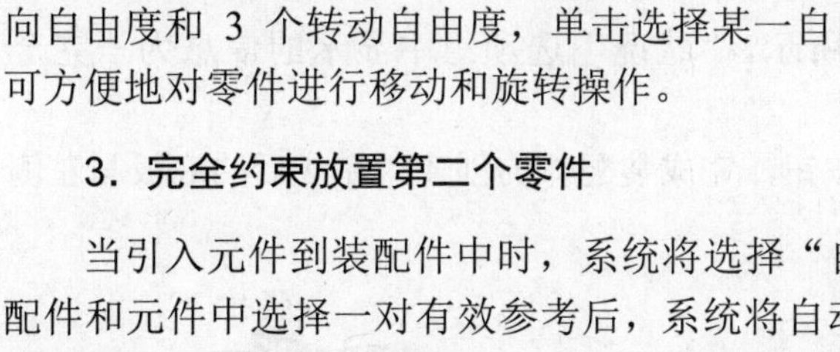

（a）约束前　（b）约束后

图 5.2.21 “重合”约束两平面

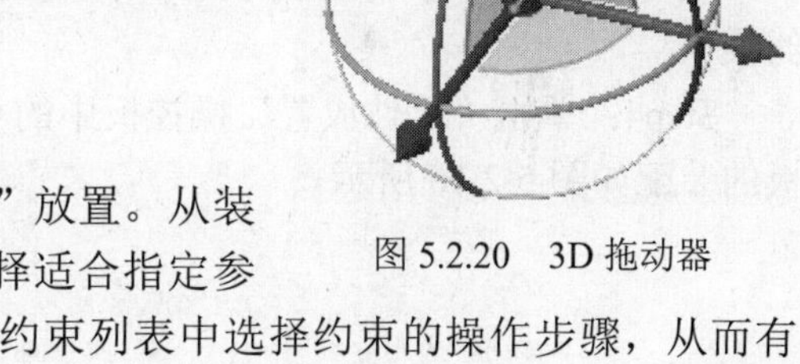

图 5.2.22 “放置”操控板

Step2：定义第二个装配约束

（1）在“放置”界面中单击➜新建约束字符，在“约束类型”下拉列表框中选择 重合选项。

（2）分别选取图 5.2.23（a）所示的两个平面。完成后的约束如图 5.2.23（b）所示。

Step3：定义第三个装配约束

（1）在“放置”界面中单击➜新建约束字符，在“约束类型”下拉列表框中选择 居中选项。

（2）分别选取如图 5.2.24（a）所示的两个内孔表面。完成后的约束如图 5.2.24（b）所示。

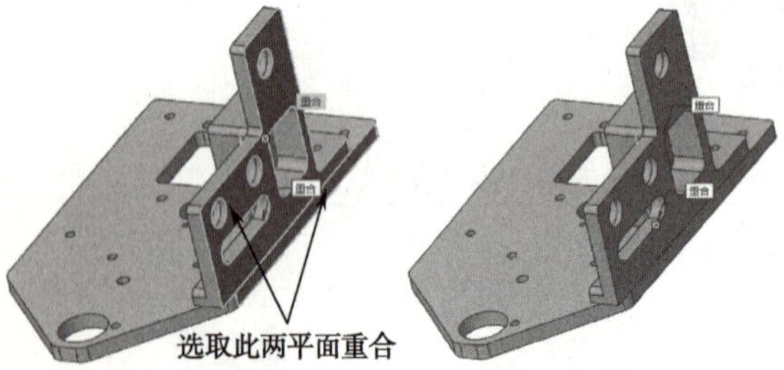

（a）约束前　（b）约束后

图 5.2.23 “重合”约束两平面

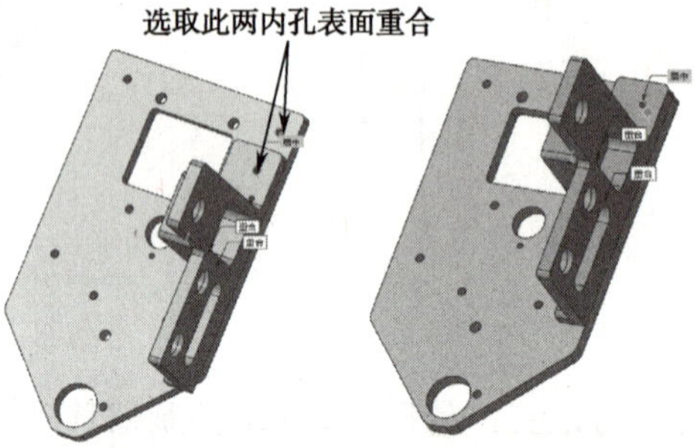

（a）约束前　（b）约束后

图 5.2.24 “居中”约束两圆柱面

此时“放置”下滑面板状态如图 5.2.25 所示，“状况”选项组中显示的信息为“完全约束”。

Step4：单击“元件放置”操控板中的✔按钮，完成装配体的创建，完成后的底板与左侧板的装配如图 5.2.26 所示。

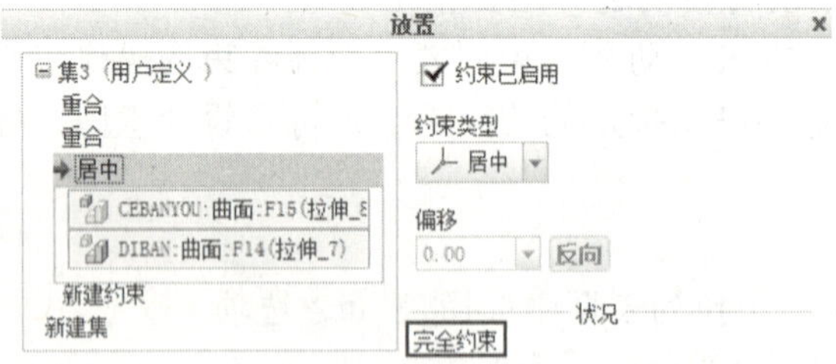

图 5.2.25 “放置”下滑面板

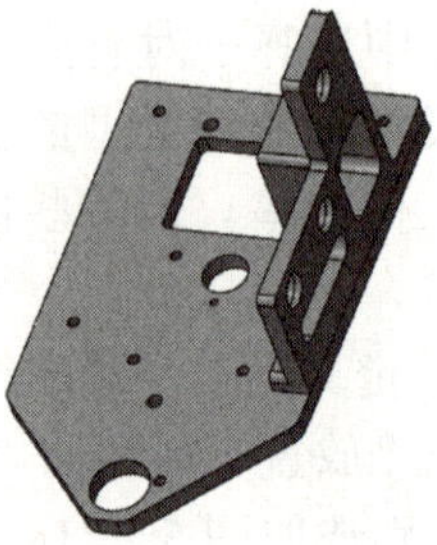

图 5.2.26 完成后的装配体

5.2.3 后轮部件其他零件装配

1. 右侧板，1-3.prt

Step1：单击“模型”功能选项卡“元件”区域中“组装”按钮；然后在弹出的文件“打开”对话框中，选择右侧板零件模型文件“1-3.prt”，单击 打开 按钮，引入右侧板模型。

Step2：定义第一个装配约束

（1）在“放置”界面的“约束类型”下拉列表框中选择“重合”选项。

（2）分别选取如图 5.2.27（a）所示的两个平面为约束对象。

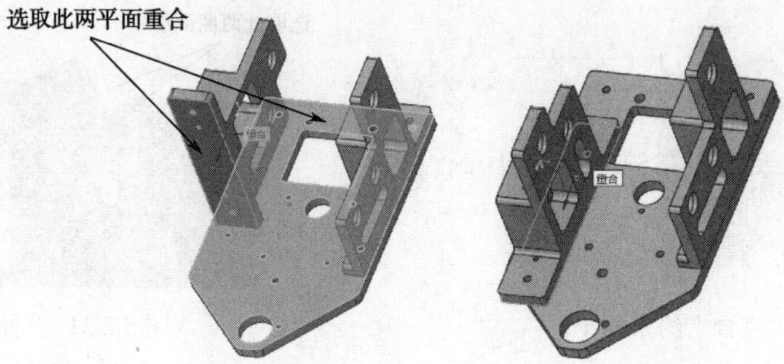

（a）约束前　　（b）约束后

图 5.2.27 “重合”约束两平面

Step3：定义第二个装配约束

（1）将零件移动到合适的位置。

（2）在“放置”界面中单击 ➔ 新建约束字符，在“约束类型”下拉列表框中选择“重合”选项。

（3）分别选取图 5.2.28 所示的两个平面。

Step4：定义第三个装配约束

（1）在“放置”界面中单击 ➔ 新建约束字符，在“约束类型”下拉列表框中选择“居中”选项。

（2）分别选取如图 5.2.29 所示的两个内孔表面。

Step5：单击“元件放置”操控板中的 ✔ 按钮，完成右侧板零件的装配。

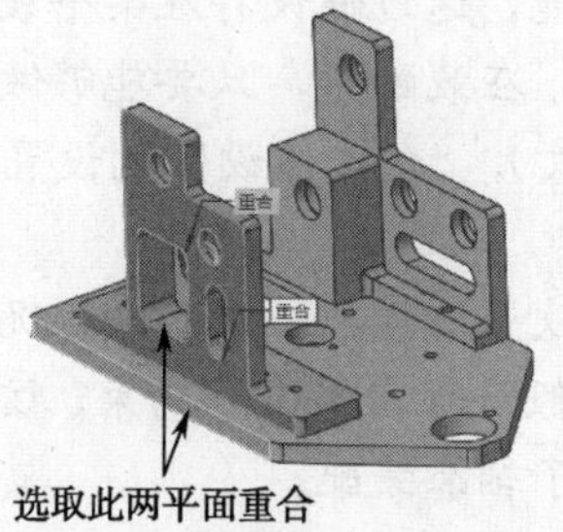

图 5.2.28 “重合”约束两平面

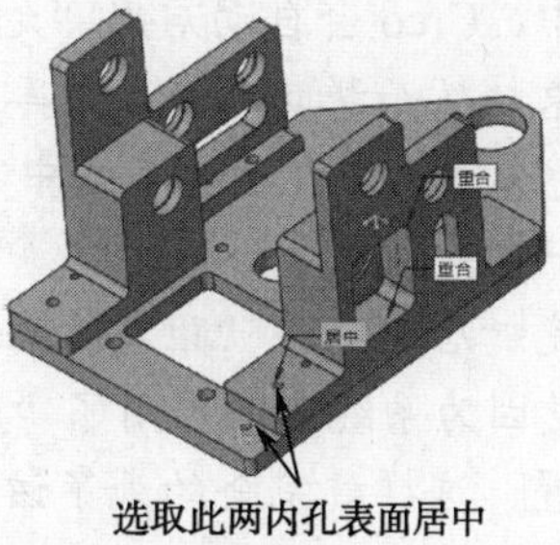

图 5.2.29 “居中”约束

2. 内六角螺钉，LD-M3.prt

Step1：单击“模型”功能选项卡“元件”区域中“组装”按钮；然后在弹出的文件“打开”对话框中，选择内六角螺钉零件模型文件“LD-M3.prt”，单击 打开 按钮。

Step2：定义第一个装配约束

（1）在“放置”界面的“约束类型”下拉列表框中选择“重合”选项。

（2）分别选取如图 5.2.30 所示的两个平面为约束对象，即底板的下表面与螺钉头部下表面。

Step3：定义第二个装配约束

（1）将零件移动到合适的位置。

（2）在“放置”界面中单击 ➔ 新建约束字符，在“约束类型”下拉列表框中选择“居中”选项。

（3）分别选取如图 5.2.31 所示的两个曲面。

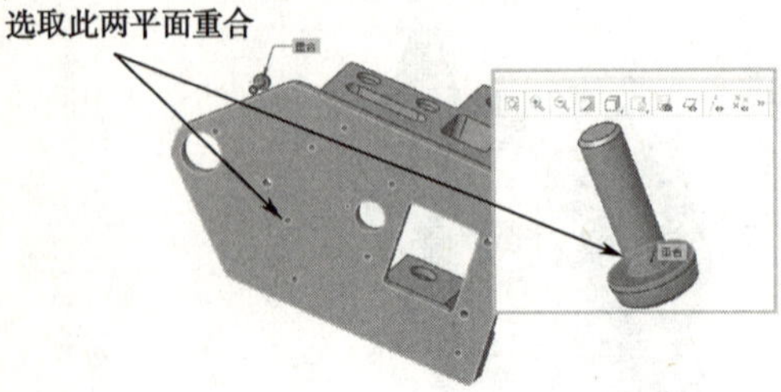

图 5.2.30 “重合”约束两平面

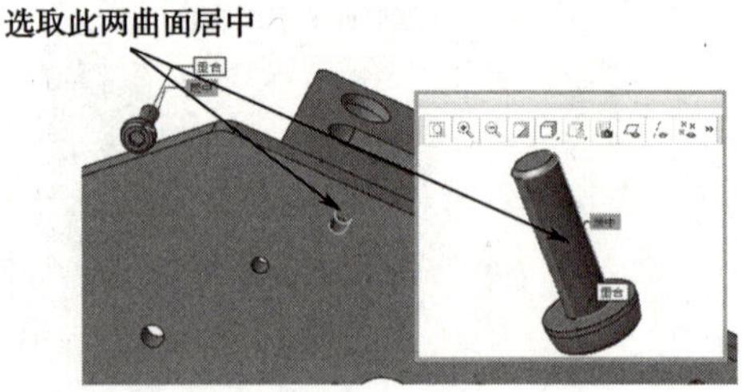

图 5.2.31 “居中”约束

此时“放置”操控板状态如图 5.2.32 所示，“状况”选项组中显示的信息为“完全约束”，且“允许假设”处于选中状态☑允许假设。

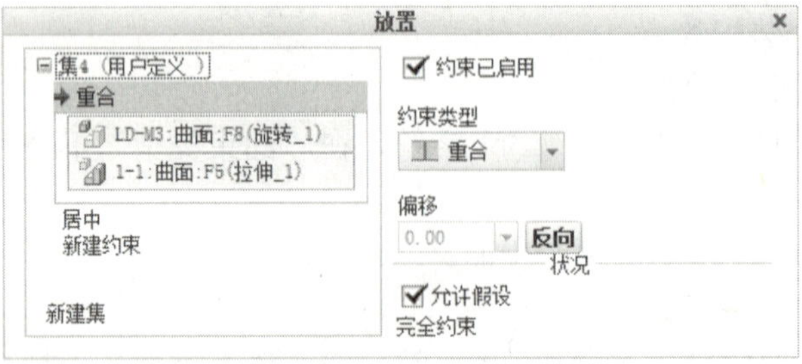

图 5.2.32 “放置”操控板

Step4：单击“元件放置”操控板中的✔按钮，完成内六角螺钉的装配。

说明：关于“允许假设”

在装配过程中，Creo 会自动启用“允许假设”功能，通过假设存在某个装配约束，使元件自动地被完全约束，从而帮助用户高效率地装配元件。在装配时，只要能够做出假设，系统即显示☑允许假设复选框，并自动将其选中（即使之有效）。“允许假设”的设置是针对具体元件的，并与该元件一起保存。

后轮轴添加完“居中”与“距离”约束后“元件放置”操控板中的“状况”选项组就显示“完全约束”，这是因为系统自动启用了“允许假设”，假设存在第三个约束，该约束限制后轮轴在轴中的径向位置，这样就完全约束了该轴套，完成了轴套装配。

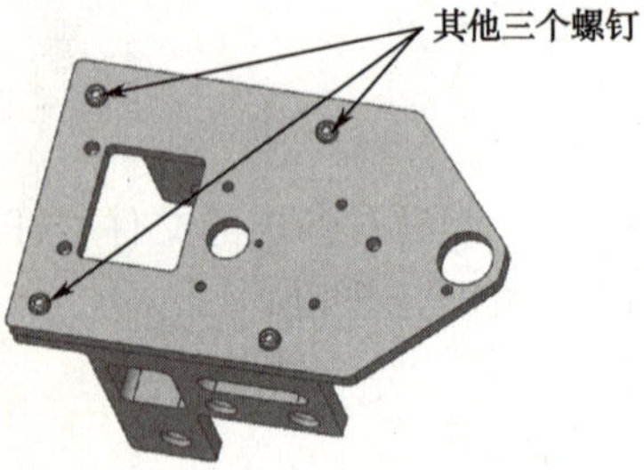

图 5.2.33 内六角螺钉的装配

有时系统假设的约束，虽然能使元件完全约束，但有可能并不符合设计意图，如何处理这种情况呢？可以先取消选中☐允许假设复选框，添加和明确定义另外的约束，使元件重新完全约束；如果不定义另外的约束，用户可以使元件在“假定”位置保持包装状态，也可以将其拖出假定的位置，使其在新位置上保持包装状态（当再次单击☑允许假设复选框时，元件会自动回到假设位置）。

以相同的方式完成图 5.2.33 所示其他 3 个内六角螺钉的装配。

3．深沟球轴承 1，ZC-MR106ZZ.prt

Step1：单击“模型”功能选项卡“元件”区域中“组装”按钮；然后在弹出的文件“打开”对话框中，选择深沟球轴承零件模型文件 ZC-MR106ZZ.prt，单击 打开 按钮。

Step2：定义第一个装配约束。

（1）在“放置”界面的“约束类型”下拉列表框中选择“居中”选项。

（2）分别选取如图 5.2.34 所示的两个曲面为约束对象。

Step3：定义第二个装配约束

（1）将零件移动到合适的位置。

（2）在“放置”界面中单击➔新建约束字符，在“约束类型”下拉列表框中选择“重合”选项。

（3）分别选取如图 5.2.35 所示的两个平面。

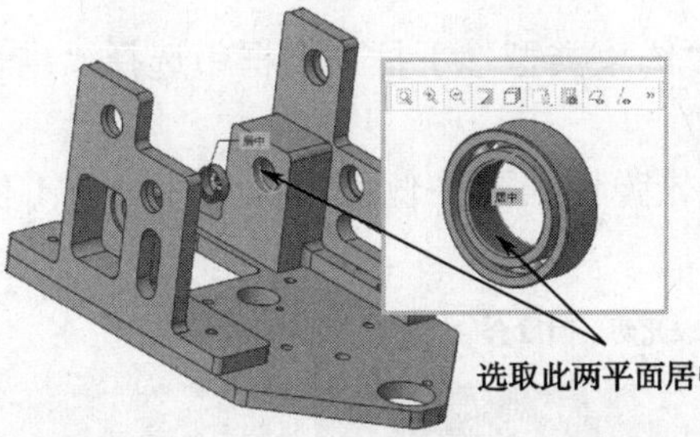

图 5.2.34 “居中”约束

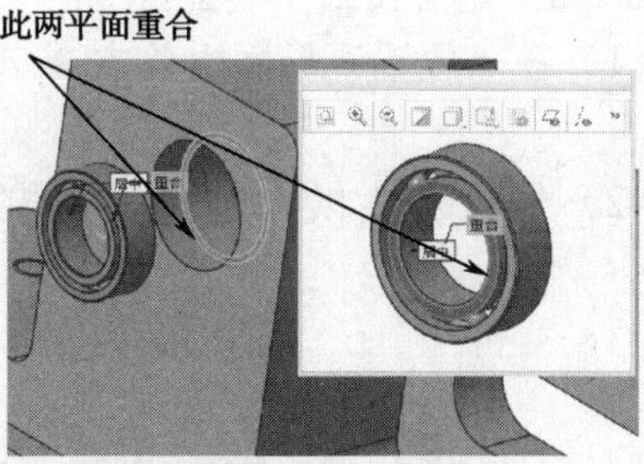

图 5.2.35 “重合”约束

Step4：单击“元件放置”操控板中的✔按钮，完成深沟球轴承 1 的装配。

以同样的方式完成右侧板上深沟球轴承 1 的装配。

4．后轮轴，1-4.prt

Step1：单击“模型”功能选项卡“元件”区域中“组装”按钮；然后在弹出的文件“打开”对话框中，选择后轮轴零件模型文件“1-4.prt”，单击 打开 按钮。

Step2：定义第一个装配约束

（1）在“放置”界面的“约束类型”下拉列表框中选择“居中”选项。

（2）分别选取如图 5.2.36 所示的两个曲面为约束对象，即后轮轴圆柱面与深沟球轴承内表面。

Step3：定义第二个装配约束

（1）在“放置”界面中单击➔新建约束字符，在“约束类型”下拉列表框中选择“距离”选项。

（2）分别选取如图 5.2.37 所示的两个平面，在“偏移”对话框中输入值 11.5。

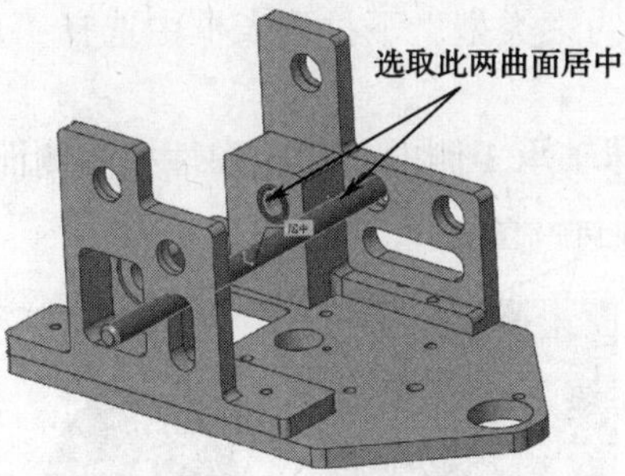

图 5.2.36 “居中”约束

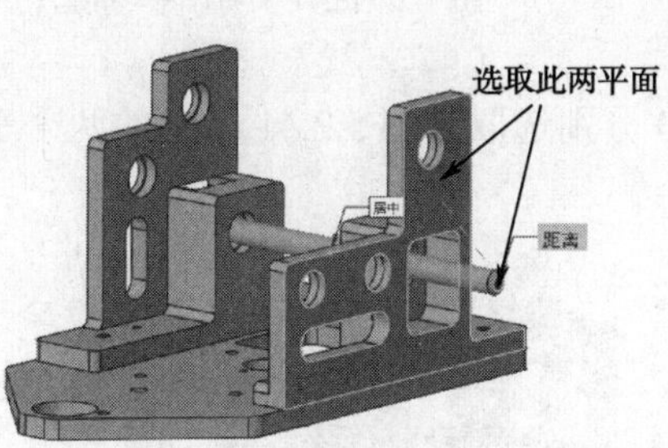

图 5.2.37 “距离”约束

Step4：单击“元件放置”操控板中的✔按钮，完成后轮轴的装配。

5．弹性挡圈 1，1-5.prt

Step1：单击“模型”功能选项卡“元件”区域中“组装”按钮；然后在弹出的文件“打开”对话框中，选择弹性挡圈 1 零件模型文件“1-5.prt”，单击 打开 按钮。

Step2：定义第一个装配约束

（1）在“放置”界面的“约束类型”下拉列表框中选择“居中”选项。

（2）分别选取如图 5.2.38 所示的两个曲面为约束对象。

Step3：定义第二个装配约束

（1）在“放置”界面中单击 新建约束 字符，在“约束类型”下拉列表框中选择“重合”选项。

（2）分别选取如图 5.2.39 所示的两个平面，即后轮弹性挡圈 1 侧面与深沟球轴承 1 侧面重合。

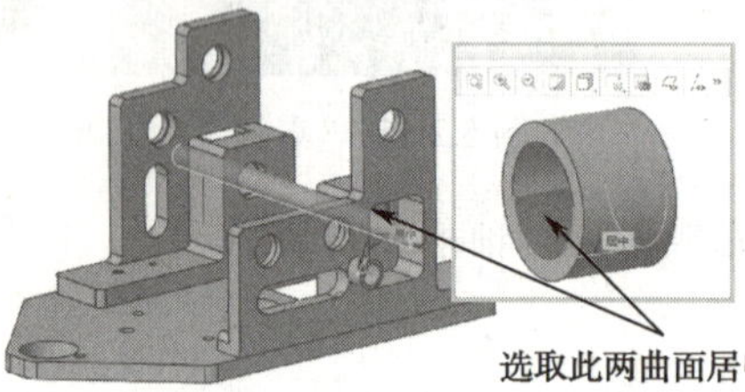

图 5.2.38 “居中”约束

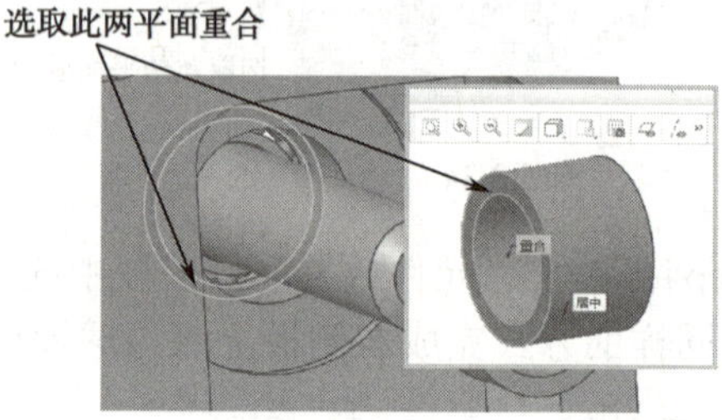

图 5.2.39 “重合”约束

Step4：单击“元件放置”操控板中的 ✔ 按钮，完成弹性挡圈 1 的装配。

以同样的方式完成右侧板上弹性挡圈 1 的装配。

6．深沟球轴承 1，ZC-MR106ZZ.prt

Step1：单击“模型”功能选项卡“元件”区域中“组装”按钮；然后在弹出的文件“打开”对话框中，选择深沟球轴承零件模型文件 ZC-MR106ZZ.prt，单击 打开 按钮。

Step2：定义第一个装配约束

（1）在“放置”界面的“约束类型”下拉列表框中选择“居中”选项。

（2）分别选取如图 5.2.40 所示的两个曲面为约束对象。

Step3：定义第二个装配约束

（1）在“放置”界面中单击 新建约束 字符，在“约束类型”下拉列表框中选择“重合”选项。

（2）分别选取如图 5.2.41 所示的两个平面，即深沟球轴承 1 侧面与后轮弹性挡圈侧面重合。

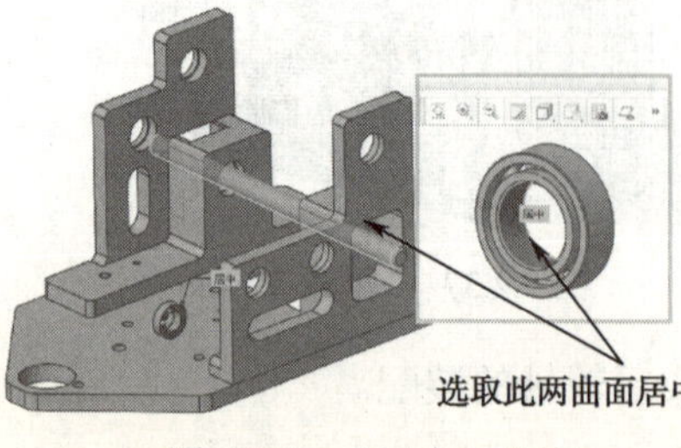

图 5.2.40 “居中”约束

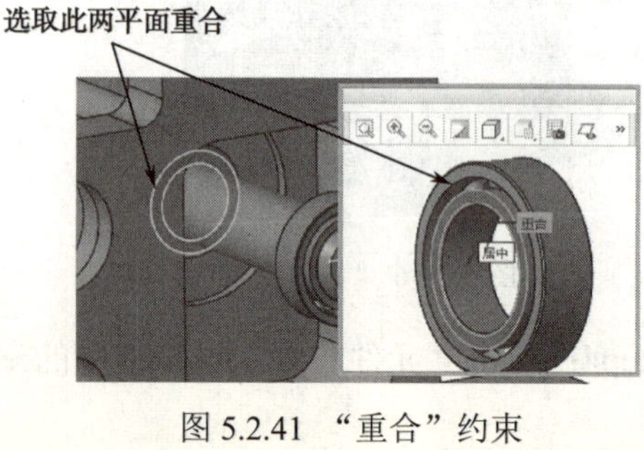

图 5.2.41 “重合”约束

Step4：单击“元件放置”操控板中的✔按钮，完成深沟球轴承 1 的装配。

以同样的方式完成右侧板上深沟球轴承 1 的装配。

7．单向轴承，HF0612

Step1：单击“模型”功能选项卡“元件”区域中“组装”按钮；然后在弹出的文件“打开”对话框中，选择单向轴承零件模型文件“HF0612.prt”，单击 打开 按钮。

Step2：定义第一个装配约束

（1）在“放置”界面的“约束类型”下拉列表框中选择“居中”选项。

（2）分别选取如图 5.2.42 所示的两个曲面为约束对象。

Step3：定义第二个装配约束

（1）在“放置”界面中单击➔新建约束字符，在“约束类型”下拉列表框中选择“重合”选项。

（2）分别选取如图 5.2.43 所示的两个平面，即单向轴承的侧面与深沟球轴承侧面重合。

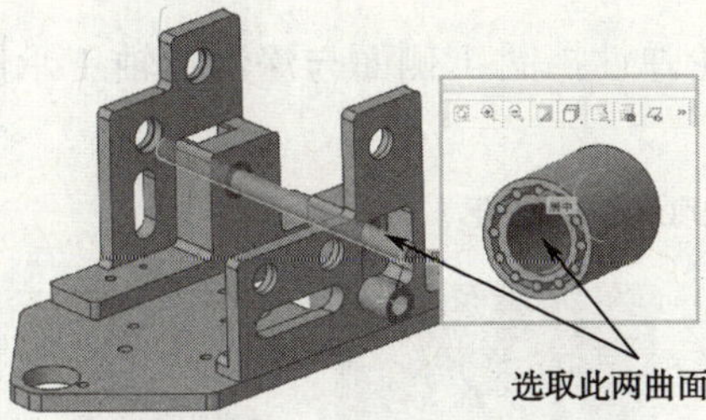

图 5.2.42 “居中”约束

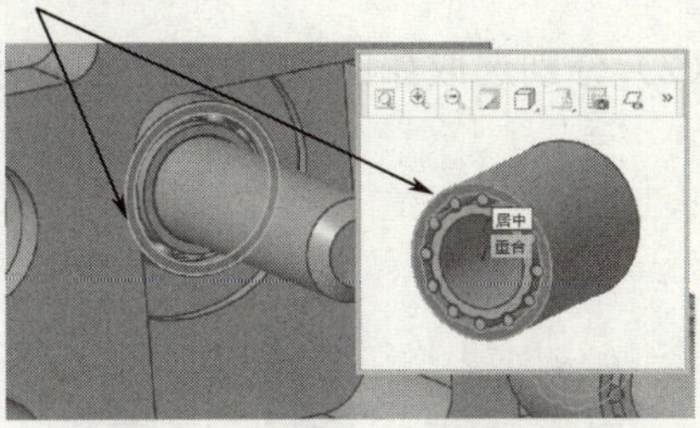

图 5.2.43 “重合”约束

Step4：单击“元件放置”操控板中的✔按钮，完成单向轴承的装配。

以同样的方式完成右侧板上单向轴承的装配。

8．深沟球轴承 1，ZC-MR106ZZ.prt

Step1：单击“模型”功能选项卡“元件”区域中“组装”按钮；然后在弹出的文件“打开”对话框中，选择深沟球轴承零件模型文件 ZC-MR106ZZ.prt，单击 打开 按钮。

Step2：定义第一个装配约束

（1）在“放置”界面的“约束类型”下拉列表框中选择“居中”选项。

（2）分别选取如图 5.2.44 所示的两个曲面为约束对象。

Step3：定义第二个装配约束

（1）在“放置”界面中单击➔新建约束字符，在“约束类型”下拉列表框中选择“重合”选项。

（2）分别选取如图 5.2.45 所示的两个平面，即深沟球轴承 1 侧面与单向轴承侧面重合。

Step4：单击“元件放置”操控板中的✔按钮，完成深沟球轴承 1 的装配。

以同样的方式完成右侧板上深沟球轴承 1 的装配。

9．弹性挡圈 1，1-5.prt

Step1：单击“模型”功能选项卡“元件”区域中“组装”按钮；然后在弹出的文件“打开”对话框中，选择弹性挡圈 1 零件模型文件“1-5.prt”，单击 打开 按钮。

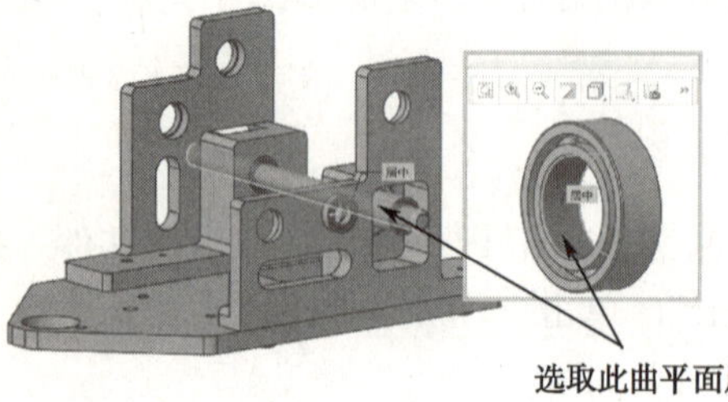

图 5.2.44 “居中”约束

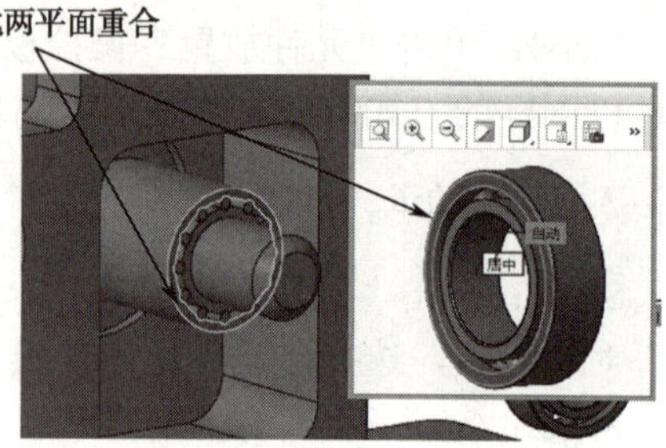

图 5.2.45 “重合”约束

Step2：定义第一个装配约束

（1）在“放置”界面的“约束类型”下拉列表框中选择“居中”选项。

（2）分别选取如图 5.2.46 所示的两个曲面为约束对象。

Step3：定义第二个装配约束

（1）在“放置”界面中单击➔新建约束字符，在“约束类型”下拉列表框中选择“重合”选项。

（2）分别选取如图 5.2.47 所示的两个平面，即后轮弹性挡圈 1 侧面与深沟球轴 1 承侧面重合。

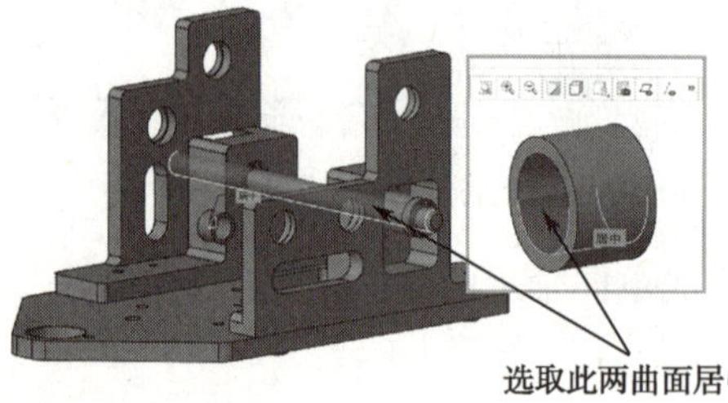

图 5.2.46 “居中”约束

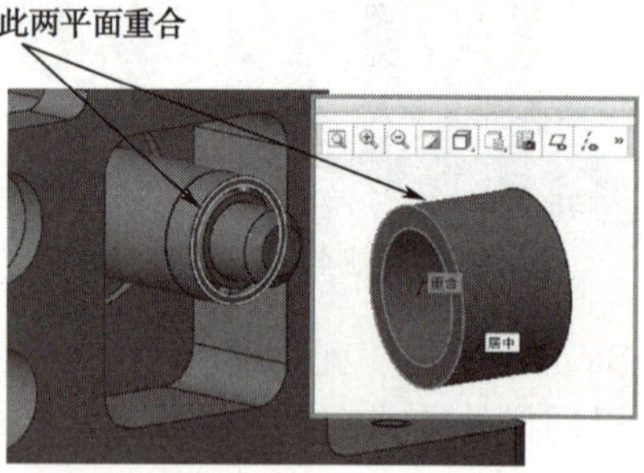

图 5.2.47 “重合”约束

Step4：单击“元件放置”操控板中的✔按钮，完成弹性挡圈 1 的装配。

以同样的方式完成右侧板上弹性挡圈 1 的装配。

10．深沟球轴承 1，ZC-MR106ZZ.prt

Step1：单击“模型”功能选项卡“元件”区域中“组装”按钮；然后在弹出的文件“打开”对话框中，选择深沟球轴承 1 零件模型文件 ZC-MR106ZZ.prt，单击 打开 按钮。

Step2：定义第一个装配约束

（1）在“放置”界面的“约束类型”下拉列表框中选择“居中”选项。

（2）分别选取如图 5.2.48 所示的两个曲面为约束对象。

Step3：定义第二个装配约束

（1）在“放置”界面中单击➔新建约束字符，在“约束类型”下拉列表框中选择“重合”选项。

（2）分别选取如图 5.2.49 所示的两个平面。

Step4：单击“元件放置”操控板中的✔按钮，完成深沟球轴承 1 的装配。

以同样的方式完成右侧板上深沟球轴承 1 的装配。

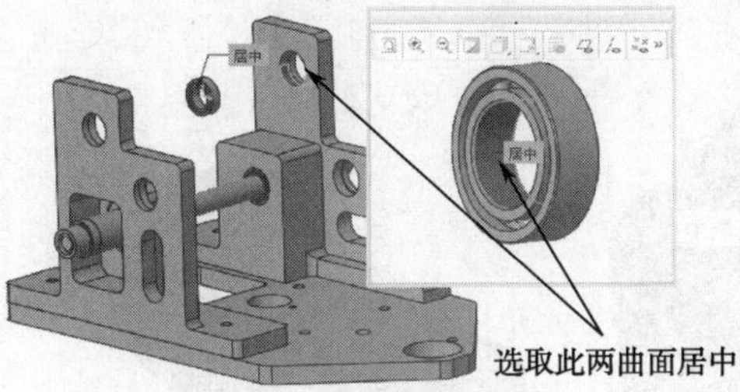

图 5.2.48 “居中”约束

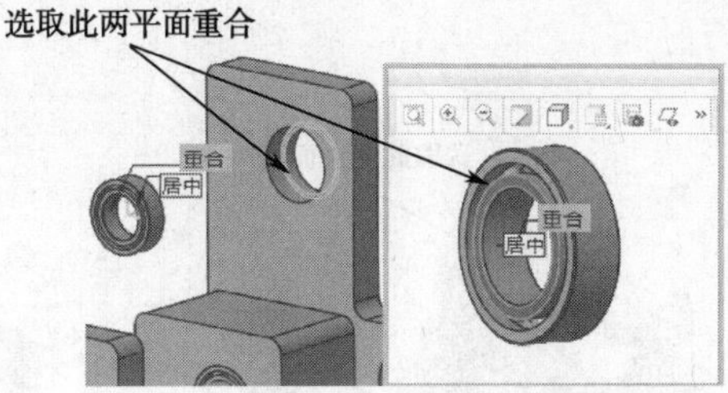

图 5.2.49 “重合”约束

11．绕线轴，1-6.prt

Step1：单击“模型”功能选项卡“元件”区域中“组装”按钮；然后在弹出的文件“打开”对话框中，选择绕线轴零件模型文件“1-6.prt”，单击 打开 按钮。

Step2：定义第一个装配约束

（1）在“放置”界面的“约束类型”下拉列表框中选择“居中”选项。

（2）分别选取如图 5.2.50 所示的两个曲面为约束对象，即后轮轴圆柱面与深沟球轴承内表面。

Step3：定义第二个装配约束

（1）在“放置”界面中单击 ➔新建约束 字符，在“约束类型”下拉列表框中选择“重合”选项。

（2）分别选取如图 5.2.51 所示的两个平面，即绕线轴端面与左侧板侧面。

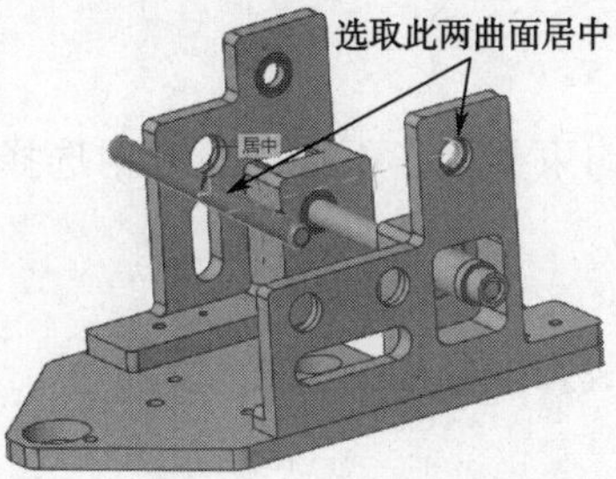

图 5.2.50 “居中”约束

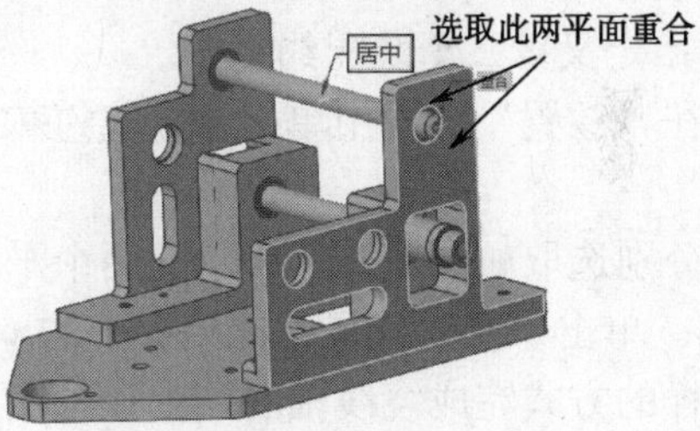

图 5.2.51 “重合”约束

Step4：单击“元件放置”操控板中的 ✔ 按钮，完成绕线轴的装配。

12．内六角螺钉，LD-M3.prt

Step1：单击“模型”功能选项卡“元件”区域中“组装”按钮；然后在弹出的文件“打开”对话框中，选择内六角螺钉零件模型文件 LD-M3.prt，单击 打开 按钮。

Step2：定义第一个装配约束

（1）将零件移动到合适的位置。

（2）在“放置”界面的“约束类型”下拉列表框中选择“居中”选项。

（3）分别选取如图 5.2.52 所示的两个曲面。

Step3：定义第二个装配约束

（1）将零件移动到合适的位置。

（2）在“放置”界面中单击 ➔新建约束 字符，在“约束类型”下拉列表框中选择“距离”选项。

（3）分别选取如图 5.2.53 所示的两个平面，在偏移对话框中输入距离 4。

Step4：单击“元件放置”操控板中的 ✔ 按钮，完成内六角螺钉的装配。

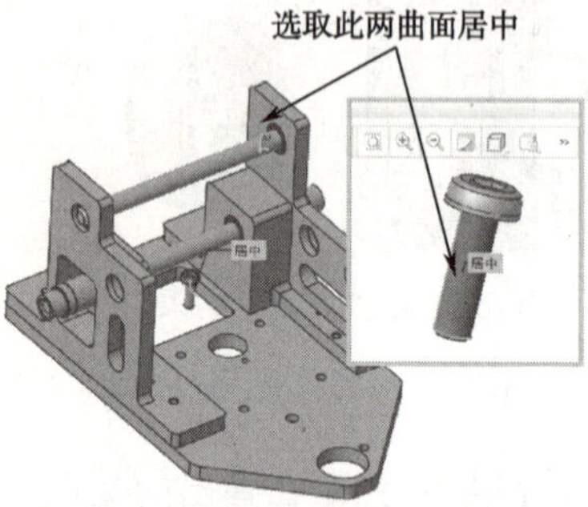

图 5.2.52 “居中”约束

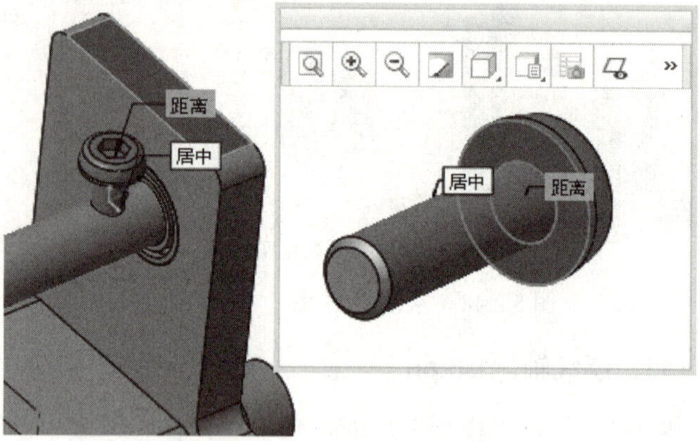

图 5.2.53 “距离”约束

13．弹性挡圈 2，1-7.prt

Step1：单击“模型”功能选项卡“元件”区域中“组装”按钮；然后在弹出的文件“打开”对话框中，选择弹性挡圈 2 零件模型文件“1-7.prt”，单击 打开 按钮。

Step2：定义第一个装配约束

（1）将零件移动到合适的位置。

（2）在“放置”界面的“约束类型”下拉列表框中选择“居中”选项。

（3）分别选取如图 5.2.54 所示的两个曲面。

Step3：定义第二个装配约束

（1）在“放置”界面中单击 新建约束 字符，在“约束类型”下拉列表框中选择“重合”选项。

（2）分别选取如图 5.2.55 所示的两个平面。

Step4：单击“元件放置”操控板中的✔按钮，完成弹性挡圈 2 的装配。

以同样的方式完成绕线轴右端弹性挡圈 2 的装配。

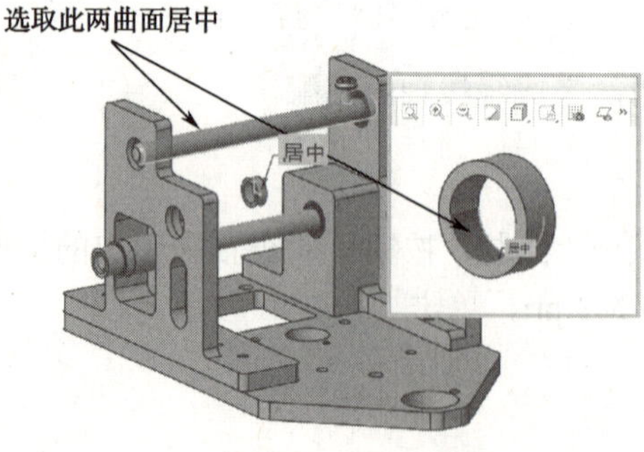

图 5.2.54 “居中”约束

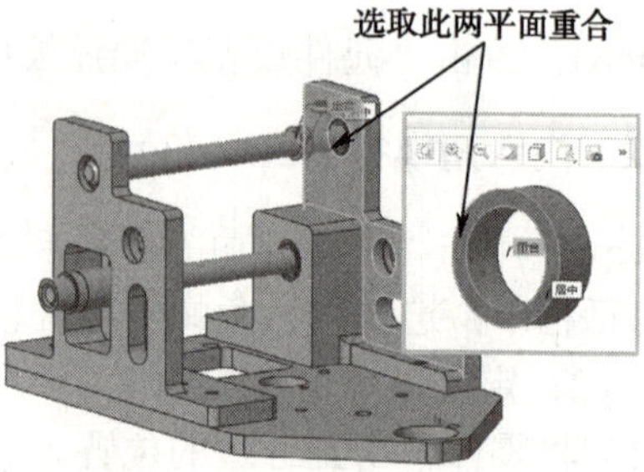

图 5.2.55 “重合”约束

14．齿轮（72），1-8.prt

Step1：单击“模型”功能选项卡“元件”区域中“组装”按钮；然后在弹出的文件“打开”对话框中，选择齿轮（72）零件模型文件“1-8.prt”，单击 打开 按钮。

Step2：定义第一个装配约束

（1）将零件移动到合适的位置。

（2）在“放置”界面的“约束类型”下拉列表框中选择“居中”选项。

（3）分别选取如图 5.2.56 所示的两个曲面。

Step3：定义第二个装配约束

（1）在“放置”界面中单击➡新建约束字符，在“约束类型”下拉列表框中选择“重合”选项。

（2）分别选取如图 5.2.57 所示的两个平面。

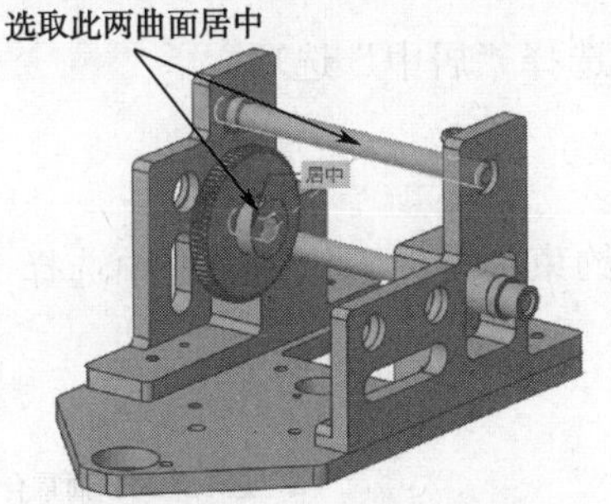

图 5.2.56 “居中”约束

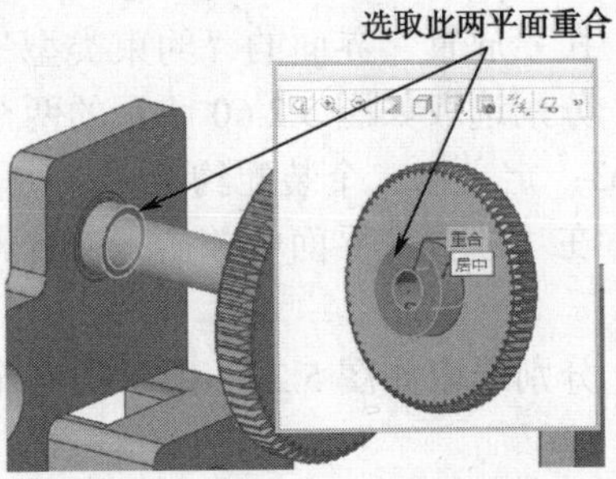

图 5.2.57 “重合”约束

Step4：单击“元件放置”操控板中的✔按钮，完成齿轮（72）的装配。

15. 紧定螺钉 M3，JDLD-M3.prt

Step1：单击“模型”功能选项卡“元件”区域中“组装”按钮；然后在弹出的文件“打开”对话框中，选择紧定螺钉 M3 零件模型文件“JDLD-M3.prt”，单击 打开 按钮。

Step2：定义第一个装配约束

（1）将零件移动到合适的位置。

（2）在“放置”界面的“约束类型”下拉列表框中选择“居中”选项。

（3）分别选取如图 5.2.58 所示的两个曲面。

Step3：定义第二个装配约束

（1）在“放置”界面中单击➡新建约束字符，在“约束类型”下拉列表框中选择“距离”选项。

（2）分别选取如图 5.2.59 所示的两个平面，在偏移对话框中输入距离 4。

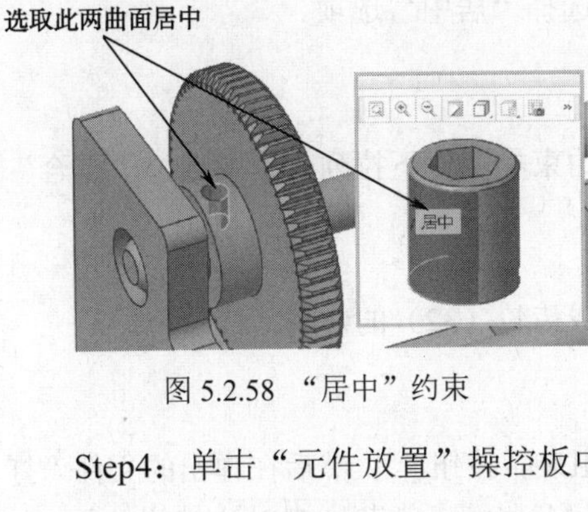

图 5.2.58 “居中”约束

图 5.2.59 “重合”约束

Step4：单击“元件放置”操控板中的✔按钮，完成紧定螺钉 M3 的装配。

16．弹性挡圈 3，1-9.prt

Step1：单击“模型”功能选项卡“元件”区域中“组装”按钮；然后在弹出的文件“打开”对话框中，选择弹性挡圈 3 零件模型文件“1-9.prt”，单击 打开 按钮。

Step2：定义第一个装配约束

（1）将零件移动到合适的位置。

（2）在“放置”界面的“约束类型”下拉列表框中选择“居中”选项。

（3）分别选取如图 5.2.60 所示的两个曲面。

Step3：定义第二个装配约束

（1）在“放置”界面中单击 → 新建约束 字符，在“约束类型”下拉列表框中选择“重合”选项。

（2）分别选取如图 5.2.61 所示的两个平面。

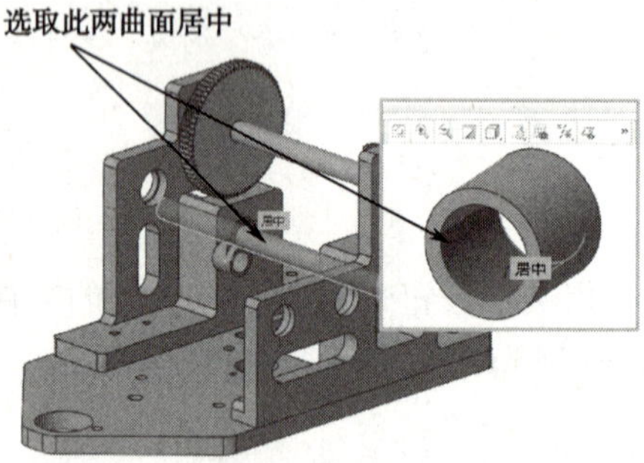

图 5.2.60 “居中”约束

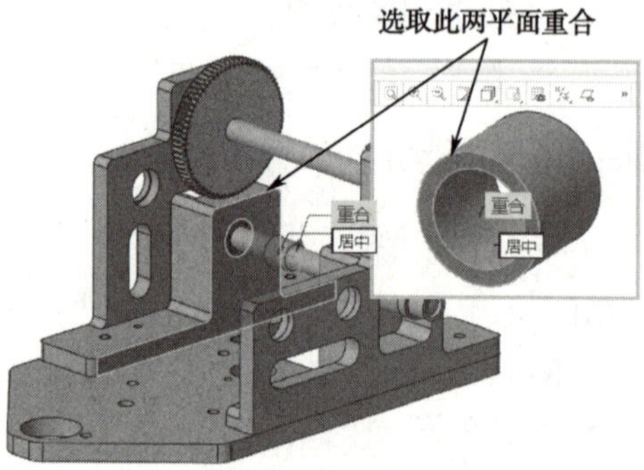

图 5.2.61 “重合”约束

Step4：单击“元件放置”操控板中的 ✔ 按钮，完成弹性挡圈 3 的装配。

17．齿轮（32），1-10.prt

Step1：单击“模型”功能选项卡“元件”区域中“组装”按钮；然后在弹出的文件“打开”对话框中，选择齿轮（32）零件模型文件 1-10.prt，单击 打开 按钮。

Step2：定义第一个装配约束

（1）将零件移动到合适的位置。

（2）在“放置”界面的“约束类型”下拉列表框中选择“居中”选项。

（3）分别选取如图 5.2.62 所示的两个平面。

Step3：定义第二个装配约束

（2）在“放置”界面中单击 → 新建约束 字符，在“约束类型”下拉列表框中选择“重合”选项。

（3）分别选取如图 5.2.63 所示的两个平面。

Step4：单击“元件放置”操控板中的 ✔ 按钮，完成齿轮（32）的装配。

18．紧定螺钉 M3，JDLD-M3.prt

Step1：单击“模型”功能选项卡“元件”区域中“组装”按钮；然后在弹出的文件“打开”对话框中，选择紧定螺钉 M3 零件模型文件“JDLD-M3.prt”，单击 打开 按钮。

图 5.2.62 “居中”约束

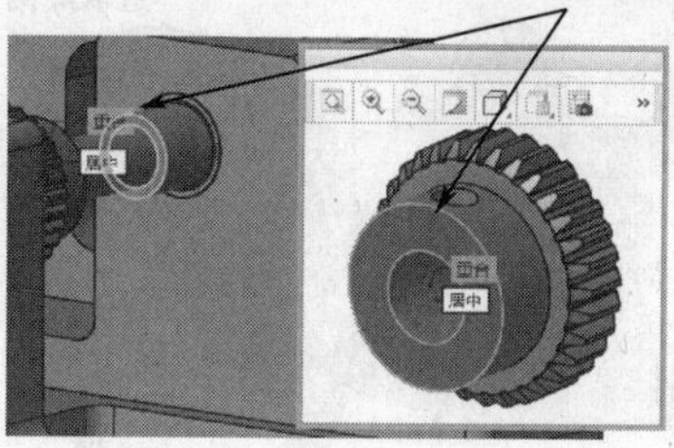

图 5.2.63 “重合”约束

Step2：定义第一个装配约束

（1）将零件移动到合适的位置。

（2）在“放置”界面的“约束类型”下拉列表框中选择“居中”选项。

（3）分别选取如图 5.2.64 所示的两个曲面。

Step3：定义第二个装配约束

（1）在“放置”界面中单击 ➔新建约束 字符，在“约束类型”下拉列表框中选择“距离”选项。

（2）分别选取如图 5.2.65 所示的两个平面，在偏移对话框中输入距离 4。

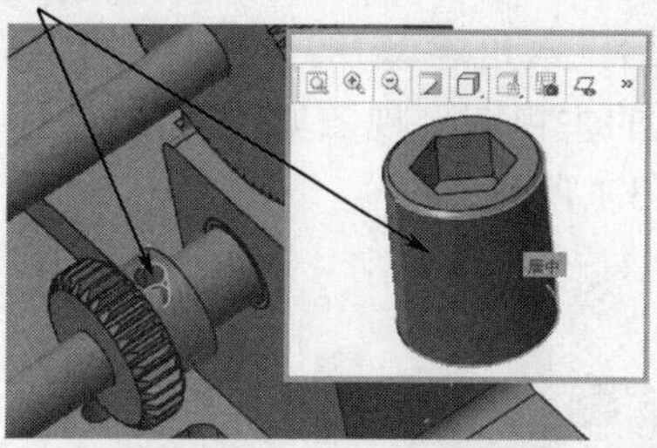

图 5.2.64 “居中”约束

图 5.2.65 “距离”约束

Step4：单击“元件放置”操控板中的 ✔ 按钮，完成紧定螺钉 M3 的装配。

19．后轮，1-11.prt

Step1：单击“模型”功能选项卡“元件”区域中“组装”按钮；然后在弹出的文件“打开”对话框中，选择后轮零件模型文件“1-11.prt”，单击 打开 按钮。

Step2：定义第一个装配约束

（1）将零件移动到合适的位置。

（2）在“放置”界面的“约束类型”下拉列表框中选择“居中”选项。

（3）分别选取如图 5.2.66 所示的两个曲面。

Step3：定义第二个装配约束

（1）在“放置”界面中单击 ➔新建约束 字符，在“约束类型”下拉列表框中选择“重合”选项。

（2）分别选取如图 5.2.67 所示的两个平面。

以同样的方式完成右侧后轮的装配。

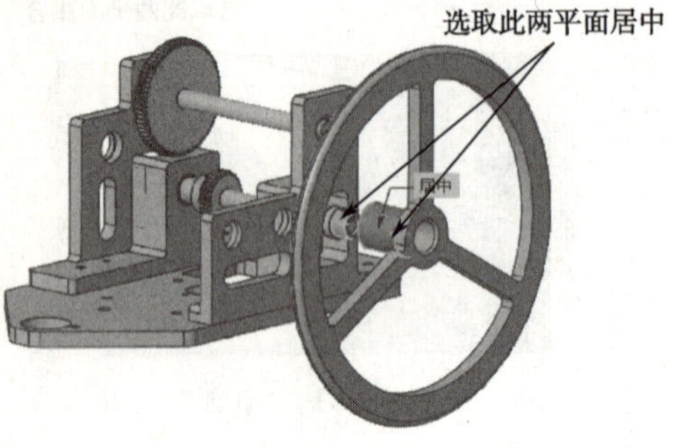

图 5.2.66 “居中”约束

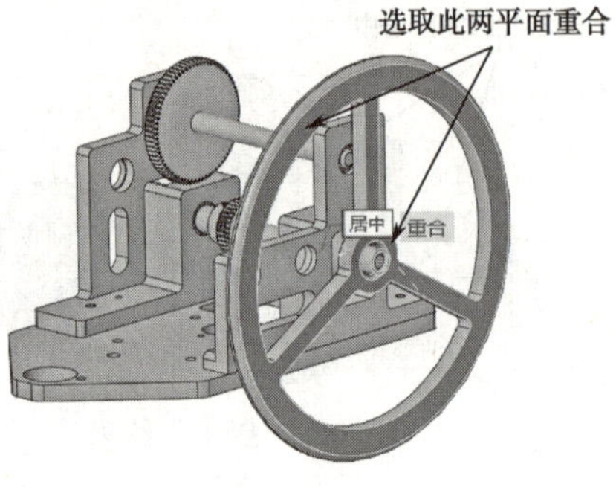

图 5.2.67 “重合”约束

5.3 其他部件装配

5.3.1 变速部件

变速部件由变速箱（2-1）、变速箱盖（2-2）、曲柄轴（2-3）、弹性挡圈 4（2-4）、齿轮（48）（2-5）、曲柄（2-6）、摩擦杆轴 1（2-7）、摩擦杆轴 2（2-8）、齿轮（64）（2-9）、齿轮（24）（2-10）、摩擦轮套（2-11）、摩擦轮轴（2-12）、内六角螺钉（LD-M3）、紧定螺钉 M3（JDLD-M3）、深沟球轴承 1（ZC-MR106ZZ）、深沟球轴承 2（ZC-MR103ZZ）、六角螺母 M3（LM-M3）组成。变速部件装配图如图 5.3.1 所示，以摩擦杆轴 1 中心为剖面的主视图剖视图如图 5.3.2 所示，变速部件装配模型树如图 5.3.3 所示。其零件组成明细如表 5.3.1 所示。

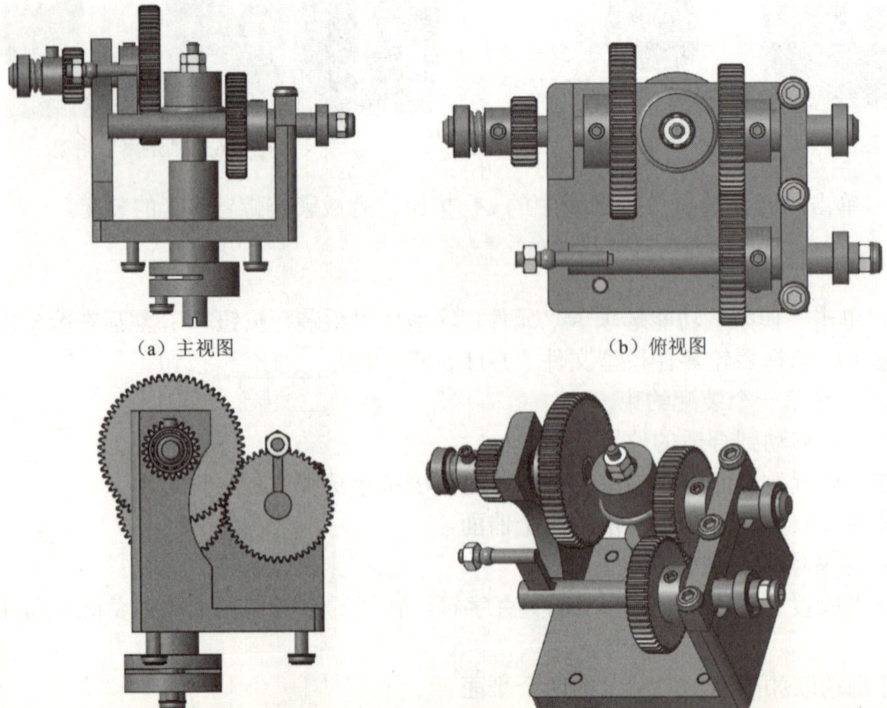

（a）主视图　（b）俯视图　（c）左视图　（d）轴测图

图 5.3.1　变速部件装配视图

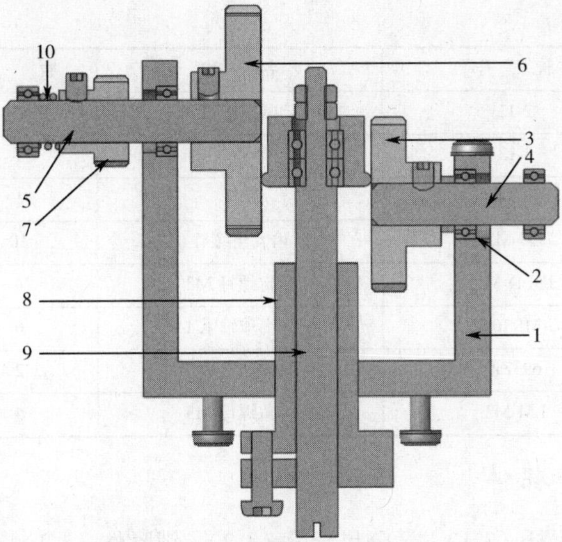

1—变速箱；2—变速箱盖；3—齿轮（48）；4—摩擦杆轴 1；5—摩擦杆轴 2；
6—齿轮（64）；7—齿轮（24）；8—摩擦轮套；9—摩擦轮轴；10—弹簧

图 5.3.2　主视图剖视图

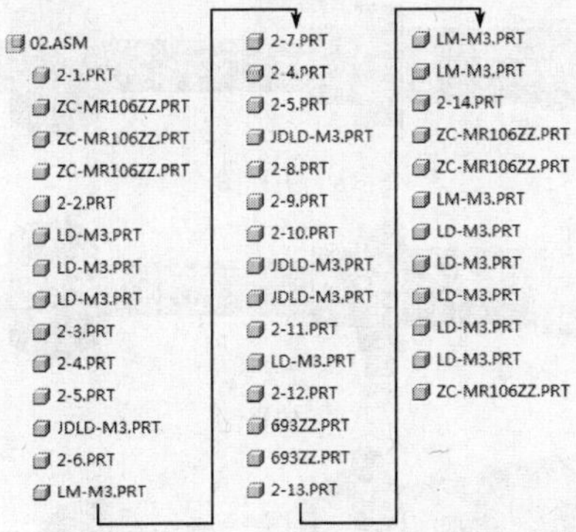

图 5.3.3　变速部件模型树

表 5.3.1　后轮部件组成明细

序　号	代　号	名　称	数　量	备　注
1	2-1	变速箱	1	
2	2-2	变速箱盖	1	
3	2-3	曲柄轴	1	
4	2-4	弹性挡圈 4	2	
5	2-5	齿轮（48）	1	GB1357—1987
6	2-6	曲柄	1	
7	2-7	摩擦杆轴 1	1	
8	2-8	摩擦杆轴 2	1	
9	2-9	齿轮（64）	1	GB1357—1987
10	2-10	齿轮（24）	1	GB1357—1987
11	2-11	摩擦轮套	1	

续表

序　号	代　号	名　称	数　量	备　注
12	2-12	摩擦轮轴	1	
13	2-13	摩擦轮	1	
14	2-14	弹簧	1	
15	LD-M3	内六角螺钉	10	GB/T70.2—2000
16	JDLD-M3	紧定螺钉 M3	4	GB/T71—1985
17	ZC-MR106ZZ	深沟球轴承 1	6	
18	693ZZ	深沟球轴承 2	2	
19	LM-M3	六角螺母 M3	4	GB/T6170—2000

5.3.2 转向杆部件

转向杆部件由千分尺杆（3-1）、千分尺套筒（3-2）、锁紧件（3-3）、关节轴承 M3（3-4）、内球套（3-5）、内球节（3-6）、紧定螺钉 M3（JDLD-M2）组成。转向杆部件装配图如图 5.3.4 所示，以摩擦杆轴 1 中心为剖面的主视图剖视图如图 5.3.5 所示，转向杆部件装配模型树如图 5.3.6 所示。

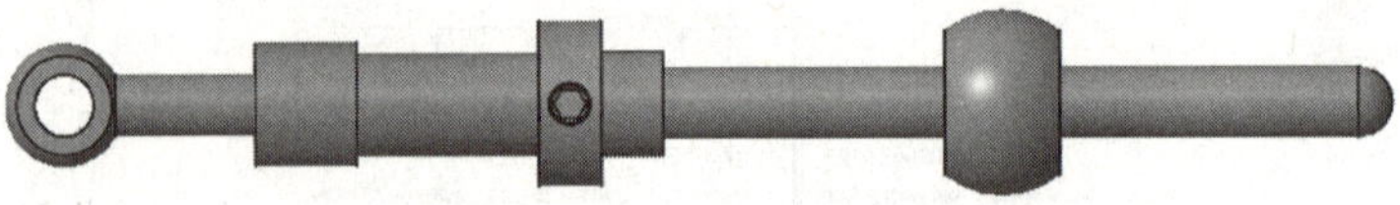

（a）主视图

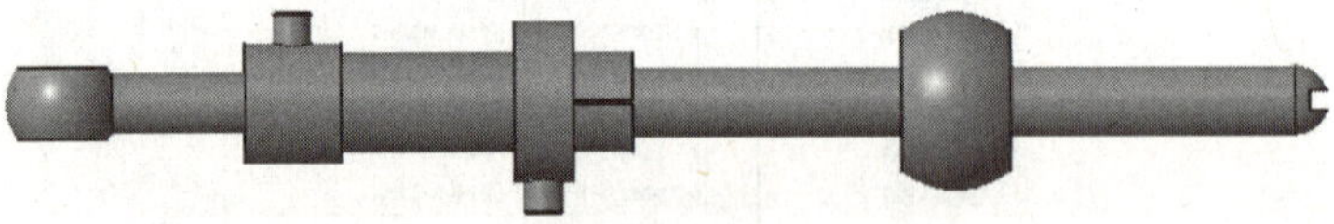

（b）俯视图

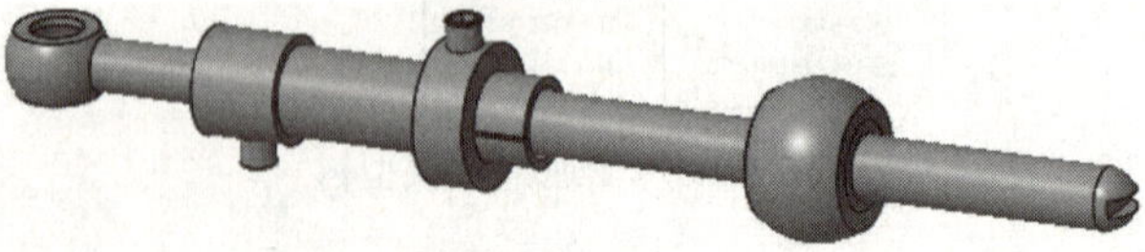

（c）轴测图

图 5.3.4　转向杆部件装配视图

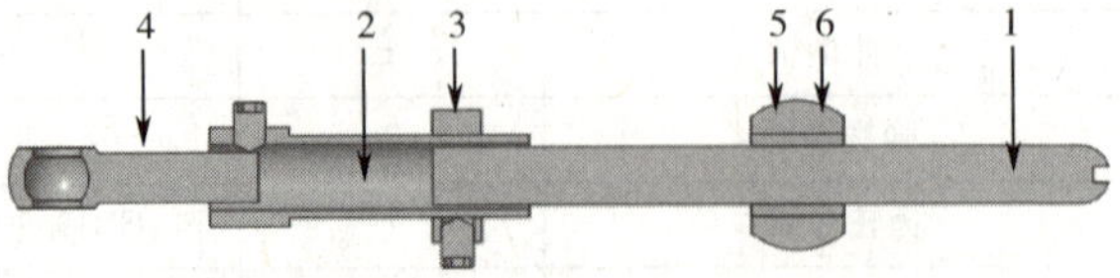

1—千分尺杆；2—千分尺套筒；3—锁紧件；

4—关节轴承 M3；5—内球套；6—内球节

图 5.3.5　俯视图剖视图

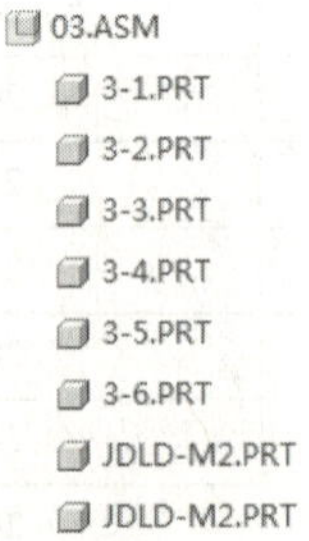

图 5.3.6　转向杆部件模型树

转向杆部件零件组成明细如表 5.3.2 所示。

表 5.3.2　转向杆部件组成明细

序　号	代　号	名　称	数　量	备　注
1	3-1	千分尺杆	1	
2	3-2	千分尺套筒	1	
3	3-3	锁紧件	1	
4	3-4	关节轴承 M3	1	
5	3-5	内球套	1	
6	3-6	内球节	1	
7	JDLD-M2	紧定螺钉 M2	2	GB/T71—1985

5.3.3　前轮部件

前轮部件由前轮架（4-1）、前轮轴（4-2）、弹性挡圈 5（4-3）、前轮（4-4）、弹性挡圈 6（4-5）、轴承座（4-6）、关节轴承 M5（4-7）、内六角螺钉（LD-M3）、六角螺母 M5（LM-M5）、深沟球轴承 1（ZC-MR106ZZ）、深沟球轴承 3（ZC-MR128-2RS）组成。前轮部件装配图如图 5.3.7 所示，以摩擦杆轴 1 中心为剖面的主视图剖视图如图 5.3.8 所示，前轮部件装配模型树如图 5.3.9 所示。

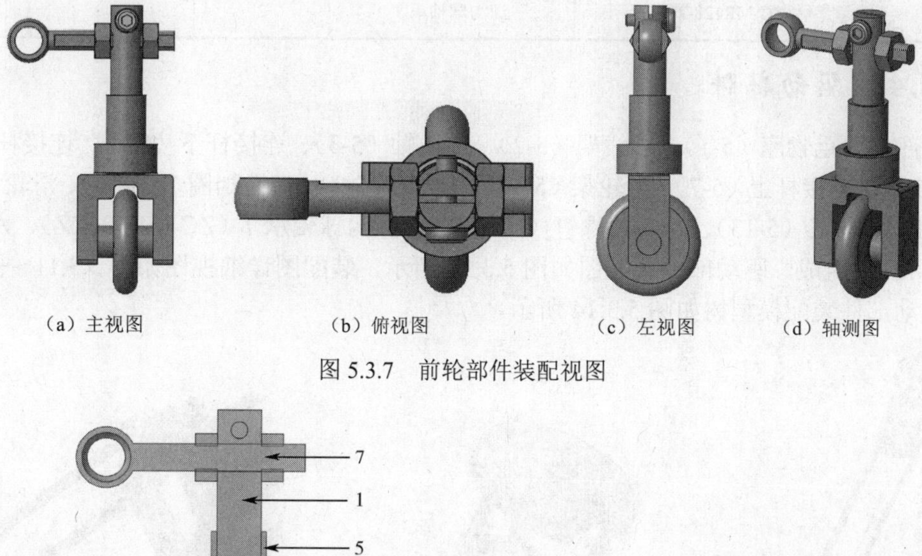

（a）主视图　（b）俯视图　（c）左视图　（d）轴测图

图 5.3.7　前轮部件装配视图

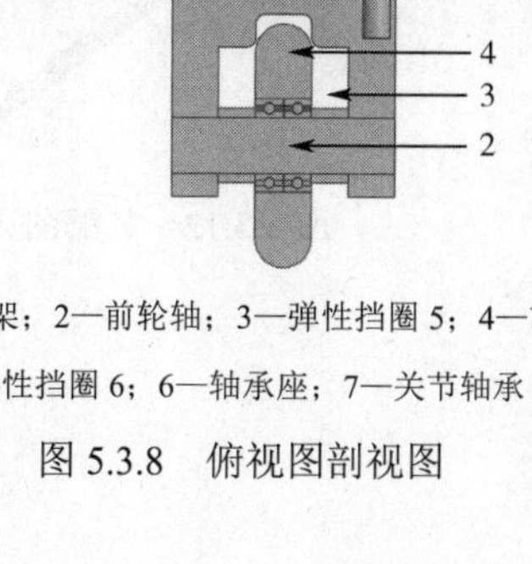

1—前轮架；2—前轮轴；3—弹性挡圈 5；4—前轮；
5—弹性挡圈 6；6—轴承座；7—关节轴承 M5

图 5.3.8　俯视图剖视图

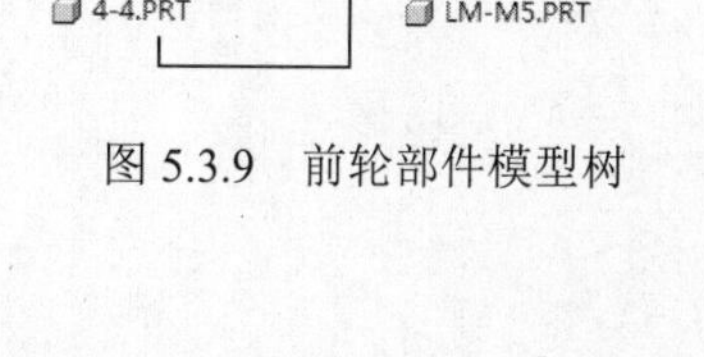

图 5.3.9　前轮部件模型树

前轮部件零件组成明细如表 5.3.3 所示。

图 5.3.3 前轮部件零件组成明细

序　号	代　号	名　称	数　量	备　注
1	4-1	前轮架	1	
2	4-2	前轮轴	1	
3	4-3	弹性挡圈 5	1	
4	4-4	前轮	1	
5	4-5	弹性挡圈 6	1	
6	4-6	轴承座	1	
7	4-7	关节轴承 M5	1	
8	LD-M3	内六角螺钉	1	GB/T70.2—2000
9	LM-M5	六角螺母 M5	2	GB/T6170—2000
10	ZC-MR106ZZ	深沟球轴承 1	2	
11	ZC-MR128-2RS	深沟球轴承 3	2	

5.3.4 驱动部件

驱动部件由重物座（5-1）、导线架（5-2）、导线轴（5-3）、连接杆下（5-4）、连接杆（5-5）、导线杆（5-6）、连接杆上（5-7）、滑轮架（5-8）、滑轮轴（5-9）、弹性挡圈 7（5-10）、滑轮（5-11）、砝码（5-12）、丝线（5-13）、内六角螺钉（LD-M3）、深沟球轴承 1（ZC-MR106ZZ）、六角螺母 M3（LM-M3）组成。驱动部件装配图如图 5.3.10 所示，装配图详细视图如图 5.3.11～图 5.3.13 所示，驱动部件装配模型树如图 5.3.14 所示。

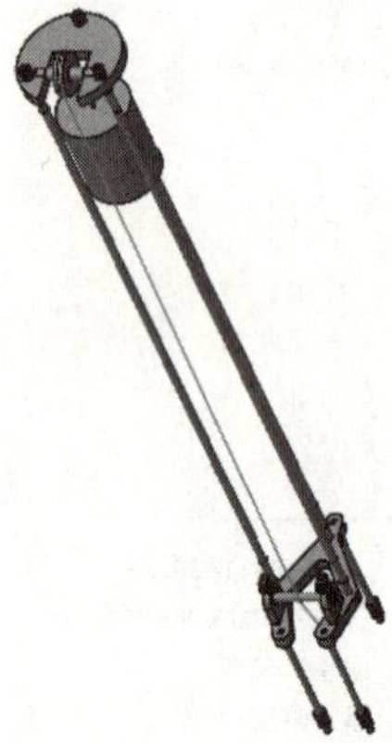

图 5.3.10　驱动部件装配图

图 5.3.11　装配图详细视图 1

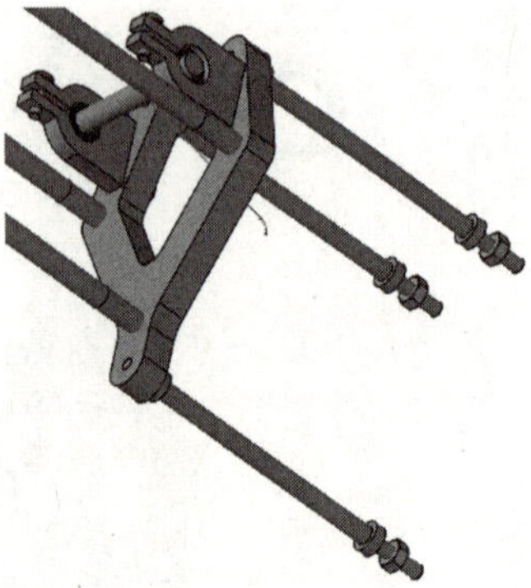

图 5.3.12　装配图详细视图 2

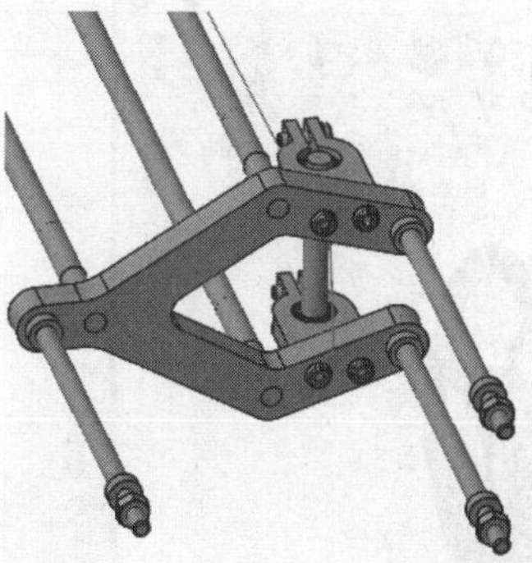

图 5.3.13　装配图详细视图 3

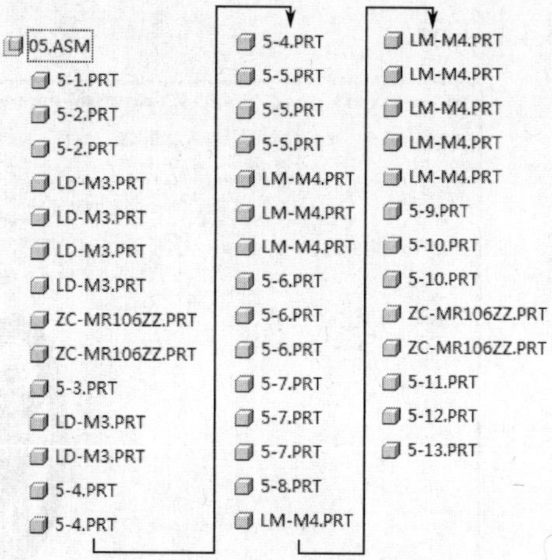

图 5.3.14　驱动部件模型树

驱动部件零件组成明细如表 5.3.4 所示。

表 5.3.4　驱动部件零件组成明细

序　号	代　号	名　称	数　量	备　注
1	5-1	重物座	1	
2	5-2	导线架	2	
3	5-3	导线轴	1	
4	5-4	连接杆下	3	
5	5-5	连接杆	3	
6	5-6	导线杆	3	
7	5-7	连接杆上	3	
8	5-8	滑轮架	1	
9	5-9	滑轮轴	1	
10	5-10	弹性挡圈 7	2	
11	5-11	滑轮	1	
12	5-12	砝码	1	
13	5-13	丝线	1	
14	LD-M3	内六角螺钉	6	GB/T70.2—2000
15	LM-M4	六角螺母 M4	9	GB/T6170—2000
16	ZC-MR106ZZ	深沟球轴承 1	4	

5.4　整车装配

Step1：新建装配文件，命名为 00.asm。

Step2：引入后轮部件

（1）单击“模型”功能选项卡“元件”区域中“组装”按钮；然后在弹出的文件“打开”对话框中，选择后轮部件文件 01.asm，单击 打开 按钮。引入后轮部件模型。

（2）在“放置”界面的“约束类型”下拉列表中选择“默认”选项，将后轮部件按默认放置，如图 5.4.1 所示。

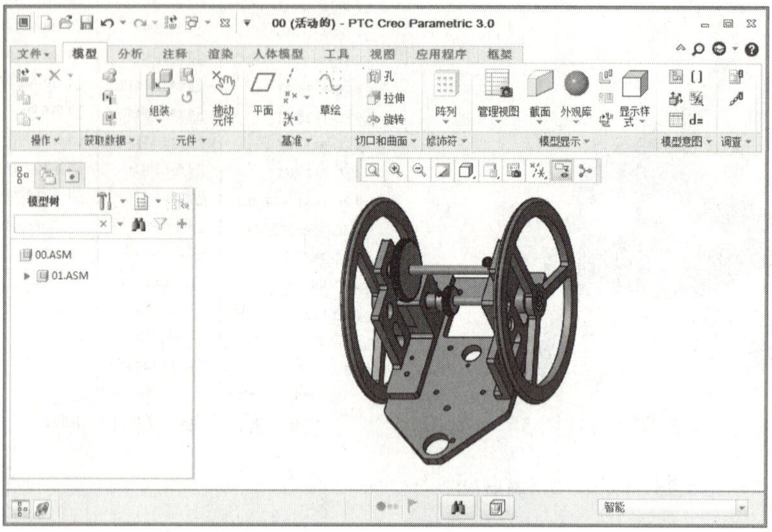

图 5.4.1　引入后轮部件

Step3：装配变速部件

（1）单击“模型”功能选项卡“元件”区域中“组装”按钮；然后在弹出的文件“打开”对话框中，选择变速部件文件 02.asm，单击 打开 按钮。引入变速部件模型。

（2）在“放置”界面的“约束类型”下拉列表中选择“重合”选项，选择如图 5.4.2 所示的两平面。

（3）在“放置”界面的“约束类型”下拉列表中选择“居中”选项，选择如图 5.4.3 所示的两曲面。

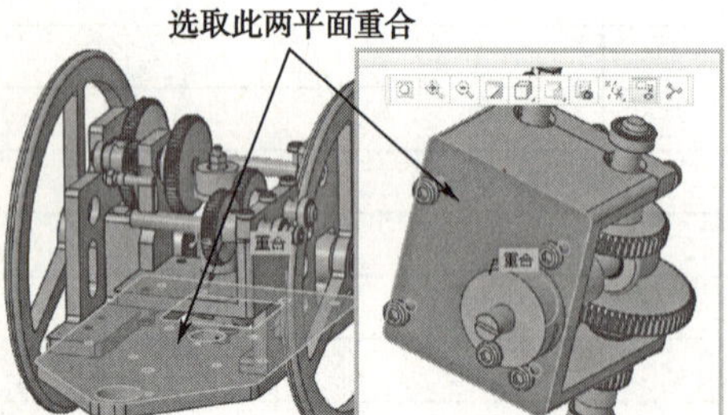

图 5.4.2　定义“重合”约束

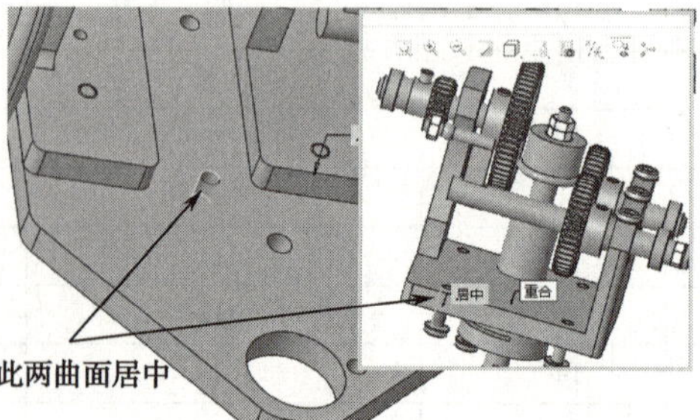

图 5.4.3　定义“居中”约束

（4）在“放置”界面的“约束类型”下拉列表中选择“平行”选项，选择如图 5.4.4 所示的两平面。

（5）单击“元件放置”操控板中的 按钮，完成变速部件的装配。

Step4：装配前轮部件

（1）单击“模型”功能选项卡“元件”区域中“组装”按钮；然后在弹出的文件“打开”对话框中，选择前轮装配文件 04.asm，单击 打开 按钮。引入前轮部件模型。

（2）在“放置”界面的“约束类型”下拉列表中选择“居中”选项，选择如图 5.4.5 所示的两曲面。

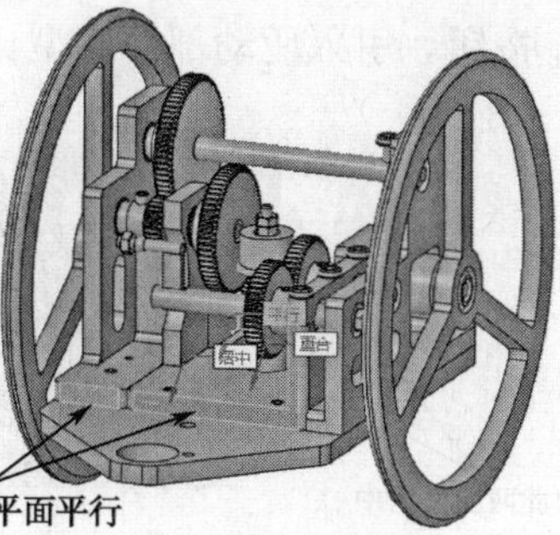

图 5.4.4　定义“平行”约束

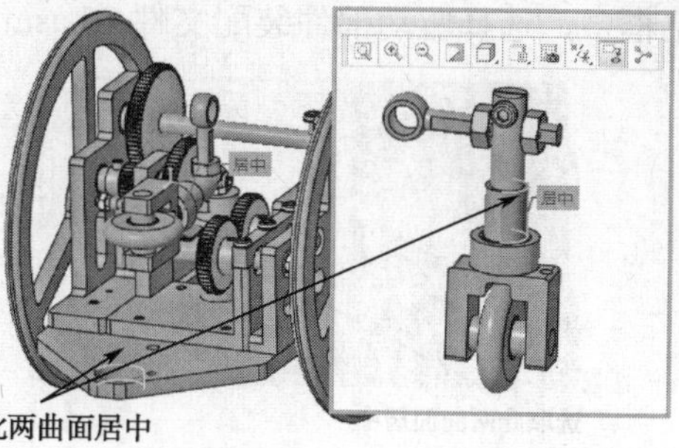

图 5.4.5　定义“居中”约束

（3）在“放置”界面的“约束类型”下拉列表中选择“距离”选项，选择如图 5.4.6 所示的两平面，在偏移距离文本框中输入 0.5。

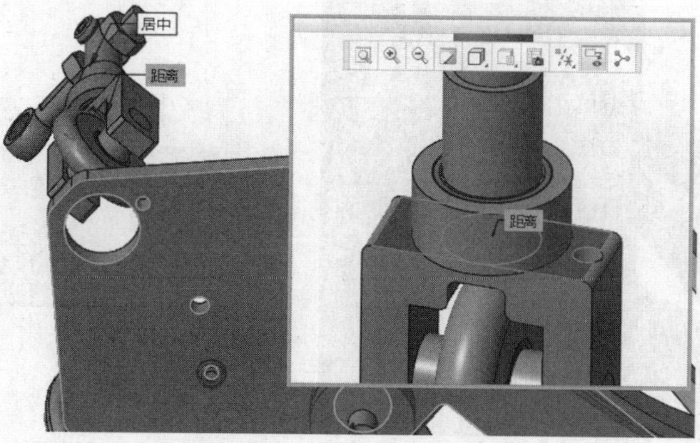

图 5.4.6　定义“距离”约束

（4）在“放置”界面的“约束类型”下拉列表中选择“平行”选项，选择如图 5.4.7 所示的两平面。

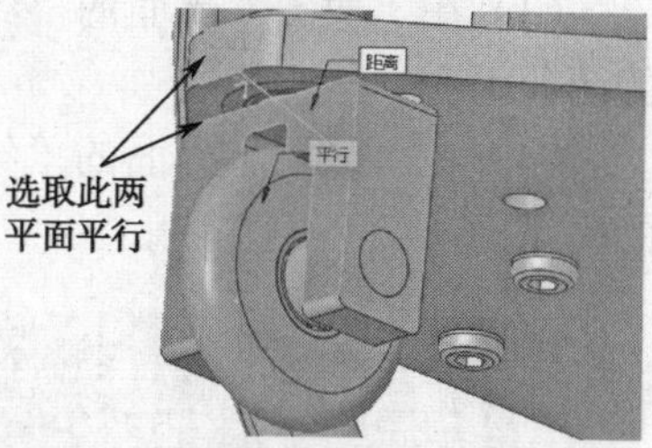

图 5.4.7　定义“平行”约束

（5）单击“元件放置”操控板中的✔按钮，完成前轮部件的装配。

Step5：装配转向杆部件

（1）单击“模型”功能选项卡“元件”区域中“组装”按钮；然后在弹出的文件“打开”对话框中，选择转向杆装配文件 03.asm，单击 打开 按钮。引入转向杆部件模型。

（2）在“放置”界面的“约束类型”下拉列表中选择“居中”选项，选择如图 5.4.8 所示的两曲面。

（3）在“放置”界面的“约束类型”下拉列表中选择“居中”选项，选择如图 5.4.9 所示的两曲面。

（4）取消选中“允许假设”复选框。

（5）在“放置”界面的“约束类型”下拉列表中选择“角度偏移”选项，选择如图 5.4.10 所示的两平面。在角度偏移值文本框中输入 90。

（6）单击“元件放置”操控板中的✔按钮，完成前轮部件的装配。

Step6：装配驱动部件

（1）单击“模型”功能选项卡“元件”区域中“组装”按钮；然后在弹出的文件“打开”

对话框中，选择驱动部件装配文件 05.asm，单击 打开 按钮。引入驱动部件模型。

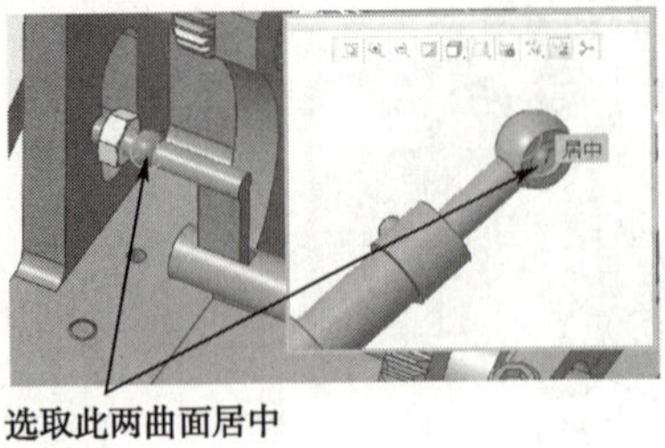

图 5.4.8　定义“居中”约束

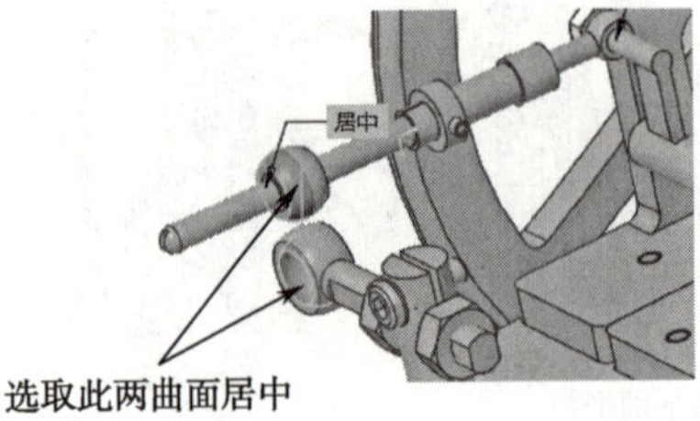

图 5.4.9　定义“居中”约束

（2）在“放置”界面的“约束类型”下拉列表中选择“居中”选项，选择如图 5.4.11 所示的两曲面。

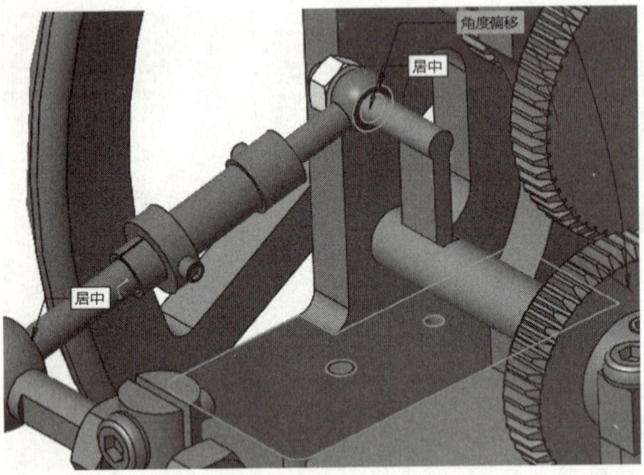

图 5.4.10　定义“角度偏移”约束

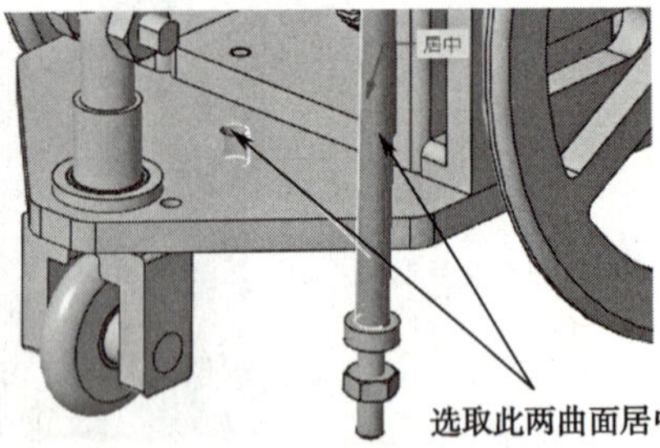

图 5.4.11　定义“居中”约束

（3）在“放置”界面的“约束类型”下拉列表中选择“居中”选项，选择如图 5.4.12 所示的两曲面。

（4）在“放置”界面的“约束类型”下拉列表中选择“重合”选项，选择如图 5.4.13 所示的两平面。

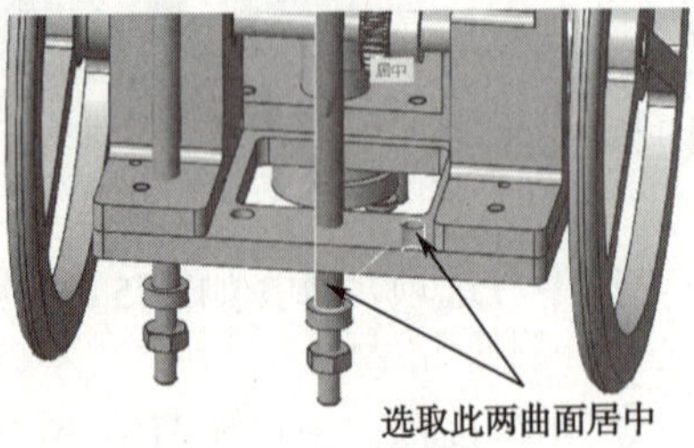

图 5.4.12　定义“居中”约束

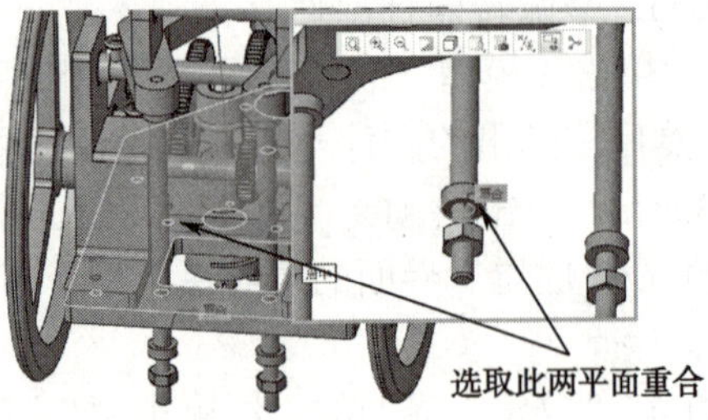

图 5.4.13　定义“重合”约束

（5）单击“元件放置”操控板中的✔按钮，完成驱动部件的装配。

完成后的整车装配如图 5.4.14 所示。各部分放大视图如图 5.4.15 所示。

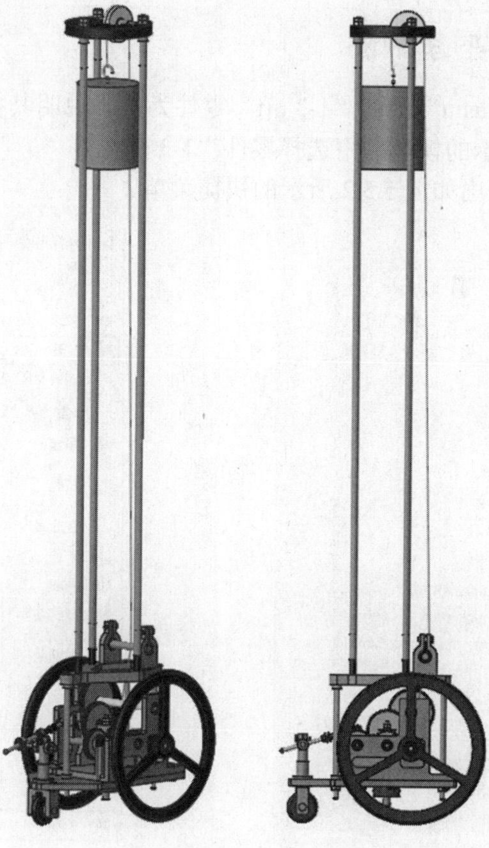

（a）　（b）

图 5.4.14　整车装配视图

（a）　（b）　（c）

图 5.4.15　整车装配视图局部放大视图

5.5　装配中元件的操作

完成一个装配体后，可以对该装配体中的任何元件（包括零件和子装配件）进行下面的操作：元件的打开与删除、元件尺寸的修改、元件装配约束偏距值的修改、元件装配约束的重定义等。这些操作命令一般从模型树中获取。

5.5.1 元件的打开与删除

下面以修改装配体“01.asm”中的“1-3.prt”零件为例，说明其操作方法。

Step1：在如图 5.5.1 所示的模型树中选择零件“1-3.prt”。

Step2：右击 1-3.prt，弹出如图 5.5.2 所示的快捷菜单。

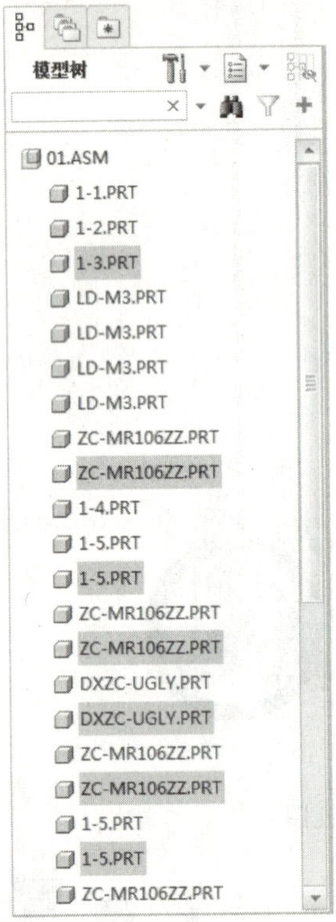

图 5.5.1 模型树

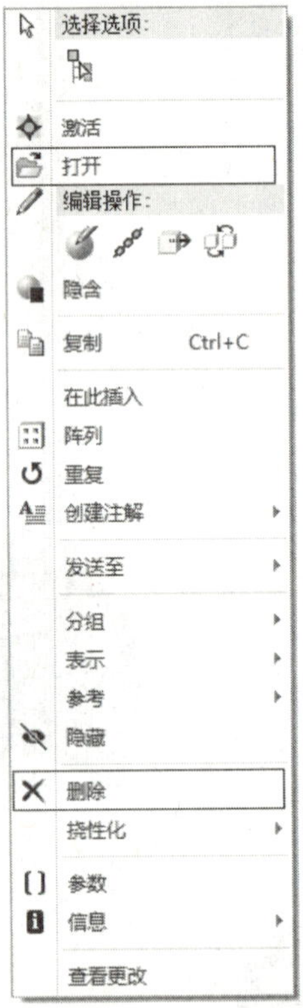

图 5.5.2 快捷菜单

Step3：在快捷菜单中选择 打开，则可打开零件 1-3.prt，进入零件环境。

Step4：在快捷菜单中选择 删除，弹出如图 5.5.3 所示的“删除”确认对话框，此时在模型树中可以看到 ZC-MR106ZZ.prt、1-5.prt 等零件会高亮显示，如图 5.5.1。因 ZC-MR106ZZ.prt、1-5.prt 等零件装配时使用了零件 1-3.prt 的相关图元，因此其存在父子关系，如单击 确定 可将零件 1-3.prt 从装配体 01.asm 中删除，但 ZC-MR106ZZ.prt、1-5.prt 等零件也将被删除，可通过重新定义 ZC-MR106ZZ.prt、1-5.prt 等零件装配时的参考图元，避免其被删除。

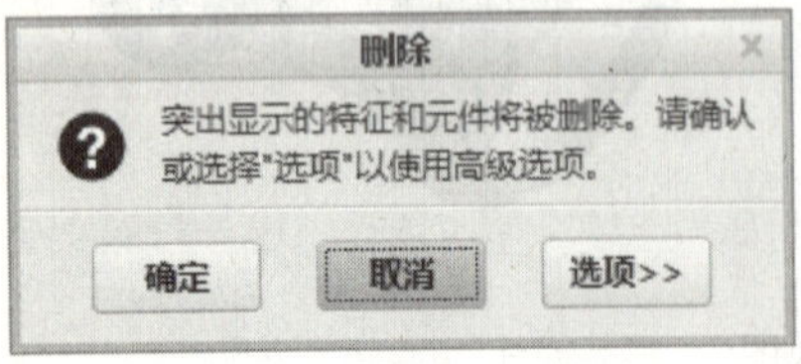

图 5.5.3 “删除”对话框

5.5.2 元件中特征的修改

下面以修改装配体 01.asm 中的 1-1.prt 零件为例，说明其操作方法。

Step1：在图 5.5.1 所示的装配模型树界面选择 → 树过滤器(F)... 命令，在弹出的“模型树项”对话框中选中如图 5.5.4 所示“显示”选项组“特征”复选框。单击 确定 按钮。这样每个零件中的特征都将在模型树中显示。

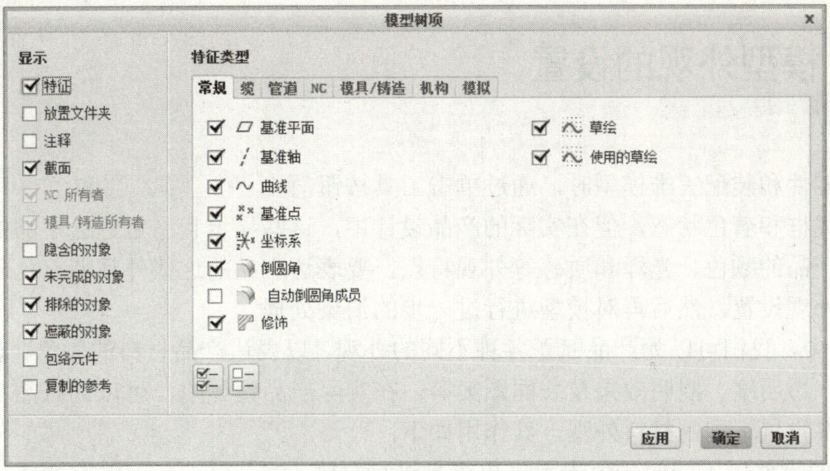

图 5.5.4 “模型树项”对话框

Step2：单击模型树中 ▶ 1-1.PRT 前面的符号 ▶，展开 1-1.prt 零件的特征。

Step3：右击 1-1.prt 零件下的“拉伸 2”特征，从弹出的快捷菜单中选择所需的编辑、编辑定义等命令，对所选取的特征进行操作。如选择编辑定义，则进入如图 5.5.5 所示的特征编辑命令，可对“拉伸 2”特征进行编辑。

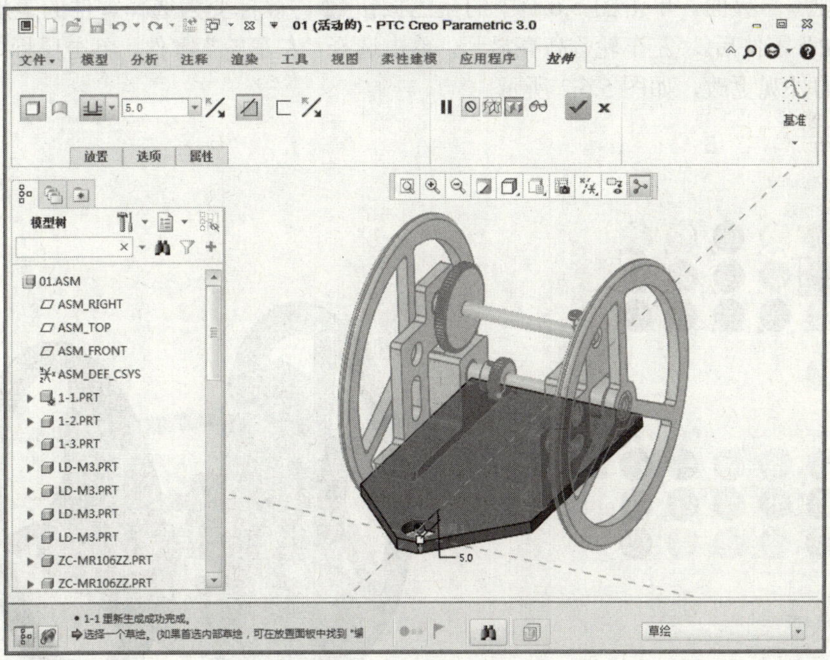

图 5.5.5　拉伸特征编辑

Step4：装配模型的再生。在模型树中右击 01.asm，在弹出的快捷菜单中选择“重新生成”命令。

说明：

- 装配模型修改后，必须进行“重新生成”命令操作，否则模型不能按修改的要求更新。
- 单击“模型”功能选项卡“操作”区域中的重新生成按钮，也可以重新生成模型。

5.6 模型外观的设置

在创建零件和装配三维模型时，通过单击工具按钮、、、和，可以使模型显示为不同的线框和着色状态，但在实际的产品设计中，这些显示状态是远远不够的。因为它们无法表达出产品的颜色、光泽和质感等外观特点，要表达产品的这些外观特点，还需要对模型进行必要的外观设置，然后再对模型进行进一步的渲染处理。

在 Creo 中，我们可以为产品赋予各种不同的外观，以表达产品材料的颜色、表面纹理、粗糙度、反射、透明度、照明效果及表面图案等。在实际产品设计中，可以为产品（装配模型）中的各个零件设置不同的材料外观，其作用如下：

- 不同的零件以不同的颜色表示，更容易进行分辨；
- 对于内部结构复杂的产品，可以将产品的外壳设置为透明材质，这样便可查看产品的内部结构；
- 为模型赋予纹理外观，可以使产品的图像更加丰富，也使产品的立体感增强；
- 为模型的渲染做准备。

单击“视图”功能选项卡“模型显示”区域中的“外观库”按钮外观库，系统弹出如图 5.6.1 所示的“外观库”界面。单击图 5.6.1 中的蓝色按钮，鼠标变为选择零件的笔形形状，鼠标移至“左车轮”零件后，“左车轮”高亮显示，单击选择“左车轮”零件，单击鼠标中键完成“左车轮”零件的外观更改，如图 5.6.2 所示。

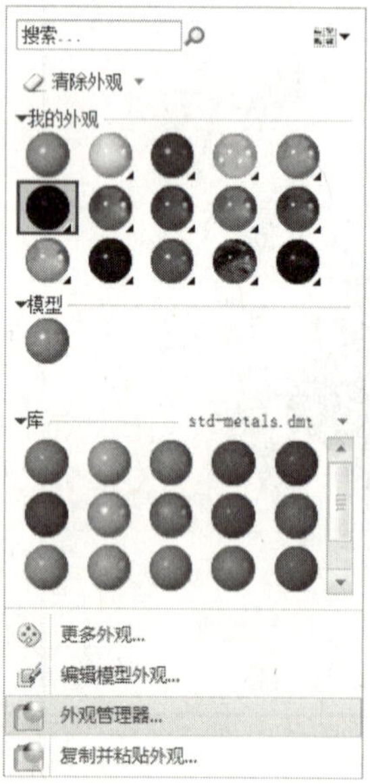

图 5.6.1 “外观库”界面

图 5.6.2 左车轮零件外观更改

说明：“外观管理器”对话框

在图 5.6.1 所示的“外观库”界面单击外观管理器...按钮，系统弹出图 5.6.3 所示的“外观管理器”对话框。

1. 下拉菜单区

“外观管理器”对话框下拉菜单区包括“视图选项”和“工具选项”，各菜单的解释如图 5.6.4

和图 5.6.5 所示。

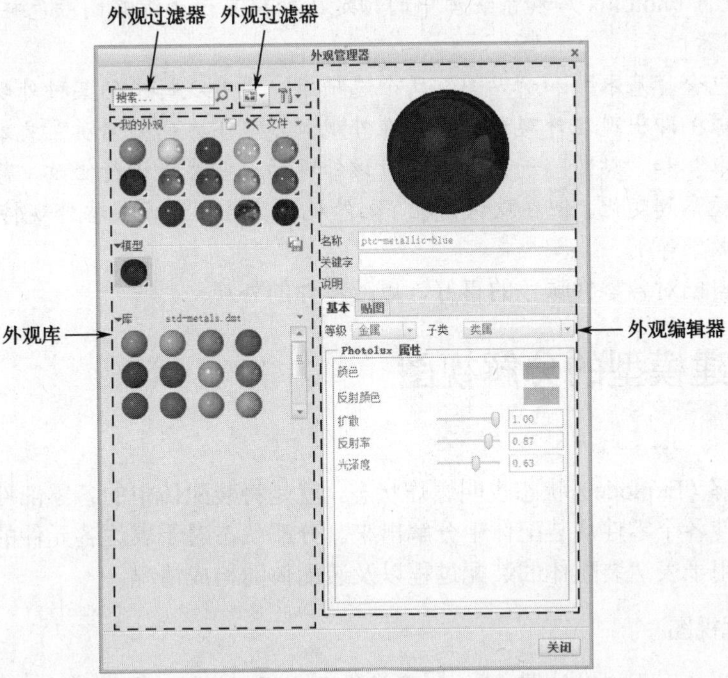

图 5.6.3 “外观管理器”对话框

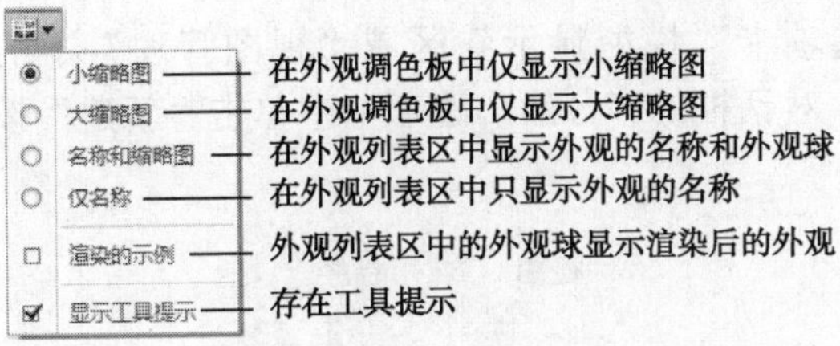

图 5.6.4 “视图选项”

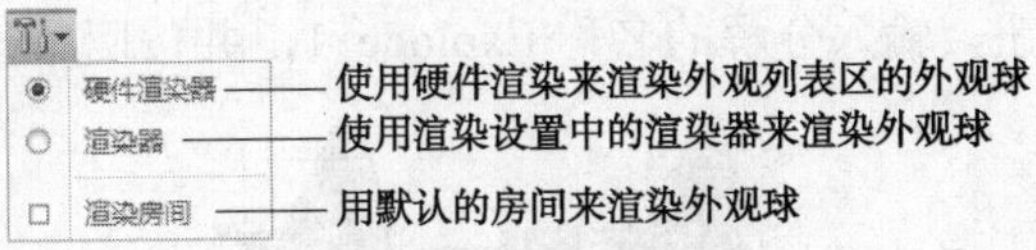

图 5.6.5 “工具选项”

2. 外观过滤器

外观过滤器可用于在“我的外观”“模型”和“库”调色板中查找外观，要过滤调色板中显示的外观列表，可以在外观过滤器文本框中制定关键字符串，然后单击🔍。

3. 调色板

(1)“我的外观”调色板

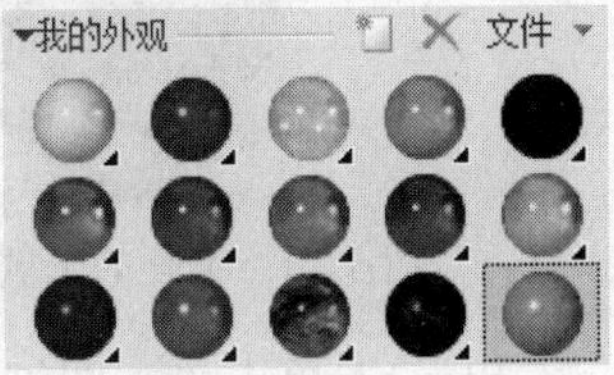

图 5.6.6 “我的外观”调色板

每次进入 Creo 3.0 后，打开“外观管理器”对话框，其“我的外观”调色板中会载入如图 5.6.6 所示的 15 种默认的外观以供选用，当鼠标指针移至某个外观球（外观的缩略图）上，系统将显示该外观的名称。用户可将所需的外观文件载入外观库中，还可对某一外观进行修改（最后一个外观 ref_color1 为默认的外观，不能被修改及删除）或创建新的外观。

(2)“模型”调色板

“模型”调色板会显示在活动模型中存储和使用的外观。如果活动模型没有任何外观，则“模型”调色板显示缺省外观。新外观应用到模型后，它会显示在“模型”调色板中。

（3）“库”调色板

“库”调色板将 Photolux 库和系统库中的预定义外观显示为缩略图颜色样本。

4. 外观管理器

该区域主要包含“基本”和“贴图”两个选项卡。当外观库中的某种外观被选中时，该外观的示例（外观球）即出现在外观预览区，在外观预览区下方的“名称”文本框中可修改其外观名称，在“基本”和“贴图”选项卡中可对该外观的一些参数进行修改，修改过程中可从外观预览区方便地观察到变化。但在默认情况下，外观预览区不显示某些外观特性（如凹凸高度、光泽、光的折射效果等）。

读者可根据自己对各零件颜色的喜好，更改零件的外观。

5.7 创建模型的分解视图

装配体的分解（Explode）状态也叫爆炸状态，就是将装配体中的各零部件沿着直线或坐标轴移动或旋转，使各个零件从装配体中分解出来。分解状态对于表达各元件的相对位置十分有帮助，因而常常用于表达装配体的装配过程以及装配体的构成情况。

1. 创建分解视图

为了便于讲解，下面将以如图 5.7.1 所示只包含底板（1-1）、左侧板（1-2）、右侧板（1-3）和 2-1 变速箱的无碳小车装配体为例，说明创建装配体分解状态的一般操作过程。

Step1：选择如图 5.7.2 所示“视图”功能选项卡“模型显示”区域“视图管理”下的 视图管理器 命令，在图 5.7.3 所示“视图管理器”对话框的“分解”选项卡中单击“新建”按钮，输入分解的名称 Explode_1，并按回车键。

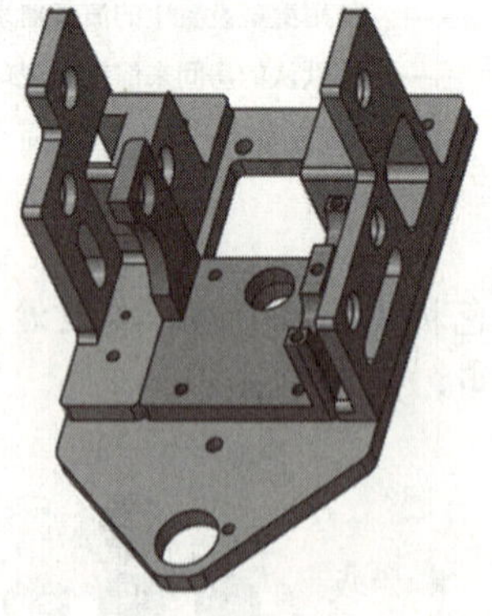

图 5.7.1 简化的无碳小车装配模型

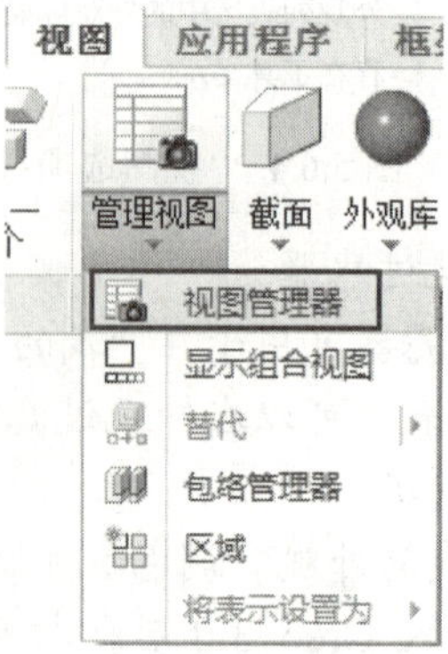

图 5.7.2 视图管理器命令选择

Step2：单击“视图管理器”对话框中的 属性>> 按钮，“视图管理器”对话框变为如图 5.7.4 所示状态，在“视图管理器”对话框中单击“编辑位置”按钮，系统弹出如图 5.7.5 所示“分解工具”操控板。

Step3：定义沿运动参考 1 的平移运动。

（1）在视图控制工具栏中按下“轴显示”命令，显示出各特征中的基准轴。

（2）在“分解工具”操控板中单击“平移”按钮。

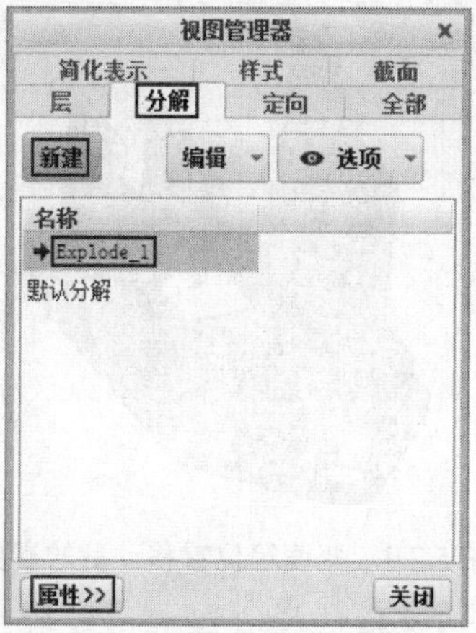

图 5.7.3 “视图管理器”对话框

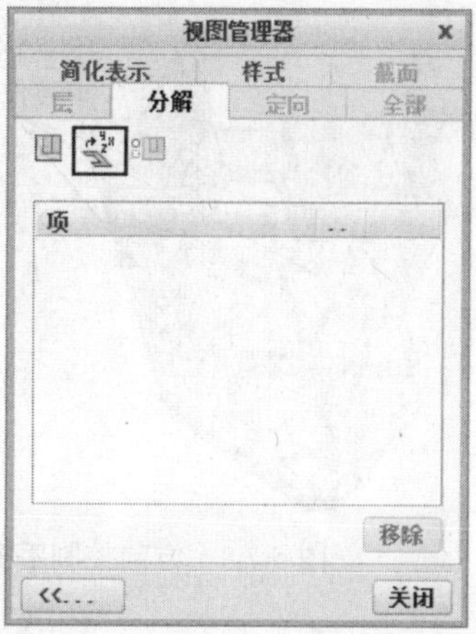

图 5.7.4 “编辑位置”命令选择

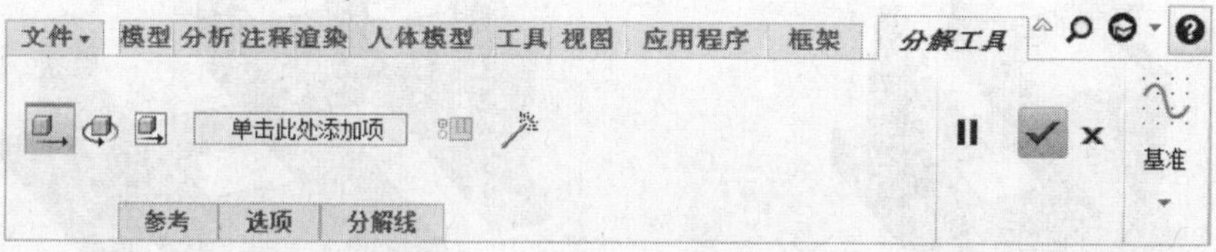

图 5.7.5 “分解工具”操控板

（3）在图 5.7.5 所示的“分解工具”操控板中激活“单击此处添加项”，再选取如图 5.7.6 所示中心孔的轴线作为运动参考。

（4）单击操控板中的“选项”按钮，然后选中如图 5.7.7 所示的✔随子项移动复选框。

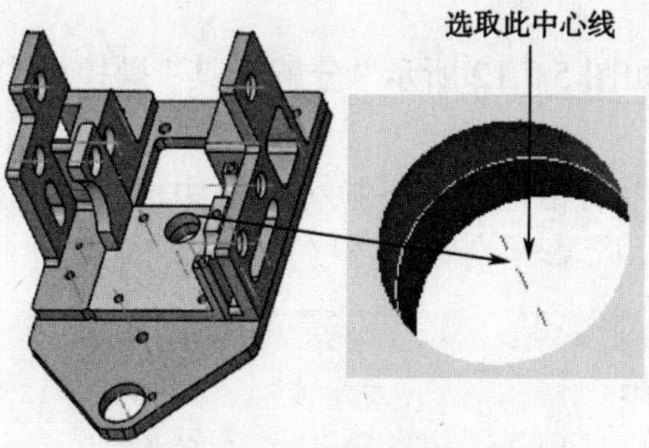

图 5.7.6 选取运动参考

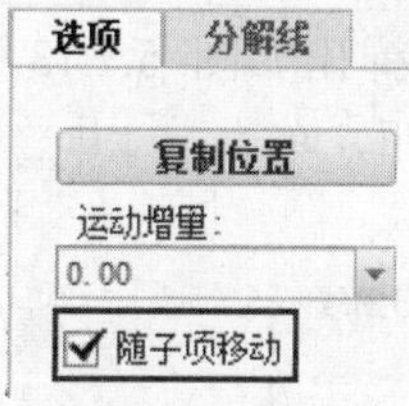

图 5.7.7 选中“随子项运动”

（5）单击选取变速箱，此时变速箱上出现如图 5.7.8 所示的方向控制手柄，单击箭头指示的方向并移动鼠标，则可对变速箱位置进行移动操作。移动后的视图如图 5.7.9 所示。

Step4：定义沿运动参考 2 的平移运动。

（1）在“分解工具”操控板中单击“平移”按钮（由于前面运动也是平移运动，可省略本步操作），将原有的中心轴线移除（在操控板中右击1个项，然后选择“移除”命令即可）。

（2）选取图 5.7.10 中孔的中心轴线作为运动参考。

（3）单击操控板中的“选项”按钮，然后选中✔随子项移动复选框。

（4）分别选取左侧板和右侧板进行移动操作。

（5）完成以上分解移动后，装配体分解图如图 5.7.11 所示。单击“分解工具”对话框中的✔按钮。

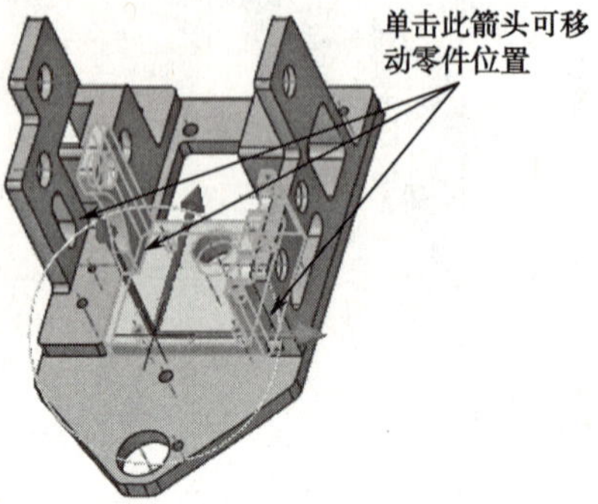

图 5.7.8　方向控制手柄

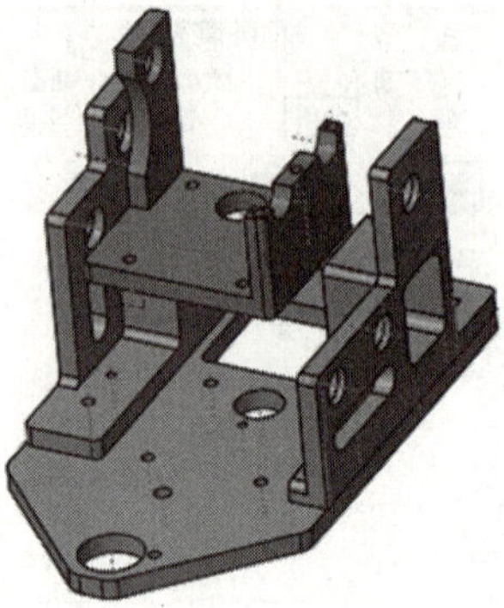

图 5.7.9　变速箱位置移动后的视图

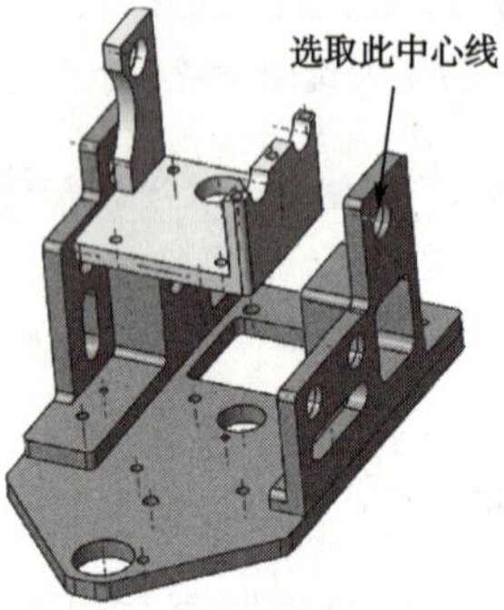

图 5.7.10　选择运动参考

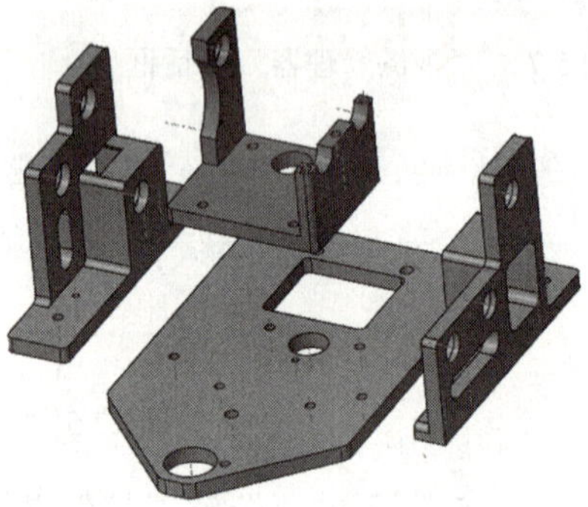

图 5.7.11　装配体分解后的状态

Step5：创建分解状态的偏距线

（1）修改偏距线的样式

① 重新进入“分解工具”操控板，单击如图 5.7.12 所示“分解工具”操控板中的“分解线”按钮，然后再单击【默认线型】按钮。

② 系统弹出如图 5.7.13 所示的“线型”对话框，在下拉列表框中选择【短划线】线型，单击【应用】按钮，单击【关闭】。

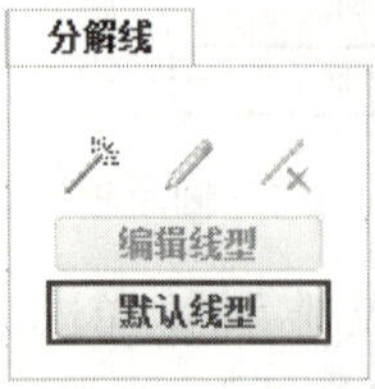

图 5.7.12 “分解线”操控板

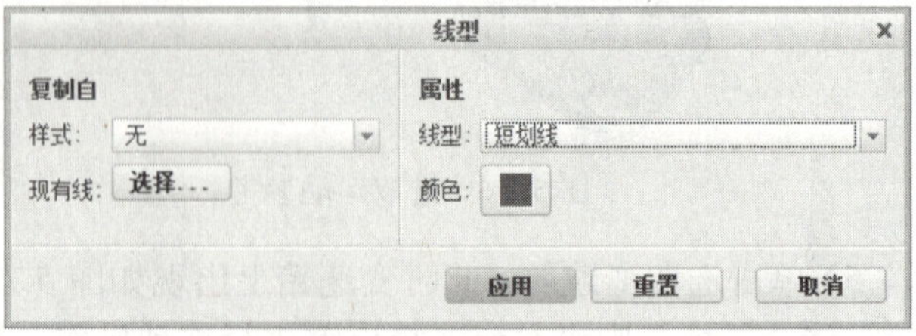

图 5.7.13 “线型”对话框

（2）创建装配体的分解状态的偏距线。

① 单击“分解工具”操控板中的“分解线”按钮，然后再单击“创建修饰偏移线”按钮，弹出如图 5.7.14 所示的“装饰偏移线”对话框。

② 选取如图 5.7.15 所示的两中心孔的轴线。单击“装饰偏移线”对话框中的【应用】按钮，创建的偏距线如图 5.7.16 所示。

注意：选取轴线时，在轴线上单击的位置不同，会出现不同的结果。

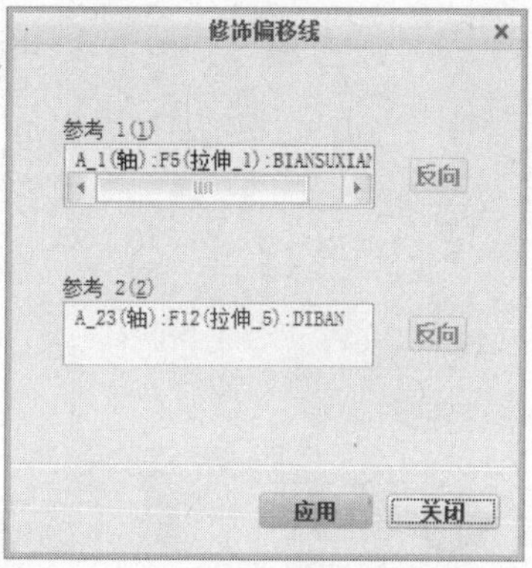

图 5.7.14 “修饰偏移线”对话框

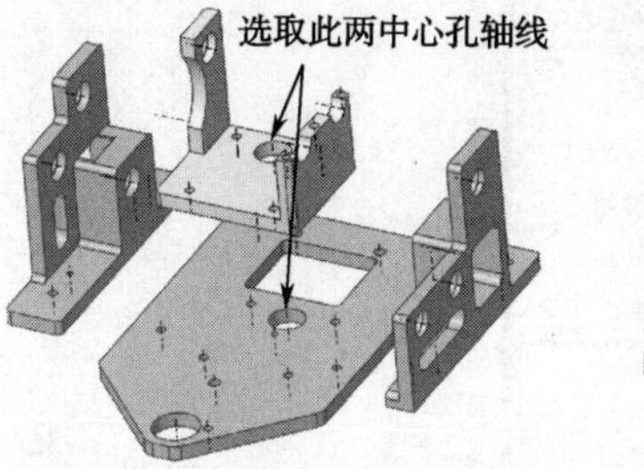

图 5.7.15　选取两中心孔的轴线

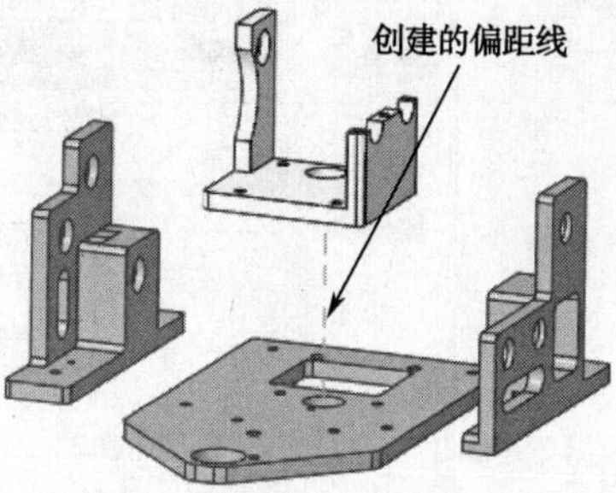

图 5.7.16　创建的偏距线

Step6：保存分解状态。

（1）此时“视图管理器”对话框如图 5.7.17 所示，在“视图管理器”对话框中单击 <<... 按钮。

（2）在“视图管理器”对话框中依次单击 **编辑** → 保存... 按钮。

（3）在如图 5.7.18 所示“保存显示元素”对话框中单击 **确定** 按钮。

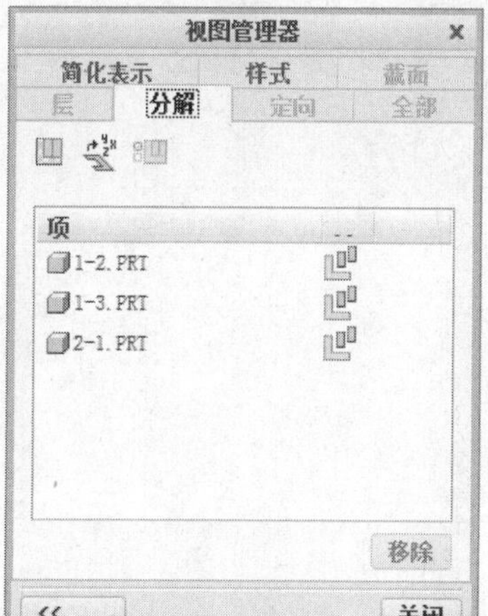

图 5.7.17 “视图管理器”对话框

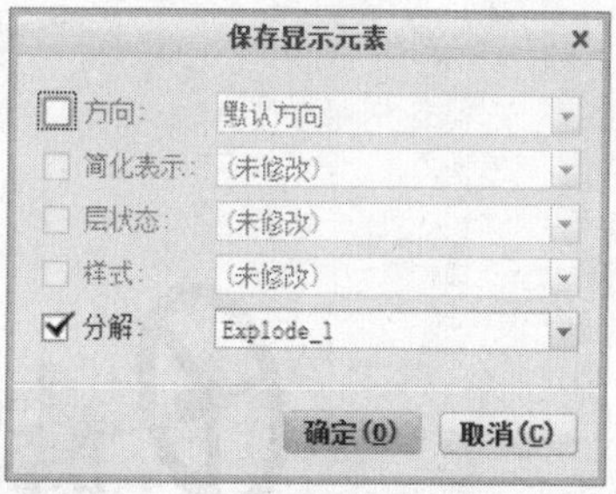

图 5.7.18 “保存显示元素”对话框

Step7：单击“视图管理器”对话框中的 关闭 按钮。

2．设定当前状态

用户可以为装配体创建多个分解状态，根据需要，可以将某个分解状态设置到当前工作区中。操作方法：在“视图管理器”对话框的“分解”选项卡中，选择相应的视图名称，然后双击；或者选中视图名称后，选择图 5.7.19 所示的 **选项** → 激活 命令，此时在当前显示的视图位置有一个绿色箭头指示，表明该分解视图已被设定为当前状态。

3．取消分解视图的分解状态

选择如图 5.7.20 所示“视图”功能选项卡“模型显示”区域中的 分解图 命令，可以取消分解视图的分解状态，从而回到正常状态。如果要显示分解状态，同样单击 分解图 命令。

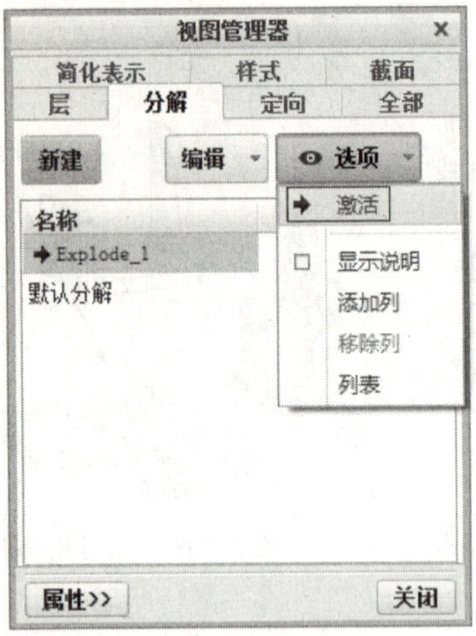

图 5.7.19 “激活”命令选择

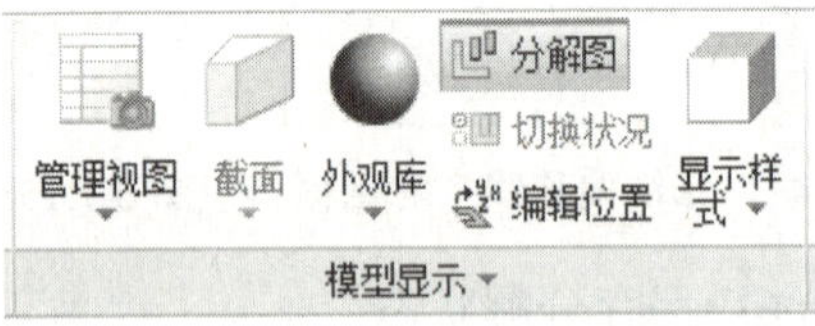

图 5.7.20 “分解图”命令选择

整车完成后的装配模型分解图如图 5.7.21 所示。

图 5.7.21 装配模型分解图

第 6 章 无碳小车工程图创建

在 Creo 的工程图模块中，可创建 Creo 三维模型的工程图，可以用注解来注释工程图、处理尺寸以及使用层来管理不同项目的显示。工程图中所有视图都是相关的，例如改变一个视图中的尺寸值，系统就相应地更新其他工程图视图。另外，修改了零件三维模型，工程图也随之变化，同样，修改了工程图中视图的尺寸，再生后零件模型的大小也会作出相应的变化。

6.1 设置工程图环境

6.1.1 新建绘图文件

设置工作目录为 D:\Creo_workspace。

单击"新建"按钮 新建，在弹出的如图 6.1.1 所示的文件"新建"对话框中，进行下列操作：

Step1：选中"类型"选项组下的 绘图 单选项。

注意：这里不要将"草绘"和"绘图"两个概念混淆。"草绘"是指在二维平面里绘制图形；"绘图"指的是绘制工程图。

Step2：在"名称："文本框中输入文件名 1-1。

Step3：通过取消 使用默认模板 复选框中的"√"号，来取消"使用默认模板"。

Step4：单击该对话框中的 确定 按钮，弹出如图 6.1.2 所示的"新建绘图"对话框。

图 6.1.1 "新建"绘图对话框

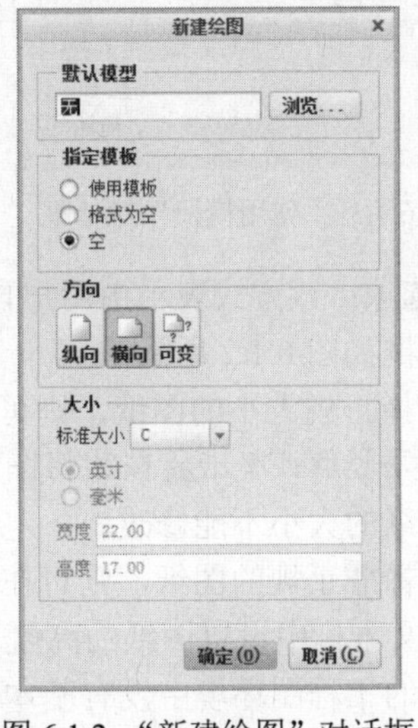

图 6.1.2 "新建绘图"对话框

图 6.1.2“新建绘图”对话框中各选项的功能如下。

“默认模型”区域：在该区域中选取要生成工程图的零件或装配件模型，一般系统会默认选取当前活动的模型，如果要选取其他模型，则单击 浏览... 按钮。

“指定模板”区域：在该区域中选取工程图模板。

○ 使用模板 单选项：该方式表示选取系统自定义的模板，如图 6.1.3 所示，“模板”列表框中的 a0_drawing～a4_drawing 对应公制 A0～A4 图幅，a_drawing～f_drawing 对应英制 A0～A4 图幅。单击 浏览... 按钮，系统将弹出“打开”对话框，此时用户可以选择以前建立的工程图文件，从而调用此工程图文件的模板。此时打开的工程图环境中，将直接按照默认设置建立模型的基本视图。

○ 格式为空 单选项：该方式表示用现有的格式设置图纸大小。选取 ○ 格式为空 单选项，则“新建绘图”对话框如图 6.1.4 所示。此时单击 浏览... 按钮，系统将弹出“打开”对话框，选取相应的图纸格式即可。此时打开的工程图环境中没有基本视图，工程图中只带有标题栏、图框等图幅的基本信息。如选择 a.frm 进入工程图后的环境如图 6.1.5 所示。图中自动出现标题栏、图框等基本信息。

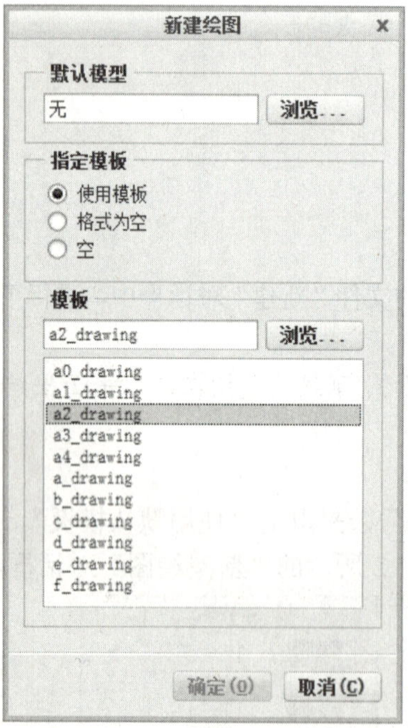

图 6.1.3 “使用模板”对话框

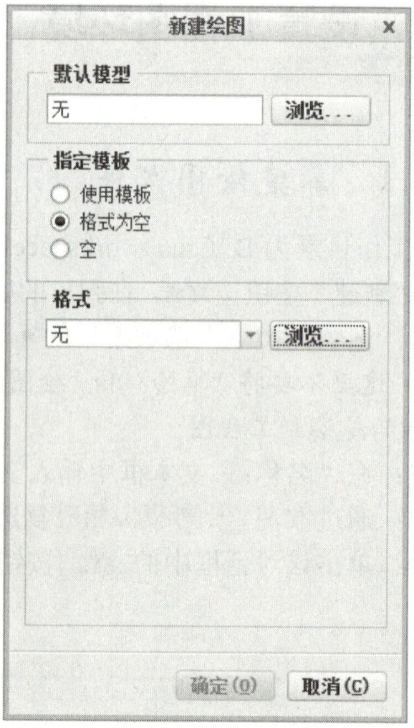

图 6.1.4 “格式为空”对话框

○ 空 单选项：该方式表示由用户自己设置图纸的大小和方向。选择 ○ 空 单选项，则“新建”绘图对话框如图 6.1.2 所示。

如果要选择正规大小的图纸，则可在**方向**组框中单击纵向和横向按钮。其中单击按钮将图纸设置为竖放；单击按钮将图纸设置为横放。然后在**大小**下拉列表中选择标准的图纸规格，其中图纸的大小不能修改。

如果要选择非正规的图纸，则可在**方向**组框中单击按钮，并在 宽度 文本框中设置图纸的宽度，在 高度 文本框中设置图纸的高度。

此时打开的工程图环境中没有基本视图和任何图纸信息。

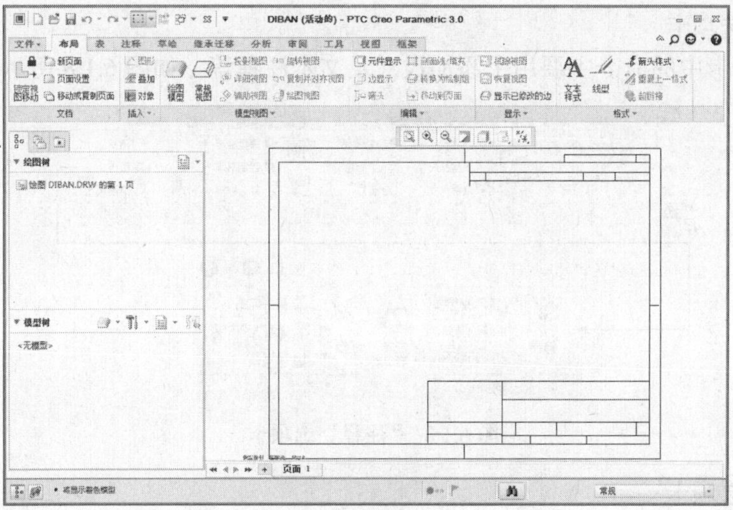

图 6.1.5　选择 a.frm 格式后工程图环境

6.1.2　功能选项卡介绍

在创建或编辑某个工程图元素时，必须先进入相应的功能选项卡，然后才能选择对应操作的命令。例如，如果要编辑工程图中的某个表格，必须先进入“表”选项卡，否则无法编辑表格。

◆“布局”选项卡

“布局”选项卡中的命令主要用于设置绘图模型、模型视图的放置以及视图显示等，如图 6.1.6 所示。

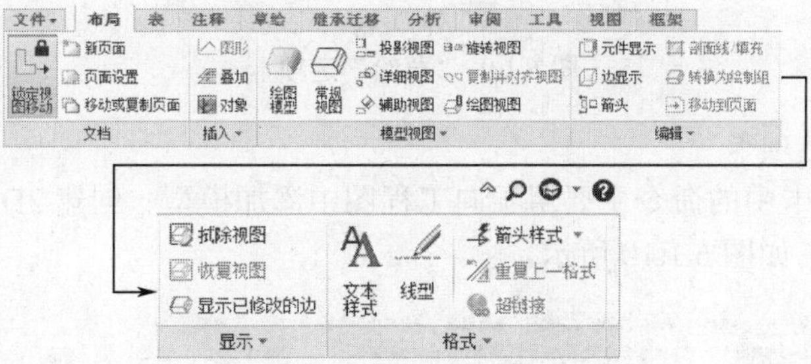

图 6.1.6　“布局”选项卡

◆“表”选项卡

“表”选项卡中的命令主要用于在工程图中创建、编辑表格等，如图 6.1.7 所示。

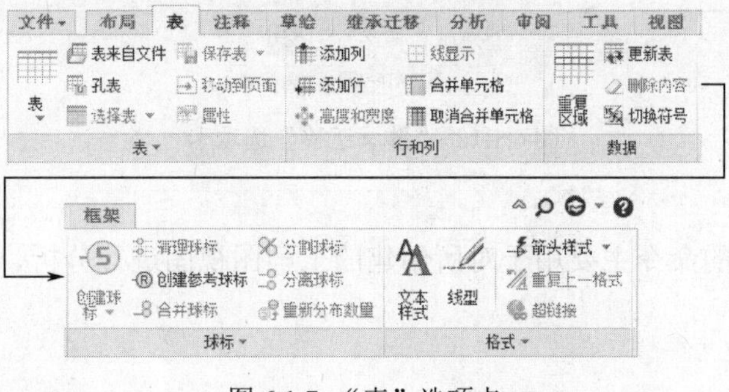

图 6.1.7　“表”选项卡

◆“注释“选项卡

“注释“选项卡中的命令主要用于添加尺寸及文本注释等，如图 6.1.8 所示。

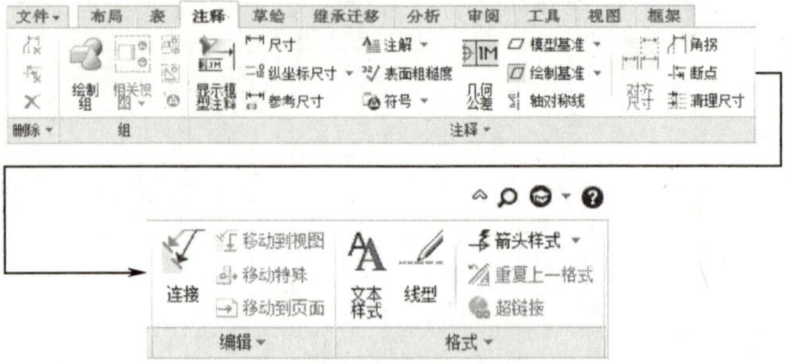

图 6.1.8 “注释”选项卡

◆“草绘”选项卡

“草绘”选项卡中的命令主要用于在工程图中绘制及编辑所需要的视图等，如图 6.1.9 所示。

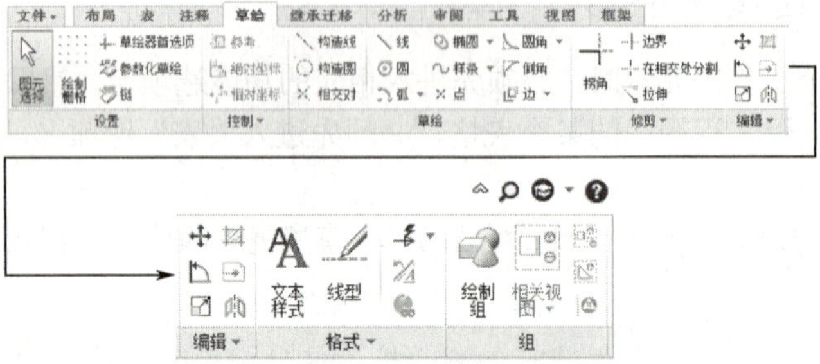

图 6.1.9 “草绘”选项卡

◆“继承迁移”选项卡

“继承迁移”选项卡中的命令主要用于向工程图中添加模型、创建 2D 视图、匹配视图、定向视图、创建符号等，如图 6.1.10 所示。

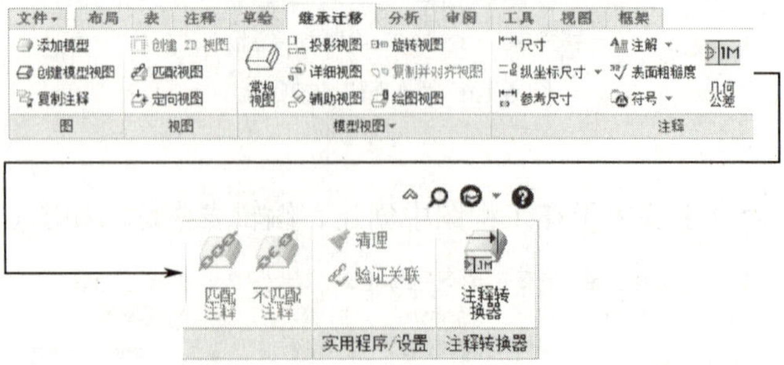

图 6.1.10 “继承迁移”选项卡

◆“分析”选项卡

“分析”选项卡中的命令主要用于对所创建的工程图视图进行分析、测量等，如图 6.1.11 所示。

◆“审阅”选项卡

“审阅”选项卡的命令主要用于对所创建的工程图视图进行审阅、检查等，如图 6.1.12 所示。

图 6.1.11 “分析”选项卡

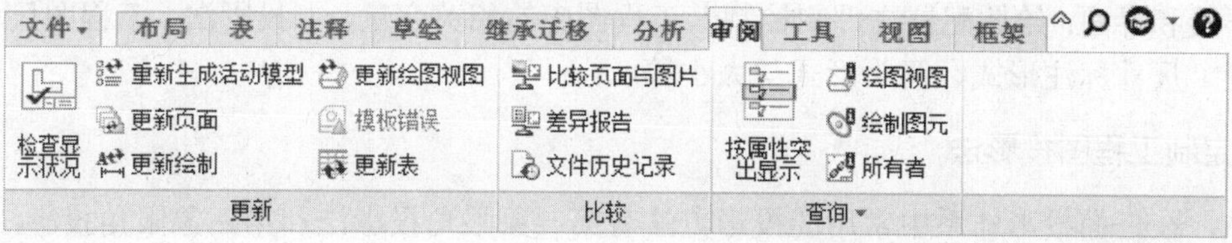

图 6.1.12 “审阅”选项卡

◆“工具”选项卡

“工具”选项卡的命令主要用于对所创建的工程图视图进行打印及对工程视图格式进行转换等操作，如图 6.1.13 所示。

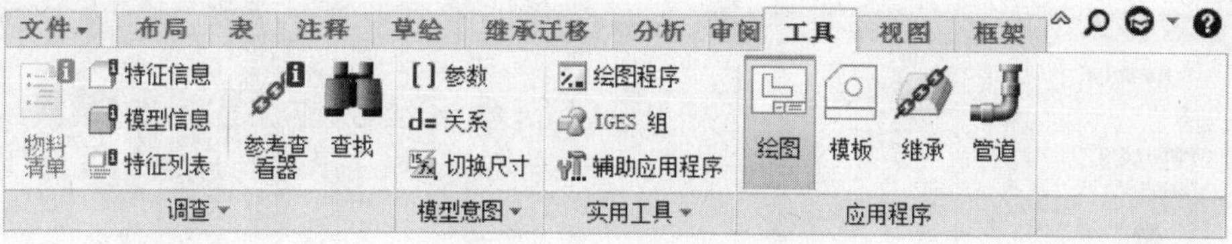

图 6.1.13 “工具”选项卡

◆“视图”选项卡

“视图”选项卡的命令主要用于对所创建的工程图视图进行放大和缩小，对视图进行查看，还可以进行窗口操作，如图 6.1.14 所示。

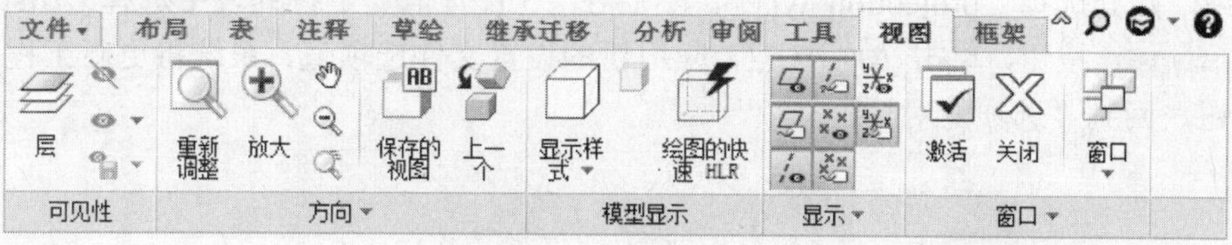

图 6.1.14 “视图”选项卡

◆“框架”选项卡

“框架”选项卡的命令主要用于辅助创建视图、尺寸和表格等，如图 6.1.15 所示。

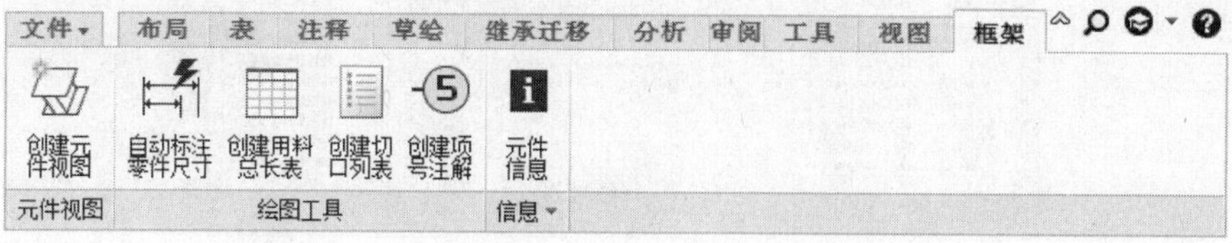

图 6.1.15 “框架”选项卡

6.1.3 绘图环境设置

由于 Croe 系统默认的工程图标准与我国的国标有很大差距，因此在转化成二维工程图时有必要进行设置，以适合制图者和企业的标准。

工程图环境的设置主要通过两种途径：一种是设置与工程图相关的 Config.pro 配置文件选项，另一种是设置绘图配置文件（以.dtl 为后缀）。其中，Config.pro 配置文件选项控制着系统的运行环境和界面；绘图配置文件则控制着工程图中的相关变量，如投影法、工程图尺寸单位、文字高度、尺寸标注形式、箭头形式与大小等。

1. 定制工程图投影法

目前，在三面投影体系中常用的投影方法有第一象限角投影法和第三象限角投影法，其中我国采用的是第一象限角投影法，而国际上一些国家（如美国等）则采用第三象限角投影法。Creo 工程图中，系统默认的视角为第三象限角投影法。本书中采用第一象限角投影法，下面介绍其修改方法。

Step1：进入工程图操作界面，单击 文件 ▾ → 准备(R) → 绘图属性(I)，弹出如图 6.1.16 所示的“绘图属性”对话框。选择 详细信息选项 选项卡，单击“更改”打开“选项”对话框。

图 6.1.16 “绘图属性”对话框

Step2：单击如图 6.1.17 所示“选项”对话框下的“查找”按钮 查找...，在弹出的“查找选项”对话框中输入“type”，接着单击右边的“立即查找”按钮，在下面会显示包含“type”的设置选项，此处选择“projection_type”，然后在“3.设置值”下拉列表中选择“first_angle”，最后单击 添加/更改 按钮，单击 应用 按钮，应用新的设置文件选项值，系统将更新工程图。再单击 关闭 按钮，回到“选项”对话框。

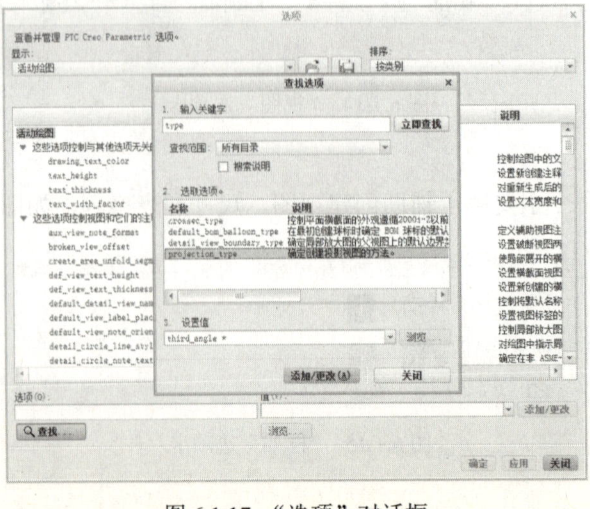

图 6.1.17 “选项”对话框

Step3：单击“绘图属性”对话框中的 关闭 按钮，即可完成修改工程图投影法的操作。

2．定制工程图尺寸单位

修改工程图尺寸单位的一般操作过程为：

Step1：进入工程图操作界面，单击 文件 → 准备(R) → 绘图属性(I)，弹出“绘图属性”对话框。选择“详细信息选项”选项卡，单击“更改”打开“选项”对话框。

Step2：在如图 6.1.18 所示“选项”对话框“选项（0）”区内输入“drawing_units”，在值“Y”列表框内选取或者输入值 mm；单击 添加/更改 按钮，完成后单击 应用 按钮，再单击 关闭 按钮。回到“绘图属性”对话框，单击 关闭 按钮完成设置。

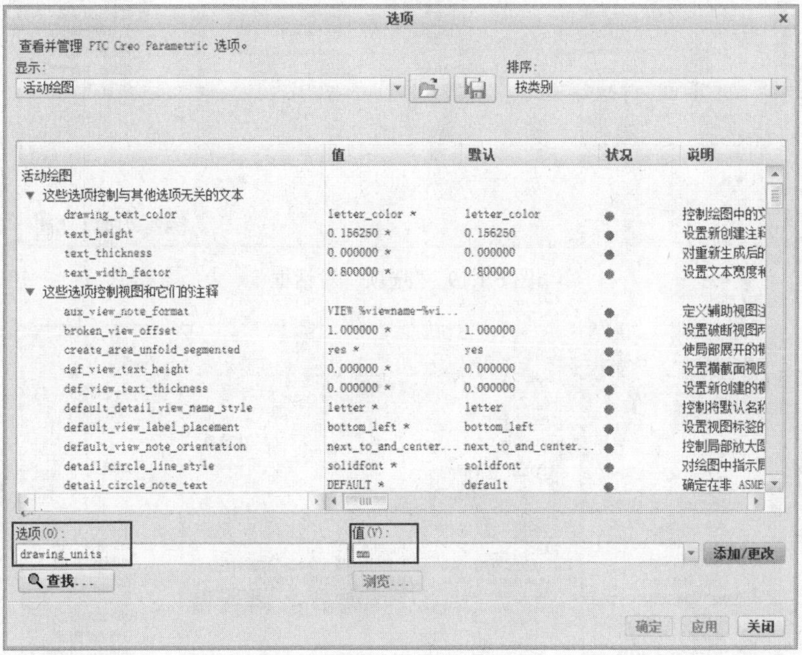

图 6.1.18 “选项”对话框

3．定制工程图尺寸高度

修改工程图尺寸高度的一般操作过程为：

Step1：与定制工程图尺寸单位中的“Step1”中步骤相同。

Step2：在如图 6.1.19 所示“选项”对话框中选中“text_height”，在“值”列表框中输入值 3.5；单击 添加/更改 按钮，工程图的尺寸高度就设置为 3.5mm（尺寸单位已经设置为 mm）。完成后单击 应用 按钮，再单击 关闭 按钮。回到“绘图属性”对话框，单击 关闭 按钮完成设置。

4．定制工程图箭头样式

Step1：与定制工程图尺寸单位中的“Step1”中步骤相同。

Step2：单击如图 6.1.20 所示“选项”对话框下的“查找”按钮 查找...，在弹出的“查找选项”对话框中输入“arrow”，接着单击右边的“立即查找”按钮，在下面会显示包含“arrow”的设置选项，此处选择“arrow_style”，然后在“3.设置值”下拉列表中选择“filled”（英制默认单位为“closed”，即空心箭头），最后单击 添加/更改 按钮，再单击 关闭 按钮。回到“绘图属性”对话框，单击 关闭 按钮完成设置。

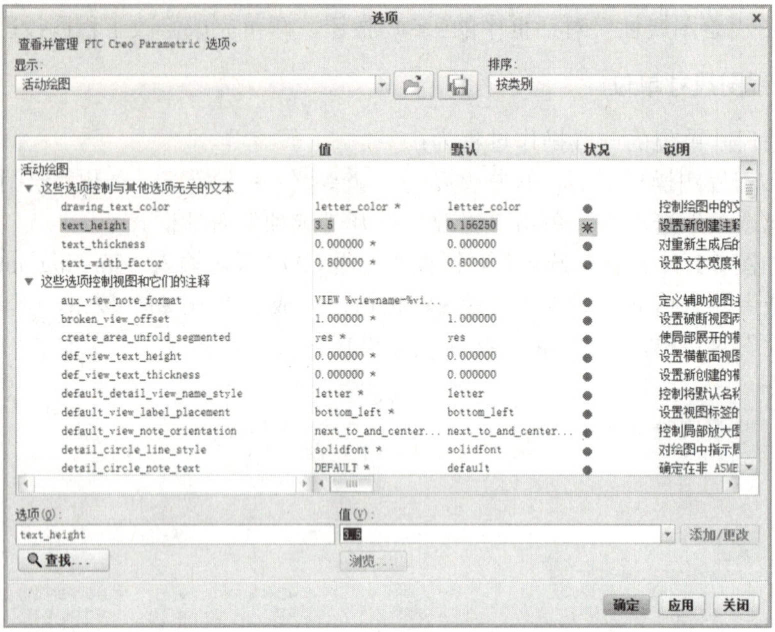

图 6.1.19 “选项”对话框

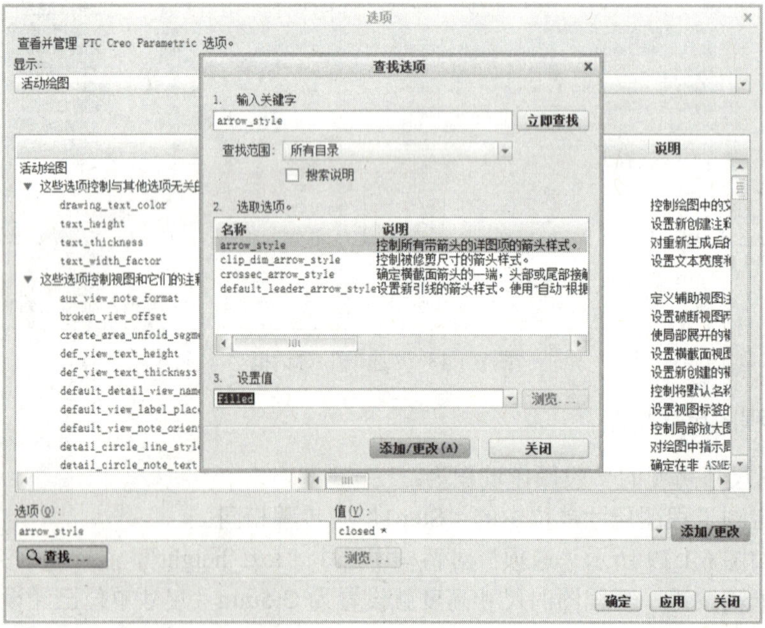

图 6.1.20 “选项”对话框

6.1.4 创建图框及标题栏

在一张完整的工程图中，图框和标题栏都是必不可少的组成部分。绘制图框有助于限制视图及标注的位置范围以及工程图的打印出图。标题栏的方向应与看图的方向一致，其格式和大小应符合 GB/T10609.1-2008、GB/T10609.2-2009 的规定。但在实际的应用中，为更好地表达图样中所展示的信息，标题栏的格式和尺寸也会因图而异。

可将图框及标题栏创建为格式文件，在绘制工程图时直接调入，使每个零件图都具有相同的标题栏。

设置工作目录为 D:\Creo_workspace。

Step1：新建格式文件

（1）单击“新建”按钮 新建，在弹出的如图 6.1.21 所示文件“新建”对话框中，选中“类型”选项组下的 格式 单选项。

（2）在“名称”文本框中输入文件名 A4。

（3）单击该对话框中的 确定 按钮，弹出如图 6.1.22 所示的“新格式”对话框。在“指定模板”下选择 空，“方向”下选择 横向，“大小”选择 A4，单击 确定 按钮进入如图 6.1.23 所示的格式绘图环境。

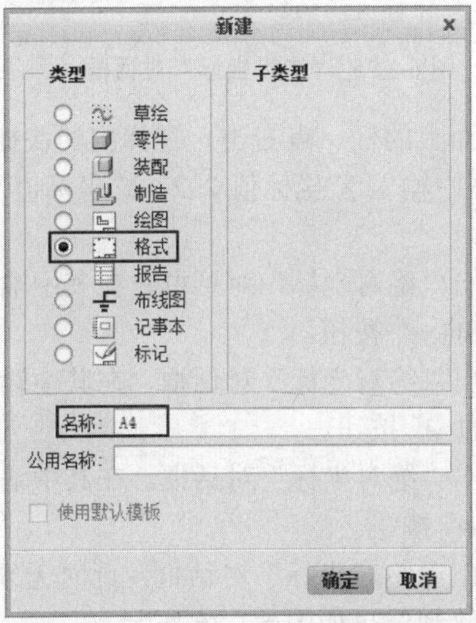

图 6.1.21　新建“格式”对话框

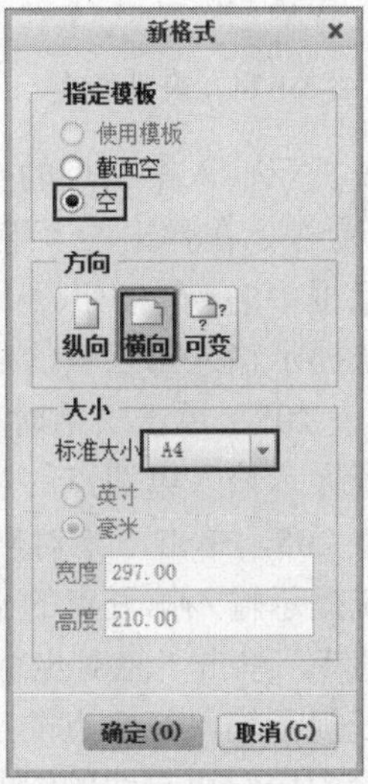

图 6.1.22　“新格式”对话框

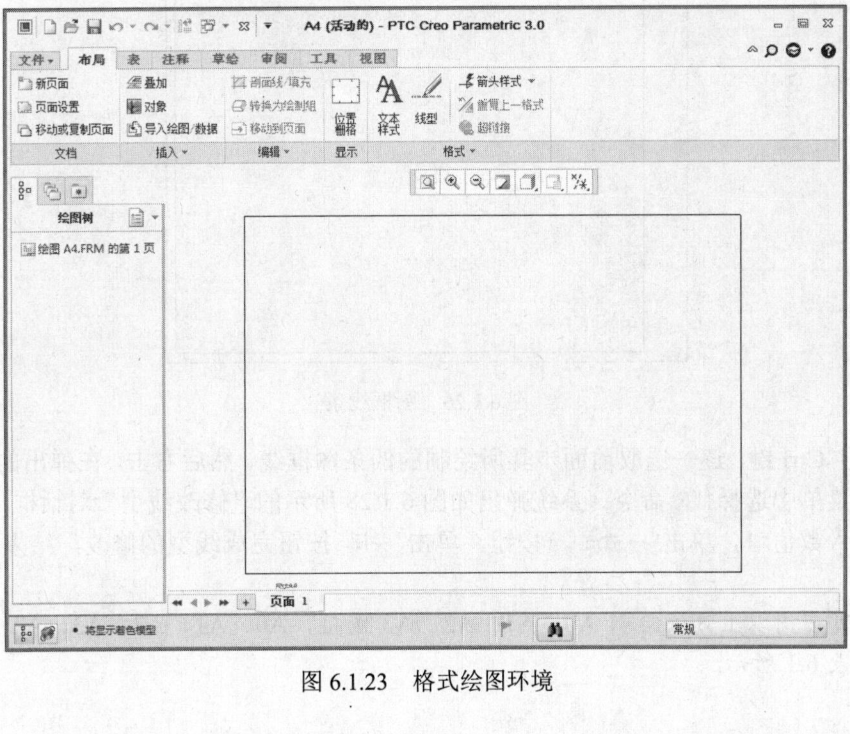

图 6.1.23　格式绘图环境

Step2：绘制图框线

（1）在功能选项卡区域的草绘选项卡中单击链按钮绘制连续线，单击线按钮，系统提示“选择起点或从快捷菜单指定约束角度”，此时在图面上的任一点右击，在弹出的如图 6.1.24 所示的快捷菜单中选择绝对坐标(U)... 命令，系统弹出如图 6.1.25 所示的“绝对坐标”对话框，在该对话框中输入 X 坐标值 25，Y 坐标值 5，单击“绝对坐标”对话框中的✔按钮。

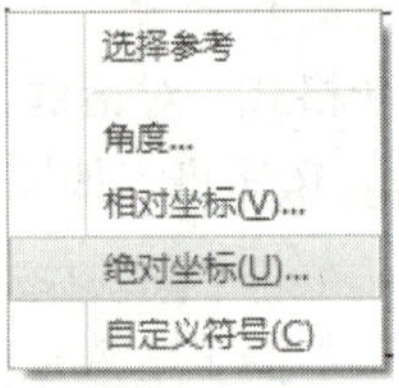

图 6.1.24 快捷菜单

图 6.1.25 “绝对坐标”对话框

（2）系统提示输入第二点的坐标，继续在图面上的任一点右击，在弹出的快捷菜单中选择绝对坐标(U)... 命令，在弹出的“绝对坐标”对话框中输入 X 坐标值 292，Y 坐标值 5，单击“绝对坐标”对话框中的✔按钮。

（3）系统提示输入第三点的坐标，并自动弹出“绝对坐标”对话框，在其中输入 X 坐标值 292，Y 坐标值 205，单击“绝对坐标”对话框中的✔按钮。

（4）系统提示输入第四点的坐标，并自动弹出“绝对坐标”对话框，在其中输入 X 坐标值 25，Y 坐标值 205，单击“绝对坐标”对话框中的✔按钮。

（5）系统提示输入第五点的坐标，并自动弹出“绝对坐标”对话框，在其中输入 X 坐标值 25，Y 坐标值 5，单击“绝对坐标”对话框中的✔按钮。

（6）系统提示输入第六点的坐标，并自动弹出“绝对坐标”对话框，此时无须再输入坐标值，双击鼠标中键结束直线的绘制，图框线条的绘制结果如图 6.1.26 所示。

图 6.1.26 图框线条

（7）按住 Ctrl 键，逐一选取前面步骤所绘制的四条图框线，然后右击，在弹出的如图 6.1.27 所示的快捷菜单中选择线型命令。系统弹出如图 6.1.28 所示的“修改线型”对话框，在“宽度”文本框中输入数值 1，单击应用按钮，单击关闭按钮完成线型的修改，结果如图 6.1.29 所示。

说明：可应用以上方法绘制 A0、A1、A2、A3 图框，A0、A1、A2、A3、A4 图纸基本幅面的尺寸如表 6.1 所示。

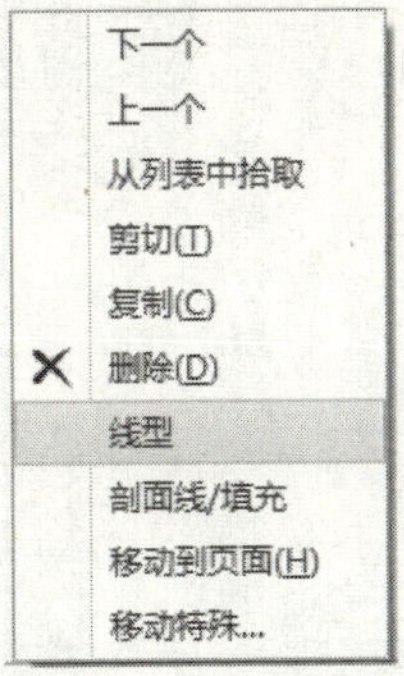

图 6.1.27　快捷菜单

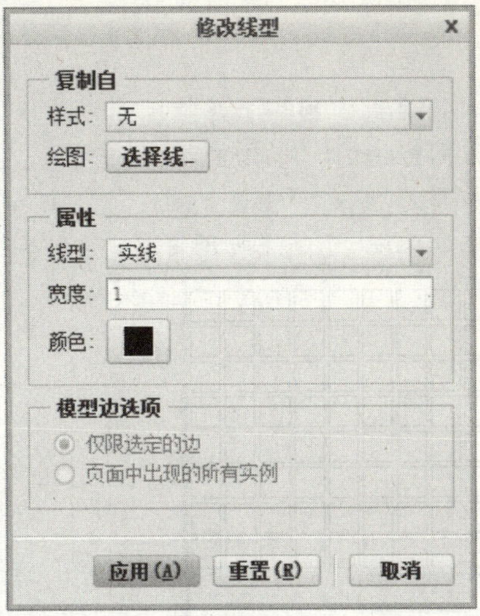

图 6.1.28　“修改线型”对话框

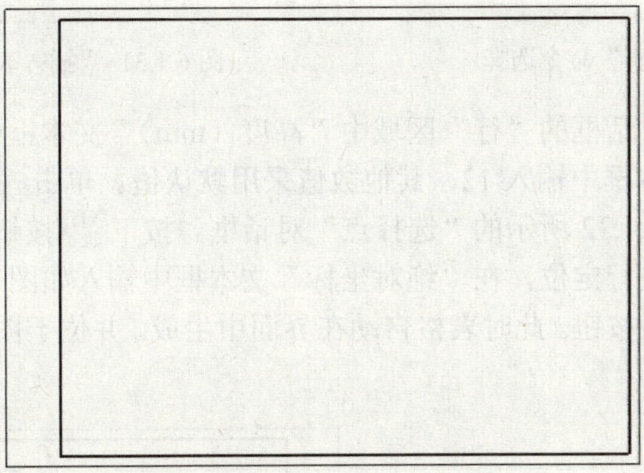

图 6.1.29　加宽线体后的图框

表 6.1　图纸基本幅面

<table>
<tr><th>幅面代号</th><th>尺寸 B×L</th><th>a</th><th>c</th><th>e</th></tr>
<tr><td>A0</td><td>841×1189</td><td rowspan="5">25</td><td rowspan="3">10</td><td rowspan="2">5</td></tr>
<tr><td>A1</td><td>594×841</td></tr>
<tr><td>A2</td><td>420×594</td><td rowspan="3">10</td></tr>
<tr><td>A3</td><td>297×420</td><td rowspan="2">5</td></tr>
<tr><td>A4</td><td>210×297</td></tr>
</table>

注：a、c、e 为留边宽度。

Step3：插入表格

（1）在功能选项卡区域的“表”选项卡中选择如图 6.1.30 所示的“插入表”命令，系统弹出如图 6.1.31 所示的“插入表”对话框。

（2）在“插入表”对话框的“方向”区域中单击按钮，使表的增长方向：向左且向上。

（3）在“插入表”对话框的“表尺寸”区域中“列数”文本框中输入 16，“行数”文本框中输入 11。

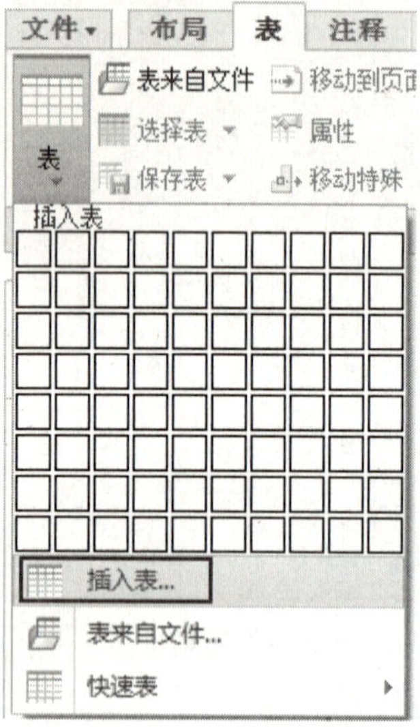

图 6.1.30 “插入表”命令选择

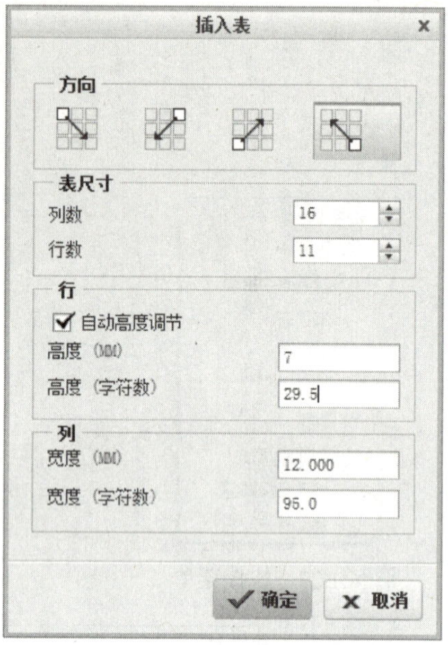

图 6.1.31 “插入表”对话框

（4）在“插入表”对话框的“行”区域中“高度（mm）”文本框中输入 7，在“列”区域中的“宽度（mm）”文本框中输入 12，其他数值采用默认值。单击 确定 按钮。

（5）系统弹出如图 6.1.32 所示的“选择点”对话框。按下 按钮，选择采用“绝对坐标”值的方式对表格的位置进行定位，在“绝对坐标”文本框中输入如图 6.1.32 所示的值即“X：292”，“Y：5”。单击 确定 按钮。此时表格自动在界面中生成，并位于图框的右下角，如图 6.1.33 所示。

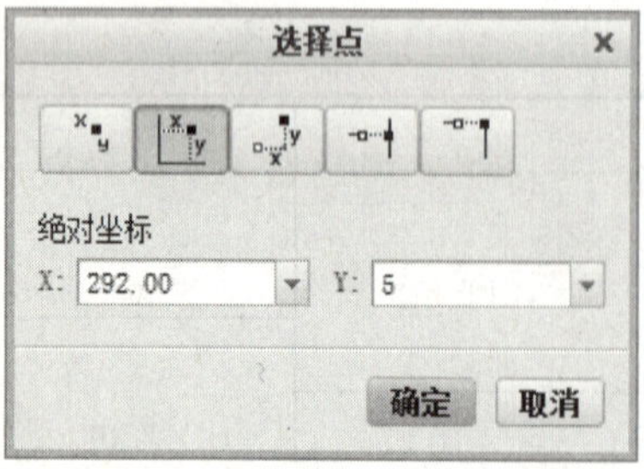

图 6.1.32 “选择点”对话框

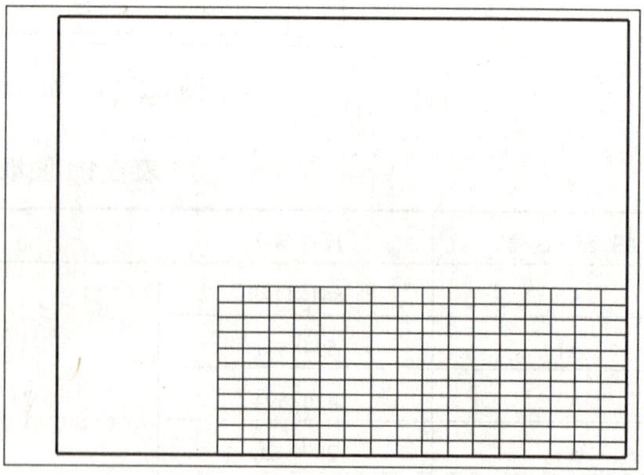

图 6.1.33 图框中插入表格

Step4：编辑表格

（1）设置表格列宽参数。选取如图 6.1.34 所示的单元格，在如图 6.1.35 所示功能选项卡区域“行和列”区域中单击“高度和宽度”按钮 高度和宽度，弹出如图 6.1.36 所示的“高度和宽度”对话框，在对话框的“列”区域的“宽度（绘图单位）”文本框中输入列宽度值为 50，单击 确定 按钮。此时单元格如图 6.1.37 所示。

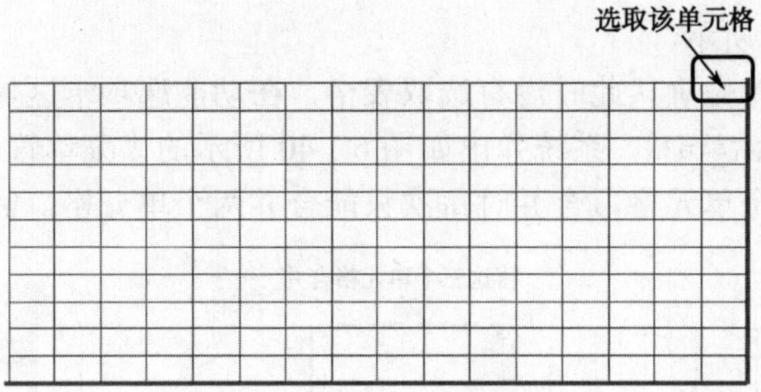

图 6.1.34　选取图示的单元格

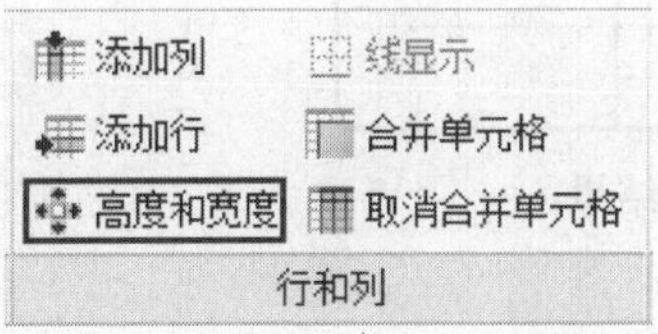

图 6.1.35 “高度和宽度”命令选择

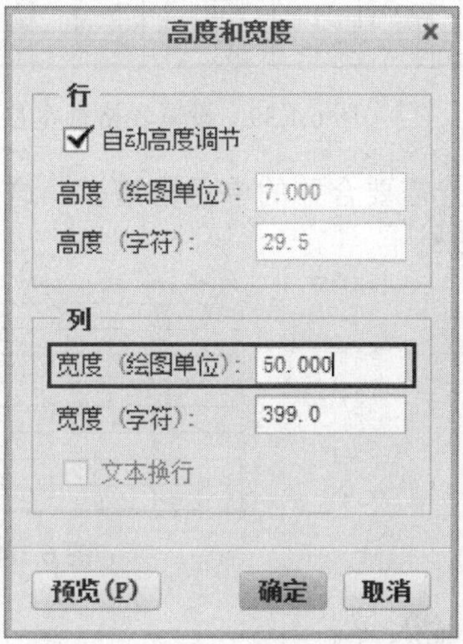

图 6.1.36 “高度和宽度”对话框

（2）参照上一步从右至左设置其他单元格列宽，列宽值依次为 12、12、6.5、6.5、6.5、6.5、16、12、12、4、12、4、8、2 和 10，修改后单元格如图 6.1.38 所示。

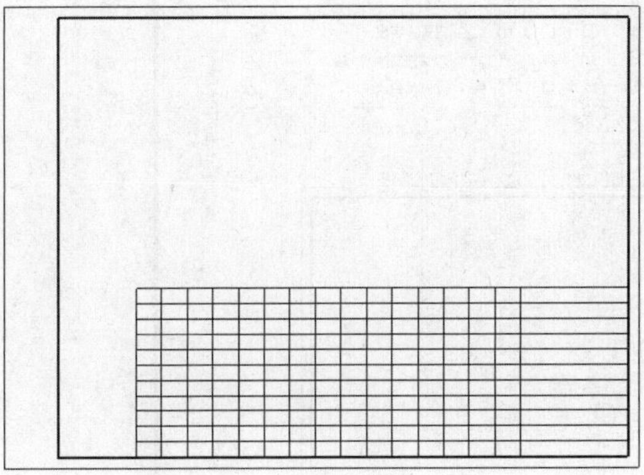

图 6.1.37　修改列宽后的单元格

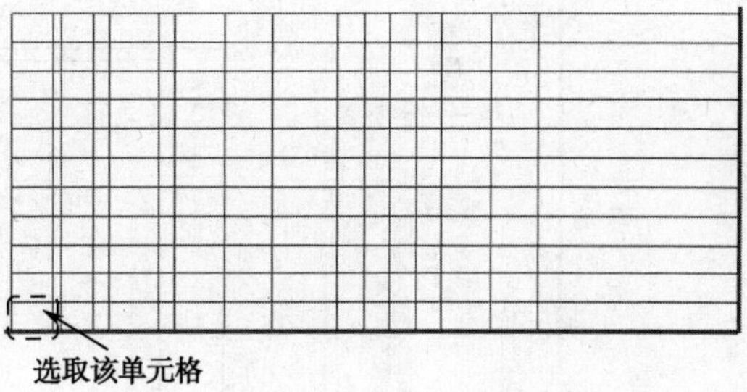

图 6.1.38　设置表格列宽参数

（3）设置表格行高参数。选取如图 6.1.38 所示的单元格，在功能卡区域“行和列”区域中单击“高度和宽度”按钮 高度和宽度，弹出“高度和宽度”对话框，如“高度和宽度”对话框中“行”下方的“自动高度调节”复选框被选中，取消选中。在对话框的“行”区域的“高度（绘图单位）”文本框中输入行高度值为 7，单击 确定 按钮。

（4）参照上一步，从下至上设置其他单元格行高，其值依次为 2、5、4、3、7、7、3、4、

7 和 7，结果如图 6.1.39 所示。

（5）合并单元格。首先确认此时没有选取表格，在功能选项卡区域“行和列”区域中单击“合并单元格”按钮 合并单元格，系统弹出如图 6.1.40 所示的“菜单管理器”，选择 行&列 命令。合并图 6.1.39 所示的三个单元格，合并时每次只能合并两个单元格，需选择两次。

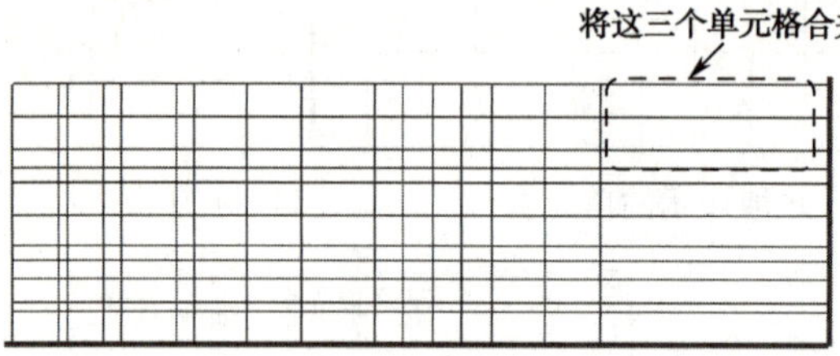

图 6.1.39 设置表格行宽参数

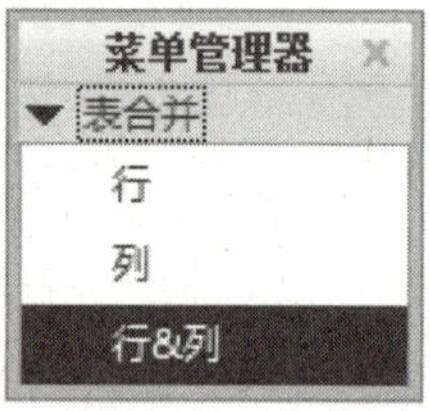

图 6.1.40 “菜单管理器”对话框

（6）由于需要合并的单元格繁多，这里不详细说明；使用上一步的合并方法，合并结果如图 6.1.41 所示。

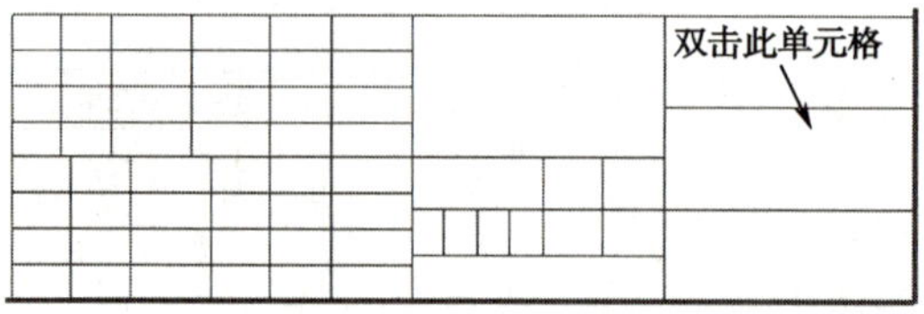

图 6.1.41 合并单元格结果

Step5：输入文字

（1）双击如图 6.1.41 所示的单元格。

（2）系统进入如图 6.1.42 所示的“格式”选项卡，直接在单元格中输入文本“底板”。

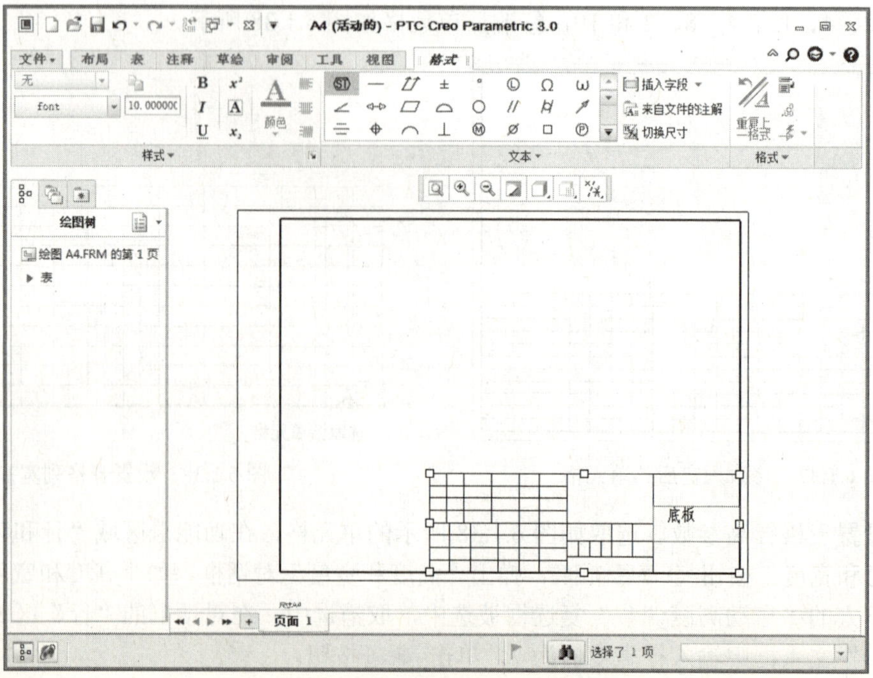

图 6.1.42 “格式”选项卡

（3）设置文本的字体、大小及位置。

单击 样式 按钮右侧的 按钮，此时系统弹出如图 6.1.43 所示的“文本样式”对话框，然后选择上一步输入的文本“底板”。在“高度”文本框中取消选中 默认 复选框，然后在“水平”下拉列表中选择 中心 选项，在“竖直”下拉列表中选择 中间 选项。单击 确定 按钮，修改后结果如图 6.1.44 所示。

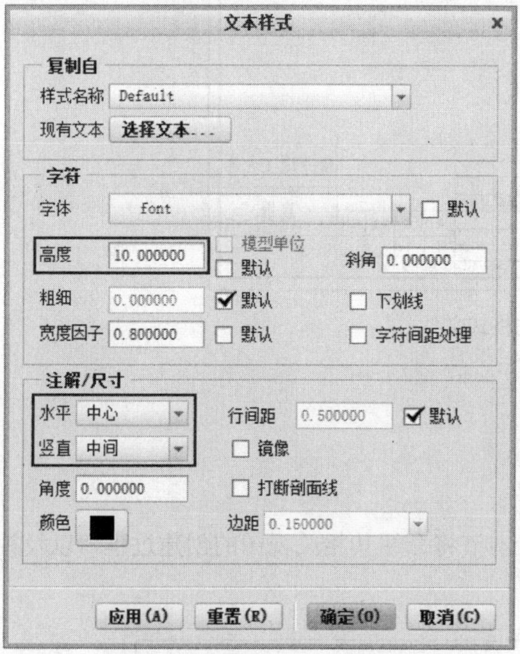

图 6.1.43 “文本样式”对话框

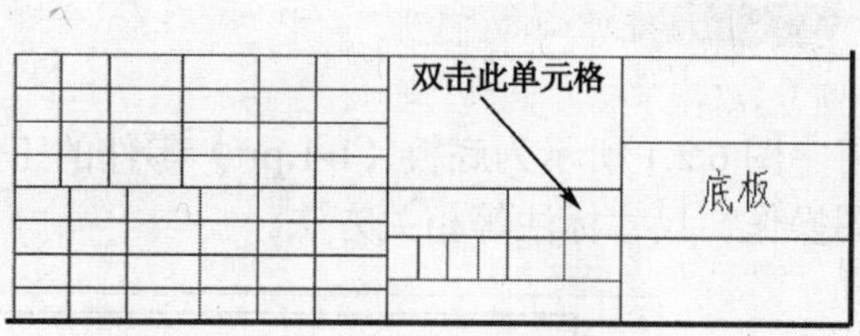

图 6.1.44 输入文本

（4）继续双击如图 6.1.44 所示的单元格。在单元格里输入文本“比例”，文字高度设置为 5，其他参数同上。

（5）参照上一步，在标题栏的其他单元格中输入如图 6.1.45 所示文本。

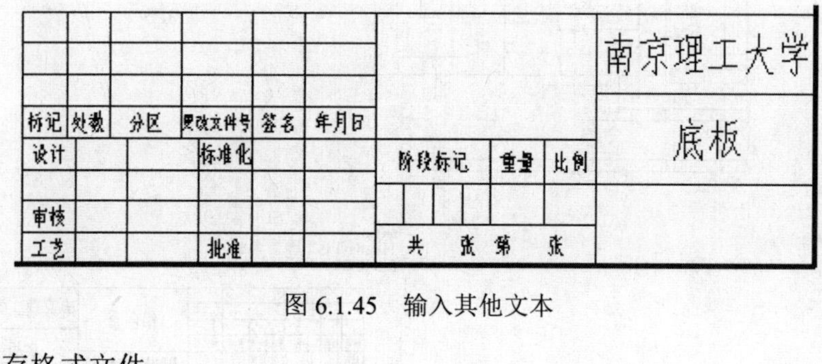

图 6.1.45 输入其他文本

Step6：保存格式文件

（1）最终完成的格式文件如图 6.1.46 所示。

（2）保存格式文件，绘图时可直接调用。

说明： 按照以上同样的方法分别创建 A0~A3 图纸幅面的格式文件，并保存，分别命名为 a0.frm、a1.frm、a2.frm、a3.frm。

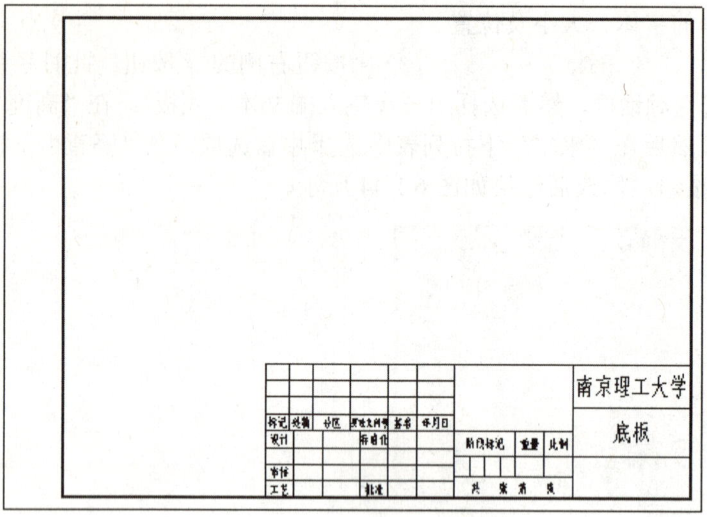

图 6.1.46 最终的格式文件

6.2 底板

图 6.2.1 所示为底板（1-1.prt）零件的工程图，本节将介绍其相关视图的创建过程，以及视图操作、尺寸标注等相关方法。

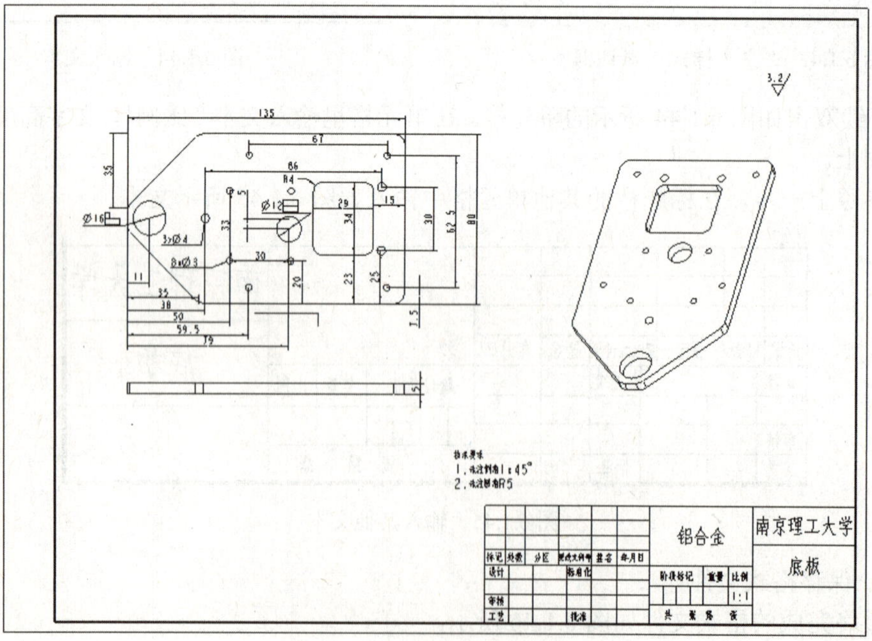

图 6.2.1 底板零件工程图

6.2.1 创建主视图

创建主视图是创建其他视图的前提，创建主视图不仅仅是创建视图，还必须掌握如何改变视图的方向，以便从不同的角度来观察视图。一般视图通常为放置到页面上的第一个视图，系统一般按默认方向创建一般视图，下面介绍其创建的步骤。

Step1：新建工程图文件

（1）单击“新建”按钮 新建，选择“类型”选项组下的 绘图 单选项，在“名称：”对话框中输入文件名“1-1”，取消选中 使用默认模板 复选框，单击 确定 按钮，弹出“新建绘图”对话框。

（2）在“默认模型”区域单击 浏览... 按钮，选中图 6.2.2 所示的文件 1-1.prt。

图 6.2.2　打开“1-1.prt”文件

（3）在“指定模板”区域选中 格式为空，单击 浏览... 按钮，选中图 6.2.3 所示的格式文件“a3.prm”。

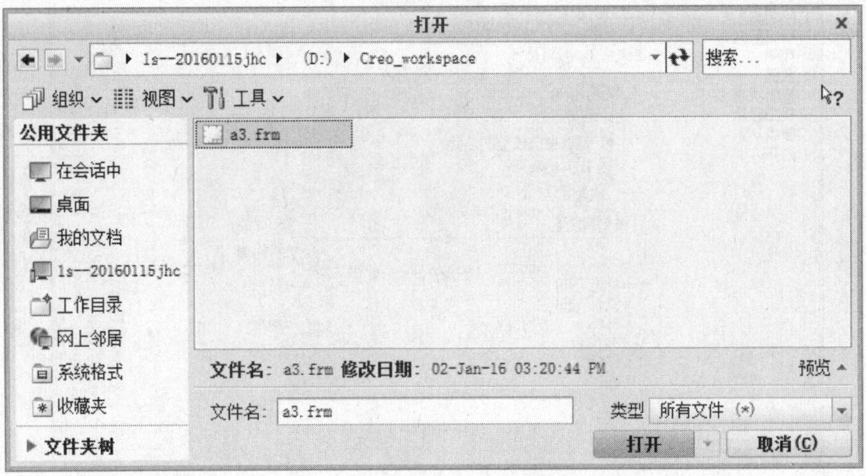

图 6.2.3　选中“a3”模板

（4）完成后的“新建”绘图对话框如图 6.2.4 所示。单击 确定 按钮，进入绘图环境。

Step2：引入模型文件

（1）选择如图 6.2.5 所示的 模型视图 →，系统弹出如图 6.2.6 所示的“选择组合状态”对话框，选择“无组合状态”，单击 确定 按钮。

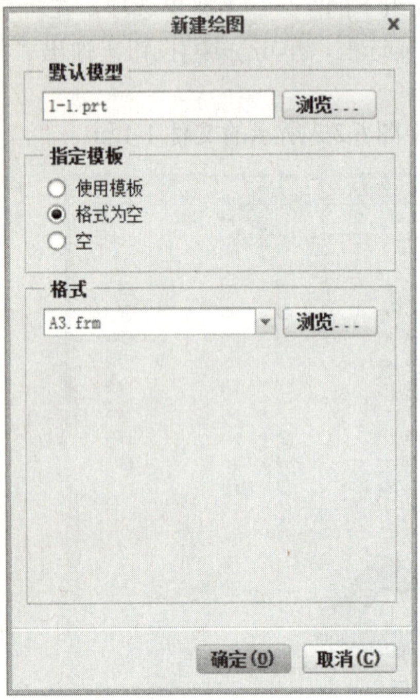

图 6.2.4　完成选择后的“新建绘图”对话框

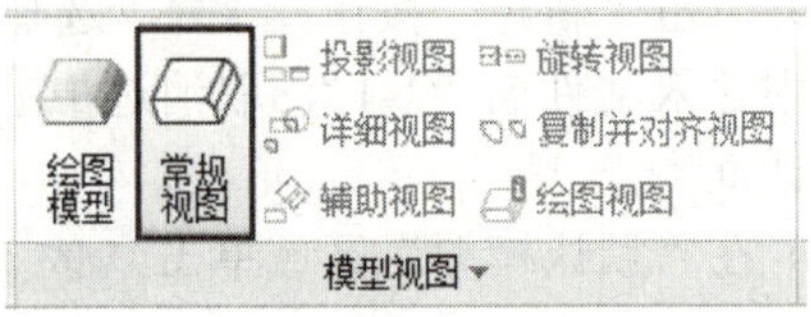

图 6.2.5　“常规视图”命令选择

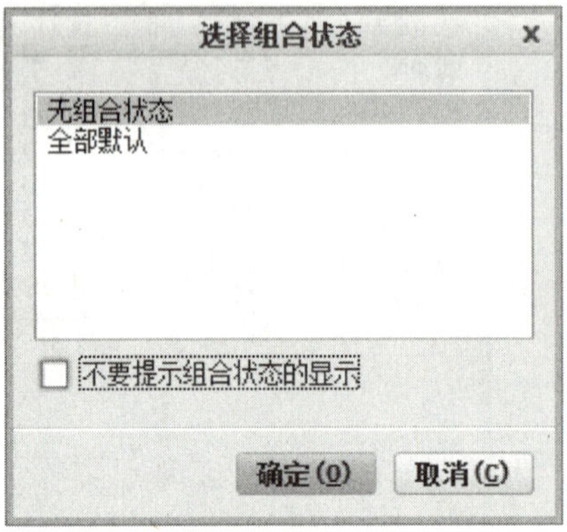

图 6.2.6　“选择组合状态”对话框

（2）在系统 ➡选择绘图视图的中心点。的提示下，在屏幕图形区单击选择一点，系统弹出如图 6.2.7 所示的“绘图视图”对话框。此时底板零件以默认视图的方向出现如图 6.2.8 所示的绘图区域中。须对视图进行定向，使其符合工程图视图的要求。

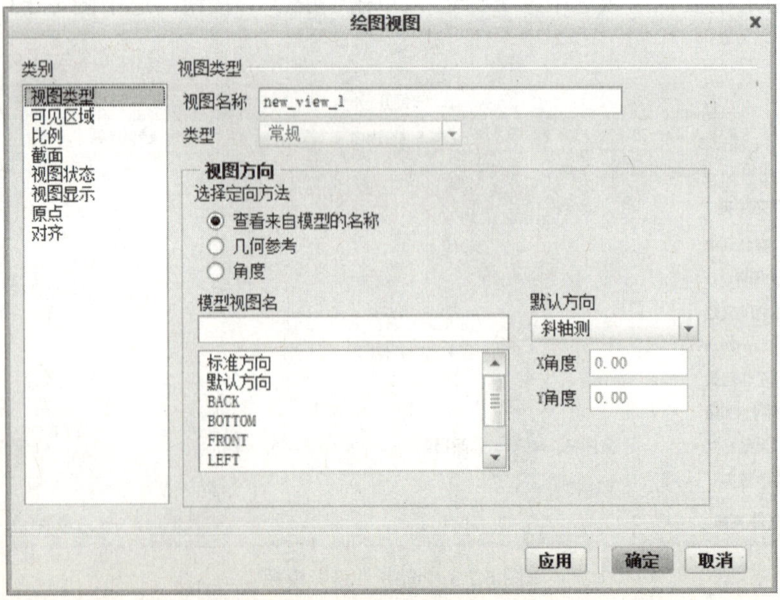

图 6.2.7　“绘图视图”对话框

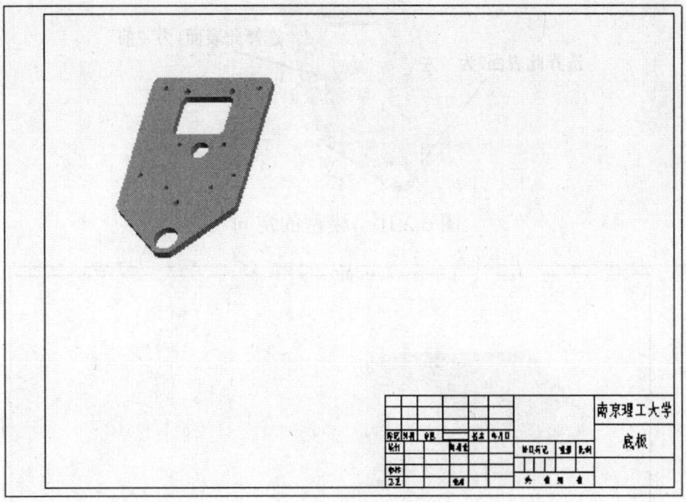

图 6.2.8　绘图区域

Step3：定向视图

视图的定向一般采用下面的两种方法。

方法一：选取参考进行定向

（1）定义放置参考 1。

① 在“绘图视图”对话框中，选择“类别”下的“视图类型”；在其选项卡界面的“视图方向”选项组中，选择“选择定向方法”中的 ◉ 几何参考，如图 6.2.9 所示。

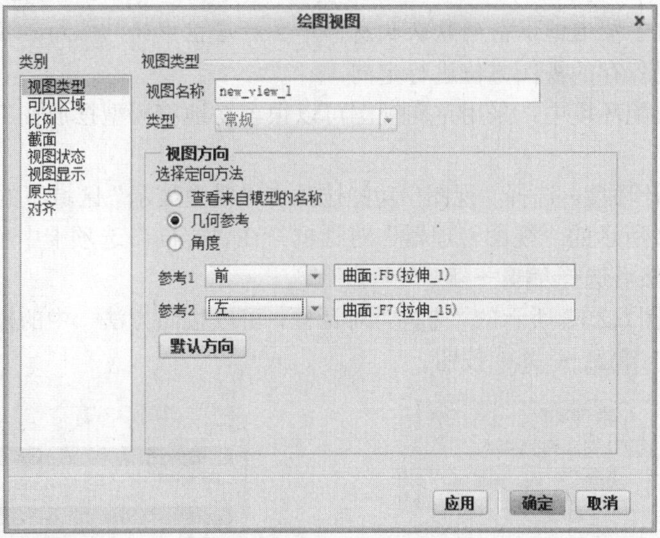

图 6.2.9 “绘图视图”对话框

② 单击对话框中“参考 1”旁的箭头，在弹出的方位列表中，选择前选项，再选择图 6.2.10 中的模型表面 1。这一步操作的意义是使所选模型表面朝前（即与屏幕平行且面向操作者）。

（2）定义放置参考 2。

单击对话框中“参考 2”旁的箭头选择左选项，再选择图 6.2.10 中的模型表面 2。这一步操作的意义是使所选模型表面朝左。模型摆放好方位后如图 6.2.11 所示。

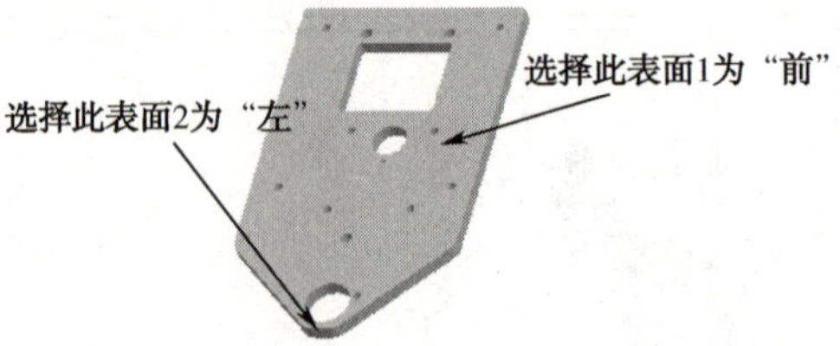

图 6.2.10　模型的定向

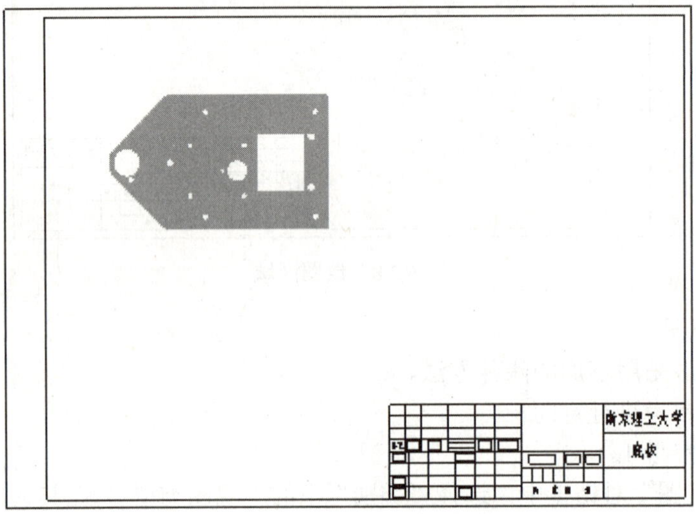

图 6.2.11　模型摆放好后的位置

说明：如果此时希望返回以前的默认状态，单击对话框中的 默认方向 按钮即可。

方法二：采用已保存的视图方位进行定向

（1）在零件或装配环境中，采用定向视图可以很容易地将模型摆放在工程图视图所需要的方位。

① 进入零件设计环境。选择“视图”功能选项卡“模型显示”区域下的 视图管理器 命令，系统弹出如图 6.2.12 所示的“视图管理器”对话框，在“定向”选项卡中单击 新建 按钮，并命名为新建视图 V1，然后选择 **编辑**→ 重新定义 命令。

② 系统弹出如图 6.2.13 所示的“方向”对话框，可以按照方法一中的操作步骤将模型在空间摆放好，然后单击 **确定**→ 关闭 按钮。

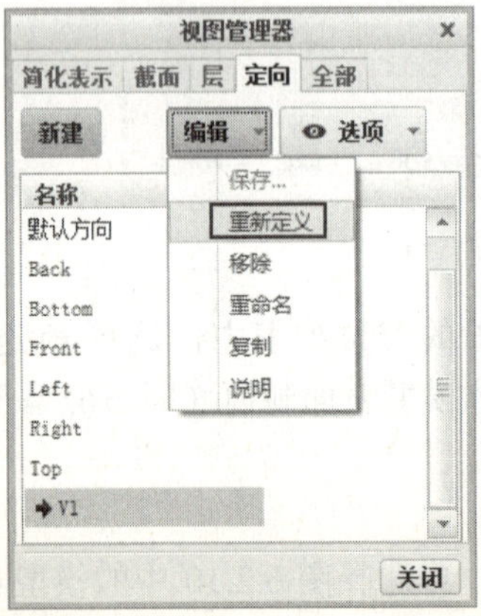

图 6.2.12　“视图”管理器

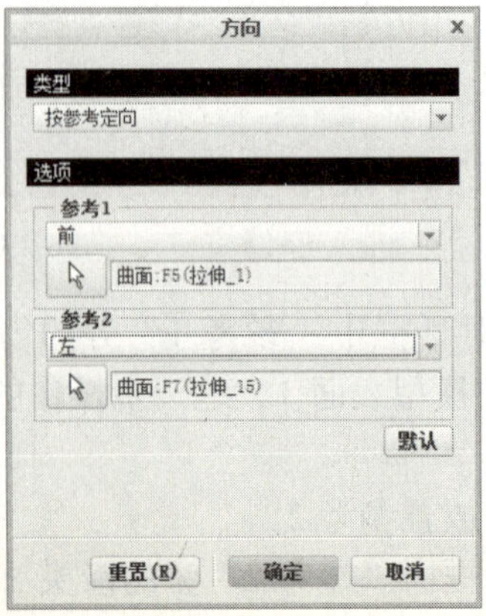

图 6.2.13　“方向”对话框

（2）在模型的零件或装配环境中保存了视图 V1 后，就可以在工程图环境中用第二种方法定向视图。操作方法：在图 6.2.14 所示的“绘图视图”对话框中，找到并选取视图名称 V1，则系统按 V1 的方向定位视图。

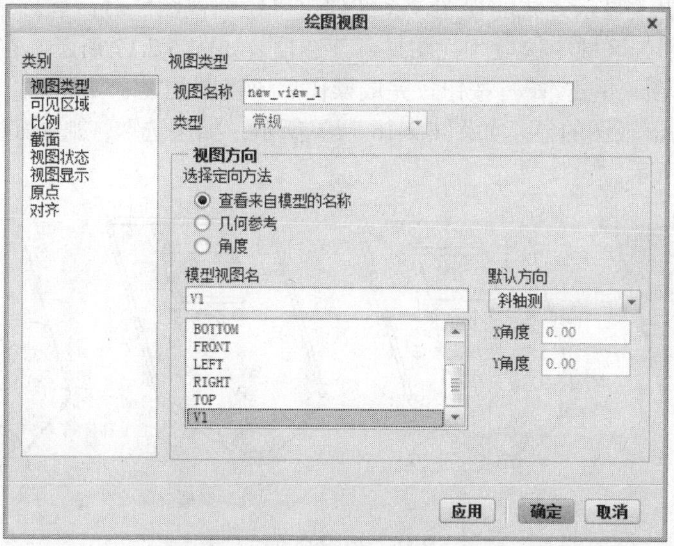

图 6.2.14 “绘图视图”对话框

Step4：定制比例。选择“绘图视图”对话框“类别”选项组中的比例选项，选择◉ 自定义比例单选项，并输入比例值 1.0，如图 6.2.15 所示。

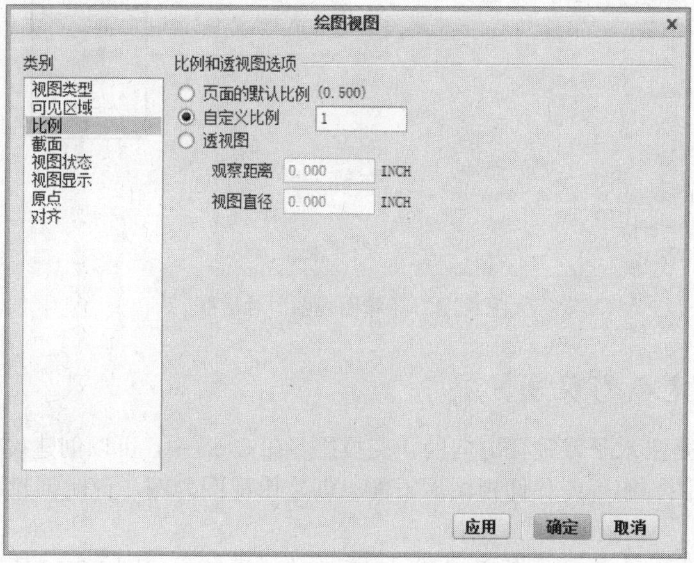

图 6.2.15 “绘图视图”对话框

Step5：单击“绘图视图”对话框中的 确定 按钮，并关闭对话框，至此，完成主视图的创建。

6.2.2　视图的显示模式

为了符合工程图的要求，常常需要对视图的显示方式进行编辑控制。由于在创建零件模型时，模型显示一般都为着色状态，当在未改变视图显示模式的情况下创建工程图视图时，系统默认视图显示为如图 6.2.16（a）所示的着色状态。这种着色状态不容易反映视图特征，这时可以编辑视图为消隐状态，使视图清晰简洁，其操作过程如下：

Step1：双击要更改显示方式的视图，系统弹出“绘图视图”对话框。

Step2：在“类别”区域中选取“视图显示”选项，如图 6.2.17 所示，在“显示样式”下拉列表中选中消隐选项，单击确定按钮，完成操作后该视图的显示如图 6.2.16（b）所示；如果选取线框选项，则该视图的显示如图 6.2.16（c）所示；如果选取隐藏线选项，则该视图的显示如图 6.2.16（d）所示。

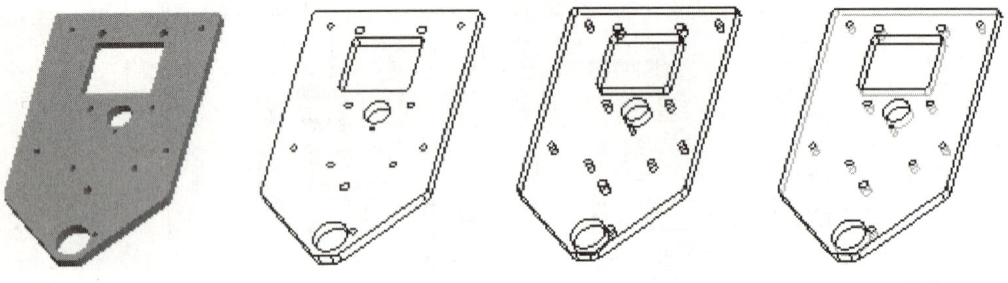

（a）着色　　（b）消隐　　（c）线框　　（d）隐藏线

图 6.2.16　视图的显示方式

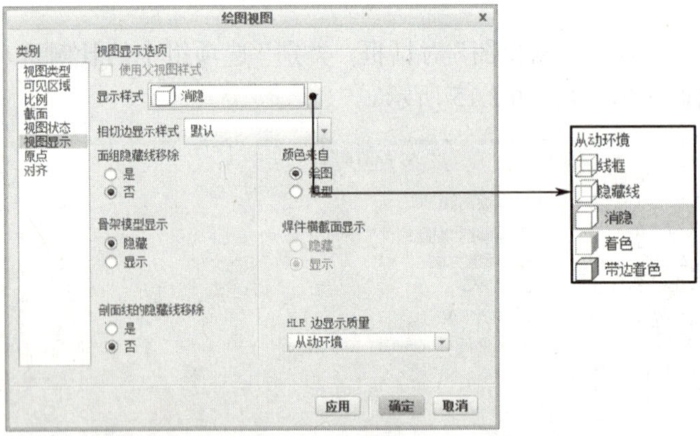

图 6.2.17　“绘图视图”对话框

6.2.3　创建投影视图

投影视图一般是沿水平或垂直方向的正交投影。在 Creo 中，可以创建投影视图，投影视图包括左视图、右视图、俯视图和仰视图。下面以创建俯视图为例，说明创建这类视图的一般操作过程。

Step1：选择如图 6.2.18 所示的主视图，然后右击，系统弹出图 6.2.19 所示的快捷菜单，选择该快捷菜单中的投影视图命令。

Step2：系统默认选中唯一的一个视图作为父视图，在➡选择绘图视图的中心点。的提示下，在图形区主视图下部任意选择一点单击，系统自动创建俯视图，如图 6.2.18 所示。如果在主视图的左边任意选择一点，则会产生左视图。俯视图以着色方式显示。

Step3：双击该投影视图，弹出“绘图视图”对话框，切换到“视图显示”选项卡，从“显示样式”下拉列表中选择“消隐”后，视图显示如图 6.2.20 所示。

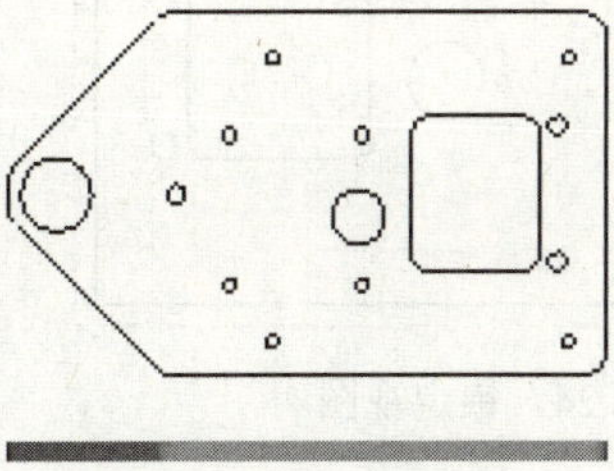

图 6.2.18　投影视图

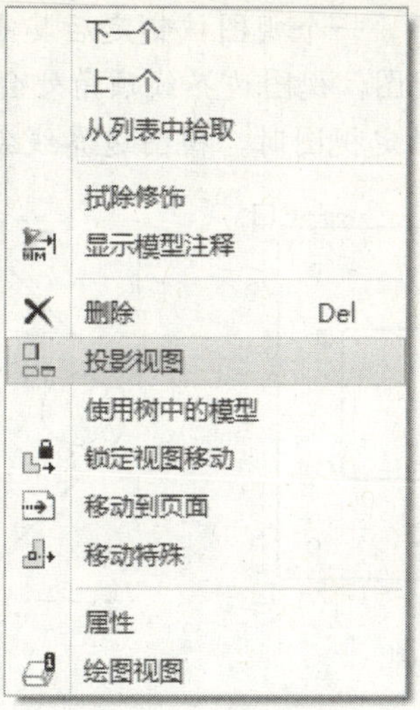

图 6.2.19　快捷菜单

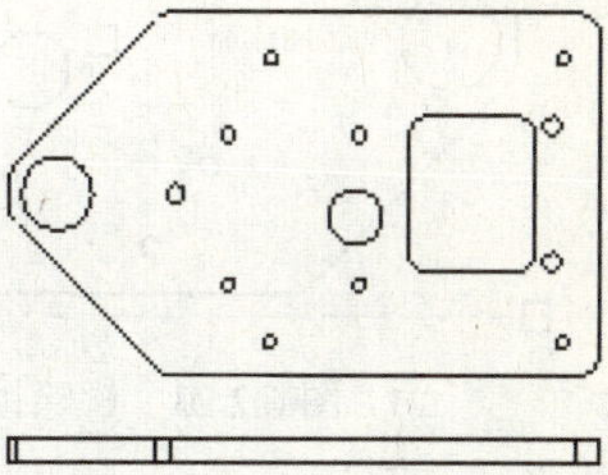

图 6.2.20　俯视图“消隐”方式显示

6.2.4　移动视图

在创建完主视图和俯视图后，如果它们在图纸上的位置不合适、视图间距太紧或太松，用户可以移动视图，使整个图面更加美观明了。

移动视图前首先要选取所要移动的视图，并且查看该视图是否被锁定。一般在第一次移动前，系统默认所有视图都是被锁定的，因此需要解除锁定再进行移动操作。

Step1：在图形区中右击俯视图，在弹出的如图 6.2.21 所示的快捷菜单中选择 锁定视图移动 命令（将该命令前面的 取消选中），取消视图的锁定。

Step2：选择并拖动俯视图，将其放置在合适位置，如图 6.2.22 所示。

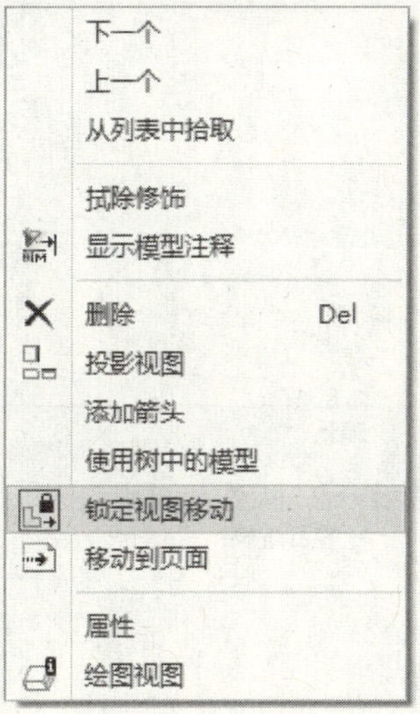

图 6.2.21　快捷菜单

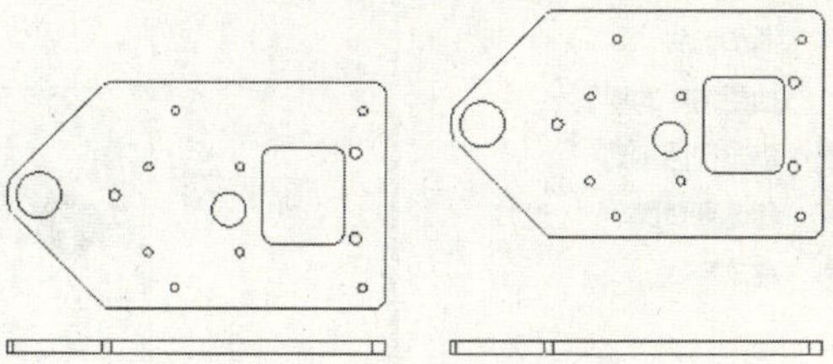

（a）移动前　（b）移动后

图 6.2.22　移动视图

说明：

- 如果移动主视图，则相应的子视图也会随之移动；如果移动投影视图则只能上下或左右移动，以保持该视图与主视图对应关系不变。一旦某个视图被解除锁定状态，则其他视图也同时被解除锁定；同样，一个视图被锁定后其他视图也同时被锁定。

- 当视图解除锁定时，单击视图，视图边界线顶角处会出现如图 6.2.23 所示的点，且光标显示为四向箭头形式；当锁定视图时，视图边界线会变成如图 6.2.24 所示的形状。

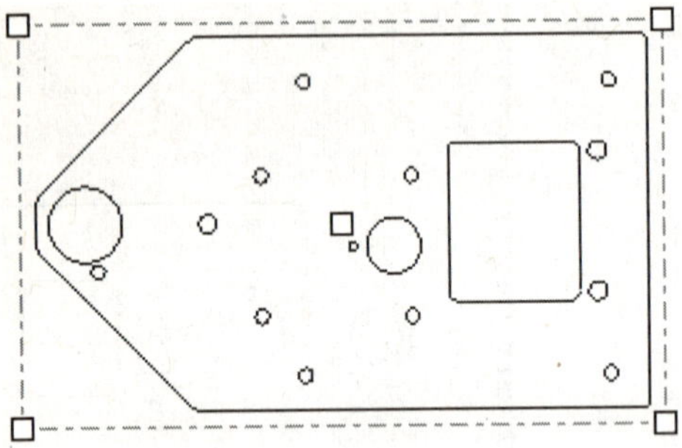

图 6.2.23 解除锁定视图

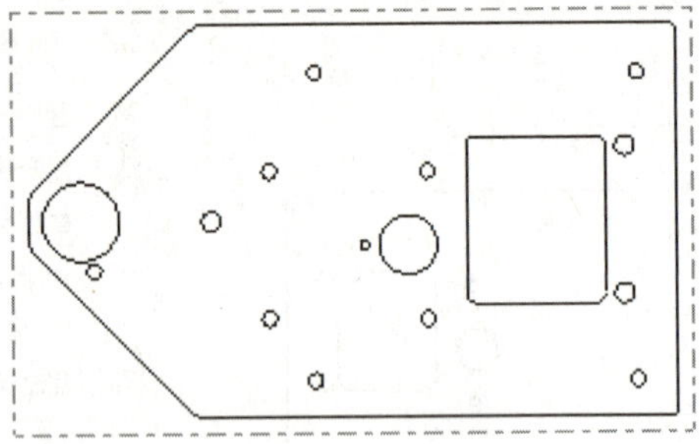

图 6.2.24 锁定视图

在视图移动调整后，为了避免今后因误操作而使视图相对位置发生变化，这时需要对视图进行锁定。在绘图区右击需要锁定的视图，在弹出的如图 6.2.21 所示的快捷菜单中选择 锁定视图移动 命令，操作后视图被锁定。

6.2.5 删除视图

要删除视图，可先选择该视图，然后右击，系统弹出如图 6.2.25 所示的快捷菜单，选择 ✕ 删除 命令。

注意：当要删除一个带子视图的视图时，系统会弹出如图 6.2.26 所示的提示窗口，要求确认是否删除该视图，此时若选择“是”，就会将该视图的所有子视图连同该视图一并删除。因此在删除带有子视图的视图时，请务必注意这一点。

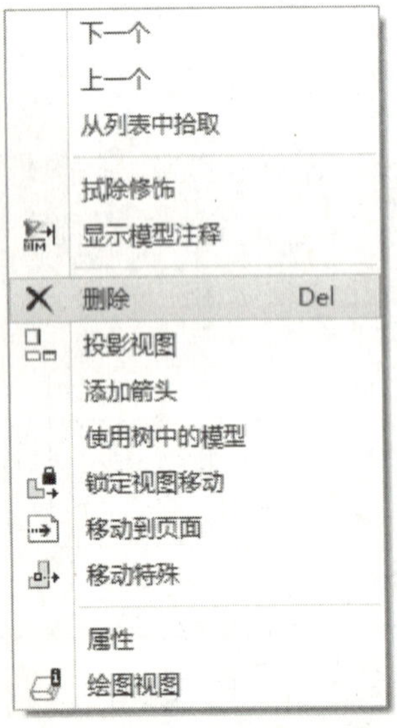

图 6.2.25 快捷菜单

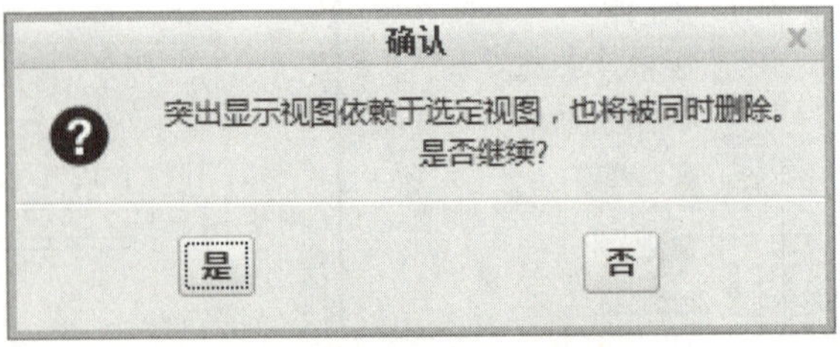

图 6.2.26 “确认”对话框

6.2.6 轴侧图的创建

在工程图中创建轴侧图的目的主要是为方便读图，其创建方法与主视图基本相同，它也是作为“一般”视图来创建的。通常轴测图是作为最后一个视图添加到图纸上的。

Step1：在绘图区中右击，从弹出的快捷菜单中选择 常规视图 命令。

Step2：在系统 ➡选择绘图视图的中心点。的提示下，在图形区选取一点作为轴测图放置位置点。

Step3：系统弹出“绘图视图”对话框，选取合适的查看方位（可以先在三维模型中创建合适的方位，本例中选择“默认方向”选项）。

Step4：定制比例。在“绘图视图”对话框中，选取“类别”选项组中的“比例”选项，选择◉ 自定义比例单选项，并输入比例值 1.0。

Step5：单击对话框中的 确定 按钮，关闭对话框。创建的轴测图如图 6.2.27 所示。至此完成了底板零件视图的创建，如图 6.2.28 所示。

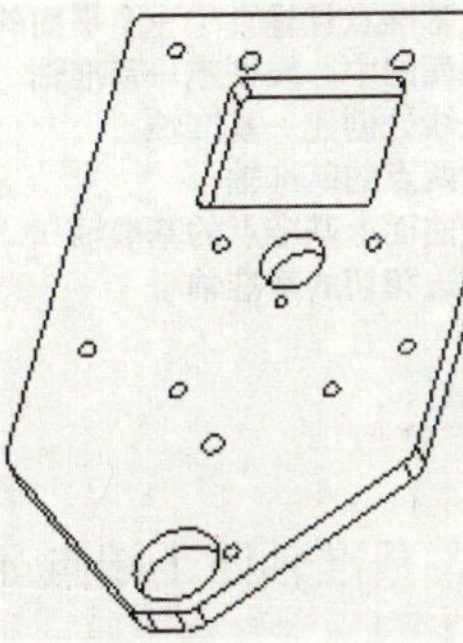

图 6.2.27　轴测图

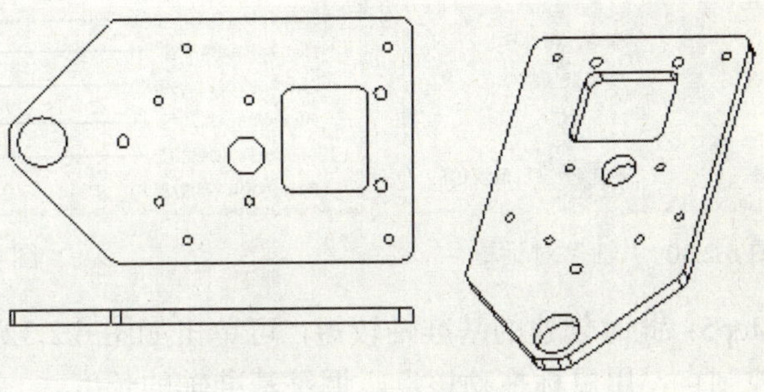

图 6.2.28　底板零件视图

注意：要使轴测图的摆放方位满足表达要求，可先在零件或装配环境中，将模型在空间中摆放到合适的视角方位，并将这个方位保存成一个视图名称（如 V1）。然后在工程图中，添加轴测图时选取已保存的视图方位名称，即可进行视图定向。这种方法很灵活，能使创建的轴测图摆放成任意方位，以适应不同的表达要求。

6.2.7 创建基准轴

在工程图中，经常需要创建基准轴、基准面，以作为标注尺寸、公差等参数的参照。下面以创建图 6.2.29（a）所示基准为例介绍创建基准轴的一般过程。

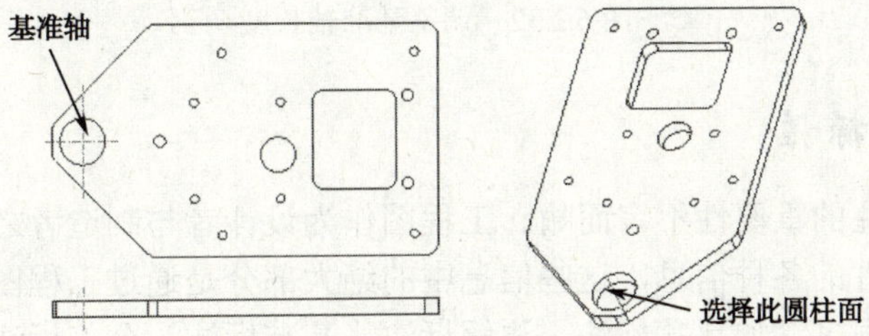

（a）　（b）

图 6.2.29　基准轴的创建

Step1：在功能选项卡区域的“注释”选项卡中选择“模型基准轴”命令，系统弹出如图 6.2.30 所示的“轴”对话框。

Step2：在“轴”对话框的“名称：”中输入基准名 A1。

Step3：单击“定义”按钮，在弹出的如图 6.2.31 所示的“基准轴”菜单中选择“过柱面”命令，在轴测图中选择图 6.2.29（b）所示的孔表面。

Step4：单击 确定 按钮，完成基准的创建。

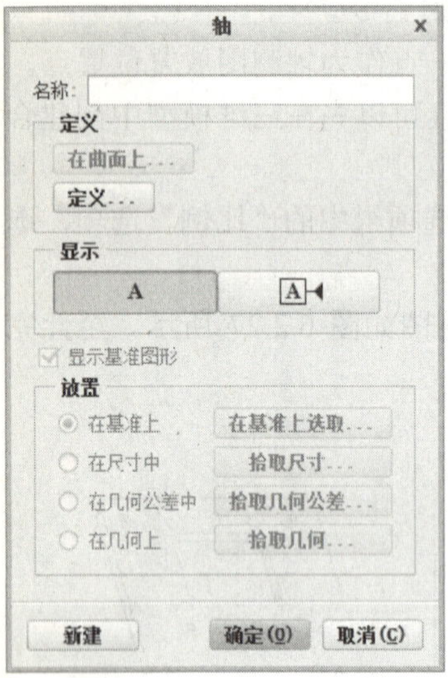

图 6.2.30 “轴”对话框

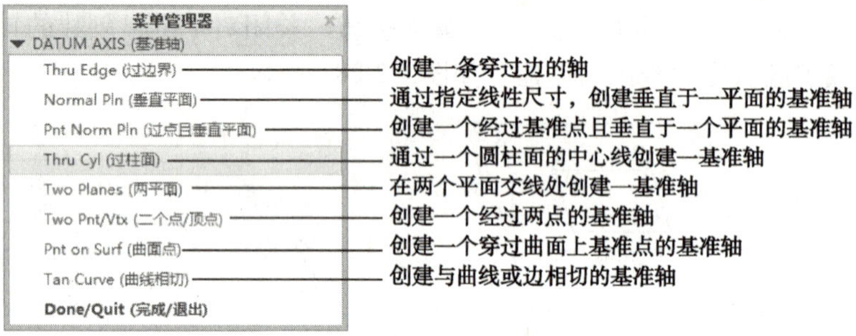

图 6.2.31 “基准轴”菜单

Step5：此时创建的基准轴较短，可单击如图 6.2.32 所示的基准轴，基准轴四个端点显示为方形控制点，用鼠标拖动该点，调整基准轴的长度。

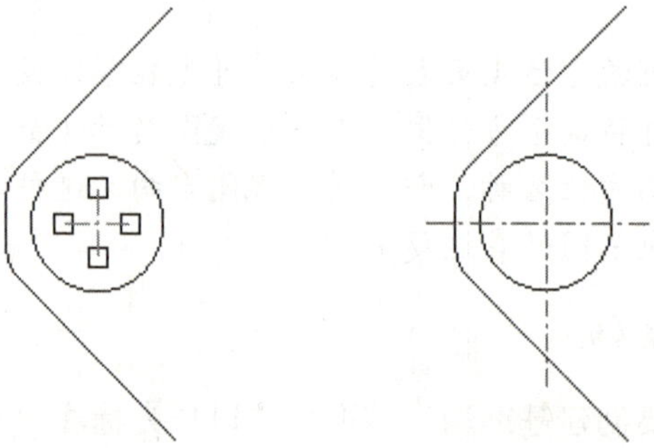

（a）调整前　　（b）调整后

图 6.2.32 调整基准轴长度

6.2.8 尺寸标注

在工程图中，标注的重要性不言而喻。工程图作为设计者与制造者之间交流的语言，重在向用户反映零件或组件的各种信息，这些信息中的绝大部分是通过工程图中的标注来反映的。工程图中的标注种类很多，如尺寸标注、注解标注、基准标注、公差标注、表面粗糙度标注、焊接符号标注等。

在 Creo 3.0 中尺寸标注有两种不同的方法。一是在功能选项卡区域“注释”区域中选择（显示模型注释）命令自动显示存在于零件模型的尺寸；二是在功能选项卡区域“注释”的选项卡中选择尺寸命令手动创建尺寸。

1. 自动生成尺寸

在 Creo 3.0 中，工程图视图是利用已经创建的零件模型投影生成的，视图中零件的尺寸来源于零件模块中三维模型的尺寸，它们源于统一的内部数据库。由于这些尺寸受零件模型的驱动，并且也可反过来驱动零件模型，所以这些尺寸也常被称为驱动尺寸。

这些尺寸是保存在模型自身中的尺寸信息，在默认情况下，将模型或组件输入到 2D 工程图时，这些尺寸是不可见的。在工程图环境下，可以在功能选项卡区域“注释”区域中选择（显示模型注释）命令将这些尺寸模型自动显现出来，所以可以将这些尺寸称为自动生成尺寸。自动生成尺寸与零件或组件具有双向关联性，在三维模型上修改模型的尺寸，在工程图中，这些尺寸随着变化，反之亦然。

使用“显示模型注释”命令的步骤如下：

Step1：在功能选项卡区域的“注释”区域中单击如图 6.2.33 所示的“显示模型注释”命令。

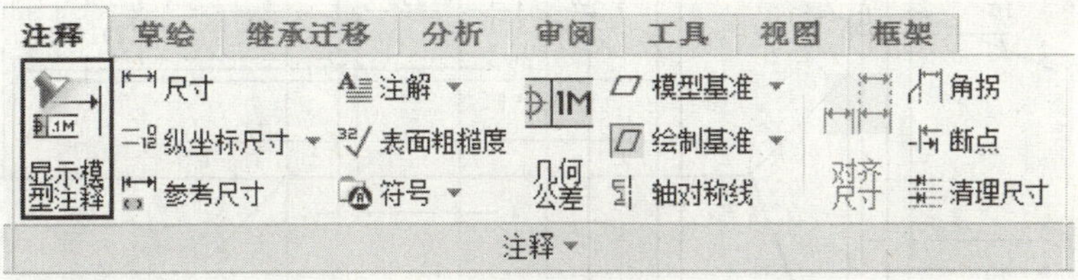

图 6.2.33 “显示模型注释”命令选择

Step2：在系统弹出如图 6.2.34 所示“显示模型注释”对话框中进行如下操作。

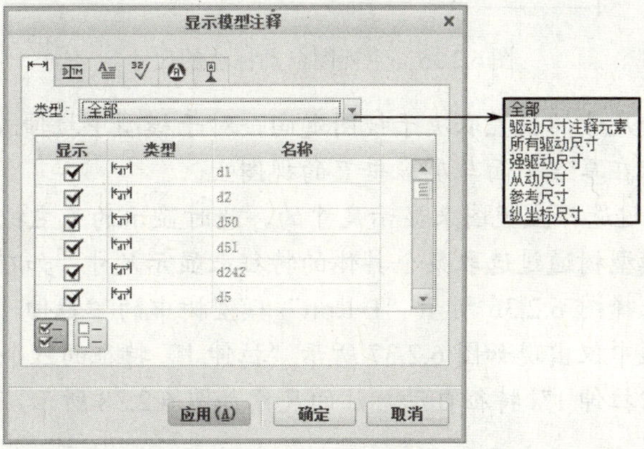

图 6.2.34 “显示模型注释”对话框

（1）单击对话框顶部的选项卡。

（2）选择显示类型。在对话框的“类型”下拉列表中选择全部选项。

（3）选取显示尺寸的视图。按住 Ctrl 键，选择主视图，此时在“显示模型注释”对话框中出现主视图上所有特征的相关尺寸。但这些尺寸均处于未被选中状态。

（4）单击按钮，此时所有尺寸均被选中，然后单击对话框底部的 确定 按钮。系统自动创建了“底板”主视图中的所有尺寸。“底板”主视图自动标注的尺寸如图 6.2.35 所示。

说明：在进行自动生成尺寸显示操作时，请注意下面几点。

- 图 6.2.35 所示的尺寸未经过手动整理，故较为凌乱。通常在正式出图之前都需要经过手动整理尺寸。
- 使用图 6.2.34 所示的“显示模型注释”对话框，不仅可以显示三维模型中的尺寸，还可以显示在三维模型中创建的几何公差、基准、表面粗糙度等。

- 如果要在工程图的等轴测视图中显示模型的尺寸，应先将工程图设置文件 drawing.dtl 中的选项 allow_3d_dimensions 设置为 yes。

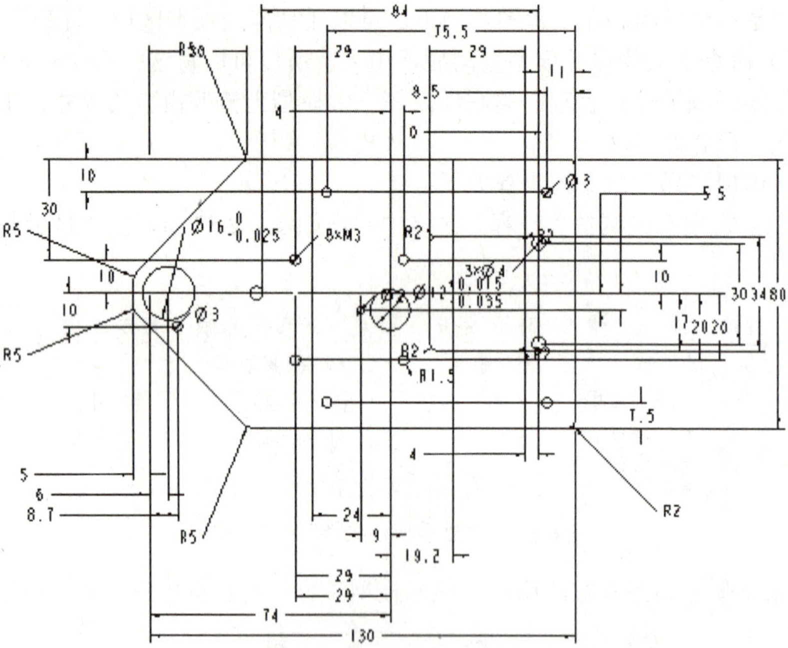

图 6.2.35　主视图自动标注的尺寸

- 工程图中，显示尺寸的位置取决于视图定向，对于模型中拉伸或旋转特征的截面尺寸，在工程图中显示在草绘平面与屏幕垂直的视图上。
- 在 Step2 中是通过选择主视图来显示尺寸的，此时显示的为主视图中所有特征的尺寸。我们可以使用模型树通过选取某个具体的特征来显示尺寸。如在系统弹出“显示模型注释”对话框后选择图 6.2.36 所示“1-1.prt”模型树中的“拉伸 1”特征，此时“显示模型注释”对话框中仅出现如图 6.2.37 所示“拉伸 1”特征的三个尺寸。单击对话框底部的 **确定** 按钮，“拉伸 1”特征自动标注的尺寸如图 6.2.38 所示。

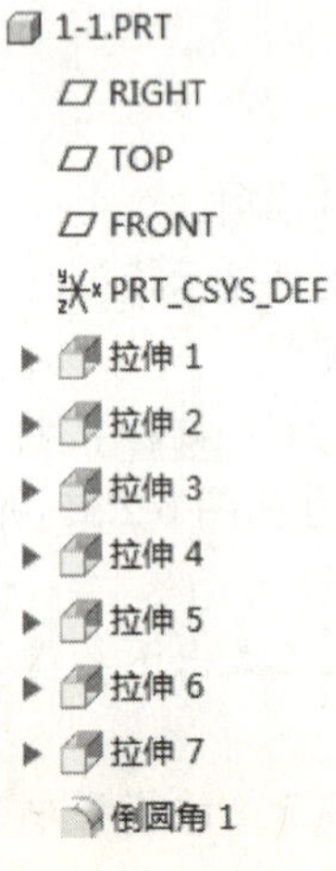

图 6.2.36　模型树

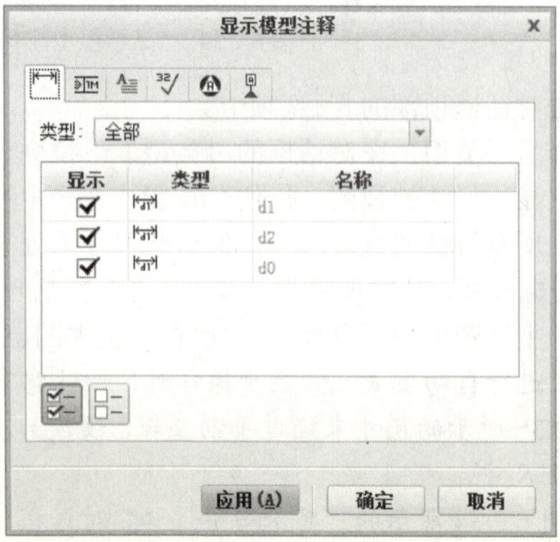

图 6.2.37　“显示模型注释”对话框

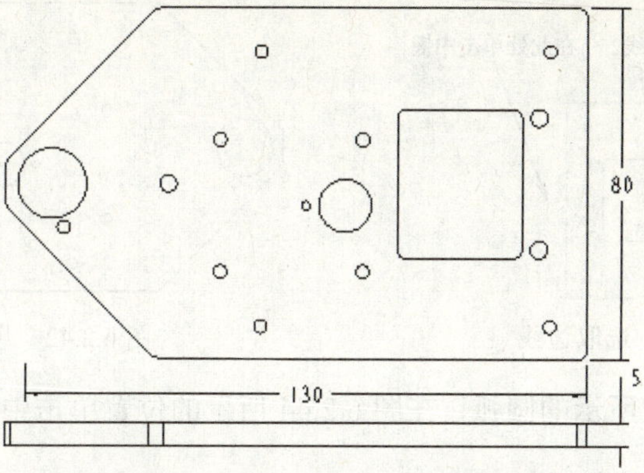

图 6.2.38 “拉伸 1”特征自动标注的尺寸

- 图 6.2.34 所示的“显示模型注释”对话框中各选项卡说明如下：

：显示（或隐藏）尺寸。

：显示（或隐藏）几何公差。

：显示（或隐藏）注解。

：显示（或隐藏）粗糙度。

：显示（或隐藏）定制符号。

：显示（或隐藏）基准。

：全部选取。

：全部取消选取。

2. 手动创建尺寸

当自动生成尺寸不能全面地表达零件的结构或在工程图中需要增加一些特定的标注时，就需要通过手动操作创建尺寸。这类尺寸受零件模型所驱动，所以又常被称为从动尺寸。手动创建的尺寸与零件或组建具有单向关联性，即这些尺寸受零件模型所驱动，当零件模型的尺寸改变时，工程图中的尺寸也随之改变；但这些尺寸的值在工程图中不能被修改。

Step1：在功能选项卡“注释”区域中单击如图 6.2.39 所示的尺寸命令 尺寸，系统弹出如图 6.2.40 所示的“选择参考”对话框。

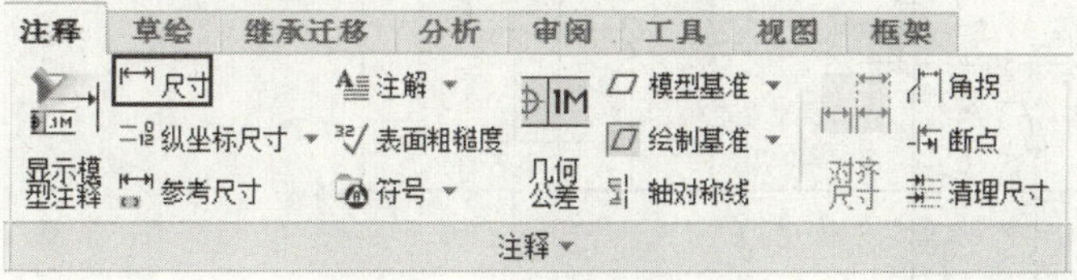

图 6.2.39 “尺寸”命令选择

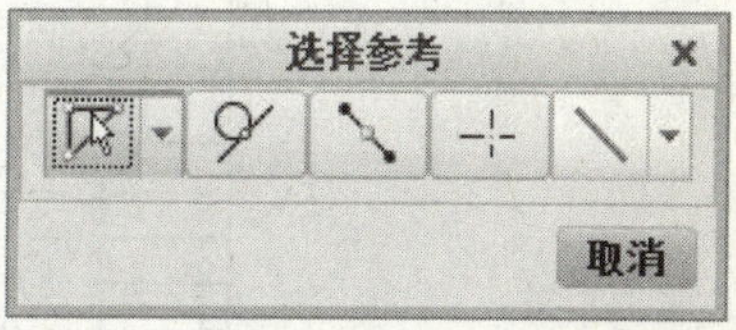

图 6.2.40 “选择参考”对话框

Step2：选取图 6.2.41 所示的边线 1，按住 Ctrl 键，再选取边线 2，接着在图 6.2.41 所示的位置单击鼠标中键，此时在视图中显示出两边线间的距离，如图 6.2.42 所示。

Step3：再次单击鼠标中键完成尺寸的标注。

标注图 6.2.43 所示的直径尺寸，可以按照如下方法操作。

Step1：在功能选项卡区域的“注释”中单击尺寸命令 尺寸。

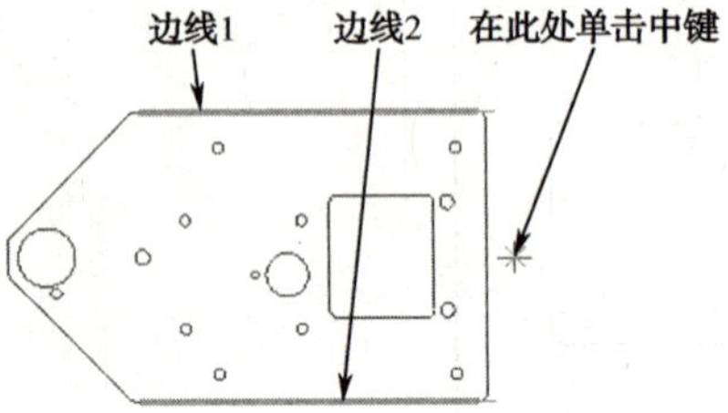

图 6.2.41 选取边线

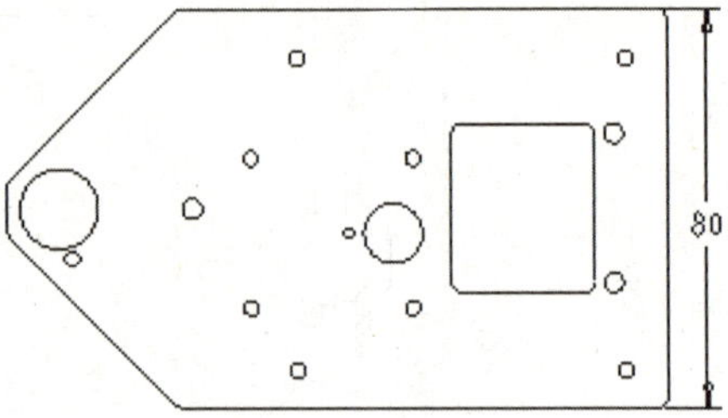

图 6.2.42 尺寸显示

Step2：双击图 6.2.44 所示的圆弧，在图 6.2.44 所示的位置单击中键，此时在视图中显示所选圆弧的直径尺寸。

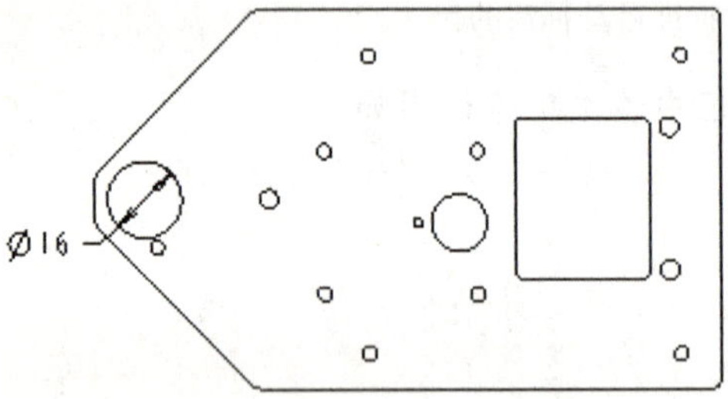

图 6.2.43 直径尺寸显示

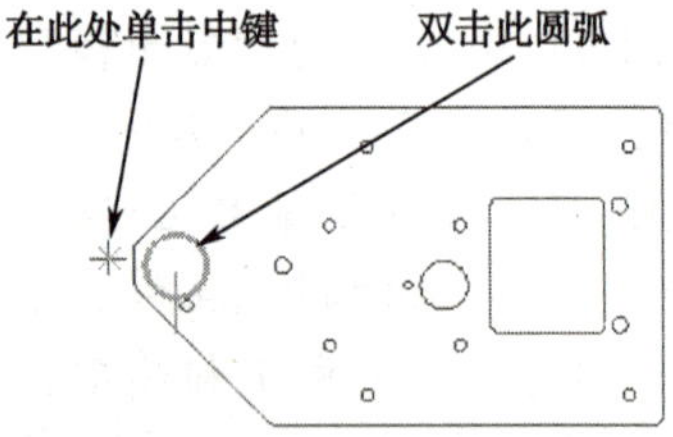

图 6.2.44 双击圆弧

说明：标注直径尺寸和半径尺寸的不同之处在于，标注直径尺寸时需要双击圆弧图元，标注半径尺寸时，则单击选取圆弧即可。

Step3：再次单击中键完成尺寸的标注。

采用“自动生成尺寸”和“手动创建尺寸”方式标注的底板尺寸如图 6.2.45 所示。

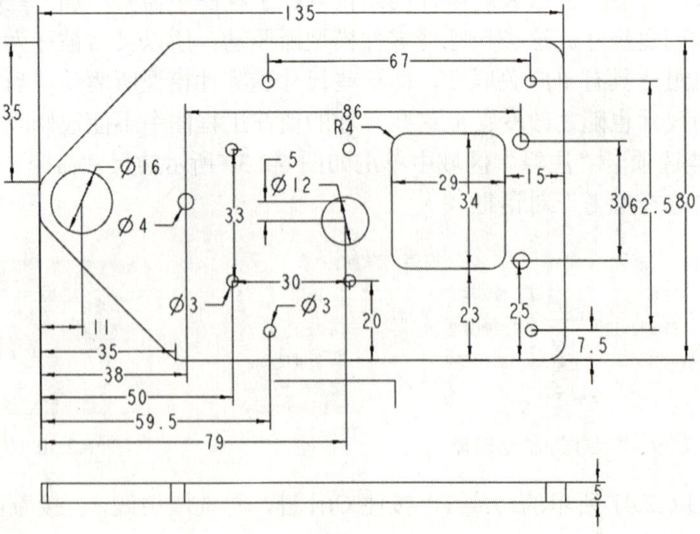

图 6.2.45 底板尺寸

3. 拭除尺寸

“拭除尺寸”是暂时使尺寸处于不可见的状态，可以通过“取消拭除”操作使其显示出来。“拭除尺寸”操作步骤如下：

Step1：选取图 6.2.46 所示尺寸，右击，系统弹出如图 6.2.47 所示的快捷菜单。

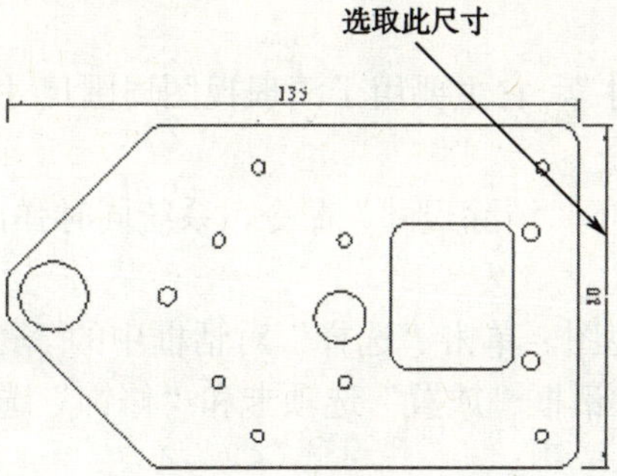

图 6.2.46　选取尺寸

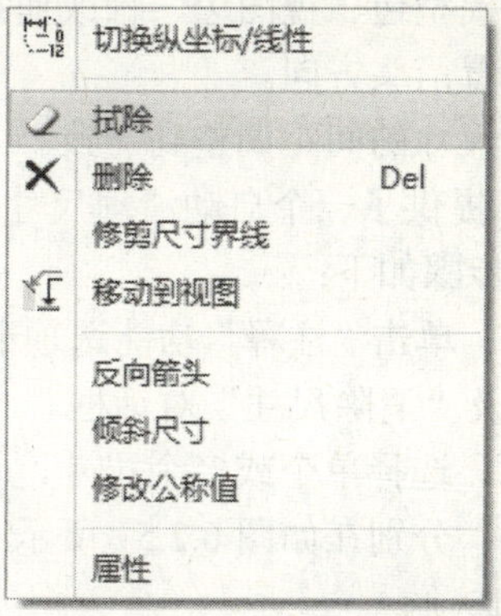

图 6.2.47　快捷菜单

Step2：在快捷菜单中选择“拭除”命令，在图形区空白处单击一下，选中的尺寸即不可见，如图 6.2.48 所示。

Step3：取消拭除。进入“注释”选项卡，在如图 6.2.49 所示的“绘图树”中，右击已被拭除的尺寸 绘制: ad57，在弹出的如图 6.2.50 所示的快捷菜单中选择“取消拭除”命令，可以将尺寸重新显示出来。

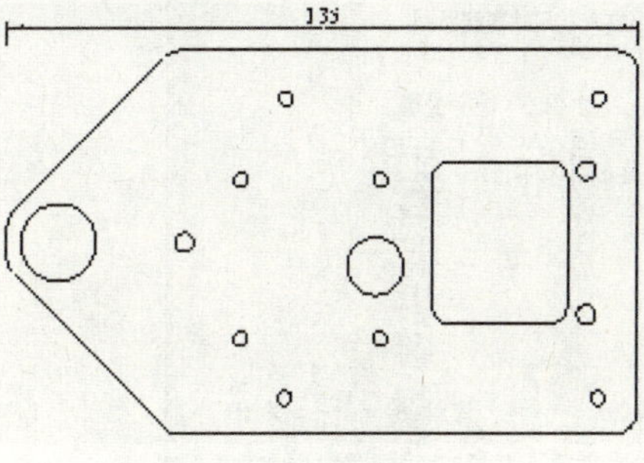

图 6.2.48　拭除尺寸

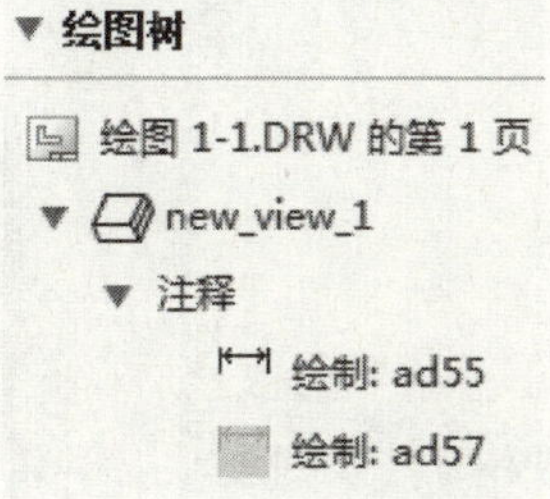

图 6.2.49　绘图树

图 6.2.50　快捷菜单

4．删除尺寸

“删除尺寸”是将多余或错误的尺寸去掉，被删除的尺寸可通过“显示模型注释”重新显示出来。“删除尺寸”操作步骤如下：

Step1：选取所要删除的尺寸，右击，系统弹出快捷菜单。

Step2：在快捷菜单中选择“删除”命令，在图形区空白处单击一下，选中的尺寸即被删除。

5．调整尺寸

（1）移动尺寸

选择要移动的尺寸，当尺寸颜色改变，且出现十字方向键时，就可以使用左键进行拖动。拖动尺寸是符合一定原理的，即尺寸界线并不移动，只是尺寸值在进行平面二维平移，这个方法是最简洁有效的，当然，在尺寸属性中也可以移动尺寸位置。

（2）整理尺寸

整理尺寸有如下几个方面：

- 在尺寸界线之间使尺寸居中。

- 在尺寸界线之间或尺寸界线与草绘图元交界处，创建断点。
- 在模型边、视图边、轴或捕捉线的一侧，放置该尺寸。
- 设置箭头方向。
- 将尺寸的间距调整到一致。

Creo 提供了一个自动清理尺寸命令“清除尺寸”，它主要用于清理视图周围尺寸的位置。具体操作步骤如下：

Step1：单击“注释”功能选项卡“注释”区域下“清除尺寸”命令，系统同时弹出“选择”对话框以及“清除尺寸”对话框。

Step2：选择单个或多个尺寸，也可选择整个视图，单击“选择”对话框中的 确定 按钮。

Step3：分别在如图 6.2.51 所示“清除尺寸”对话框“放置”选项卡和“修饰”选项卡中设置所需的选项。

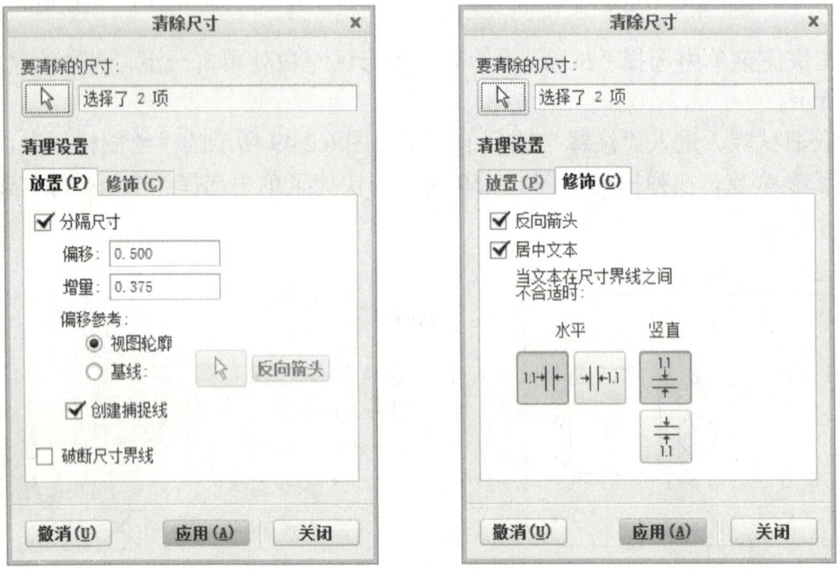

（a）放置选项卡　　（b）修饰选项卡

图 6.2.51 “清除尺寸”对话框

6.2.9 尺寸公差

在工程图环境中，可以调节尺寸的显示格式，如只显示尺寸的公称值、以最大极限偏差和最小极限偏差的形式显示尺寸、以公称尺寸并带有一个上极限偏差和一个下极限偏差的形式显示尺寸和以公称尺寸之后加上一个正负号显示尺寸。在默认情况下，系统只显示尺寸的公称值，可以通过适当的设置和编辑来显示尺寸的公差。在设置和编辑尺寸的公差之前，需对系统的相关配置进行设置。修改配置文件及标注尺寸公差过程如下。

Step1：单击 文件 → 准备(R) → 绘图属性(I)，弹出“绘图属性”对话框。选择“详细信息选项”选项卡，单击“更改”打开“选项”对话框。

Step2：在“选项”对话框左侧的配置文件列表中找到配置文件“tol_display”并单击选取（可选择按字母排序后再查找）。

Step3：在“值（V）：”下拉列表中选取“yes”选项，单击 添加/更改 按钮，如图 6.2.52 所示。

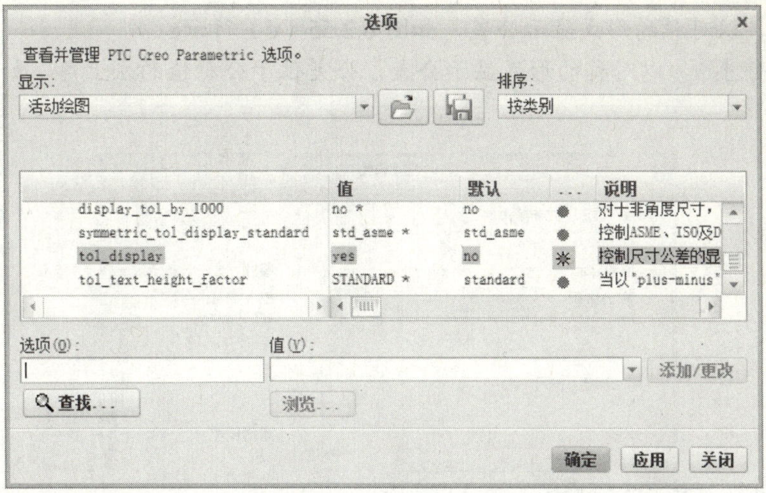

图 6.2.52 “选项”对话框

Step4：单击 确定 按钮，关闭“选项”对话框，关闭“绘图属性”对话框。

说明：如果不对系统的配置文件作修改，则在视图中双击任意一个尺寸后，系统弹出“尺寸属性”对话框的“公差模式”下拉列表显示为灰色，即不可修改尺寸在视图中的显示格式。因此，如果要使尺寸在视图中显示不同形式的公差，可以先按上述介绍的方法对配置文件“tol_display”作设置。

Step5：在视图中选取如图 6.2.53（a）所示∅16的尺寸，然后右击，从快捷菜单中选择“属性”命令，系统弹出图 6.2.54 所示的“尺寸属性”对话框，在“值和显示”区域的“小数位数”文本框中输入数值 2，在“公差”区域的“公差模式”下拉列表中选取 加-减 选项，在“上公差”文本框中输入数值+0.05，在“下公差”文本框中输入数值-0.1。尺寸公差显示后如图 6.2.53（b）所示。

说明：选取图 6.2.53（a）所示的尺寸为系统自动生成的尺寸，故需右击，然后从快捷菜单中选择 属性 命令，才可弹出“尺寸属性”对话框；如为手动创建，直接双击即可。

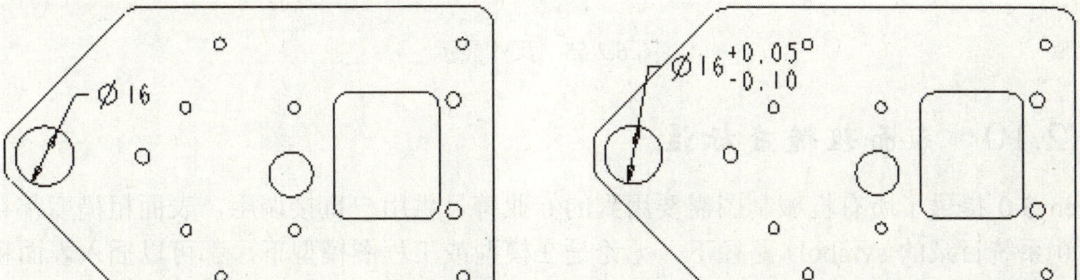

（a）显示前　　（b）显示后

图 6.2.53　显示尺寸公差

说明：在 公差模式 下拉列表中有五种选项：公称、限制、加-减、+- 对称 和 +- 对称（上标），不同选项的意思如下。

- 公称，尺寸只以公称值的形式显示，即不显示公差，如图 6.2.55（a）所示。
- 限制，尺寸以最大极限偏差和最小极限偏差的形式显示，如图 6.2.55（b）所示。
- 加-减，公差以上极限偏差和下极限偏差的形式显示，如图 6.2.55（c）所示。

- ⁺₋ 对称，以对称的形式显示公差，如图 6.2.55（d）所示。
- ⁺₋ 对称（上标），以对称的形式显示公差，公差位于公称值的左上角，如图 6.2.55（e）所示。

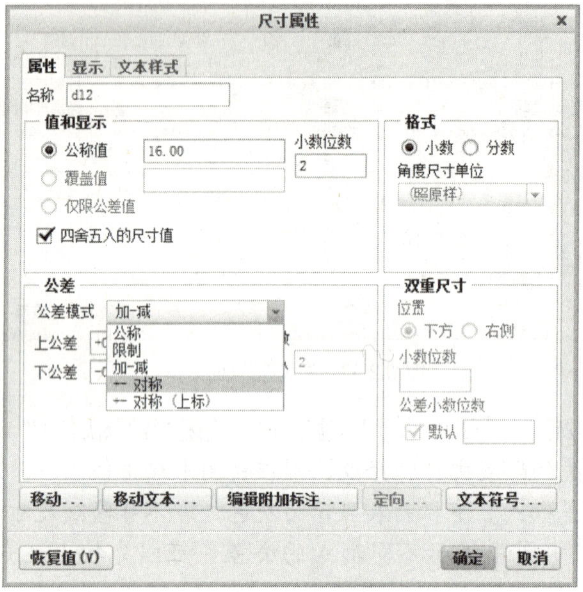

图 6.2.54 “尺寸属性”对话框

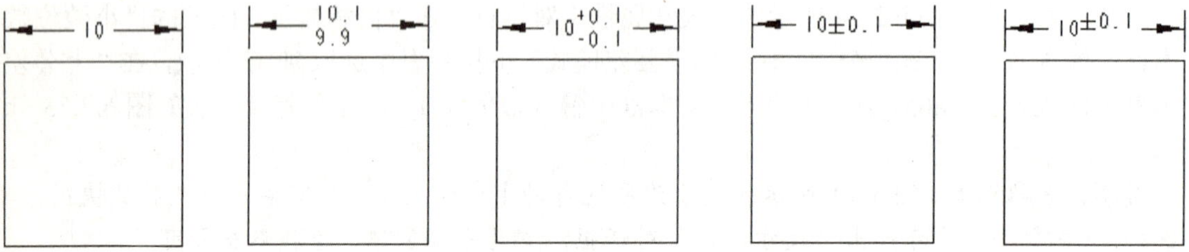

（a）　（b）　（c）　（d）　（e）

图 6.2.55　尺寸显示

6.2.10　表面粗糙度标注

Creo 3.0 提供了所有机械制图需要用到的专业符号供用户直接调用，表面粗糙度都存放在 Creo 3.0 系统目录的 symbols 路径下。无论是在模型或工程图模型下，都可以插入表面粗糙度符号。但值得注意的是，在使用之前，应先加载表面粗糙度符号文件。表面粗糙度只与零件的表面有关，并不是与所选的参照图元或视图相关，每个粗糙度值都适用于表面，在以指定粗糙度的表面上重新指定粗糙度时，系统重新定义零件表面的粗糙度信息，并更换粗糙度符号。下面介绍插入表面粗糙度的一般方法。

Step1：在功能选项卡区域的“注释”选项卡中单击“表面粗糙度”命令 表面粗糙度，系统弹出如图 6.2.56 所示的“打开”对话框。

Step2：检索表面粗糙度。从系统“打开”对话框中选取 machined 文件夹，然后选取 standardl.sym，单击 打开 按钮，此时系统弹出图 6.2.57 所示的“表面粗糙度”对话框。

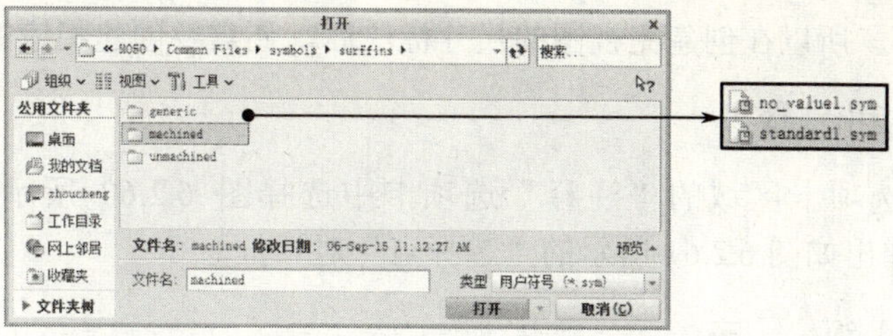

图 6.2.56 “打开”对话框

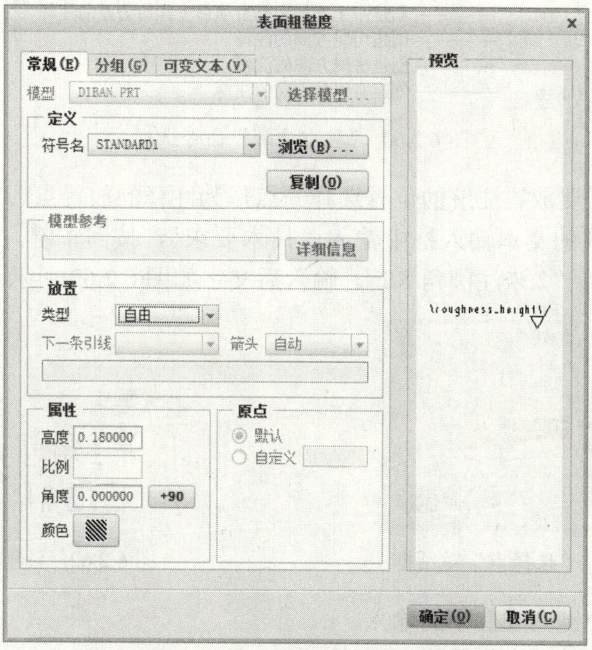

图 6.2.57 “表面粗糙度”对话框

Step3：在“表面粗糙度”对话框“放置”区域的“类型”下拉列表中选取自由选项，如图 6.2.58 所示。

Step4：定义粗糙度值。单击“可变文本（V）”选项，在 roughness_height 文本框中输入 3.2.

Step5：定义放置位置，在图形区选择某一位置单击，则表面粗糙度符号在该位置显示。结果如图 6.2.59 所示。单击 确定 按钮，完成粗糙度的标注。

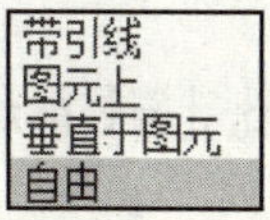

图 6.2.58 “类型”下拉列表选项

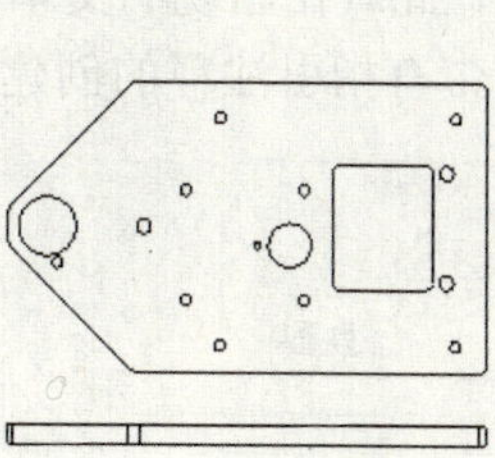

图 6.2.59 添加粗糙度符号

6.2.11 注释标注

在工程图中，除了尺寸标注外，还应有相应的文字说明，即技术要求，如工件的热处理要求、表面处理要求等。所以在创建完视图的尺寸标注后，还需要创建相应的注解标注。

1. 创建无方向指引注释

Step1：在功能选项卡区域的“注释”选项卡中选择图 6.2.60 所示“注解”命令下的 独立注解，系统弹出如图 6.2.61 所示的“选择点”对话框。

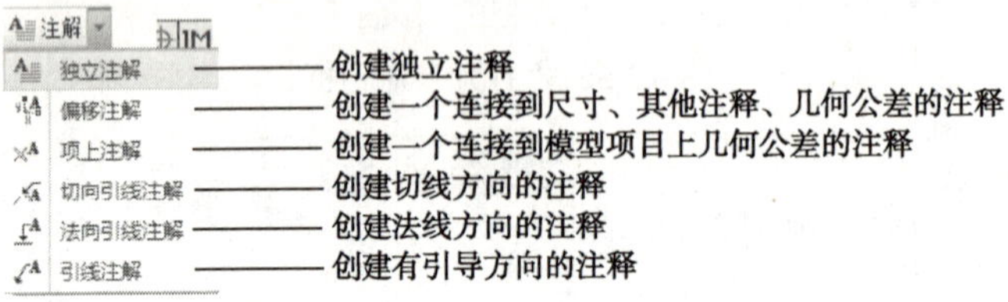

图 6.2.60 “独立注解”命令选择

Step2：在屏幕上需要放置注解的位置选择一点作为注释的放置点。

Step3：在屏幕出现的文本输入框中输入“技术要求”，按回车键。输入“1.未注倒角 1×45°”，按回车键，输入“2.未注圆角 R2”。输入后文字如图 6.2.62 所示。

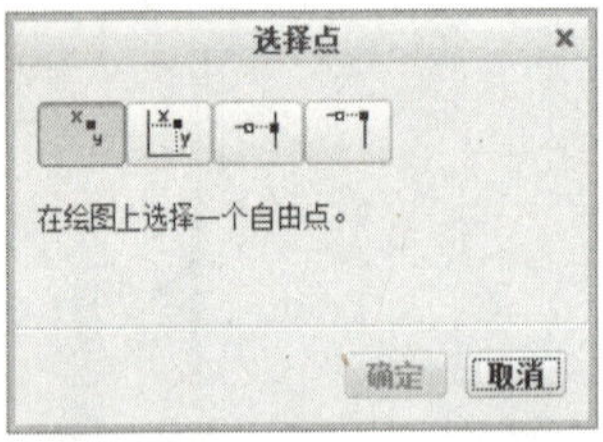

图 6.2.61 “选择点”对话框

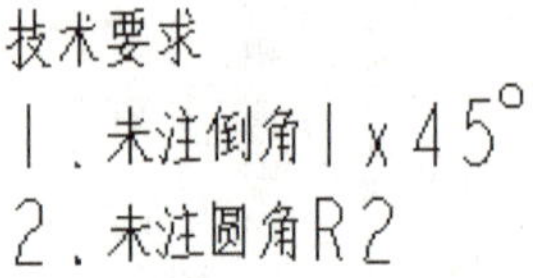

图 6.2.62 注解文字

Step4：单击鼠标中键完成文字的输入。

Step5：调整注释中的文本位置、大小等。

2. 创建有方向指引注释

Step1：在功能选项卡区域的“注释”选项卡中选择 引线注解，系统弹出如图 6.2.63 所示的“选择参考”对话框，且在屏幕中出现引线虚线框。此时系统信息窗口提示：➡选择多边 多个图元 尺寸界线 基准点 坐标系 多个坐标系矢量 轴心 多个轴线 曲线 模型轴，曲面点，顶点，截面图元 或起点。。

Step2：单击圆边上的任意一点作为指引线的起点，移动鼠标，在合适的位置单击鼠标中键，作为文本的位置点，此时在出现的文本框中输入“此孔需铰削加工”。结束后单击鼠标中键，完成如图 6.2.64 所示带有指引注释的创建。

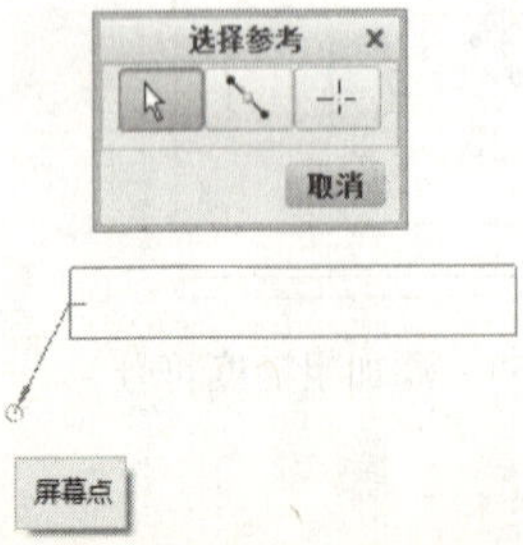

图 6.2.63 “选择参考”对话框

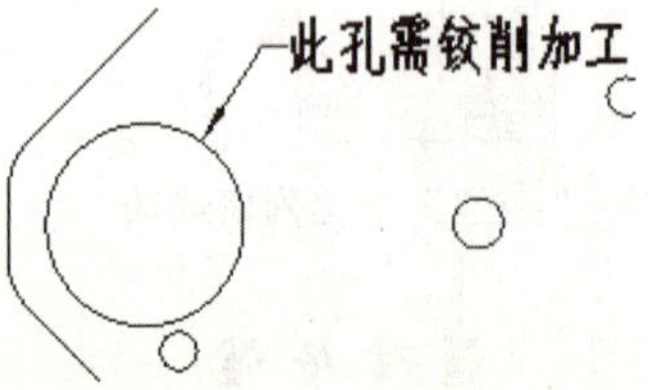

图 6.2.64 带有指引注释的创建

6.3 变速箱

图 6.3.1 所示为变速箱（2-1.prt）零件的工程图，本节将介绍变速箱零件主视图、左视图、俯视图的创建过程。

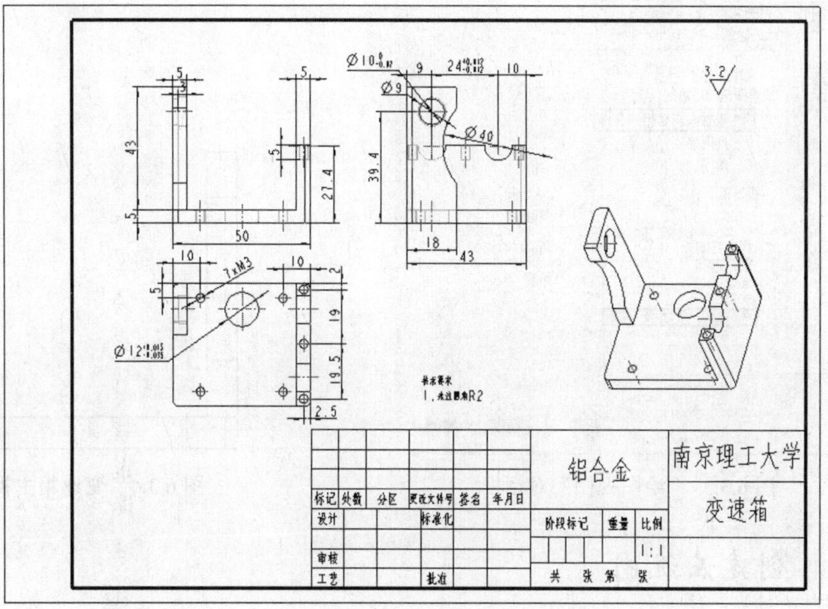

图 6.3.1　变速箱零件工程图

6.3.1 创建主视图

Step1：新建工程图文件

（1）打开零件“2-1.prt”。

（2）单击“新建”按钮 新建，选择“类型”选项组下的 绘图 单选项，在“名称：”对话框中输入文件名：2-1，取消选中 使用默认模板，单击 确定 按钮。此时在如图 6.3.2 所示的“新建绘图”对话框中“2-1.prt”成为默认的模型。

（3）在“指定模板”区域选中 格式为空，单击 浏览... 按钮，选择文件“A4.frm”，进入绘图环境。

Step2：选择 模型视图 → ，系统弹出“选择组合状态”对话框，选择 无组合状态，单击 确定 按钮。在系统 选择绘图视图的中心点. 的提示下，在屏幕图形区单击左键选择一点，系统弹出图 6.3.3 所示“绘图视图”对话框。

Step3：新建主视图

（1）在“绘图视图”对话框中，选择“类别”下的“视图类型”；在如图 6.3.3 所示选项卡界面的“视图方向”选项组中，选择“选择定向方法”中的 查看来自模型的名称，且在“模型视

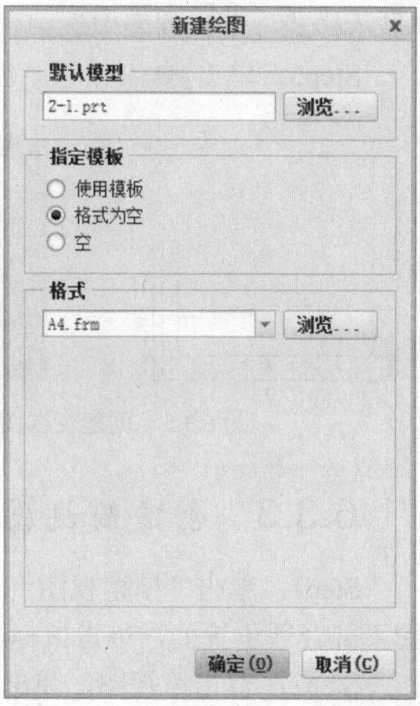

图 6.3.2 “新建绘图”对话框

图名”下选择FRONT。

（2）在“类别”区域中选取“视图显示”选项，在“显示样式”下拉列表中选中隐藏线选项。

（3）单击确定按钮，创建的变速箱主视图如图 6.3.4 所示。

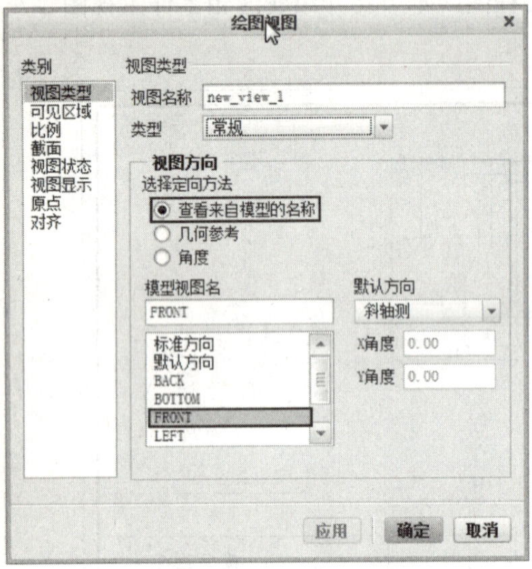

图 6.3.3 “绘图视图”对话框

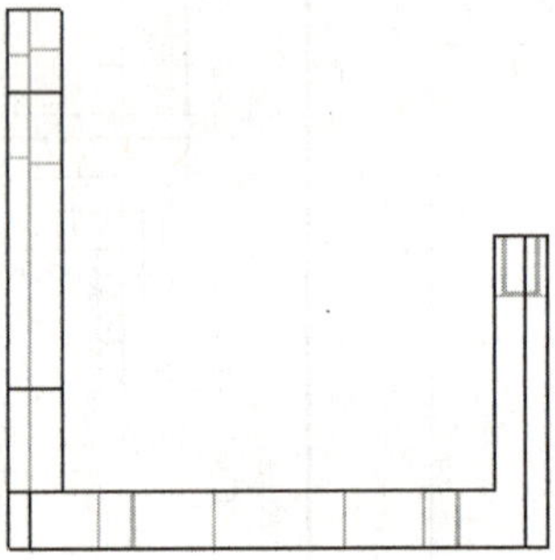

图 6.3.4 变速箱主视图

6.3.2 创建左视图

Step1：单击“模型视图”选项卡下的投影视图按钮，将鼠标放置到绘图区域后，系统自动出现投影方向的视图，将鼠标移动至主视图右边合适位置处，单击鼠标左键确定，则左视图创建完成，如图 6.3.5 所示。

Step2：双击左视图，弹出“绘图视图”对话框。在“类别”区域中选取视图显示选项，在“显示样式”下拉列表中选中隐藏线选项。

Step3：单击确定按钮，创建的变速箱左视图如图 6.3.6 所示。

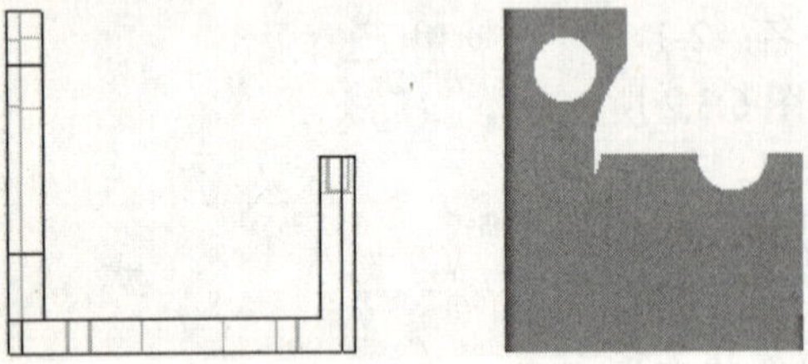

图 6.3.5 创建左视图

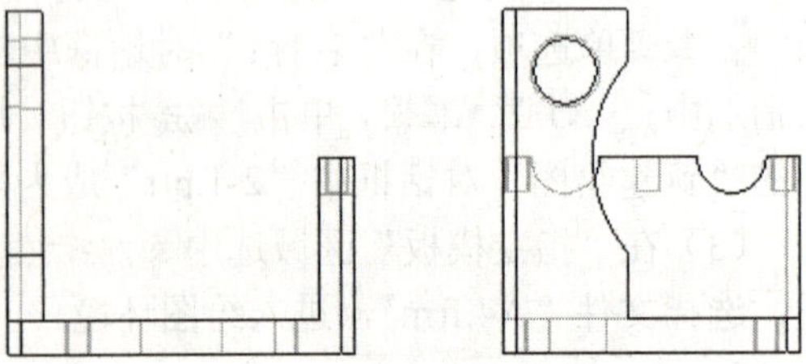

图 6.3.6 左视图显示模式更改

6.3.3 创建俯视图

Step1：单击“模型视图”选项卡下的投影视图按钮，单击选择主视图，将鼠标移动至主视图下部合适位置处，单击鼠标左键确定，则俯视图创建完成。

Step2：双击俯视图，弹出“绘图视图”对话框。在“类别”区域中选取视图显示选项，在“显示样式”下拉列表中选中隐藏线选项。

Step3：单击 确定 按钮，创建的变速箱俯视图如图 6.3.7 所示。

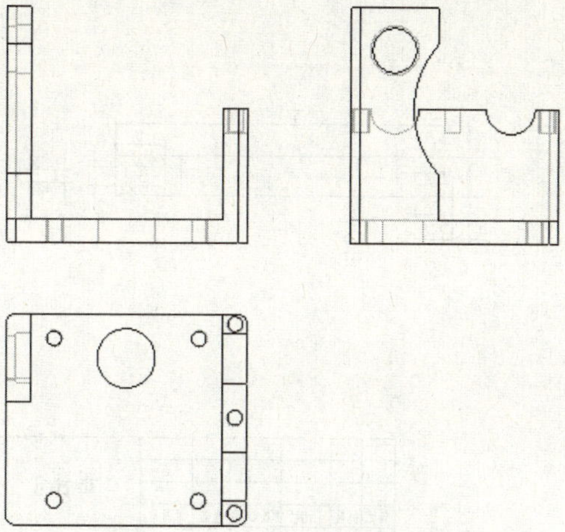

图 6.3.7　创建俯视图

6.3.4　尺寸标注

标注好尺寸的变速箱零件主视图、左视图以及俯视图如图 6.3.8 所示。

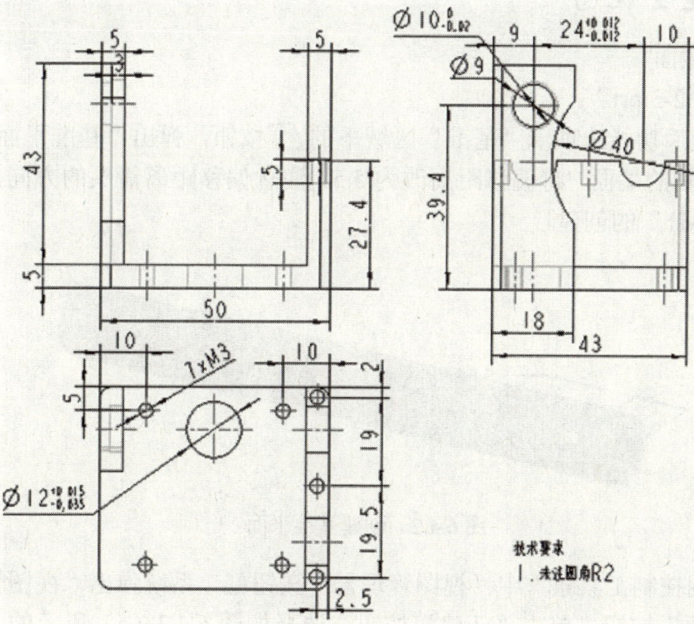

图 6.3.8　变速箱零件尺寸

6.4　曲柄轴

图 6.4.1 所示为曲柄轴（2-3.prt）零件的工程图，本节将介绍曲柄轴零件主视图、主视图局部剖视图以及左视图剖视图的创建过程。

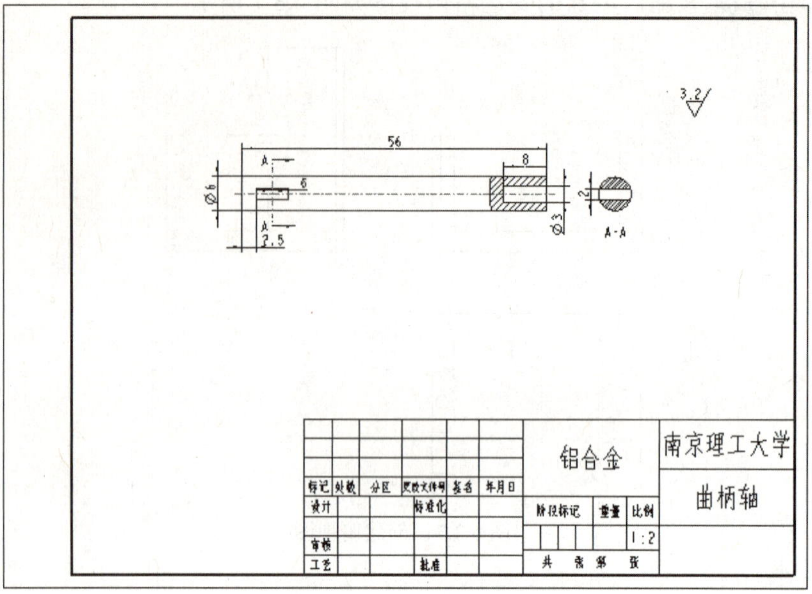

图 6.4.1 曲柄轴零件图

6.4.1 创建主视图

Step1：创建横截面

（1）打开零件“2-3.prt”

（2）单击“模型”功能选项卡“基准”区域下的▱按钮，弹出“基准平面”对话框。选择如图 6.4.2 所示曲柄轴的端面，将偏移距离改为 5.5，注意偏移距离箭头的方向，单击 确定 按钮完成基准平面“DTM1”的创建

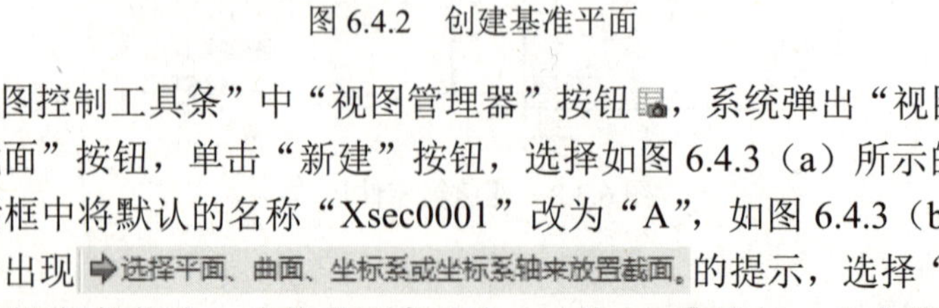

图 6.4.2 创建基准平面

（3）单击“视图控制工具条”中“视图管理器”按钮，系统弹出“视图管理器”对话框。

（4）单击“截面”按钮，单击“新建”按钮，选择如图 6.4.3（a）所示的“平面”，在新出现的截面名称对话框中将默认的名称“Xsec0001”改为“A”，如图 6.4.3（b）所示。单击鼠标中键，在状态栏中出现 ➡选择平面、曲面、坐标系或坐标系轴来放置截面。的提示，选择“TOP”平面。在如图 6.4.4 所示“截面”操控板中，将偏移距离改为 0。单击✔按钮。完成截面 A 的创建。此时“视图管理器”对话框还处于激活的状态。

（5）单击“新建”按钮，选择 平面 选项，在新出现的截面名称对话框中将默认的名称“Xsec0002”改为“B”，单击鼠标中键，选择“DTM1”平面。在图 6.4.4 所示“截面”操控板中，将偏移距离改为 0。单击✔按钮。完成截面 B 的创建。此时“视图管理器”对话框还处于激活的状态，单击 关闭 按钮。模型当前显示的为如图 6.4.5 所示截面 B 激活的状态。此时可在模型树中右击截面 B，选择如图 6.4.6 所示的 取消激活 命令。模型的显示退出截面状态。

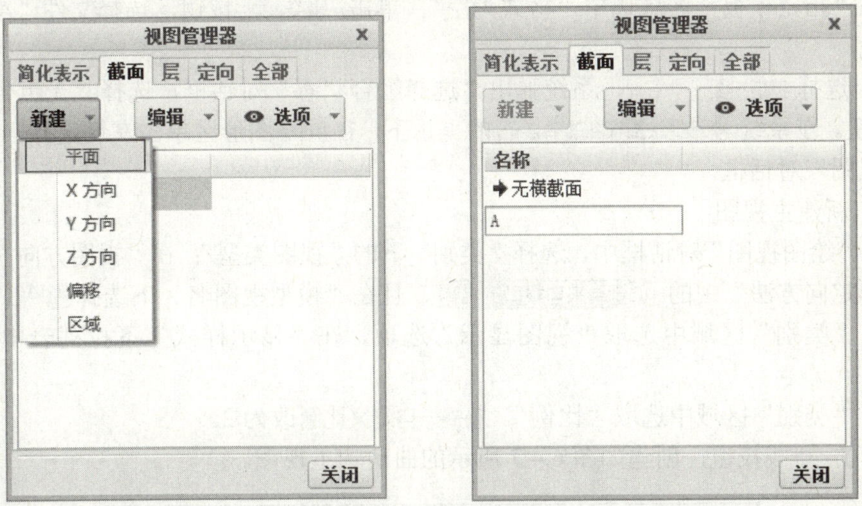

（a）　　（b）

图 6.4.3　视图管理器

图 6.4.4　“截面”操控板

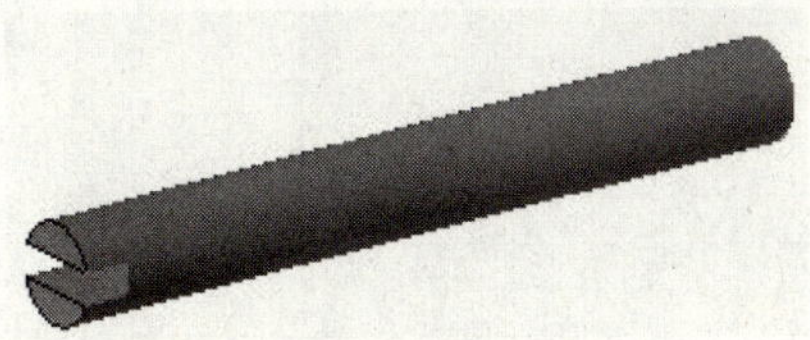

图 6.4.5　截面 B 激活的状态

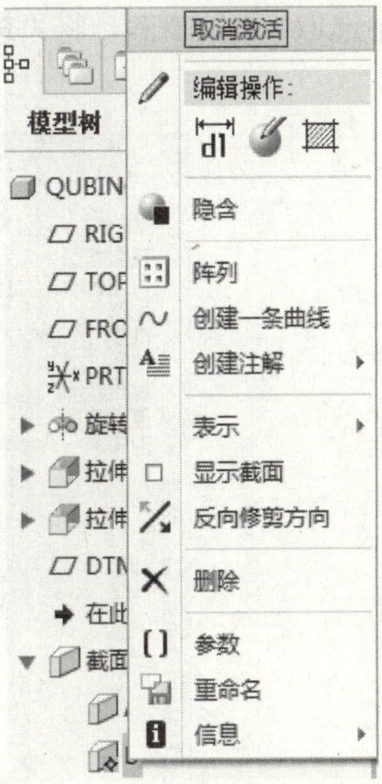

图 6.4.6　“取消激活”命令选择

Step2：新建工程图文件

（1）打开零件“2-3.prt”

（2）单击“新建”按钮 新建，选择“类型”选项组下的 绘图 单选项，在“名称：”

对话框中输入文件名：2-3，取消选中 使用默认模板，单击 确定 按钮。此时“2-3.prt”成为默认的模型。

（3）在“指定模板”区域选中“格式为空”，单击 浏览... 按钮，选择文件“A4.frm”，进入绘图环境。

Step3：选择 模型视图 →，系统弹出“选择组合状态”对话框，选择“无组合状态”，单击 确定 按钮。在系统 选择绘图视图的中心点。的提示下，在屏幕图形区单击左键选择一点，系统弹出“绘图视图”对话框。

Step4：新建主视图

（1）在“绘图视图”对话框中，选择“类别”下的“视图类型”；在“视图方向”选项组中，选择“选择定向方法”中的 查看来自模型的名称，且在“模型视图名”下选择 TOP 。

（2）在“类别”区域中选取“视图显示”选项，在“显示样式”下拉列表中选中 消隐 选项。

（3）在“类别”区域中选取“比例”，将 自定义比例 改为 2。

（4）单击 确定 按钮，创建如图 6.4.7 所示的曲柄轴主视图。

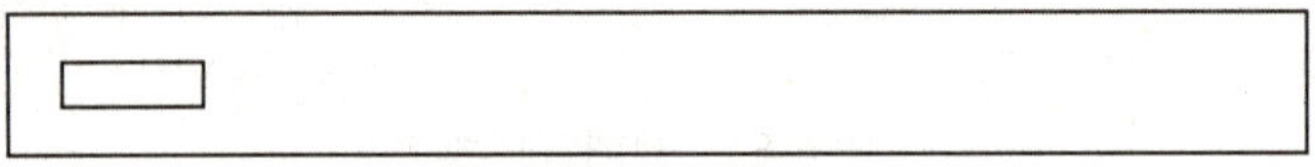

图 6.4.7　曲柄轴主视图

6.4.2　创建主视图局部剖视图

Step1：双击主视图，弹出“绘图视图”对话框，在“类别”区域中选取“截面”，在“截面选项”中选取 2D 横截面，将“模型边可见性”设置为 总计，然后单击 ✚ 按钮。如图 6.4.8 所示。

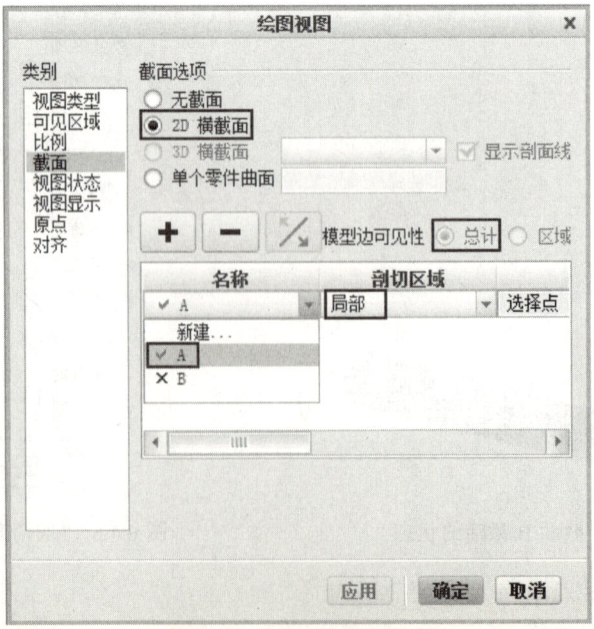

图 6.4.8　“绘图视图”对话框

Step2：在“名称”下拉列表框中选取剖截面 ✓ A（A 剖截面已在 6.4.1 中提前创建），在“剖切区域”下拉列表框中选取“局部”选项。

Step3：绘制局部剖视图的边界线

（1）此时系统提示 ➡选择截面间断的中心点< A >.，在如图 6.4.9 所示主视图的边线上选取一点（如果不在模型边线上选取点，系统不认可），这时在选取的点附近出现一个十字线。

图 6.4.9　截面间断的中心点选取

（2）在系统 ➡草绘样条，不相交其他样条，来定义一轮廓线.的提示下，直接绘制如图 6.4.10 所示的样条线来定义局部剖视图的边界，当绘制到封闭时，单击鼠标中键结束绘制。

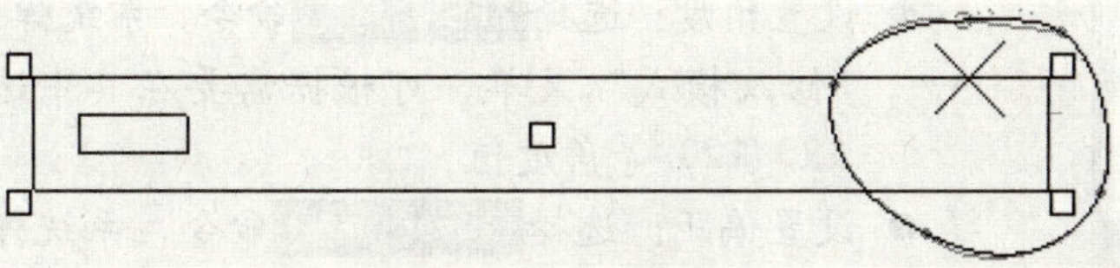

图 6.4.10　草绘轮廓线

Step4：此时“绘图”视图对话框如图 6.4.11 所示，单击 确定 按钮，关闭对话框。绘制完成后的主视图局部剖视图如图 6.4.12 所示。

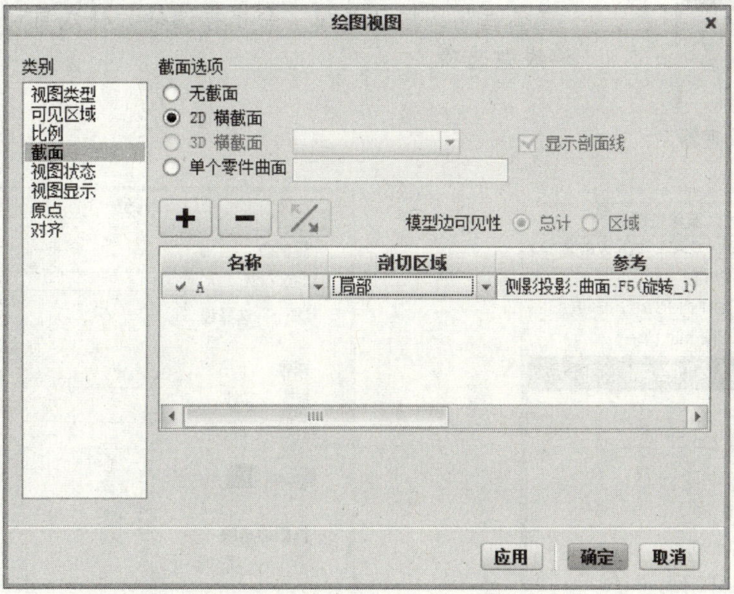

图 6.4.11　“绘图视图”对话框

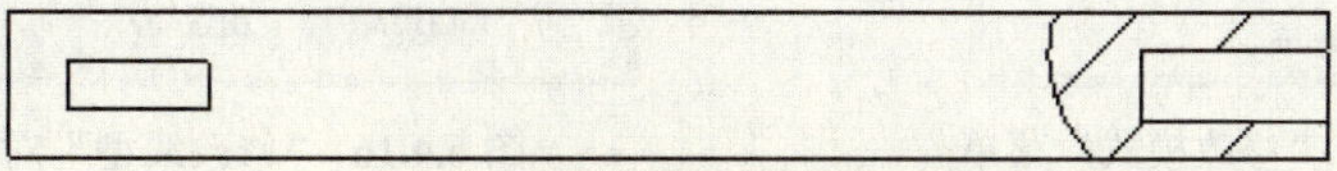

图 6.4.12　主视图局部剖视图

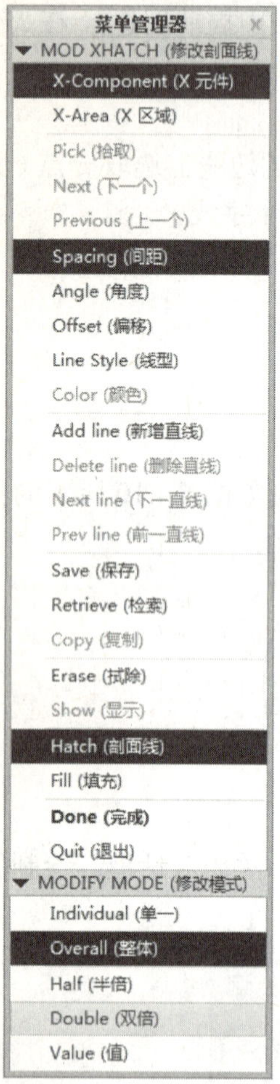

图 6.4.13 菜单管理器

Step5：修改剖面线间距。主视图中局部剖视部分的剖面线较为稀疏。将鼠标移动至剖面线部分，双击鼠标，弹出如图 6.4.13 所示的“菜单管理器”，单击“间距”，然后单击两次“半倍”，则加密了剖面线，单击“完成”，关闭菜单管理器。加密剖面线后的主视图如图 6.4.14 所示。

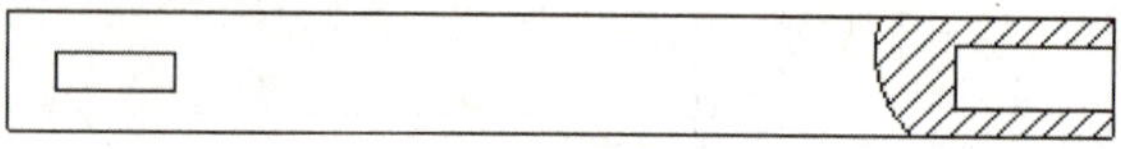

图 6.4.14 主视图局部剖视图

说明：关于修改剖面线属性

在“修改剖面线”菜单管理器中，可以修改剖面线的间距、倾角、偏距和线样式等。

- 设置角度：选择 Angle (角度) 命令，系统弹出如图 6.4.15 所示的“修改模式”菜单，可根据需要在其中选择 0 (0)、45 (45)、120 (120) 等角度值。
- 设置偏距：选择 Offset (偏移) 命令，系统弹出“输入偏移值”文本框，可在其中根据需要输入偏移值。
- 设置线体样式：选择 Line Style (线型) 命令，系统弹出如图 6.4.16 所示的“修改线型”对话框，在“样式”下拉列表中可根据需要选择“隐藏”、“几何”、“切削平面”、“中心线”等样式；“属性”区域“线型”会根据选择的样式自动变为与其相关的线型选项。

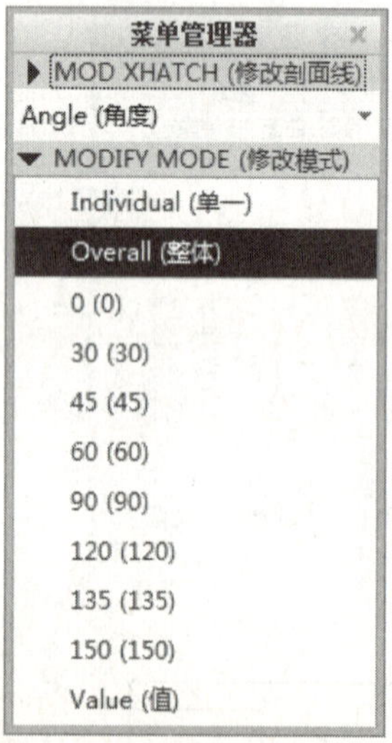

图 6.4.15 “修改模式”菜单

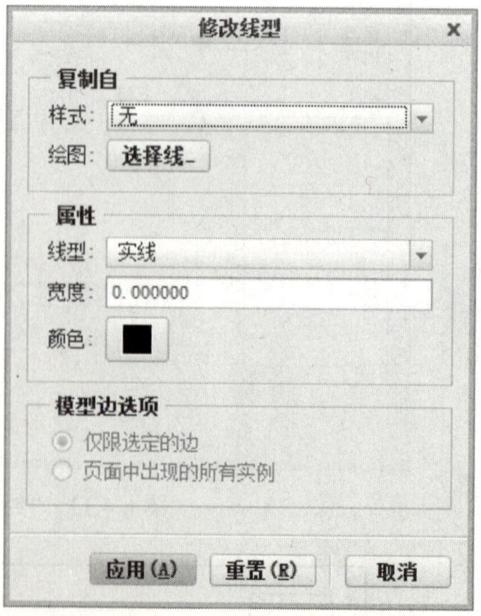

图 6.4.16 “修改线型”对话框

6.4.3　创建左视图剖视图

Step1：单击“模型视图”选项卡下的投影视图按钮，单击选择主视图，将鼠标移动至主视图左边合适位置处，单击鼠标左键确定，左视图创建完成。

Step2：双击左视图，弹出“绘图视图”对话框。在“类别”区域中选取“视图显示”选项，在“显示样式”下拉列表中选中消隐选项。

Step3：在“类别”区域中选取“截面”，在“截面选项”中选取 2D 横截面，将“模型边可见性”设置为总计，然后单击按钮。

Step4：在“名称”下拉列表框中选取剖截面 B（B 剖截面已在 6.4.1 中提前创建），在“剖切区域”下拉列表框中选取“完整”选项。单击确定按钮，则完成的左视图剖视图如图 6.4.17 所示。

Step5：添加箭头。

（1）选取图 6.4.17 所示的剖视图，然后右击，从图 6.4.18 所示的快捷菜单中选择“添加箭头”命令。

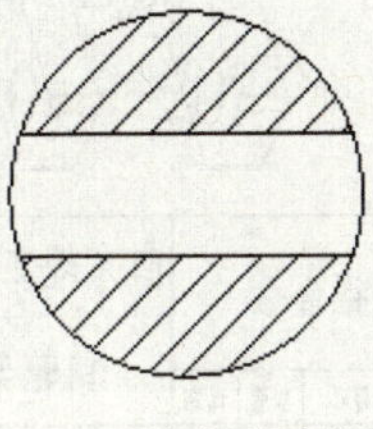

图 6.4.17　左视图剖视图

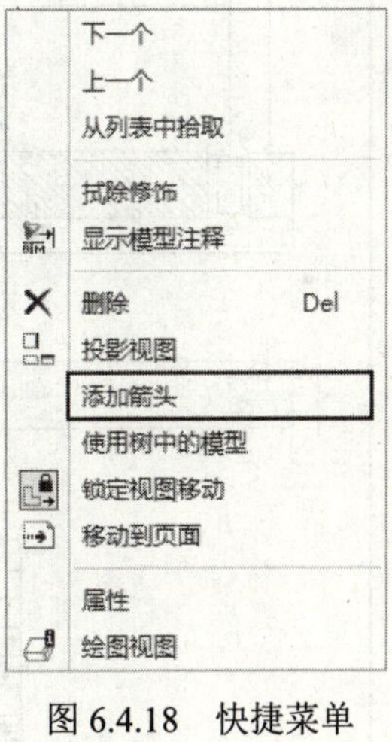

图 6.4.18　快捷菜单

（2）在系统给箭头选出一个截面在其处垂直的视图。中键取消。的提示下，单击主视图，系统自动生成箭头。如图 6.4.19 所示。

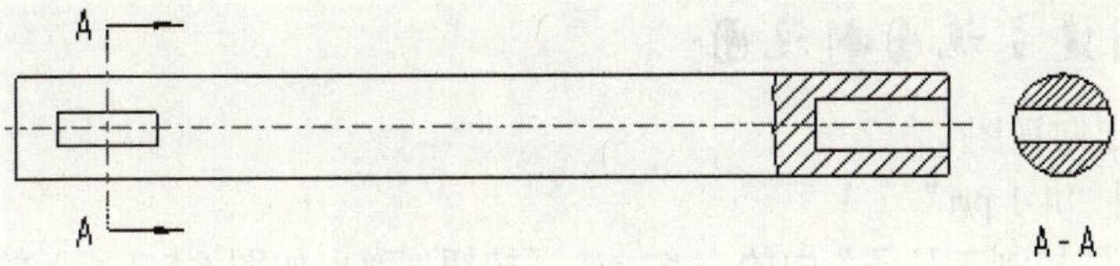

图 6.4.19　添加箭头

6.4.4　尺寸标注

标注好尺寸的曲柄轴零件如图 6.4.20 所示。

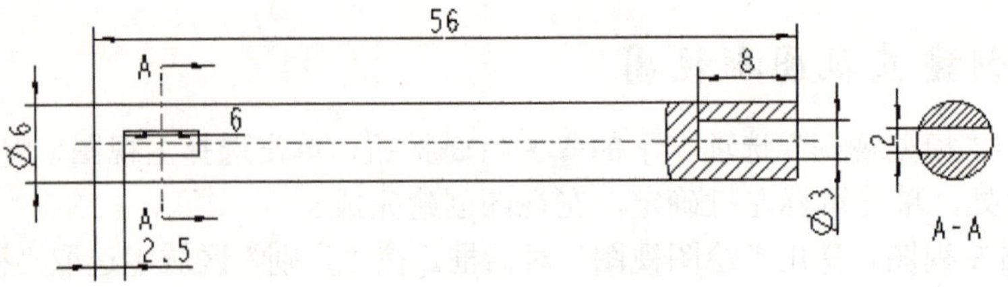

图 6.4.20 曲柄轴零件尺寸

6.5 前轮架

图 6.5.1 所示为前轮架（4-1.prt）零件的工程图，本节将介绍前轮架零件主视图剖视图、左视图以及俯视图的创建过程。

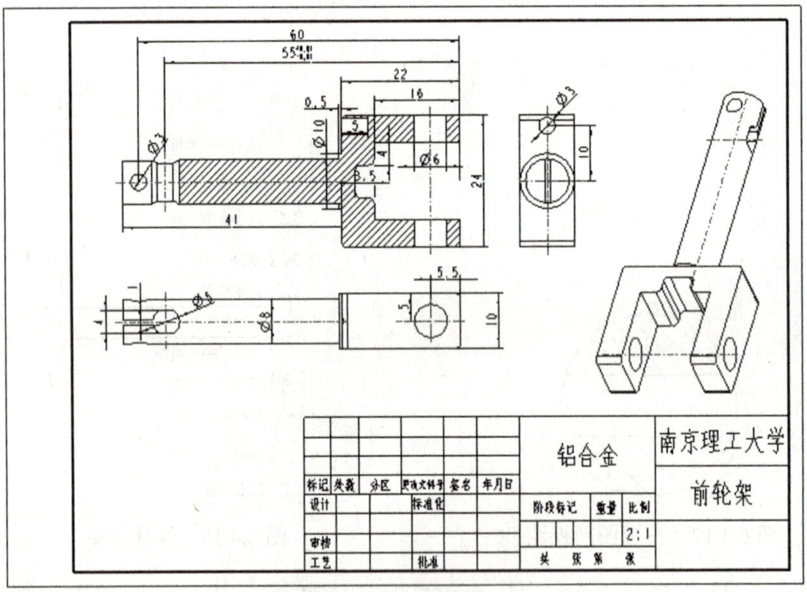

图 6.5.1 前轮架零件图

6.5.1 创建主视图剖视图

Step1：创建定向视图

（1）打开零件“4-1.prt”

（2）单击“视图控制工具条”中的 重定向(O)... 按钮，弹出如图 6.5.2 所示的“方向”对话框，选择图 6.5.3 中的“表面 1”作为参考 1，“表面 2”作为参考 2。在“名称”对话框中输入 NEW，单击 **保存** 和 **确定** 按钮，完成“NEW”视图的创建。

Step2：创建横截面

（1）单击“视图控制工具条”中“视图管理器”按钮，系统弹出“视图管理器”对话框。

（2）单击“截面”按钮，单击“新建”按钮，选择“平面”，在新出现的截面名称对话框中将默认的名称“Xsec0001”改为“A”。单击鼠标中键，选择“TOP”平面。在“截面”操控板中，将偏移距离改为 0。单击✔按钮。完成截面 A 的创建。

Step3：新建绘图文件

（1）单击“新建”按钮 新建，选择“类型”选项组下的◉ 绘图单选项，在“名称：”对话框中输入文件名：4-1，取消选中☐ 使用默认模板，单击 确定 按钮。此时“4-1.prt”成为默认的模型。

（2）在“指定模板”区域中选择◉ 格式为空，单击 浏览... 按钮，选择文件“A4.frm”，进入绘图环境。

（3）选择 模型视图 → ，系统弹出“选择组合状态”对话框，选择“无组合状态”，单击 确定 按钮。在系统 ➡选择绘图视图的中心点。的提示下，在屏幕图形区单击左键选择一点，系统弹出“绘图视图”对话框。

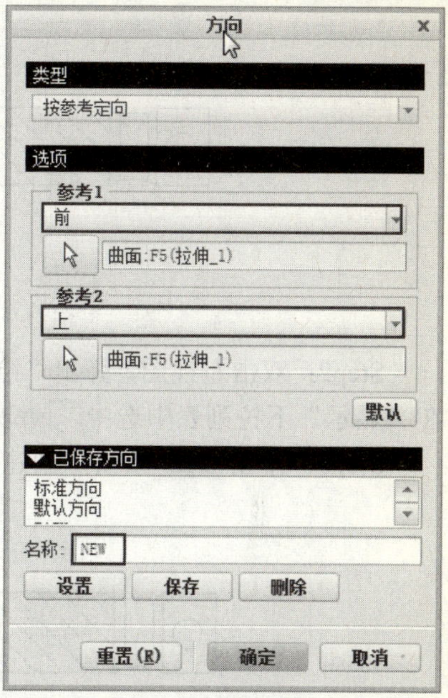

图 6.5.2　创建基准平面

Step4：新建主视图

（1）在“绘图视图”对话框中，选择“类别”下的“视图类型”；在“视图方向”选项组中，选中“选择定向方法”中的◉ 查看来自模型的名称，且在“模型视图名”下选择“NEW”。

（2）在“类别”区域中选取“视图显示”选项，在“显示样式”下拉列表中选中 消隐选项。

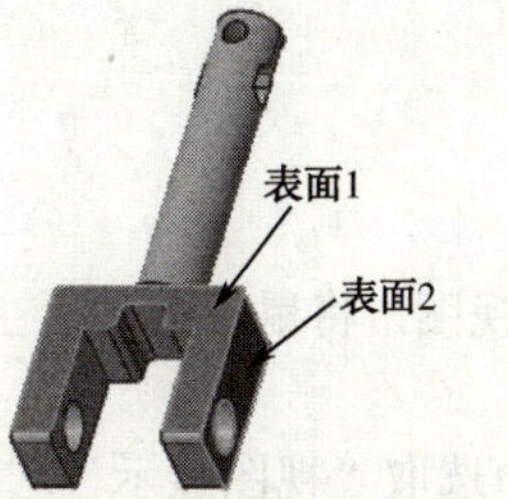

图 6.5.3　参考平面的选择

（3）在“类别”区域中选取“比例”，将◉ 自定义比例改为 2。

（4）单击 确定 按钮，创建的前轮架主视图如图 6.5.4 所示。

Step5：创建主视图剖视图

（1）双击主视图，弹出“绘图视图”对话框。在“类别”区域中选取“截面”，在“截面选项”中选取◉ 2D 横截面，将“模型边可见性”设置为◉ 总计，然后单击 ✚ 按钮。

（2）在“名称”下拉列表框中选取剖截面 ✔ A，在“剖切区域”下拉列表框中选取“完整”选项。单击 确定 按钮，则完成的主视图剖视图如图 6.5.5 所示。

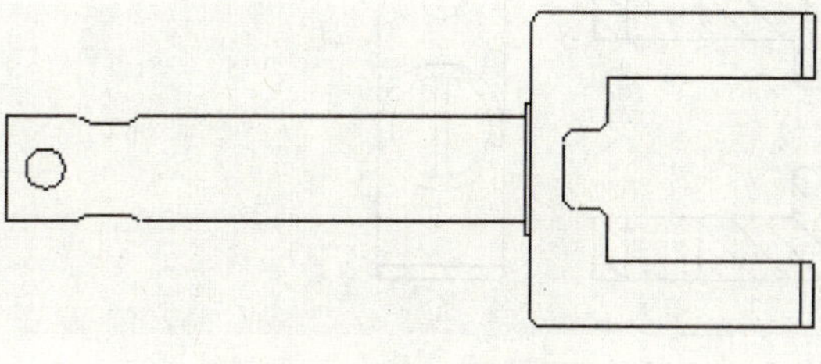
图 6.5.4　前轮架主视图

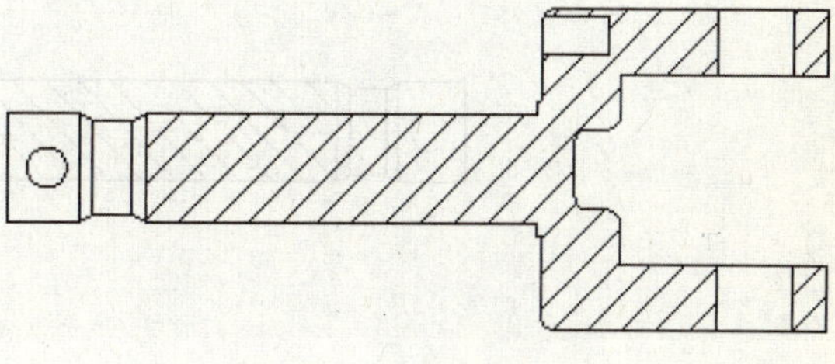
图 6.5.5　主视图剖视图

6.5.2　创建左视图

Step1：单击“模型视图”选项卡下的 投影视图按钮，将鼠标放置到绘图区域后，系统自动出现投影方向的视图，将鼠标移动至主视图右边合适位置处，单击鼠标左键确定，则左视图创建完成，如图 6.5.6 所示。

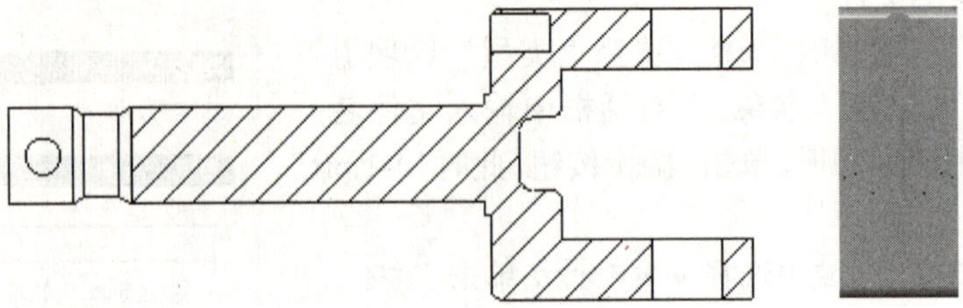

图 6.5.6　创建左视图

Step2：双击左视图，弹出“绘图视图”对话框。在“类别”区域中选取“视图显示”选项，在“显示”下拉列表中选中消隐选项。

Step3：单击 确定 按钮，创建的前轮架左视图如图 6.5.7 所示。

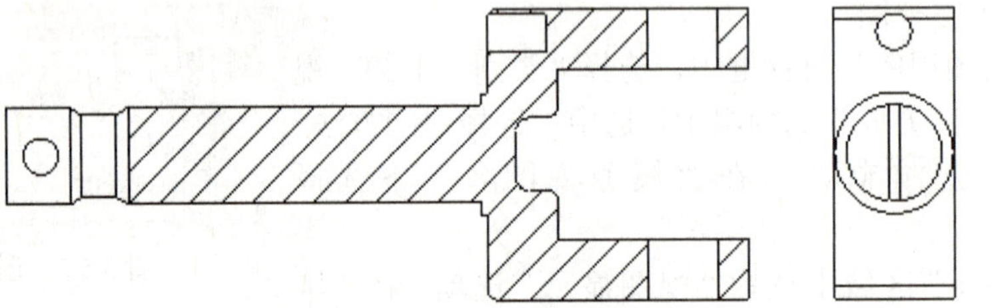

图 6.5.7　左视图显示模式更改

6.5.3　创建俯视图

Step1：单击“模型视图”选项卡下的投影视图按钮，单击选择主视图，将鼠标移动至主视图下部合适位置处，单击鼠标左键确定，俯视图创建完成。

Step2：双击俯视图，弹出“绘图视图”对话框。在“类别”区域中选取“视图显示”选项，在“显示样式”下拉列表中选中消隐选项。

Step3：单击 确定 按钮，创建的变速箱俯视图如图 6.5.8 所示。

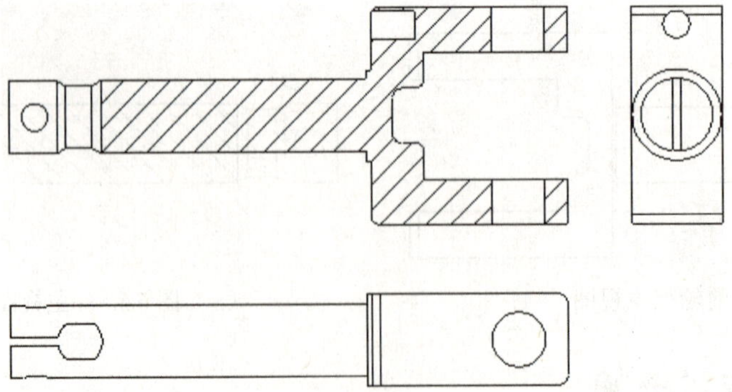

图 6.5.8　创建俯视图

6.5.4　尺寸标注

标注好尺寸的曲柄轴零件如图 6.5.9 所示。

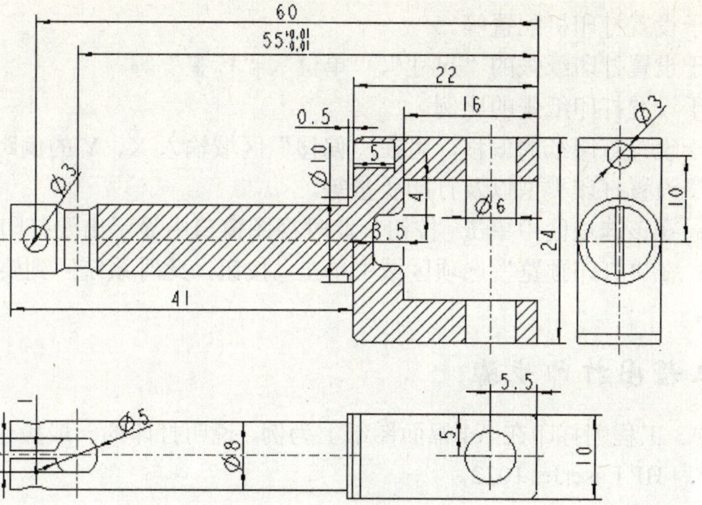

图 6.5.9　曲柄轴零件尺寸

6.6　打印工程图

6.6.1　概述

打印出图是 CAD 工程设计中必不可少的一个环节。在 Creo 软件中，无论是在零件（Part）模式、装配（Assembly）模式还是在工程图（Drawing）模式下，都可以在功能区中选择 文件▾ → 打印(P) →命令，进行打印出图操作。

Creo 的打印出图应注意以下一些事项：

（1）打印操作前，应该对 Creo 的系统配置文件（config.pro）进行必要的打印选项设置。

（2）在选用打印机时应注意：

- 在工程图（Drawing）模式下，要打印出图，一般选择系统打印机（MS Printer Manager）。
- 在零件（Part）模式、装配（Assembly）模式下，如果模式是线框状态（即 消隐、隐藏线、线框），打印出图时，一般选择系统打印机；如果模型是着色状态（即 带边着色 或 着色），不能选择系统打印机，可以选择 Generic Color Postscript 命令。

（3）隐藏线在屏幕上显示为灰色，在打印机输出到图纸上时为虚线。

6.6.2　打印预览区域

在功能区中选择 文件▾ → 打印(P) → 打印(P) 打印活动对象 命令，系统会弹出如图 6.6.1 所示的“打印预览”选项区域。利用工程图打印预览命令可以方便用户观察即将打印的工程图文件，说明如下：

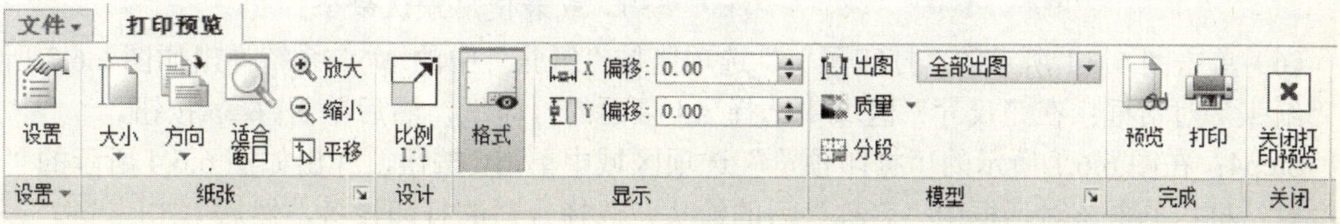

图 6.6.1　“打印预览”选项区域

- 设置：用于设置打印机配置等。
- 纸张：用于设置打印纸张的“尺寸”、“单位”、“标签”等。
- 设计：用于设置打印纸张的比例。
- 显示：用于设置打印纸的偏移，可在“偏移”区域输入 X、Y 的偏距值进行调试。
- 模型：用于设置打印类型以及打印质量等。
- 创建预览：在该选项区中单击按钮，此时视图窗口中显示出要打印的工程图文件。
- 关闭预览：在“打印预览”选项区域中单击按钮，此时系统回到要打印的工程图文件视图当中。

6.6.3 工程图打印步骤

下面以一张 A3 工程图打印在 A4 幅面图纸上为例，说明打印的一般操作过程。本例中使用 HP 打印机，型号为 HP LaserJet 1022。

Step1：打开工程图文件“1-1.drw”。

Step2：在功能区中选择 文件 → 打印(P) → 打印(P) 打印活动对象 命令，系统弹出如图 6.6.1 所示的“打印预览”选项区域，在该区域中单击按钮。

Step3：在系统弹出的如图 6.6.2 所示“打印机配置”对话框中进行下列操作。

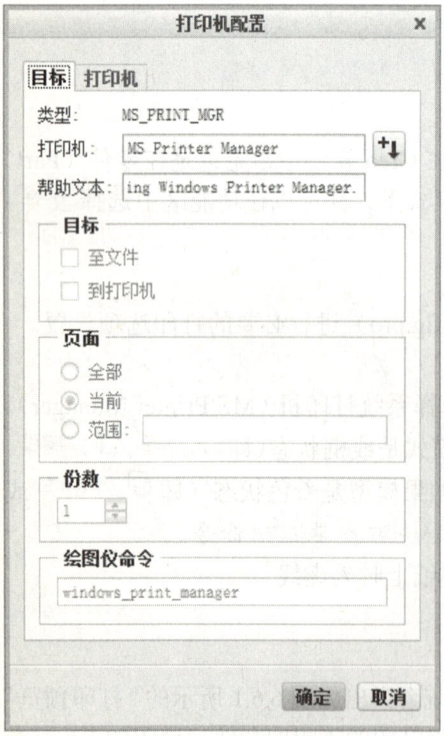

图 6.6.2 “打印机配置”对话框

（1）单击“打印机配置”对话框中“打印机:”右侧的按钮，然后选择“MS Printer Manager”命令。

（2）在“页面”区域，选用系统默认的“当前”单选项。

（3）在“份数”区域，无须进行操作。

（4）在“绘图仪命令”区域，无须进行操作。

（5）单击“打印机配置”对话框中的 确定 按钮。

说明：图 6.6.2 所示的“打印机配置”对话框中部分选项说明如下：

- “页面”：如果一个模型的工程图分多个页面，可控制打印哪些页面。
- “全部”：打印所有页面。
- “当前”：打印当前页面，本例打印操作采用默认选项。
- “范围”：给出页面编号的范围，进行打印。
- “份数”：用来指定要打印的份数，最多可打印 99 份。
- “绘图仪命令”：用来输入操作系统的出图命令（可从系统管理员的操作系统手册获得此命令），或者使用默认命令。

（6）单击图 6.6.1 所示的“打印预览”选项区域“纸张”中的，系统弹出如图 6.6.3 所示的“纸张”对话框；在“尺寸”区域中选择 A4 幅面的打印纸，然后单击 确定 按钮。

Step4：在图 6.6.1 所示的“打印预览”选项区域中单击按钮，弹出如图 6.6.4 所示的“打印”对话框；单击该对话框中“名称”后的箭头，选择合适的打印设备，然后单击 确定 按钮，即可进行打印。

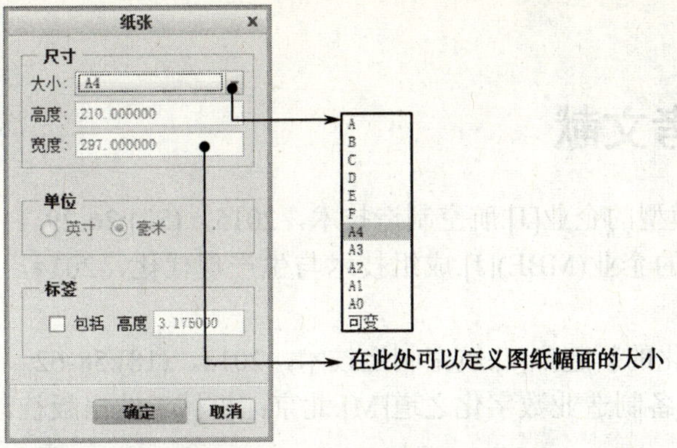

图 6.6.3 “纸张”对话框

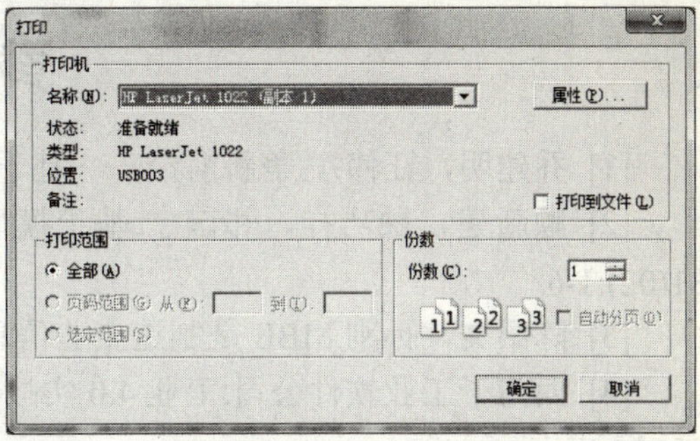

图 6.6.4 “打印”对话框

参考文献

[1] 乔建明，汪伟.竞争新前沿——基于模型的企业[J].航空制造技术，2015，(S2):26-29.

[2] 顾新建，顾巧祥，祁国宁.基于模型的企业(MBE)[J].成组技术与生产现代化，2014，31(02):1-6.

[3] 陈绍文，孙刚.MBE 是制造企业信息化的新起点[J].航空制造技术，2013，(18):58-62.

[4] 西门子工业软件公司.工业 4.0 实战装备制造业数字化之道[M].北京：机械工业出版社，2015

[5] 陈明，梁乃明.智能制造之路数字化工厂[M].北京：机械工业出版社，2017

[6] 傅水根. 以项目驱动的机械创新设计与实践[M].北京：清华大学出版社，2014

[7] 林清安. 完全精通 Pro/ENGINEER 零件设计基础入门[M].北京：电子工业出版社，2011

[8] 北京兆迪科技有限公司. Creo 2.0 宝典[M].北京：中国水利水电出版社，2013

[9] 北京兆迪科技有限公司. Creo 2.0 产品工程师宝典[M].北京：中国水利水电出版社，2013

[10] 邓先智，刘幼萍. Creo 2.0 项目化教程[M].北京：北京理工大学出版社，2014

[11] 詹友刚. Creo 3.0 快速入门教程[M].北京：机械工业出版社，2014

[12] 詹友刚. Creo 3.0 工程图教程[M]. 北京：机械工业出版社，2014

[13] 金杰，吴立军，张慧明. Creo 3.0 产品设计与项目实践[M].杭州：浙江大学出版社，2015

[14] 王君英，修金鹏. Creo 与 FTC 机器人竞赛[M].北京：清华大学出版社，2015

[15] http://www.ptcchina.com

[16] https://precisionlms.ptc.com